JN109814

中国経済の生産性分析1992-2010

孟 若燕 著

慶應義塾大学商学会 商学研究叢書 24

慶應義塾大学出版会

はしがき

中国は，1978年に改革開放が始まってから2020年までの約40年間に実質年平均9.3％の高成長を遂げ，「世界の工場」として成長したとともに，GDPが世界2位になったことで「世界の市場」としての役割も重視されるようになった。今や研究開発においても，競争力の高い分野を有し，無視できない存在である。

半面，中国経済の不透明感は，これまでに増して高まっている。2010年代以降，短期要因としての世界的な景気低迷に加え，中長期要因として米国との貿易摩擦・技術摩擦の激化，国内経済政策の変動，人口の減少など新しい懸念材料が生じつつある。

こうしたなか，本書では，長期的視野の下で中国経済の成長要因を考察すべく，全要素生産性分析を通じて労働・資本・生産性それぞれが経済成長に果たした貢献を分析し，そのうえで今後の中国経済の政策課題を示すこととしたい。

本書では，1978年以降の中国経済を3段階に分けている。第1段階は，1978年から1991年までである。1978年以前の約30年間に社会主義計画経済を遂行してきた中国は，この時期にいよいよ改革開放政策に踏み出した。企業に経営自主権を与え，経営請負制を導入した。農民に土地の使用権を与え，農家請負制を実施した。また，外資導入を実験的に行った。経済活動は活性化し，工業，農業，商業など，さまざまな分野で国民の生産意欲が大いに高まり，中国経済は力強く成長軌道に乗った。しかし，1989年に天安門事件が起こり，経済は大きな打撃を受ける。

第2段階は1992年から2010年までであり，市場経済の要素が大幅に導入された時期である。鄧小平氏の「南巡講話」が発表されて以降，一部の大型国

有企業は温存されたが，鉱工業総生産に占める国有企業のシェアは3割に低下し，私営企業の発展が奨励され，社会主義市場経済の実施が憲法に定められた。対外的には，外資導入と輸出志向政策を積極的に推進し，1993年に対内直接投資が世界第2位，2009年に輸入が世界第2位，輸出が世界第1位となった。2001年にWTO加盟を実現し，2008年に北京オリンピックを成功させた。この期間中，中国経済は年平均2桁の高成長を達成した。

　第3段階は，2011年から現在までであり，2008年に発生した金融危機の影響で世界経済の回復が遅れ，高成長から安定成長への移行が求められた中国では，政府の役割が強化された。対外的には，「一帯一路」政策によってアジアから中東，アフリカ，ヨーロッパまで広範囲に新たな経済成長の原動力を求めるようになった。対内的には，国有企業にいっそうの役割を発揮させるべく整理再編・統治強化し，国有企業の競争力を高める方策を打ち出した。さらに，国有企業の役割を強化しながら，混合所有制を推進して私営企業の進出範囲を拡大するように政策誘導している。

　こうした3区分のなかで，本書が扱う主な対象期間は1992年から2010年までである。この期間を取り上げた1つの技術的な理由として，この時期に産業別全要素生産性分析に必要な統計指標が徐々に整備されたことが挙げられる。1992年以降の社会主義市場経済の全面的導入に伴って，中国統計制度は，かつて旧社会主義諸国が採用した物的生産体系（MPS）から国連が定めた西側諸国に採用されている国民勘定体系（SNA）に移行した。しかも，郷鎮企業や私営企業が安定期に入り，それ以前にはなかった郷鎮企業と私営企業の統計も徐々に整備され，入手できるようになった。

　ただし，2008年から中国の鉱工業統計に調整が入り，産業別付加価値データなど重要な経済指標の一部が公表されなくなった。本文でも詳しく説明しているが，このため2008〜2010年までの一部の経済指標については推計値を用いなければならなかった。それでも，こうした統計事情以外では，政治的影響が比較的少なかったため，社会主義市場経済下で経済は順調に高成長を遂げ，したがって，この時期の産業別全要素生産性の分析は十分に可能であった。

　以下，各章の概要を示しておく。

　第 1 章は，全要素生産性の側面から中国経済にアプローチする意義を説明する。この章では主に 3 つのことを取り上げている。1 つ目は，全要素生産性の研究で最も使われる成長会計をめぐって，初期の研究であるソロー・モデルの主要な枠組と，その後の主要な発展を検討する。2 つ目は，他国の経験として，東南アジアや中南米における中所得国の技術開発面の特徴を用いながら，「中所得の罠」に陥る諸要素，持続的成長と生産性の関連性，経済成長におけるイノベーションの役割およびそのあり方を考察する。3 つ目は，改革開放後の中国経済成長の経緯を振り返り，中国的イノベーションの特色を指摘する。

　第 2 章では，労働投入の推計を説明する。この章では，労働の質を考慮した労働投入の推計を行うために作成した，産業別の雇用者の性別，年齢，学歴を反映するマンアワーのデータについて説明する。ここで重要なのは，中国の労働市場に不可欠な存在である農民工のデータを集める方法，さらに異なる所有制部門それぞれのデータ作成に必要な情報を集める方法を紹介していることである。そして最後に，中国における労働投入の量的変化，質的変化の特徴を提示する。

　第 3 章では，資本投入の推計を説明する。資本投入は異なる資本財それぞれの資本ストックと資本サービス価格の積の加重平均として求められるため，資本ストックの推計と資本サービス価格（資本財のレンタル価格）の推計という 2 つのステップを踏む必要がある。そこでまず，資本ストックの推計における産業別・所有制別・資本財種類別に交差分類された資本ストックの作成に関して，固定資産投資時系列と減価償却率のデータ作成とそれらのデータを用いた資本ストックの推計結果を説明する。次に，市場で観察できない資本サービス価格の方法論を詳しく検討する。最後に，産業別・所有制別の資本投入について量と質の推計結果を通して，中国資本投資の特質と問題点を考察する。

　第 4 章では，全要素生産性測定の方法論および中国の産業別全要素生産性の測定について説明する。中国に関する全要素生産性の研究は1990年代から始まったので，ここで代表的な既存研究それぞれの特徴と研究成果をサーベ

イし，それから全要素生産性の推計に必要な労働分配率について新古典派的な方法と統計的方法について検討する。全要素生産性の推計に関して，本章は，まず新古典派的な方法に従って完全競争および規模に関する収穫不変を仮定する下で，付加価値ベースの産業別成長要因について資本投入量，資本投入の質，労働投入量，労働投入の質，そして全要素生産性それぞれの寄与度に関する分析結果を検討する。次に，国有企業と非国有企業の2分野における労働生産性の状況を調べ，さらに労働生産性の成長要因について資本装備率，労働投入の質，全要素生産性それぞれの寄与度を検討する。これらの分析を通して，中国の労働生産性を高める課題を示す。

　第5章では，不完全競争を想定した産業別のマークアップ率をテーマにする。成長会計モデルは完全競争という条件が必要だが，現実の経済には必ずしも適用できない。この章では，まず成長会計モデルにおけるコストシェアとレベニューシェアの定義を検討し，それから新古典派的な制約条件を外し，不完全競争市場を想定した市場価格と限界費用の差率，いわゆるマークアップ率の推計方法をサーベイしたうえで，中国の産業別マークアップ率について推計し，さらにその結果を5つの産業類型に分けて不完全競争の状態を比較する。最後に，産業別マークアップ率を使って完全競争仮定下の全要素生産性に関する修正結果を提示する。逆に言えば，不完全競争の要素を低減またはなくす場合，全要素生産性はどれくらい上昇するかを示唆することになる。

　第6章では，環境汚染を考慮した全要素生産性分析を取り上げる。この分野の従来の研究は，経済主体が環境汚染の改善にかけた費用に着目することが多い。こうした方法論の下では，当然のことながら，資本投入の増加につながり，経済成長に対する全要素生産性の寄与度が下がることになる。本章は，環境汚染の排出を負のアウトプットとして扱い，環境汚染排出の状況による全要素生産性の変動を示し，環境問題に対する経済主体の取組みを評価する。また，この方法を鉄鋼業に応用して，鉄鋼生産によって排出された$PM10$とSO_2が人間に与えた健康被害の損失額を推計し，従来の全要素生産性測定の中に取り入れ，環境対策の側面から全要素生産性を再評価する。

　以上で見たように，本書は中国の全要素生産性の測定を構成する内容を逐次取り上げる形をとっているが，労働，資本，全要素生産性，マークアップ率，環境と生産性，それぞれのテーマを独立した章にしているので，目的に応じて部分的な利用も可能である。

　中国の全要素生産性に関する研究には，経済成長理論をはじめ，ミクロ経済学，数理経済学など幅広い知識と中国経済全体に対する深い知見が必要であり，本来は筆者の到達可能な領域を超えている。ただ，改革開放以来，中国の経済発展はどのような要因によって決まったのか，これからの発展に必要なものが何かについてずっと関心を持ってきたので，本書のような経済成長理論を応用する内容になった次第である。中国経済や生産性の分野に関心を持っている方々にご一読いただければ幸いである。

2023年 3 月吉日　筆者

目　次

図表一覧

第 1 章

なぜ全要素生産性なのか

　中国は1978年に改革開放政策を打ち出して以来，高い経済成長を成し遂げた。1978年からリーマンショック後の2010年まで，GDP 年成長率は平均で10.56％に達していた。2010年以降は世界経済の影響も受けながら，2011年から2021年までに GDP 年成長率は平均で6.88％となっており，その時点で軟着陸は実現されつつあったと言えよう（『中国統計年鑑』）。1 人当たりのGDP を見ても，1978年の時点で156ドル，2010年に4,551ドル，2021年に12,556ドルと国民の経済状況は大いに改善された（以上，名目値。World Bank）。貿易に関しても，2020年，中国の輸出が世界の14％を占めるに至り，12年連続で第 1 位，また輸入は世界の11％を占めており，これも12年連続で第 2 位になっている。経済規模から見ても，2010年に日本を追い越して世界第 2 位となった（IMF）。中国は名実とも「世界の工場」，「世界の市場」という 2 つの役割を果たすことになった。

　経済発展で先に離陸した国々の経験を見れば，1 人当たりの GDP が13,000ドル以上となった高所得国や地域は，経済成長に対する全要素生産性の貢献が大きいという特徴を共有する。逆に言えば，上位中所得国にとって全要素生産性の上昇がなければ，経済の成長率は鈍化するリスクが高い。世界経済に対する影響が大きい中国は，1 人当たり GDP が12,000ドル台を突破して以降も経済成長を続けられるだろうか。中国自身のことだけでなく他の国々に対しても影響は当然大きいだろう。

　Paul Krugman はいくつかの研究をもとに，急速に工業化を達成している東アジアの新興国・地域の経済成長は主に資本投入の増大によるものであり，全要素生産性の改善による貢献は小さいと主張し，大きな反響を呼んだ。

Krugman（1994）は，仮に資本蓄積において限界生産力逓減の現象が生じれば，この地域の経済成長に対する評価を見直すべきではないかと提起した。この分析で使われた推計方法に一部の経済学者は不賛成の声を挙げたが，本当に「アジア型（Asian system）」の成長パターンは存在するのか，そのなかで中国はどのように成長を成し遂げたのかも問われている。

　経済成長パターンは成長の継続性に関わっている。Indermit Gill and Homi Kharas（2007）は，アジア通貨危機から経済回復を果たした東アジアの持続的発展に肯定的な見方を示しつつ，同時に，中所得国の段階に入った国や地域は必ずしも持続的成長を実現できず，イノベーション（技術革新）が遅れた場合は生産性の伸びが鈍化することで経済成長がペースダウンし，さらに「中所得の罠」に陥る可能性もあると警鐘をならした。「中所得の罠」を避けるためには，イノベーションの実現，付加価値の上昇，経済効率の向上のいずれもが重要な課題となる。

　本章は，こうした諸課題を解明することと全要素生産性の関係，全要素生産性測定の枠組，全要素生産性をめぐる主な研究，中国とりわけ産業レベルの全要素生産性測定の意義を検討する。第1節は全要素生産性の枠組および関連研究を検討する。第2節は「中所得の罠」とイノベーションの関連性を考察する。第3節は全要素生産性の視点から中国経済の課題を分析する。第4節は本書の研究方法と特徴を説明する。

1.　全要素生産性とは

■全要素生産性分析の枠組

　全要素生産性（Total Factor Productivity: TFP）は，生産要素単位当たりのインプット（投入）によってどれほどのアウトプット（産出）が生み出されるかを表す1つの指標である。TFPには2つの測定パターンがある。1つは産出ベースのTFPで，もう1つは付加価値ベースのTFPである。産出ベースのTFPのアウトプットは総産出であり，インプットには本源的投入としての労働や資本と，中間投入である原材料が入っている。一方，付加価値ベースのTFPでは，アウトプットは生産によって生み出された付加価値であり，イン

プットには本源的投入である労働と資本だけを入れる。本来，付加価値は総産出から中間投入を差し引いたもので，その意味で付加価値ベースのTFPは「純」の測定，産出ベースのTFPは「総」の測定とされる（Schreyer, 2001: p.21）。

これら2つの測定パターンのどちらが優れているかという問いに答えるのは難しい。生産に使われている技術はすべての生産要素に影響を与えうるという観点からすれば，産出ベースのTFPはより正確に生産性を捉えることができる。企業や産業の所得あるいは国民の所得という観点からすれば，付加価値ベースのTFPは本源的生産要素1単位当たりの付加価値を反映するもので，経済全体の生産性を捉えることになる。ただし，産出ベースのTFPの測定には時系列の中間投入データが必要となるので，付加価値ベースのTFP測定より算定が困難となる。

なお，TFPについて説明する際，労働生産性と間違えられることが多い。労働生産性は1単位の労働投入によって生み出された産出または付加価値のことだが，少子高齢化が進んでいる今日，労働生産性を高めないと1人当たり国民所得を高めることが困難という意味で，新聞やテレビでもよく取り上げられる。ただし，TFPは労働のみならず，すべての生産要素を考慮した生産性指標であるため，「広義の技術進歩」を代表し，労働生産性の向上にも大きく寄与するものである。

現在，TFPは世界各国・各地域の経済成長の要因を考察するにあたって最も使われている方法の1つと言っても過言ではない。この方法を確立したのはRobert M. Solowである。Solowは，1957年の論文"Technical Change and the Aggregate Production Function"において，新古典派の立場から経済成長の要因を計測する明快なモデルを提示した。またこのモデルを使って1909年から1949年まで40年間のアメリカの経済成長の経験に当てはめ，アメリカの経済成長に対する技術進歩の貢献度を分析した。ソロー・モデルは基本的に次の方法をとる。一国のGNP（国民総生産）の伸び率は3つの要素によって決められ，その3つの要素とは，資本投入の上昇率，労働投入の上昇率およびTFPの上昇率である。離散型（非連続型）で表されたソロー・モデルは「成長会計」（Growth Accounting）」とも呼ばれるが，次の（1）式のよ

うに定式化される。

$$\frac{\dot{Q}}{Q} = w_l \frac{\dot{L}}{L} + w_k \frac{\dot{K}}{K} + \frac{\dot{A}}{A} \tag{1}$$

$$ただし \quad w_l = \frac{\partial Q}{\partial L} \frac{L}{Q}, \quad w_k = \frac{\partial Q}{\partial K} \frac{K}{Q}$$

ここで,$\frac{\dot{Q}}{Q}$ が GNP の伸び率,$\frac{\dot{L}}{L}$ が労働投入の伸び率,$\frac{\dot{K}}{K}$ が資本投入の伸び率,w_l は労働投入が 1 ％増加したときに GNP が何％増加するか,すなわち労働の限界生産力(アウトプットの労働に対する弾力値)を表し,w_k は資本投入が 1 ％増加したときに GNP が何％増加するか,すなわち資本の限界生産力(アウトプットの資本に対する弾力値)である。最後の $\frac{\dot{A}}{A}$ は技術パラメータであり,TFP の上昇率を表している。(1) 式では,規模に対して収穫一定である関数($w_l + w_k = 1$)という前提のもとで,経済成長を示した $\frac{\dot{Q}}{Q}$ に対して,労働や資本といった生産要素投入の増加分($w_l \frac{\dot{L}}{L} + w_k \frac{\dot{K}}{K}$)の貢献だけでなく,技術の変化を表す $\frac{\dot{A}}{A}$ の貢献も勘案されている。$w_l \frac{\dot{L}}{L}$ または $w_k \frac{\dot{K}}{K}$ は生産要素の量的・質的変化を表しているのに対して,$\frac{\dot{A}}{A}$ は経済の質的変化を表しているが,計測の対象によってこの指標の位置づけが少し異なる。一般的に,$\frac{\dot{A}}{A}$ の上昇というとき,国の場合は国民所得の上昇を,産業の場合は生産性の上昇を,企業の場合は生産効率の改善をそれぞれ意味している。

ソロー・モデルは,次のように最小二乗法によっても求められる。

$$\ln Q = \ln A + \alpha \ln L + \beta \ln K + u \tag{2}$$

$$ただし,\quad \alpha + \beta = 1$$

離散型で展開した (2) 式のなかで,$\ln Q$ は GNP,$\ln L$ は労働投入量,$\ln K$ は資本投入量,$\ln A$ は定数項,u が誤差項である。Solow の考え方によれば,GNP の成長に対して単なる投入の成長によって説明できない部分があれば,その部分こそ TFP 成長率であり,(2) のなかの($\ln A + u$)に当たる。パラメータ α と β は,生産要素である労働と資本それぞれの限界生産力を表す部分であるが,最小二乗法を使って (2) に当てはめると α,β の弾力値が得られる。最小二乗法による TFP の推計は一定の統計的知識が必要とされるが,パラメータを計測することが可能なため,(1) 式のなかの w_l,w_k を計測する場合に必要とされる限界生産力命題が不必要となる利点はある[1]。

また，技術進歩を表す内容をさらに分解して分析することも可能である。

　Solow は先述の論文で，John Kendrick and Raymond W. Goldsmith の先行研究で作られた国民所得，資本ストック，労働投入量の時系列資料を利用して，1909〜1949年の間にアメリカの技術の変化を測った。推定結果によれば，40年間のアメリカの労働生産性の上昇における技術進歩率は年平均で約1.5％の上昇があり，この間に労働者 1 人時間当たり（民間非農業）産出量が増えた分の約 8 分の 7 が技術進歩に帰せられ，残る 8 分の 1 だけが資本集約度の増加に帰せられた[2]。

■先駆的研究および経済成長モデルの発展

　技術の変化を計測する方法を最初に導入したのは Jan Tinbergen である。Tinbergen は，計量経済学の創生，特にマクロ経済モデル，景気循環理論の構築において大きな業績を残した経済学者と知られるが，氏が1942年にドイツ語で発表した論文 „Zur Theorie der langfristigen Wirtschaftsentwicklung“（英訳：“On the theory of trend movements”, in L. H. Klaaseen, et al. eds., *Selected Papers*, 1959: pp.182-221）の中で，労働と資本の 2 つの生産要素を考えるコブ＝ダグラス生産関数を用いて，時間と共に生産性が変化する（time trend）変数 ε^t を導入し[3]，また，この変数が技術の変化（technical development）を表すものであると解釈した[4]。

　Tinbergen は，技術の変化という概念のなかでは，2 つの異なるケースが考えられると指摘した。1 つは，生産関数に変位がないケースである。Tinbergen の考えでは，資本集約度の上昇によって労働生産性の向上がもたらされることはしばしばあるが，資本集約度の上昇自体は技術変化の結果で

1）　（1）式を計測する場合，説明変数の間に相関がある可能性に注意しなければならない。

2）　Solow はすべての変数を労働 1 単位当たりの大きさに書き直し，$\frac{A}{A}$ を求めた。このような労働生産性の上昇の要因分析に関して，本書第 4 章第 4 節を参照していただきたい。

3）　Tinbergen は以下のように生産関数を定義した。

$$u = \varepsilon^t a^\lambda K^{1-\lambda}$$

　ここで，ε^t を除いて，u，K，λ はそれぞれ総産出，労働，資本を表している。

4）　Tinbergen は「technical development」について，「increasing」と「decreasing」両方の可能性を示唆したので，筆者は「技術の変化」と訳した。

あることも忘れてはならないという。もう１つは，生産関数の変位があるケースである。労働投入量と資本投入量がそれぞれ変わらなくても産出が増える場合もある。これも技術の変化によるもの以外の理由は考えにくい。Tinbergen は，1987〜1914年のドイツ，イギリス，フランス，アメリカのデータで技術の変化（ε'）を測った。ドイツは産出が3.4％プラス成長し，そのうち技術の変化が1.5ポイント貢献した。イギリスは同1.6％プラス成長，そのうち技術の変化が0.3ポイント，フランスは同1.9％プラス成長，うち技術の変化が1.1ポイント，アメリカは同4.1％プラス成長，うち技術の変化が1.1ポイントずつ貢献した。

　Solow の論文が発表されて以後，経済成長の分析という分野は大きな関心を集め，技術進歩の測り方や技術進歩と経済成長の関係など，さまざまな問題提起や生産性研究の発展が見られた。

　まず，投入要素の推計に関する問題である。労働や資本などといった生産要素の投入量の変化に関して，「量的変化」を測るのみならず「質的変化」も加味することで，アウトプットとインプットの「残差」を定義する。これは「技術進歩の成長率」の説明力を高める結果につながる。初期の研究の１つは，Edward F. Denison が1929年から1957年までのアメリカの労働生産性の上昇について分析した論文である（Denison, 1962: pp.109-121）。労働力の投入に関して，マンアワー投入量の変化，教育水準の変化，女性就労者の熟練度の改善，年齢層の変化といった４つの指標に分解して，それぞれについて推定した。Denison によると，この間，アメリカの労働力投入の年平均伸び率は1.57％だったが，内訳はマンアワー投入量の変化が0.8ポイント，教育水準の変化が0.67ポイント，女性就労者の熟練度の改善が0.11ポイント，年齢層の変化が－0.01ポイント，年齢層の変化を除いてそれぞれの要素が貢献していた。Denison の研究によって，アメリカの過去の経験から，教育水準の向上や女性熟練労働者の養成が労働投入の「質的向上」に大きく寄与していることがわかった。さらに，この期間中の全要素生産性の年平均伸び率は0.93％であったが，そのうち，産業構造の変化（農業から他産業への転換）が0.05ポイント，教育の効果が0.58ポイント，規模の経済が0.34ポイントを占めていた。

　全要素生産性の推定において，「同質的生産要素」の集計という観点を持つ先導的研究として，Dale W. Jorgenson and Z. Griliches（1967）がある。この論文は，ディビジア指数により「同質的生産要素」の集計を行っている。ここで，労働投入のディビジア指数とは，複数の異なるカテゴリーの労働時間数に対して加重集計を行うものである。集計を行う際のウェイトとして賃金総額に占める当該カテゴリーの賃金額の割合が使われた。この論文では，1945〜1965年のアメリカの就業者について，性別[5]と学歴の2次元交差分類による集計で労働サービスの伸び率を調整しており，その結果は調整前より0.5ポイント高くなった。資本サービスに関しては，交差分類された各資本財のストックと資本財のレンタル価格を推定するうえで，資本ストックに資本財のレンタル価格を掛けて，資本サービス投入量を算出した。資本サービス投入を調整した結果，調整前に比べ0.4ポイント高くなった。このほか，投資財価格や設備の稼働率も調整されており，結果，1945〜1965年の経済成長に対する要素投入の貢献は，調整前の52.4％から調整後には96.7％になった。逆に言えば，全要素生産性の経済成長に対する貢献は，調整前の45.8％から大きく下がる結果となった。こうした生産要素のカテゴリー別の多重クロス統計は，膨大なデータ量と作業量が必要とされるものの，全要素生産性の推定において重要な意味を持つことが認識された。

　次に，全要素生産性の推定において完全競争の仮定を避けようとする研究がある。「成長会計モデル」はシンプルである一方，全要素生産性の伸び率は，アウトプットの伸び率とすべてのインプットの加重和の差として定義される。さらに，完全競争の仮定の下で，インプットの限界生産力が限界費用に等しくなると想定され，インプットの集計に用いられるウェイトは，インプットの費用額がアウトプット総額に占める割合を代用することが許される。具体的には，付加価値ベースのTFPを求める場合，労働サービスのウェイトは労働分配率，資本サービスのウェイトは資本分配率が使われる。ただし，資本分配率を得るために，資本サービス価格の推計という複雑な作業が必要なため，規模に関する収穫一定の下で，資本分配率＋労働分配率＝1を仮定す

---

5)　この研究は，男性就業者の労働時間のみを集計している。

れば便利になる。この方法は，完全競争市場の仮定のもとで，生産要素の限界生産力が生産要素の限界費用に等しくなるという要件が必要であるが，市場が完全競争ではなくプライスメーカーとなる企業などが存在する場合は，こうした計算から得られた TFP 上昇率にバイアスが生じると指摘されてきた。Robert E. Hall（1988）は，完全競争の前提条件を緩め，ソロー・モデルに生産物の価格と限界費用の間の乖離を表す変数などを導入して，マークアップ率の存在を調べる方法を提示した。さらに Hall は，1958〜1984年のアメリカの製造業・サービス業を含めた24部門について検証し，有意な統計結果が得られなかった一部の産業を除けば，限界費用が平均的に価格の25〜55％に止まり，戦後アメリカの製造業・サービス業における不完全競争の存在を証明した。続いて，Werner Roeger（1995）もこのテーマに注目し，数量ベースと価格ベースという双対の TFP 上昇率の推計によってマークアップ率を導出する方法を提案した。Roeger が Hall とまったく同じデータを使って推計した結果，アメリカ24部門のマークアップ率は1.15（アパレル）から3.14（電力・ガス）の範囲に入っていることを示した。Roeger の研究は，アメリカの多数の産業で生産物価格が限界費用を超えるという Hall の結論を支持すると同時に，マークアップ率の推計過程でバイアスが生じる可能性を減ずる方法を示した。

　さらに，TFP の測定においては，付加価値ベースより中間財が含まれる総生産額ベースが望ましいという指摘がある。黒田・吉岡・清水（1987）は労働投入，資本投入という本源的生産要素（primary input）以外に，推計された時系列産業連関表を用いて1960〜1979年の高度成長期における日本のTFP 上昇の産業間波及効果を考察した。波及効果の産業平均値を 1 とした場合，鉄鋼産業が4.31から2.86へ，化学工業が2.30から1.84へと推移しており，大きな波及効果を持っていることが示された。著者らは，鉄鋼や化学に代表される基礎中間財産業の成長が，広範な産業部門に相対的に大きな価格低下効果をもたらしていることから，日本経済の成長過程で重要な役割を果たしたのが特徴的であると指摘したうえで，生産物から中間投入を除いた実質GDP ベースでのマクロ TFP 上昇率の測定は望ましくないとした。Basu and Fernald（1995）も，市場の不完全競争かつ規模に関する収穫一定ではない場

合，Solow や Hall の方法，つまり付加価値ベースの成長会計分析モデルを構築する場合，不完全競争の存在によりインプットと TFP の間に相関が生じやすいことを指摘している。この場合，不完全競争かつ規模の効果を緩めることで，粗生産額ベースでの TFP の測定はバイアスを避けられる。

　一方，TFP と他の投入要素の関連，TFP を向上または低下させる要因など，TFP 上昇の原因をさらに追究する研究も増えた。Edward Wolff は全要素生産性と投資の関係を研究している。Wolff（1996）は1880〜1979年の約100年間に経済発展が進んでいる国の投資の速さに注目し，投資の速さは技術進歩と関連があるかどうかについて考察した。投資の速さの指標として，設備のヴィンテージ（平均使用年数），資本集約度（資本労働比率），資本産出比率を使い，対象国のカナダ，フランス，ドイツ，イタリア，日本，イギリス，アメリカの 7 カ国横断面データを調べた結果[6]，投資の速さと技術進歩の間に正の相関関係があることを見出した。つまり，経済の上昇期には投資の伸び率がプラスになり，設備のヴィンテージの伸び率がマイナスになることが実証された。

　1980年代から1990年代にかけて，内生的成長理論が発展した。そのなかで注目されたのは，経済成長におけるアイデアや知識のストックの役割を重視する David Romer の研究である。Romer（2006）は，アウトプットを 2 つに分けて，1 つは生産物を生み出す財生産部門，もう 1 つは知識ストックの増加を生み出す研究開発部門とした。インプットについて，Romer は 3 つの要素があると考えており，それは労働，資本，およびアイデアや知識である。労働と資本の一部が財生産部門に投入され，残りが研究開発部門に投入されるが，アイデアや知識は両部門で共有されると考えている。財生産部門において 3 つの生産要素のうち，労働と資本がソロー・モデルの生産関数と同じように規模に関して収穫一定であったが，アイデアが一度生み出された場合，または知識が一度身に付いた場合は，再び行われる必要はないとされ，規模に関して収穫逓増になる（Romer, 2006; 日本語訳，2010: pp.115-188）。

　一方，研究開発部門の生産性に関して，Charles I. Jones（1998）は，資本

6）　カナダについて1929年以後，フランスについて1950年以後のデータに限る。

のない単純化したモデルでは，新しいアイデアの発見率と新しいアイデアの発見に携わる人間の数，さらに過去一定期間に生まれた新しいアイデアの数に依存すると仮定した。2つのアウトプット部門を総合的に見れば，長期的な経済成長は研究開発生産関数のパラメータ，アイデアや知識のストック，および人口増加率に依存することになる。研究開発が人口増加率に依存するというのは，研究開発に携わる人間の増加率が人口の増加率以上になることは考えられないからである（Jones, 1998）[7]。ローマー・モデルは，人間こそ新しい知識や技術を作り出す重要な投入要素であることを示し，経済成長の源泉である技術進歩を外生的に所与とするのではなく，内生的に作り出されるメカニズムを解明することで，新しい経済成長理論（new growth theory）と呼ばれる経済理論の確立に貢献した。

　経済成長の要因分析を内生化するモデルとして，ほかにも AK モデルがある。このモデルは，資本分配率を1に等しいとすることで，資本ストックは時間につれて拡大し続けることになる。したがって，経済成長は継続する。一方，ソロー・モデルの場合は，資本分配率が1より小さいので，資本の蓄積に伴って資本の収益が逓減となり，新しく追加される資本の生産性は次第に低下することになる。

2.　「中所得の罠」とイノベーション

■「中所得の罠」を突破する条件

　まず，一部の中所得国の現状を見てみる。図1-1は東アジアや中南米など一部上位中所得国，低位中所得国の1人当たり GDP の推移を示している。2本の水平な直線はそれぞれ世界銀行における上位中所得国と高所得国の分類基準を示している。一部の国々はリーマンショック後の落ち込みからいっ

---

7)　研究開発部門の生産関数は，

$$\dot{A} = \delta L_A^\lambda A^\varphi$$

　ただし，$\dot{A}$ は研究開発の生産性，δ は新しいアイデアの発見率，L_A^λ は研究開発に携わる人間の数，λ は $0 < \lambda < 1$ のパラメータである。また，A^φ は過去の新しいアイデアの数で，ただし，$\varphi < 1$ と仮定する（Jones, 1998）。

図 1-1　一部中所得段階の国・地域の 1 人当たり GDP の推移

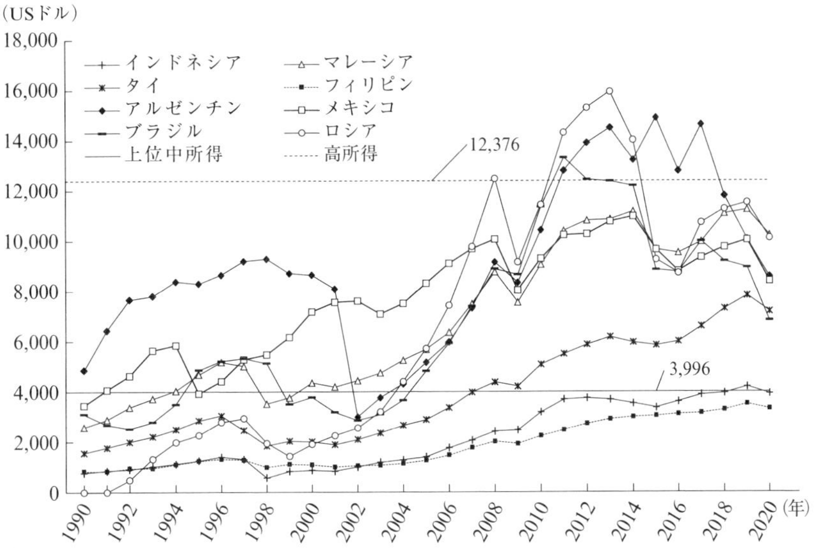

出所：Global note.
元データソース：IMF.

たん回復して，高所得国のレベルに到達したが，その後に低下して中所得国
に戻っている。1990年代の前半から成長し続けたメキシコ，マレーシア，タ
イなどの国は高所得の段階に上がる前に成長率が鈍化している。また人口規
模が大きいインドネシアとフィリピンの 2 国も，低位中所得国から脱出でき
ていない。長い間，東アジアの国・地域は産業内貿易や域内貿易の需要が高
まるなかで，輸出向けの生産能力を拡大して経済成長を果たしたが，2010年
代手前から世界貿易が縮小傾向に入ったため，持続的成長の原動力が不足し
た。世界の総輸入（名目）の伸び率は，1990〜2008年（リーマンショックが発
生）の8.9％から2009〜2020年の1.4％まで低下し，全体的に減少傾向である
（IMF）。
　なぜ，こうした「中所得の罠」といった現象が起きるのか。本来，一国の
工業化の進展に伴って経済構造が高度化し，より付加価値の高い生産・サー
ビスに転換する。しかし，そうしたシフトが遅れる国・地域では，持続的な
所得向上が難航している。一般に，初期工業化の段階（発展途上国）では，

基礎インフラの整備，工場や設備，住居への投資が重要で，1人当たりの資本ストックが上昇する。生産に必要な設備は外国から輸入することが多く，しかも先進的な技術が体化された設備の導入が可能である。そのために，発展途上国は技術の習得が重要となり，自ら技術開発に力を入れる緊急性は薄いので，この段階でTFPの労働生産性上昇に対する貢献は資本装備率向上の貢献に比べて小さい（速水，2004: p.168）。労働者は，技術の習得あるいは比較的単純な労働に従事すればよく，賃金の上昇は生じない。一方，高度産業化社会の段階（先進国）では，資本投入に伴う収穫逓減傾向があり，労働者不足が生じ，労働者も経営者もより高度な技術（広義の意味の技術）が要求されることで，賃金率が急速に上昇し，資本分配率は低下する。これらの不足を補うのが技術進歩にほかならない（速水，2004: p.169）。逆に言えば，技術進歩が生じないと高度産業化社会の段階に進むことが難しい。

■何が技術進歩の加速をもたらすか

　では，何が技術進歩の加速をもたらすのか。ここで，世界銀行レポートの観点と東アジア諸国・地域における1990年代から2000年代前半までのイノベーション環境に沿って考えてみよう。レポートは，イノベーション（技術革新）に必要なビジネス環境について6項目を挙げた。すなわち，安定的なマクロ経済運営，健全な金融・資本システム，開放的な市場，競争的市場，知的所有権の保護，IT関連のインフラ整備というものである（Gill and Kharas, 2007: pp.168-175）。表1-1は，イノベーションに必要なビジネス環境に関して，上位中所得国が相対的に多い東アジアやラテンアメリカ，およびアメリカ，日本において，ビジネスのしやすさを表す会社設立に必要な日数，国民の平均教育を受ける年数，研究者の人数，知的所有権保護のレベルという4つの指標を取り上げている。会社設立に必要な日数はシンガポールやアメリカが最も少なく5，6日しかかからないが，香港，韓国も少ない。国民が平均的に教育を受けた年数を見ると，アメリカが最も長く，12年3か月となっている。次は韓国，日本，香港，台湾である。百万人当たり研究者の数では，日本が最も多くて5,287人，続いてシンガポールやアメリカも4千人台，韓国や香港も千人にのぼる。最後に，知的所有権の保護に関する指標（7ラ

表1-1　イノベーション環境の国際比較

	会社設立に必要な日数	教育を受ける平均年数	百万人当たり研究者人数	知的所有権の保護*
香港	11	9.5	1,564	5
韓国	22	10.5	3,187	4.5
シンガポール	6	8.1	4,745	6.1
台湾	48	8.5	−	4.9
インドネシア	151	4.7	207	3.2
マレーシア	30	7.9	299	5.1
フィリピン	48	7.6	48	2.8
タイ	33	6.1	287	4.1
中国	48	5.7	663	3.2
日本	31	9.7	5,287	5.3
アメリカ	5	12.3	4,484	6.4
ラテンアメリカ	67	6.7	300	3.3

注：*知的所有権の保護レベルは最高7，最低1となっている。
出所：Gill and Kharas（2007），p.170.

ンク評価）では，アメリカが6.4と最も高く，日本やシンガポール，香港，台湾，韓国が続く。データから分かるように，韓国，シンガポール，香港，台湾のように先進国へのキャッチアップを達成した国・地域は，全体的に教育水準が高く，研究職の人数も比較的多い。また，産業や企業のスタートアップのハードルは相対的に低い。さらに，知的所有権に対する保護もよく機能している。もちろん，このデータだけではこれらの国・地域のイノベーション環境の全体像を見るのに十分ではないが，先進国・地域の教育水準の高さ，豊富な研究者，知的所有権の保護に関する高水準の環境整備などが持続的な経済成長に貢献していると考えられる。

　では，イノベーションの主要な担い手は誰なのか。これには研究開発の分野・課題・資金・持続性などが関わっている。表1-2は，2007年時点で東アジアなどの国・地域におけるイノベーション投資の主な担い手を提示している。これは，Joseph A. Schumpeter により提起されたビジネス企業の性格からすれば，利潤獲得のために古いものを破壊し新しいものを創造する，いわゆる「創造的破壊」の連続であるため（Schumpeter, 1983, 日本語訳， 2020），資本主義体制の下で，本来であれば，ビジネス企業がイノベーションの主要

表1-2　各部門のR&D投資の国際比較
(%)

	ビジネス	政府	高等教育
香港	35.3	62.8	0.2
韓国	74.0	23.9	1.7
シンガポール	54.3	36.6	2.3
台湾	63.1	35.2	0.0
インドネシア	14.7	84.5	0.2
マレーシア	51.5	32.1	4.9
フィリピン	59.7	24.6	7.5
タイ	41.8	38.6	15.1
中国	60.1	29.9	－
日本	74.5	17.7	6.3
アメリカ	63.7	31.0	－
ラテンアメリカ	38.3	54.2	0.5

出所：Gill and Kharas（2007），p.151.

な推進力になるはずである。実際，日本，韓国，アメリカ，台湾，中国では
ビジネス分野からのイノベーション投資が最も多く，およそ6〜7割を占め
ている。なかでも日本と韓国のビジネス分野のイノベーション投資はそれぞ
れ74.5%，74.0%に達した。一方，フィリピン，マレーシア，タイ，シンガポー
ルにおけるビジネス分野からのイノベーション投資は5割台にとどまる。政
府によるイノベーション投資の高い地域・国は，香港62.8%，インドネシア
84.5%，ラテンアメリカ54.2%である。高等教育機関におけるイノベーショ
ン投資の多い国は，タイが15.1%と突出して高い。

　企業は性格上，次から次にイノベーションを引き起こすことや，新しいモ
ノやサービスを取り入れることに全力をあげるはずだが，イノベーションは
リスクを伴うため，実は難しい。これについて，武石・青島・軽部（2012）は，
イノベーションの過程に2つの特質があり，その2つの特質は互いに矛盾す
るため，イノベーションの追求は大きな壁に直面すると指摘した（pp.6-12）。
1つは，「新しいこと，いままでにない初めてのことを実現しようとする過
程である故に，常に不確実性をともなう」ことである。革新的なアイデアが
技術的に実現可能なのか，経済成果を生み出すことが可能なのか，事前には
分からないという不確実性である。もう1つは，「資源動員を必要とする」

ことである。武石らによれば，経済的な成果をもたらすためには，革新を含む商品が事業の一環として提供され，それが社会のなかで購入・使用され，普及しなければならない。工場設備や流通網・サービス体制の整備，また基本的インフラ整備まで必要となるため，多様な関連主体から資源が動員されなければならない。2つの特質に互いに矛盾があるというのは，「「経済成果」を実現しなくてはならない故に他者の資源が必要になるが，「革新」である故に不確実性に満ちており，経済合理性を欠くために，他者の資源を動員するのが難しくなる」。こうした壁があるから，「革新」を最初から断念するか，途中で挫折するか，成果を得られないか，そうした失敗のリスクが常に存在することはイノベーションの難しいところであろう。

■コスト・イノベーションの台頭

2000年代以降，コスト・イノベーションが台頭している。「コスト・イノベーション」という言葉は，Ming Zeng and Peter J. Williamson が2007年に著書『*Dragons at Your Door*』のなかで提起した。Zeng and Williamson（2007）は，コスト・イノベーションが中国発のものであって，3つの特徴があると指摘した。第1に，高い技術と低いコストで提供するローエンド製品を作り出すこと。伝統的概念のローエンド製品と違って，コスト・イノベーションで生まれた製品は最も先端的の技術を備えることがポイントである。第2に，ローエンド製品の顧客にも，従来はハイエンド製品の顧客にしか提供しえなかった豊富なオプションを用意すること。第3に，高級品，ニッチ商品を大衆化すること。

消費サイドにおけるコスト・イノベーションのメリットは，これまで「高級志向」の顧客や一部の富裕層だけが享受できる「高級品」，「贅沢品」といったハイエンド製品が，コスト・イノベーションのおかげで大衆も手に入れられるようになったことである。しかも，より幅広いオプションから選べる。一方，供給サイドから見たメリットは，イノベーションのリスクを大きく下げられることではないか。というのは，「ハイエンド製品」から「ローエンド製品」に変えることで，市場が大きく拡大され，研究開発の「不確実性」が下がるだけでなく，製造コストをも下げ，「資源動員」の規模も下げるこ

とにつながるからだ。

　ただし，長期的にコスト・イノベーションが TFP の改善に貢献できるかという疑問は残る。第1に，技術資産は増えにくい。一般的に，コスト・イノベーションを実現できるのは，経済のグローバル化によりオープン・イノベーションの成果を以前に比べ容易に手に入れることで，さもなければ長期間を要するはずの人的・物的研究開発費用を節約し，ハイエンド製品を低価格で提供できるからである。しかし，基礎研究・研究開発の段階を飛ばして果実だけを手に入れても，研究知見や専門的経験の蓄積は足りず，技術資産は残りにくい[8]。第2に，製品の差別化・多様化が制限される。企業は競争力を上げるために，多様な製品を開発し，他社製品と差別化を図るほうが有利である。コスト・イノベーションを追求すれば，製品の差別化・多様化の範囲とレベルが制限され，長期的に新しいアイデアによる新製品の開発には不利である。第3に，質と付加価値の向上に不利である。コスト・イノベーションは，低価格競争に巻き込まれやすく，企業は製品の質より費用や価格の抑制を先行させるよう動機づけられる。製品の市場が拡大すれば，企業にとって利益は伸びるかもしれないが，付加価値は伸びにくい。長期的な低価格競争は，生産性の上昇に不利に作用すると考えられる。

3.　中国の経済成長と TFP

■改革開放以降の３つの発展段階

　本節の目的は，中国の経済成長の過程を振り返ることで，TFP をさらに

8）　湯進は，中国の産業発展パターンを念頭に「2段階キャッチアップ工業化」モデルを提示し，アメリカ・日本のケースと比較しながらキャッチアップ工業化の要件などについて詳しく考察した。湯（2009）によると，キャッチアップの第1段階は産業技術の習得，第2段階は新製品・新技術を創出するイノベーション力の構築である。生産方式で言えば，アメリカ型が少品種大量生産，日本型が多品種少量生産，中国が少品種大量生産であり，量産技術の面では，アメリカ型がコア技術の自社開発と M&A，日本型がコア技術の自社開発，中国型が製品のリバース・エンジニアリングや合併，提携，買収による技術獲得であった。湯は，中国の生産方式の下で，分厚い基礎研究と応用研究が行われている先発企業を破って，独自のイノベーションシステムを構築できるかという疑問を提示している（pp.25-27, 33-34）。

改善する必要性を強調すること，また筆者が1978年以降の中国経済を 3 つの段階を分け，その第 2 段階である1992～2010年を本研究の対象とする理由を述べること，である。

　1978年，中国は歴史的な転換点を迎えた。それまで毛沢東が指導した中国共産党は，社会主義国家として建国された後の30年近くの間，党内や社会の隅々に存在した自由主義的な思想や動きと絶え間なく闘ってきた。その結果，1976年の時点で 1 人当たり GDP は187か国の中に172番目となった（橋本，1989）。1976年以降，毛沢東の死去によって鄧小平が指導者となり，それまで最も重視したイデオロギー闘争を諦め，代わりに経済発展を優先して20世紀末に国民所得を 4 倍に増やすという目標を掲げた。1978年12月に開催された中国共産党第11期中央委員会第 3 回全体会議において，国の経済体制や経済発展の進め方に関して「改革開放」の基本路線を決定したのである。

　1978年から現在までの中国経済の発展を見ると， 3 つの段階に分けることができる。

　第 1 の段階は1978年から1991年までである。この段階における主な経済政策は「自主権の拡大」，中国的な表現としては「放権譲利」である。政府はまず，農業生産に対して50年代から形成された人民公社制度にメスを入れ，土地の使用権を農家に分配したうえで家族農業経営体制を導入した。そして1982年，人民公社が解体された。次に，国が都市の国有部門に対して厳しくコントロールしてきたシステムから，生産や雇用などに関する企業の経営自主権を徐々に拡大し，次第に生産または利潤請負制を採用した。また，法人税の導入によって企業は税引き後の利潤を留保できるようになった。同時に，私営経済の存在を認め，対外的には経済特区の設置によって外資導入などの開放政策を積極的に実施した。しかし，1989年に天安門事件が起きると，主要先進国からの投資および中国から外国への輸出は経済制裁によって落ち込んだ。

　第 2 の段階は1992年から2010年までである。この段階における主な政府の経済政策は計画経済から「社会主義市場経済」に移行する内容が多かった。1 つは，マクロ経済コントロールの面では，国家による投資計画や物資調達などの機能を弱め，自由価格を導入した資材調達から銀行・株式市場を通じ

た資本調達まで，さまざまな生産要素市場の整備に次々に取り組んだ。国家による物資配分の種類は，改革開放の初期には791品目にのぼったが，1994年には鋼材・木材・セメント・石炭など10品目の重要物資しか残らなかった（（中国）国家統計局，1998: p.234)[9]。次に，国有企業の競争力を高めるために，政府は所有権改革を実行して株式会社・有限会社制度を導入し，中小型企業の民営化を進めた。さらに，理論面では，1993年11月に開催された第14期中央委員会第3回全体会議で「社会主義市場経済体制を確立するうえでの若干の問題に関する中国共産党中央委員会の決定」を採択した。「社会主義市場経済」という言葉が公認され（唐木，2004)，資源配置に関して基本的に市場に任せなければならず，国有企業の財産権をはじめ行政と企業の分離，現代的企業制度の構築が必要であると宣言された。この決定は，社会主義市場経済体制の確立を大いに促すものとされた（『北京週報日本語版』2008年10月)。2007年には，エコノミストの間で大論争を巻き起こした，私有財産を保護する「物権法」が可決された。もう1つ重要なことに，中国は2001年末にWTO加盟を実現し，技術導入や輸出の面においても有利になった。

　第3の段階は，2011年から現在までである。この段階の主な特徴は，経済発展における政府の役割が強化されたことである。2008年，リーマンショックが発生した際に中国政府は4兆元（約52兆円，『日本経済新聞』電子版2012年11月25日付）の大規模景気刺激策を打ち出し，内陸部のインフラ整備や四川大地震の復興事業に重点が置かれ，結局，国有企業への投資につながった。2010年頃，ほかの国より早くV字景気回復を遂げたが，世界経済の回復が全体的に遅れたことと，投資効率の低下などの原因で鉄鋼をはじめさまざまな資材の供給が過剰となり，経済は再び減速に転じた。2014年5月に，国家主席・習近平は成長率の低下を意識しながら「経済の新常態」を提起したが，同氏は実は前年，中央アジアを訪問した際に国際社会が共同で経済のシルクロードを建設する「一帯一路」構想を提唱していた（中国中共党史学会編，2019)。この構想は，政府主導の対外経済協力と対外投資によって中国の内陸部とユーラシア大陸を結ぶ経済的基盤を作り，国際社会における中国の発

9）　1994年，上記10品目それぞれの市場に占める国家計画による調達の割合はいずれも50%以下になったという。

図1-2　中国の経済成長：1978〜2020年

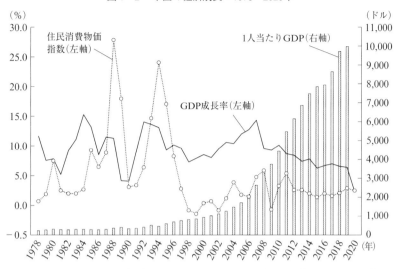

出所：実質GDP成長率，実質工業総生産額成長率，住民消費物価指数：『中国統計年鑑』各号，
　　　1人当たりGDP: Undata, United Nations Statistics Division.

信力を高め，中国経済に新たな原動力を生み出す目的があったと思われる。
一方，国有企業改革や民間企業の発展については，国有企業の民営化ではな
く，より強くてより規模の大きい国有企業集団を作り出す方針へと明らかに
転換しており，国有企業がより多くの役割を果たさなければならなくなった。
また，「混合所有制」を推進し，民間・国有それぞれの長所を生かし，国有
企業の業績改善が期待されるようになった。

　図1-2は，1978年以降の中国の実質GDP年平均成長率の推移，住民消
費物価上昇率の推移および1人当たり名目GDPの推移を示している。改革
開放後の42年間で中国の実質GDP年平均成長率は9％を超えた。第1段階
の1978年から1991年までの間に，農業の家族経営や都市部の生産請負制の導
入によって経済は成長しはじめ，成長率は1984年に15％まで達した後，資材
の入手が困難となるなかで物価が高騰し，溜まった都市住民の不満が，成長
から11年目に発生した天安門事件の一因ともなった。この段階の経済成長率
は平均的に9.26％だったが，国際的に孤立した1990年には4％に落ち込んだ。

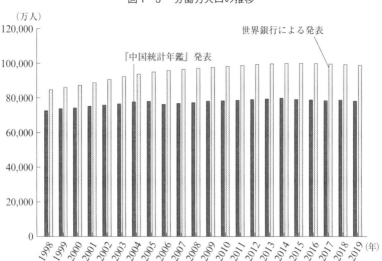

図1-3　労働力人口の推移

注：『中国統計年鑑』の数値は「労働能力を持ち，かつ労働意思を有する16歳以上経済活動人口」
　　を含む。世界銀行の数値は，16歳から64歳までの人口である。
出所：Global Note，元データソース：世界銀行。

　第2段階の1992年から2010年までの期間においては，比較的安定した高成
長が実現できた。1992年に発表された鄧小平氏の南巡講話によって海外から
の直接投資が急速に回復し，また政府の積極的財政政策や高い個人消費も景
気回復を支え続けた。この期間の平均成長率は10.6％に達しており，日本の
高度成長期に匹敵するものであった。

　2011年以降の第3段階では，物価上昇率は第2段階とほぼ変わりはなく
5％近くで続いているが，経済の平均成長率は6.76％に低下した。図1-3は，
中国の労働人口について，『中国統計年鑑』と世界銀行それぞれのデータを
示している。2つの統計の範囲は，グラフの注釈で説明したとおり異なるも
のの，いずれも2016〜2017年頃から中国の労働人口が低下しはじめたことを
示している[10]。はたして労働力供給の低下は中国の経済成長率低下の主因と

10）　2013年2月，中国国家統計局『2012年国民経済与社会発展統計公報』は，2012年の
　　15歳から59歳までの労働人口が前年より345万人減の9.37億人となり，初めて労働人口
　　減を示した（『中国新聞網』2013年2月22日付。2022年1月3日アクセス）。

なったのか，十分な検討に値すると思う。

　とはいえ，40年前に中国経済の規模は日本の27％，アメリカの11％に過ぎなかったが，今日に至って日本の3倍となり，アメリカの7割まで追いついてきた。輸出は世界1位となり，輸入面においてもますます重要な役割を果たしている。こうしたなか，中国の1人当たり名目GDPは1978年の220ドル前後から2000年には939ドルまで増加し，政府が約束した4倍増の目標を達成した[11]。さらに，2010年に4,000ドルを超えて上位中所得国基準に達しており，2019年に1万ドルの大台を突破した（Global Note）。

■労働と資本の供給

　中国経済は新しい転換点に差し掛かっている。1人当たりGDPは10,000ドルの大台になったものの，2010年以降は成長率が低下しつつある。供給サイドについて，政府統計当局の発表を見ても世界銀行の発表を見ても，労働力人口の減少が始まったことは間違いない。経済が成長している過程で労働力の供給が下がると賃金は上昇し，それまでの安価で豊富な労働力を武器に競争力を高める方式の有効性は徐々に低下する可能性がある。人口絶対数の減少に危機感を抱いた中国政府は，2015年に「一人っ子政策」を廃止し，翌年に「二人っ子政策」を開始した。また2021年に「第三子」の出産を容認するようになった。政府が2021年に行った人口センサスによれば，中国の総人口は2010年に13億3,972万人で，2020年は14億1,178万へと増加した。しかし，人口の増加率を見ると，1982年に2.09％とピークを迎え1990年から10年に1回の調査では，1.48％，1.07％，0.57％，0.53％と次第に低下していることが明らかになった（国務院第7回全国人口普査領導小組，2020）。中国人口学者の蔡昉氏は雑誌『比較』2021年5月号で，中国総人口のターニングポイントが2020〜2030年の間に到来すると予測した（蔡昉，2021）。労働力の減少局面を迎えると，労働生産性の上昇がなければ成長し続けることは考えにくくなる。

　中国では長い間，高い固定資産投資を維持している。図1-4から分かる

11）　1983年，鄧小平が国家計画委員会の責任者との談話で「今世紀末までの奮闘目標が決定された。経済効率を絶えず高める前提のもとに，工農業生産の年間総生産額を20年で4倍にするというのだ」と述べた（鄧，1987: p.17）。

図1-4　固定資産投資の増加率と名目 GDP に占める割合

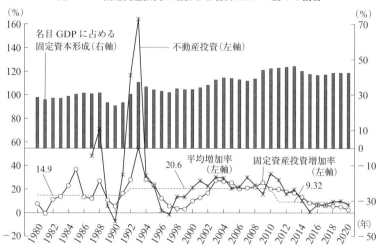

注：左軸は固定資産増加率，右軸は対名目 GDP 比率を表す。
出所：筆者計算。

　ように，固定資産投資の伸びは第 2 段階の1992年から2010年まで年率20.6％
と最も高かったが，名目 GDP に占める投資のシェアは全体的に縮小が見えず，
近年も40％以上で続いている。しかも，多くの時期で，不動産への投資は固
定資産投資の平均値を上回っている。中国では，土地は基本的に地方政府が
所有しているため，不動産をはじめ，産業開発用の土地は地方政府から使用
権を取得しなければならない。1980年代後半以降，各地方政府が土地使用権
の払い下げを始めた。1994年，中国政府は中央と地方の税収配分を改める「分
税制」改革を実施して税源を強化したが，地方政府は行政権限が許された一
方で税源は縮小した。そうしたなか，地方政府は各々の自主的財源を確保す
るために，地方所属企業を創出，一部行政費用を農村住民へ転嫁し，さらに
土地財政に依存する行動パターンが広がった。土地財政とは，土地使用権の
払い下げにより財源を作り出す地方政府の行為である。特に2000年代後半以
降，土地譲渡金収入が地方財政に占める割合が急増した（孟，2016）。地方
政府による土地払い下げの拡大は企業の地域開発を助長し，投資効率の低下
を招くリスクが高まる。長期的に，投資先導の経済は中国にとってどのよう

な結果をもたらすか，検討しなければならない。さらに，大型プロジェクトやインフラ整備の主要引受先の多数が国有企業であれば，競争相手における投資効率の低下，民間との所得格差の拡大，また不動産や株式市場への資金流用など，経済の健全化に悪影響を与える。対外的にも，管理下の変動相場制の維持によって，人民元の流動性が高まる体質を有しているので，投資に頼った経済開発は基本的にインフレ再燃を招きやすい。

■外資導入の役割と限界

　労働や資本のほかに，技術進歩が経済成長の重要な源泉であることは，ソロー・モデルをはじめ多くの先行研究によって証明されてきた。改革開放以来，中国での技術力を高めるプロセスを見ると，海外からの技術導入の役割は非常に大きい。海外から技術が導入される経路には，プラントや機械設備の輸入，特許の購入のように，毎年数千から 1 万件ほどの契約による直接的技術導入もあるが，「外資導入」を通じた間接的技術導入も重要な役割を果していた[12]。本来，中国の外資導入の目的は，導入政策によって獲得した産業発展の資金や技術と国内の安価で豊富な労働力によって，外貨を稼げる輸出産業を振興することにあるため，外資企業は生産した製品を一定の割合で輸出しなければならない。その後，政府は方針を変えて，「我が国が必要な技術や，我が国が輸入する必要がある製品を生産する外資企業に対して，中国国内販売の割合を高めることができる」というように，いわゆる「市場を以って技術を交換する」政策を打ち出した[13]。その典型例として，自動車産業がよく挙げられる。1980 年代に政府が重点的に発展させる対象として国有の自動車企業 9 社を指定してから 90 年代にかけて，中国に進出した外資系の自動車企業とこの 9 社との合弁が実現した。これは中国自動車産業の飛躍的発展の土台となった。ただし，外資導入を通じた技術発展の流れを見ると，外資導入によって生じた外部経済効果も決して無視すべきではない。WTO

---

12)　海外から技術導入の件数は 2009 年から 2018 年の間に，年平均 11,771 件，323 億ドルとなった。『中国科学技術統計年鑑』2010 年から各号。

13)　『国務院関於加強利用外資工作的指示（日本語訳：国務院の外資利用に関する指示）』1983 年 9 月 3 日。北京法院法規検索サイト，2022 年 1 月 10 日アクセス。

加盟を機に，それまで自動車生産の許可を得られなかった民族系企業が進出できるようになり，長期的な準備に技術伝播が加わり，自主ブランドの自動車メーカーが次々に誕生した。現在，自動車生産大国の中国では，民族系が市場の4〜5割を占めており，ほかには日系，ドイツ系，アメリカ系，フランス系などが占めている。中国は，国内幼稚産業を保護するため，中国の労働力が利用されて生産された外資企業の一般消費財や耐久消費財に対して製品市場を海外に求めながら，先端技術や最新技術が使われている製品に対して国内市場を提供する格好をとった。こうした積極的な技術導入のやり方に対して批判もあったが，中国政府は外資導入の方針を変えない立場をとっている。2000年代以降，先端技術の獲得を目的として海外企業を買収するケースも少なくなかった。

　しかしながら，中国はすでに上位中所得国になったため，これまでのように外来技術に依存しながら発展を求めることはできなくなっている。その理由は以下のようである。まず，海外の多国籍企業にとって，進出先国の経済事情や経営コストの変化によって新しい進出先国への移転動機は常に存在している。2000年代以降，大部分の海外企業は，通信コストの大幅な低下を受けて，最も効率のよい国・地域で生産活動を行いたいという要求を持っている。海外企業にとって，中国は上位中所得国になるにつれて賃金が上昇し，成長している地場企業との競争も激しくなり，価格競争で大幅なコストダウンが強いられる。そうなると，企業の利益幅は縮小し，進出の魅力が少なくなる。

　次に，上位中所得国になった中国では，産業構造の高度化とともに，一般技術より先端技術に対する需要が高まる。これに対して，多国籍企業では，自らの競争力を保つために知的財産権を保護する動きが強まる。こうしたなかで経済摩擦が生じやすくなる。2018年から発生した米中貿易摩擦・技術分断にはそうした要素が含まれていた。図1‐5は海外企業の対中直接投資における製造業の割合を示している。2010年以降，対中国直接投資契約の実行金額は依然として上昇しつつあるものの，対製造業投資は縮小している。具体的には，2010年の対製造業の投資額が495億ドルで全投資額の47％，しかし2020年には309億ドルで全投資額の21％となり，数量とシェアいずれもが

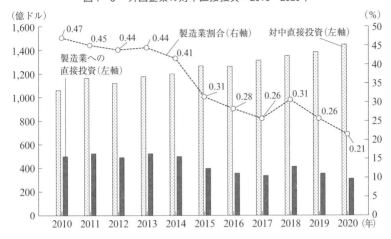

図1-5　外国企業の対中直接投資：2010〜2020年

下がっている。人件費をはじめ製造コストが上昇する一方，市場としての重要さが増しているため，飲食店や小売業，輸送・配送など製造以外の部門への投資が顕著になっている。

　中国政府は早くもこの問題を認識し，外資導入を継続しつつも，地域や産業，環境への配慮など政策調整が見られるようになった。2010年には，中国の輸出の54％が外資系企業による貢献だったが，2020年には36％に減少した。第11次５カ年計画（2006〜2010年）以降，中国は「自主創新」による産業技術レベルの向上を提唱し始めた。そのなかで科学技術部は「創新型企業」プロジェクトを立ち上げ，研究開発費や発明特許数，新製品の収入，労働生産性，イノベーション構造と管理という５指標の審査を導入して，創新型企業を育成している。一方，2014年９月開催の夏季ダボス会議で李克強首相が「大衆創業・万衆創新」（「双創」と略称），一般大衆によるイノベーションを推し進めていくことも表明した。AIやロボット，EV電池，スマホ，ドローン，造船，プラットフォーマーなど一部の中国企業はすでに各分野の先頭を走っているが，自主的技術革新の道のりはいまだに遠いと思われる。中国発のコスト・イノベーションという言葉を考案した Zeng and Williamson（2007）は中国製造業の弱点の１つとして「支配的技術（dominant technology）」の不在

を挙げた。原因は，基本技術に関する十分な知識と能力，およびグローバル経済に通用する十分なアプローチを持っていないからと考えられる（pp.126-127）。

4. 本書の研究方法とデータソース

■研究の対象期間

上述のとおり，本書は1992～2010年を対象期間として，中国産業の全要素生産性研究を行う。

1992～2010年の期間は他の期間に比べて，中国にとって安定した高成長を実現できた時期であった。鄧小平氏の南巡講話によって海外からの直接投資を呼び込み，技術導入によって輸出産業が拡大した。1990年代後半から2000年代前半まで三大改革（国有企業改革，金融改革，行政改革）が行われ，中小国有企業の民営化と大型国有企業の株式会社制度の整備が進められた。WTO加盟が2001年に実現したことで，法律の整備，政策の制度化や透明性の向上，さらなる市場開放が推進され，外国企業のみならず国内の民族産業も恩恵を受け，いっそう発展する途が開かれた。製造業では東アジア地域の経済や世界経済との連携が深まり，製造大国になりつつあった。サービス業の対外開放も進み，市場としての魅力が増していった。2008年夏には北京オリンピック，2010年には上海万博が開催された。この18年間，GDPの年平均成長率は10.6％に達しており，日本の高度成長期に匹敵すると言える。1人当たり所得は1992を1として，2010年では2.7となり，3倍近くに増えた。この期間の成長パターンを明らかにすることは，中国経済の特質やこれからの行方に関する理解の一助となるだろう。本書は，今後の経済成長に向けて具体的な処方箋を提示するものではないが，過去の成長要因を分析することによって，「中所得国の罠」を避け，高所得国に進むために，何に力を入れるべきかを明らかにするようなエビデンスを提供できればよいと思う。

■研究の対象部門

TFPに関する筆者の研究は産業部門を対象にしており，農業，採掘業，

製造業，サービス業を含めて全39産業となる。産業に注目する理由の１つ目は，産業構造の変化とその要因を考察するためである。経済発展初期の第１次産業は，一般的に旧来式の農作業を中心とした農業部門を指している。第２次産業は近代的技術が徐々に導入されながら生産性が上昇していく工業部門を指している。さらに第２次産業は採掘業と製造業に分かれており，製造業にはさらに生活関連，素材加工，組立などさまざまな種類の工業部門が含まれている。第３次産業は国民所得の上昇につれて商業や輸送，郵便，観光，教育，金融保険など，主に生活との関連が高いサービスを含んでいる。ペティ＝クラークの法則によれば，経済発展につれて第１次産業から第２次産業へ，第２次産業から第３次産業へと労働人口が移動し，一国の産業構造が変化していく。産業構造の変化には需要側・供給側の双方の要因があり，各々の産業の成長または衰退要因を探るには，供給側から資本投入，労働投入，技術進歩のそれぞれがどのように貢献しているかを明らかにする必要がある。

　２つ目の理由は，産業は企業の集合体であり，マクロ経済分析に不可欠な視点だからである。マクロ経済分析は集計された一国全体の消費，投資，輸出，輸入などの指標を用いて行われるのが一般的だが，それぞれの指標は「総額」であれ，「平均値」であれ，抽象的な数値にすぎない。それら「総額」の中身を見るには企業データが望ましいが，何十万の企業データを見るのはほぼ不可能である。企業の集合体としての産業はおよそ数十個のため，いわゆる２桁のレベルで分類された産業のデータをもとに一国の生産活動を把握することが可能であり，合理的でもある。一口に産業と言っても，大分類，中分類，小分類，細分類などいろいろ分類のレベルがある。つまり，産業は国と企業の間に位置する単位で，類似した生産物を生産する活動や類似した生産方法を使った生産活動などに関して，国という範囲の集合としてよく取り上げられる。企業は複数の生産物を生産している場合は，主要な事業が所属する産業に帰する。技術の観点に立って見れば，産業は TFP を測定する最適単位である。なぜなら，一国のなかで，ある産業の技術は，当該産業の生産物を生産する企業の平均技術水準を反映しているからである。

　３つ目は，実は大変重要であるが，一部の国を除き，産業データの整備が遅れている国が多い。宮川（2005）は日本，アメリカの経験を踏まえ，分析

に耐えうるだけのデータが十分に整備されていなかったため，「産業」の視点からの分析が盛んにならなかったと指摘した（pp.46-47）。生産性分析の立場から2桁産業部門の労働投入，資本投入，中間投入のデータを揃えれば，その国の構造変化，所得変化，成長要因，潜在的成長力などを分析することは可能だが，労働投入，資本投入，中間投入のデータ整備は複雑なため，大変遅れている。中国に関して言えば，地域関連のデータ整備は比較的進んでいるが，産業関連のデータ整備は遅れている。原因の1つは，企業統計の難しさにある。中国の経済改革は漸進的で，企業形態の中身が少しずつ変化してきた。従来の統計体制は明らかに企業の変化に追いつけず，一部の統計は対応が速く，一部の統計は遅れたため，整合性に欠ける。もう1つの原因は，従来の社会主義体制下の国民経済計算システム MPS（A System of Material Product Balances）から，改革後，特に社会主義市場経済の確立後に，国連の国民勘定体系 SNA（System of National Accounts）へと移行したことにある。この移行は，統計範疇，産業分類，指標の公開，多くの分野に影響が及び，時系列の連続性は確保されていない。結局のところ，中国の産業分野に関する研究を行うにはデータの収集や推計に大変な労力がかかるが，産業別のデータベースを整備することは不可欠だと筆者は考えている。

　4つ目は，所有制改革の成果を分析するためである。中国の所有制改革はおおむね2つに分かれる。1つは国有企業の改革である。改革以来，国有企業の自主権拡大から，行政と企業経営の分離，人員削減，株式会社・有限会社制度の導入，一部の産業からの国有企業の退場など，一連の改革が行われたが，改革はどこまで進んだのか，観察データに基づいて分析する。もう1つの改革は，民間部門を発展させることである。政府は個人経営や私営企業を社会主義市場経済の重要な部分として認めており，私有財産の所有権を含めた「物権法」を整備した。2010年代以降，国有企業が民間資本を受け入れる「混合所有制」の導入を進めているが，2010年までの改革の成果について生産性の面から評価することは，今後の改革にも意味があるだろう。国有部門と非国有部門を考察するには，産業レベルまで掘り下げる必要がある。例えば，鉱工業全部門の総生産額を見れば，2000年代の前半から国有部門の比率は3割まで下がったが（『中国統計年鑑』），これだけで経済の本質を捉えら

れるか，答えは難しい。中国では，政府方針として特定産業における国有部門の支配的地位を維持し，さらに強化することもある。政府の方針と民間の経済活動の結果はどうなったのか，産業のアウトプット，インプット，生産性から検証したい。

　5つ目は，産業間の労働生産性の格差を考察するためである。産業レベルの付加価値労働生産性は従業員の賃金レベルを反映しているので，産業間における賃金格差を観察できる。農村部と都市部の所得格差と都市部改革の深化によって都市部産業間の所得格差について，産業間の付加価値労働生産性の計測を通して明らかにする。

■産出の扱い

　第1節でも述べたが，TFP の計測においては，産出ベースと付加価値ベースの2方法がある。産出ベースの TFP は，生産に使われている技術はすべての生産要素に影響を与えうるという観点からすれば，正確に生産性を捉えることができる。また，測定時に，時間の変化につれて生産要素の「量的」変化のみならず，「質的」変化も考慮したのであれば，測定された TFP は体化されていない技術（disembodied technology）の変化を反映するものと考えられる。体化されていない技術進歩とは，「コストがかからない，例えば，知識や企画，ネットの効果，経営・組織的な改善を含めた他社からのスピルオーバー効果ということである」（Schreyer, 2001: p.20）。一方，企業や産業の所得，あるいは国民の所得という観点からすれば，付加価値ベースの TFP は1単位の本源的生産要素によって生み出された付加価値であり，「技術進歩の成果を所得または最終需要に転換させる産業の能力を反映するもの」である（Schreyer, 2001: pp.27-28）。つまり，経済成長を推進する能力，経済全体の生産性として捉えることになる。

　付加価値ベースの TFP 測定は，労働と資本のみが生産要素となり，中間投入を取り入れていないという意味で，測定結果がすべての技術変化を説明したとは言えない。TFP は基本的に体化されていない技術進歩を測るのが重要な目的とされているが，体化された技術進歩（embodied technology），つまり投資と技術進歩の関連性も重視されている。例えば，ソローは「私が体

化と名付けたところのもの，多くの技術進歩おそらくはそのほとんどが，新しい在来のものとは異なった資本設備の使用をつうじてのみ現実の生産にとりいれるという事実にほかならない。したがって，技術革新が産出量を増やす効果の大きさは，粗投資の率に依存する。投資を増加する政策は，それ自体大して重要ではない資本集約度の高度化をもたらすばかりではなく，また新技術が現実の生産のなかにとり入れられていく速さをも高め，それが重要なのである」と述べた（Solow, 1987，日本語訳，1988）。すなわち，技術の変化を表す指標TFPは，決して資本ストックの形成に無関係ではないという考えを示した。ここで言う技術変化は，資本の「質的」変化を資本投入に取り込まなければ，体化された技術を指すものになる。体化された技術とは「資本財や中間財のデザイン上または質的な進歩として表れており，これらの進歩はそれぞれの生産要素に付随し，対価として生産要素と一緒に支払われる」（Schreyer, 2001: p.20）。1産業の場合は，製品・サービスの研究開発から提供まですべての過程で所得の向上を実現する潜在力を表す指標にほかならない。筆者は，特に経済発展の初期段階で，ソローが指摘したとおり，資本投資が果たしたのは資本蓄積そのものだけでなく，速いスピードで新技術を生産に取り入れる役割のほうが大きいと思う。つまり，発展途上国の投資は生産増加の効果のみならず，キャッチアップの効果をももたらすことを無視できないのである。

　現在，中国は経済の量的拡大から質的拡大へと経済パターンの転換を追求しており，技術の変化・進歩を表す産出ベースTFPと技術進歩の所得向上に与える効果を表す付加価値ベースTFPの両方ともが重要である。測定面を見ると，産出ベースのTFP測定では時系列の産業別中間投入のデータが必要とされる。中間投入のデータは「産業連関表」から抽出するしかない。しかし，産業連関表の作成には膨大なデータ量と計算量が必要になるため，各国とも数年に一度しか発表していない。中国は1987年から5年に1回発表しているが，中間年推計の入手は一般的に困難である。そのような理由からも，筆者は，付加価値ベースのTFP測定によって，中国産業の成長における技術進歩の貢献について考察したいと考えた。ただし，黒田・吉岡・清水（1987）が指摘するように，マクロレベルのTFP上昇率の測定において，産

業間の波及効果を考慮すれば，中間投入を無視するべきではない。したがっ
て，本書では OECD などで検討された付加価値ベースの測定から総生産ベー
スの測定への変換を行う。

■推計に関するいくつかの配慮

（1）生産要素の質を考慮する測定

　本書における生産性分析の特徴の 1 つは，アウトプットの成長に対する貢
献についてインプットの量的貢献だけでなく，質的貢献も考慮することであ
る。経済成長が生産要素投入の成長か TFP の成長，または両方の要因によっ
て達成されることは，経済成長理論の基本的立場である。本書の扱いでは，
アウトプットが付加価値額，インプットが本源的生産要素としての労働と資
本である。前述したように，経済体制改革の過程で中国の統計システムも変
化し，SNA の枠組に基づいて構築された生産性測定に必要なデータの整備は，
さまざまな困難を乗り越えなければならない。こうしたなか，労働投入に関
して，産業別，所有制別以外に，年齢別，性別，教育歴別といった交差分類
された3,120個の属性データを時系列的に作成した。さらに，属性別の時間
当たり賃金データを作り，労働分配率を推計した。労働力の量的変化，質的
変化を通して，中国経済の課題が見えるようになる。
　資本に関しても同じように資本投入全体の成長率から質的変化を分離した。
固定資産は，一般的に建物，設備，その他の工具・費用に分かれて分類され
ている。これら建築物や設備は耐用年数（vintage）が異なるため，年間相対
効率の変化率も別々である。建築物は想定外の自然災害による破壊がないか
ぎり数十年は使用される。機械設備の耐用年数は建物より短く，半分以下と
なることもある。自動車は丁寧に使えば10年以上もつが，経験的に 6 年を超
えれば掛かる費用が増える。さらに，年代によって同種の資本財の間でも体
化された技術は異なる。結局，資本財の増え方を測った結果としての資本の
量的変化，資本財の構成比変化を測った結果としての資本の質的変化が資本
投入に含まれる。そのため，各産業について建物，設備，その他工具・費用
に分かれるように交差分類された117個の属性の資本ストックデータを時系

列的に作成した。さらに，資本の質的変化を資本投入から分離するために，異なる属性の資本ストックに対し，総資本サービス額に占めるシェアをウェイトとして集計した。資本サービス費用の推計に関して，Jorgenson（1963）で提示された枠組に基づき，資本財の取得価格，資本財の経年により価値変化，資本財の市場価格の変化，資本所得の変化，税体系の影響，資本収益率という複数の要素を考慮した資本サービス価格の推計を行う。ただし，所有制について，それぞれの企業所有制形態の固定資産投資に関して，建物，設備，その他と資本財の種類によって分けるデータがないので，所有制別に資本の質的変化を観察することができないのは残念である。一方，所有制別でなければ，質的変化を反映する資本ストック，資本サービスの推計は可能であった。

（2）農民工に関する推計

　中国は，1950年代に戸籍制度を導入した。政府が社会主義経済建設のために重化学工業を重点産業として，農業に対して集団化，生産物の統一管理，統一価格を実施し，さらに戸籍制度によって農民の都市への移動を制限した。1978年以降，経済改革のなかで人口移動制限が緩和され，従来は臨時的に数日以内しか都市に滞在してはいけなかった農村戸籍保持者が，商売や臨時雇用の形で都市に長期滞在できるようになった。農村部の余剰労働力が都市部の経済活性化の流れに合流し，中国経済の新しい原動力となった。農村部から都市部に出稼ぎに行った労働者の滞在期間は数か月から数年にまで及ぶ。1990年代に入ってからは，内陸農村から沿海都市への移動も活発化し，統計によると，1990年代の人口移動は数千万人の規模で，2000年代前半には1億人台にのぼり，2010年に2億人以上にまで増加した（中国衛生健康委員会，2018）。一方，中国の労働統計システムは企業を対象に統計をとっており，正規労働者しかカウントされていない。他方，人口センサスでは住民・住戸を対象に調査されているので，農村戸籍保持者も就業先が農業以外の産業である場合はカウントされる。結果的に，2つの統計システムにおける労働力に関する集計には離齬があった。筆者は，人口センサスから分かった「非正規」の労働力を農民工として，性別，年齢層，教育歴，就労先，労働時間に

ついて推計し，産業別労働投入の中で反映させている。限られたデータから
の推計だが，出稼ぎ労働者の貢献分を取り入れることで，労働投入推計の正
確性と真実性を高めることができると考えている。

(3) 不完全競争と TFP

　成長会計による TFP の測定では，完全競争市場という条件が付く。それは，
完全競争の下での生産物市場において，各々の企業の限界収入が限界費用に
一致することを仮定し，労働所得対付加価値の比率を労働分配率として労働
投入の集計に用いるためである。また，規模に関する収穫一定の仮定の下で，
労働分配率＋資本収益率＝１として，資本分配率も資本投入の集計に用いら
れる。分配率を用いて成長会計によって TFP 上昇率を測定するのはシンプ
ルで，一般的な方法である。しかし，現実における市場参入には往々にして
障壁が存在し，すべての企業がプライステイカーとは限らず，価格決定に大
きな力を持つ企業の存在も珍しくない。発展途上国では，開発志向が強く，
そのため中央集権的な政府が重要な役割を果たすことになり，国有資本比率
の高い産業ではプライスメーカーが存在する可能性も高い。本書では，１つ
の試みとして，中国の産業別マークアップ率の測定を取り上げている。マー
クアップ率は価格と限界費用の比率であり，企業が価格に対して支配力を持
ち，超過利潤を得ようとする場合は，価格を限界費用より高く設定すること
になり，マークアップ率が１を超える。マークアップ率の推計によって各生
産物市場に不完全競争が存在するか否かが検証される。さらに，マークアッ
プ率を使って従来の成長会計で測定された TFP 上昇率を修正する必要があ
る。不完全競争が存在する経済に対して，完全競争を仮定して TFP を測定
すればバイアスが生じ得る。つまり，測定された TFP 上昇率は，真の技術
進歩率を正しく反映できなくなる。本書では，不完全競争による生じ得るバ
イアスを排除するために，推計されたマークアップ率を用いて過去に測定し
た TFP 上昇率を修正した。

(4) 環境保全と TFP

　従来，全要素生産性の変化の測定は，市場に反映される産出と生産のため

の投入に基づいて行われ，生産過程における投入や産出の外部経済効果を考慮してこなかった。つまり，経済主体がコントロールできる範囲内の要素のみを視野に入れ，外部効果を一切取り扱っていない。しかし，セメントや鉄鋼業，化学工業，電力などエネルギー多消費型産業の場合，生産過程においてしばしば環境破壊的な負の「産出」が生じる。環境汚染のように生産過程で「産出された」副産物をどのように処理するかは，生産性研究の課題である。多くの生産性研究においては，環境汚染や公害問題の改善にかかる費用に着目し，環境保全のための資産投資を取り入れることで資本投入を増加させることとなり，結果的に TFP 上昇率の低下をもたらすという結論につなげる。一方，経済効率を高める視点から，環境汚染の削減によって生じたベネフィットを生産性研究に取り込むアプローチもある。本書は，鉄鋼業のケースから，環境汚染の削減を考慮した生産性を測定した。分析モデルによって，環境汚染によって生じた損害の経済価値を副産物とし，副産物の増加率が産物の増加率より小さければ，経済効率を反映する TFP 上昇率が高くなる。この方法は，TFP の上昇をもたらすことで，企業や産業界による環境汚染を削減するために払った代価をポジティブに評価する。

■統計資料

　TFP の測定に使用されたデータソースは，中国の国家統計局をはじめ政府当局が発表している統計資料である。具体的には，次のとおりである。

　『中国統計年鑑』（国家統計局編，中国統計出版社）

　『中国労働統計年鑑』（同上）

　『中国固定資産統計年鑑』（同上）

　『中国固定資産統計年鑑：1950-1995』（同上）

　『中国固定資産統計数典：1950-2000』（同上）

　『中国投入産出表』（同上）

　『人口普査資料』（国務院人口普査領導小組・国家統計局編，中国統計出版社）

　『1987・1995年 1 ％人口抽様調査資料』（中国全国人口抽様調査弁公室）

　『中国鋼鉄統計』（冶金工業部発展規劃院・冶金工業部信息標準研究院編，出版）

　『中国鋼鉄工業年鑑』（『中国鋼鉄工業年鑑』編輯委員会編，出版）

『中国環境統計年鑑』（国家統計局編，中国統計出版社）
『中国人口与労働問題報告（人口与労働緑皮書）』（蔡昉主編，中国社会科学院出版社）
China Energy Databook, Lawrence Berkeley National Laboratory and Energy Research Institute

　このほか，統計資料収集のため，研究報告書，研究論文，著書も多数利用した。ここで，感謝を申し上げたい。

第 2 章

労働投入の推計

　本章は，「成長会計」の観点から中国経済における労働投入の量と質の変化に注目する。「成長会計」の立場では，経済成長は生産要素の増大および全要素生産性の改善によってもたらされる。そのため，本源的生産要素の1つである労働投入をどのように捉えるかは，経済成長の要因分析にとって重要な課題である。同時に，労働投入の測定はさまざまな経済問題を分析するための「前工程」でもある。2013年2月1日，中国国家統計局は2012年の中国の生産年齢人口（15～59歳）が初めて減少し，前年より345万人減少したと発表した（人民網・日本語電子版，2013年2月1日付）。以降，生産年齢人口の減少局面を迎えている中国では，供給の視点から労働生産性の向上，労働力の質の向上，労働力の部門間における合理的移動などが重要視されている。こうしたなかで，数量と質という2つの面から労働力投入の現状を把握しなければならない。

　本章では労働力の投入量，農民工の投入量，労働サービス，労働力の質的変化，という4つの側面から労働投入の推計を説明する。第1節は，労働投入量の推計方法や利用しているデータソースについて述べ，推計の結果を示す。第2節は，農民工の労働投入についての推計を説明する。1990年代以降，戸籍制度の緩和で農村部から都市部への出稼ぎ労働者（本書では「農民工」と称する）が増えている。1990年に2,100万人規模であった農村から都市への流動人口は，2000年には1億人台を超え，そして2010年には2億2,000万人以上にまで増加した（中国衛生健康委員会，2018）。農民工の労働時間に関して，これまでの政府調査と先行研究を検討しながら推計を試みる。第3節は，労働投入の質的変化を考慮した労働サービスの推計方法を説明し，推計結果を

示す。第4節は，労働力の年齢や性別，学歴，所属先の所有制形態といった
各々の属性が主要因となった場合の労働力の質的変化に与える影響を分析す
る。

1. 労働投入量の推計

　通常，質の変化を考慮した生産要素の集計にはディビジア型数量指数が使
われる。第1節では質を考慮せずに労働投入量の単純増加率を図ることが目
的であるので，労働力の質を均等にする集計は必要としない。しかし，次の
段階で質を考慮した測定を計画しているため，労働投入の異質性を最初から
考慮しなければならない。いま，産業部門 i に n 種類の属性別就業者があり，
労働投入量 L_i は，異なる属性の労働者の労働時間 H_{ij} $(j=1,\cdots,n)$ の関数と
して表すことができる。

$$L_i = f(H_{i1}, H_{i2}, \cdots, H_{in}) \tag{1}$$

ただし，$H_{ij}=h_{ij}\times l_{ij}$ である。h_{ij} は産業部門 i に雇用される第 j 種類就業者の
単位労働時間（hour）で，この推計では年労働時間となる。また，l_{ij} は産業
部門 i に雇用される第 j 種類の就業者数である。中国では，農民工をはじめ
非正規就労者の役割が重要であり，労働量を図る際にも非正規就業者の労働
時間を評価する方法が必要とされる。産業部門 i の労働投入量の増加率は (2)
式のように，各属性の実労働時間の増加率に対して単純集計で得ることがで
きる。

$$\ln L_i(T) - \ln L_i(T-1) = \sum_j [\ln H_{ij}(T) - \ln H_{ij}(T-1)] \tag{2}$$

　ただし，所有制別および産業別に労働力の投入量を把握するためには，統
計上の問題をいくつか乗り越えなければならない。
　まず，中国では集団所有制企業，私営企業に関する統計制度の整備が遅れ
ていた。1979年以前の計画経済期では，国有企業が国民経済の中心的なプレー
ヤーであったため，国有企業に関する統計は比較的よく整備されている。し
かし，経済改革が開始してから，さまざまな所有制形態の企業が出現し，既

存の統計体制の下で必ずしも新しい部門変化を把握できない状態がしばらく
続いた。農業部郷鎮企業局発行の『中国郷鎮企業年鑑』は，農村部労働力に
関する産業別・地域別の詳しい情報を発表する重要なデータソースであるが，
政府が推進した中小型国有企業や集団所有制企業の民営化が先行しており，
この統計は現実を反映できていない時期もある。

　次に，統計範囲や基準に変化が多く，統一することは困難である。例えば，
国家統計局が作成する『中国統計年鑑』では，対象となった工業企業の範疇
が数回にわたって変更されており，推計結果に一定の影響を与えている。さ
らに，労働力統計の中で，農村部から都市部に行った出稼ぎ労働者（農民工）
のデータが少ない。日本の人材派遣制度と違い，中国では農民工は企業と直
接に契約を結ぶことが多いので，就労先などの現状把握は難しい。ただし，
2000年代半ば頃から統計当局は流動人口を追跡するシステムを立ち上げ，農
民工の年齢や教育レベルなどを反映する報告を発表するようになった。

■主なデータソース

　まず，労働力の属性に関する詳しい情報を収集・発表しているのは，中国
政府が実施している「人口普査」である。これは1949年以後の中国で唯一の
全数調査であり，人口の実態を最も全面的に反映する調査である。中国では，
これまで1953, 1964, 1982, 1990, 2000, 2010, 2020と 6 回の人口調査が
実施された。このうち1982年以降に実施された各人口普査では就業状態につ
いても調査され，国全体や地域別，産業別の就業者数や男女，年齢，教育，
就業者数が公表されている。また，2010年人口普査からは就業者属性別の実
労働時間も得られる。このほか，西暦末尾の数字が「 5 」の年に「人口 1 ％
の抽出調査」が実施され，さらに毎年 1 ‰の人口を対象として「人口動態標
本調査」が行われている。統計局では，毎年の全国就業者数の推計に人口セ
ンサスの結果をベンチマークとしながら標本調査によって延長推計を行い，
この延長推計は『中国労働統計年鑑』の元になっている（李，2006）。

　次に，『中国労働統計年鑑』，『中国統計年鑑』，『中国郷鎮企業年鑑』は年
度別，産業別の就業者数や賃金などの把握にとって不可欠な統計資料である。
これらの統計は国有企業をはじめ，一定規模以上の非国有企業や郷鎮企業に

関する基本データを提供しているが，2010年まで私営企業は統計の範囲に入っていない。本章の推計では，工商管理局が提供している私営企業・個人企業の登録情報を利用することもある。中国では，2009年から中華工商連合出版社が『中国私営経済年鑑』を公刊しており，同年鑑は私営経済の研究における重要資料となっている。

さらに，産業別の付加価値や所得に関しては，産業連関表も利用しているが，産業連関表は5年に1回作成されること，また各種の統計年鑑の間で産業分類が異なることもあるので，調整を行う必要がある。

最後に，農民工のデータを収集するには『中国人口与労働問題報告（人口与労働緑皮書）（Green Book of Population and Labor)』は重要な情報源である。このグリーンブックは2003年から中国社会科学院より出版されており，農民工の人数，産業分布，属性に関する貴重な情報源であると同時に，多くの調査成果も発表している。これらの統計資料に加えて，中国の労働力移動や農民工の問題を取り上げた先行研究の結果も参照している。

■労働力の分類と属性区分

労働力の投入量について，産業・所有制・属性の交差分類を行って集計した。産業部門は，「国民経済行業分類，CSIC2009」における2桁分類の98部門に対して集計し，最終的に39部門に集約した（表2-1）。そのなかで，農業（林業，牧畜業，漁業を含む）は1部門，採掘業は5部門，製造業は26部門，基本インフラは3部門（電力，建築，輸送・郵便），商業・サービスは4部門となっている。サービス部門は一部産業のデータが入手できないという問題があるため，「その他サービス」では科学技術や衛生・スポーツ部門から，教育・文化事業，社会サービス，国家機関・社会団体までを1つの分野として扱っている。

表2-2は所有制・年齢・学歴の分類を示している。所有制別生産性の研究は本書の目的の1つであるから，労働投入も所有制別に集計しなければならない。中国の統計では都市部と農村部に分けて集計されることが多い。都市部の所有制形態としては，国有，都市集団所有，私営，個人経営，株式制，共同経営，外資（香港・マカオ・台湾からの投資を含む）と詳しく分類されて

表2-1　産業の分類

	産業名		産業名
1	農業	21	ゴム製品
2	石炭採掘	22	プラスチック製品
3	石油・天然ガス採掘	23	建材
4	鉄金属鉱石採掘	24	鉄鋼業
5	非鉄金属鉱石採掘	25	非鉄金属製造
6	非金属・その他採掘	26	金属製品
7	食品	27	汎用機械・専用機械
8	飲料	28	輸送用機械
9	たばこ	29	電気機器
10	紡績・衣料品	30	通信機器
11	皮革・毛皮製品	31	事務用機器
12	製材	32	工芸品・その他
13	家具	33	電力・水道・ガス
14	製紙	34	建築
15	印刷	35	輸送・郵便
16	文化・スポーツ用品	36	商業・飲食・ホテル
17	石油加工・コークス	37	金融業
18	化学製品	38	不動産
19	医薬品	39	その他サービス
20	化学繊維		

表2-2　労働者属性の分類

所有制形態	国有企業	年齢層	①15～24歳		
	①国独資企業		②25～34歳		
	②国有持ち株企業		③35～54歳		
	非国有企業		④55～59歳		
	①都市部集団所有制企業		⑤60歳以上		
	②都市部株式制・共同経営・有限公司	学歴	属性名		範囲
	③都市部私営企業・個人企業		①大学卒		大学専科・大学・大学院
	④外資・香港・マカオ系企業		②高校卒		高校・専門学校
	⑤農村部集団所有制企業（郷鎮企業）		③中学校卒		中学校
	⑥農村部私営企業・個人企業		④小学校卒・非識字		小学校・機能的非識字・非識字

いる。農村部については，郷鎮集団所有，私営，個人経営に分類される。
ここでは，以上の所有形態の企業を国有と非国有の2大部門にまとめて集計
を行うが，そのために，まず国有企業の範疇を明らかにする必要がある。国

有企業は，1949年に中華人民共和国が建国される以前に中国共産党の根拠地で運営されていた銀行・工場などが国有化されたもの，1949年以前に国民党政府や外国資本の所有した企業を接収し国有化したもの，1956年の「公私合営」された後に国営化されたもの，社会主義建設以降に国家財政の投資で設立されたものが含まれる（樋口・範，2008: p.8）。1990年後半，政府は国有企業に対して所有権改革を行い，国有企業は株式会社あるいは有限会社形態となった。出資者も大きく変わり，国が全資本を持つ企業もあれば，国内外の民間部門，株主と共同所有する，いわゆる混合所有制企業も多数出現した。推計では，基本的に政府統計当局の分類に従って，国が全資産を持つ企業または国が支配株主となっている混合所有形態の企業を国有企業とし，それ以外の企業を非国有企業として区分している。

　続いて，集団所有制企業を国有と非国有のどちらかに分類しなければならない。中国では，公有制の一形態として各産業に集団所有制（中国語：集体所有制）企業が存在する[1]。集団所有制企業は，一般に地方政府や経営者，従業員の共同出資によって共同所有されている企業を指す。計画経済時代には人民公社が集団所有制経済の主要な部分であっが，人民公社は1980年代前半に解体され，現在は主に農村部の郷鎮企業や都市部の町工場が集団所有制企業の範疇に入っている。そこで，集団所有制企業は非国有企業に分類することにした。

　年齢別の労働投入の分類については，15〜24歳，25〜34歳，35〜54歳，55〜60歳，61歳以上と5つのグループに分ける。中堅層である35〜54歳は，人口調査の発表で1つのグループにされているため，細分化できない。55歳以上の年齢層について，中国では法定退職年齢が男性と女性とで異なるため（男性は60歳，女性は一般にブルーカラーが50歳，ホワイトカラーが55歳），この推計では55〜60歳，61歳以上の2グループに分ける。

---

1) 　日本語の「集団」は中国語の「集体」という言葉に近い。中国語にも「集団」という言葉があり，しかも改革開放以来，企業名のなかに「…集団企業」もよく見られる。樋口・範は，中国語における2つの言葉について，以下のように述べている。「「集団」はグループであり，集合した要素が独立性を保ちながら相互に一定の結合関係をもった状態を意味するが，「集体」は，集合した要素（社員）が独立性を無くし，あるいは独立性を弱める集合体に緊密に一体化した状態を意味している」。

　学歴別の労働投入の分類について，小学校卒・非識字，中学校卒，高校卒，大学卒と 4 つのカテゴリーに分ける。中国では，中学校を卒業する際に，高校に進学，専門学校に進学，就職という 3 つの選択肢がある。高校は基本的に大学への進学を目的とした基礎知識や専門知識を勉強する教育機関であり，専門学校は主に職業や専門に関する知識を習得する教育機関である。本推計では，専門学校卒を高校卒グループに分類する。大学卒の分類には，大学専科卒も入っている。中国では，大学専科は専門教育を重視する 3 年制コースを指す。

■「従業人員」，「職工」，「単位」

　中国では，就労者の統計において 2 つの概念が使われてきた。1 つは，「従業人員」の概念である。これは「一定の社会的労働に従事することで労働報酬または経営収入を得ている人員」と定義され（『中国統計年鑑』，「主要統計指標解釈」より），次のような就業者を指している。①職工，②再就職した退職者，③私営企業の経営者，④個人企業の経営者[2]，⑤私営・個人企業の従業員，⑥郷鎮企業の従業員，⑦郷鎮企業以外の農村部の従業人員，⑧軍人およびその他の従業員。もう 1 つは，「職工」である。これは都市部の「単位」に勤める従業員を指すが，この「単位」は中国の特別な用語であり，都市部すべての企業や事業所を中央政府か地方政府が所有している計画経済時代には，一般的に人々の職場という意味で使われた。改革開放以後，企業や事業所の形態が多様化したこともあり，職場としての「単位」の範囲も広がったが，統計上では主に国有企業，都市部集団所有制企業，株式制企業，共同経営，外資企業の従業員を指し，一方で農村部にある集団所有制企業や，都市・農村の私営企業の従業員は含まれていない[3]。

　1997年以前の『中国労働統計年鑑』では，2 桁中分類の就業者数データは「職工」のデータであった。一方，社会全体の就業者数などについては「従

2）　中国では，従業員が 8 名以下の企業が「個人企業」に分類され，私営企業と区別されている。自営業者は事実上この範囲に入っている。
3）　2003年以降，これらの企業は正式に「城鎮（鎮以上の都市部）単位企業」と呼ばれるようになったが，さらに「国有単位」，「集体（日本語：集団）単位」，「その他単位」に分類されている。

業人員」が使われた。この使い分けは，部門の合計値が全就業者数に等しくならない問題をもたらす原因の1つと指摘されている（Wu and Yue, 2012）。統計局は1998年より使い分けを停止，「従業人員」に統一した。そこで本書は，1997年以前については「職工」，1998年以降は「従業人員」という統計概念・範囲に従っているが，そのため範囲の不一致によって数値の非連続性が生じることに留意しなければならない。

■属性の交差分類

　次節では労働力の質的変化に関する推計を行うが，労働力の総数を推計する段階で属性の交差分類を準備しなければならない。この推計では，産業×所有制×性別×年齢層×学歴のように交差分類された就業者数のデータベースを作る。

　属性の交差分類にあたり，産業(S)×所有制(O)，所有制×性別(G)，性別×年齢層(A)，年齢層×学歴(E)という4つの異なる2次元配列を作る（図2-1）。S×O配列のデータは，基本的に『中国労働統計年鑑』から入手できる。非国有部門の産業別就業者データは既存情報がないため，上述のとおりいくつかの統計資料から収集しなければならない。このうち「郷鎮企業」は，

図2-1　5次元配列推計のイメージ図

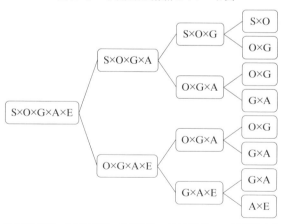

注：Sは産業，Oは所有制，Gは性別，Aは年齢層，Eは学歴を表す。

改革の初期に農村部の集団所有制企業という分類に入っていたが，90年代後半から私営企業として計上されるようになったため，注意が必要である。G×A配列のデータは，2002年より『中国労働統計年鑑』から得られるが，2000年以前のデータがないため，人口調査や1％抽出調査を使って推計した。A×E配列のデータも2002年以降の『中国労働統計年鑑』から収集できるが，それ以前のデータに関しては，教育年数について『中国統計年鑑』から学歴別人口割合が得られるため，非生産年齢人口数を除外したうえ，欠落年に対して線形補間を行った。

　次に，以上の配列を使い，年ごとに産業×所有制×性別，所有制×性別×年齢層，性別×年齢層×学歴と3つの3次元配列を作る。さらに，2つの4次元配列，すなわち産業×所有制×性別×年齢層，所有制×性別×年齢層×学歴を作成し，最終的に5次元配列，すなわち産業×所有制×性別×年齢層×学歴を作成する。全部で$39 \times 2 \times 2 \times 5 \times 4 \times 20 = 62{,}400$の属性となる。一連の分解作業はRAS法によって行い，一部欠落データに関しては線形補間法を使って推計した[4]。

■労働時間の推計

　就業者の労働時間に関しても，同じような5次元交差分類のデータを作成した。労働時間の推計にはいくつかのステップがある。第1に，産業別週労働時間の推計である。『中国労働統計年鑑』が週平均労働時間を発表し始めたのは2001年であるため，2001年以前の週平均労働時間を算出する必要がある。第2に，産業別平均年労働時間の推計では，まず「年間労働日カレンダー」を検討し，次に年間平均労働時間を算出する。これは，日本の社会保険労務士が企業をサポートする際に，労働時間を国の労働基準範囲内に収まるよう作った「1年単位の変形労働時間カレンダー」に似ている。つまり，政府が定めた年間労働日に基づいて，各年の年間平均労働時間に変換する作業であ

4）　RAS法は，行列の行と列についてそれぞれの合計値（コントロール・トータル）を設定したうえ，行列を繰り返しスケーリングする方法である。1970年 Richard Stone により開発された。線形補間法はデータの欠落を補う方法の1つである。座標 (X_0, Y_0) と (X_1, Y_1) があり，$[X_0, X_1]$ の間に X_i が与えられたとき，補間係数 $a = (X_i - X_0)/(Y_1 - Y_0)$，$Y_i = Y_0 + a * (Y_1 - Y_0)$ のように求められる。

る。第 3 に，産業別×所有制別×性別×年齢別×学歴別人員の格差率を計算する。本節では 3 つの推計の概要をまとめる。

（1）1人当たり週平均労働時間

　中国は建国当初から1994年まで，労働時間について 1 日 8 時間，週休 1 日を行政命令として国有企業で実施させた。改革開放後に国有以外の企業形態が増え，就業形態も多元化している。1994年 7 月に「労働法」が公布され，翌年に国務院により「労働者の労働時間に関する決定」も発布された。同「決定」は法定労働時間を 1 日 8 時間，週休 2 日，週40時間と規定しており，これを超えて労働させる場合，使用者は労働者や労働組合と協議しなければならない。また，所定外労働は 1 日 1 時間を超えてはいけない。特殊な原因で延長が必要な場合にも 1 日 3 時間を超えてはならず，さらに 1 カ月につき36時間を超えてはならない（山本・龔，2010: p.55）。

　一方，就業者の実際の週当たり平均実労働時間が発表され始めたのは2001年である。当初，産業別の労働時間は発表されなかったが，2001年の『中国労働統計年鑑』で初めて 1 桁大分類された産業別就業者 1 人当たりの週平均実労働時間を公表した。その後，2010年に 2 桁中分類の実労働時間が公表された。

　図 2 - 2 は，2001年から2010年までの 1 人当たり週平均実労働時間を示している。中国では1990年代後半から国有企業に対して株式会社制度が導入され，ほとんどの中小型国有企業は民営化された。また，2001年の WTO 加盟は外資企業の対中進出に拍車をかけた。改革開放政策は経済成長に有利な条件をもたらすなか，1 人当たり平均労働時間が増加している。2005年をピークに下降したが，2008年以降，リーマンショックの発生によって国際経済が全体的に低迷したなかで，中国は 4 兆元（当時の為替レートで約60兆円）の経済刺激策を講じ，2010年頃には経済が回復する。こうした経済情勢の変化が 1 人当たり実労働時間にも反映されている。

　しかし，1992年から2000年までの週平均実労働時間についてデータを入手できないため，2001年以降の大分類男女別の週平均実労働時間データを用いて平均労働時間と実質賃金の関係を調べた（表 2 - 3）。回帰分析の被説明変

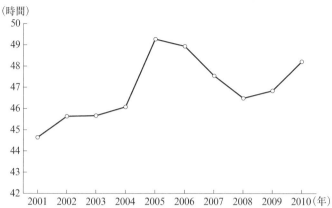

図2-2 1人当たり週平均実労働時間

表2-3 産業別週労働時間の回帰分析

	a	t値	b_1	t値	b_2	t値	調整R^2
農業	3.5334	13.2599	−0.1978	−6.9713	−0.0419	−5.9799	0.8289
採掘業	1.5560	21.0533	0.0261	1.4908	−0.0975	−5.8849	0.6721
製造業	1.3417	12.3785	0.0802	3.1199	0.0061	0.2494	0.3144
電力	1.5285	48.0428	0.0241	3.3278	−0.0457	−6.1430	0.7336
建築	1.5633	15.6063	0.0316	1.3163	−0.1242	−5.7705	0.6602
輸送	1.4029	19.2616	0.0613	3.8207	−0.1189	−5.3252	0.7067
商業	−	−	0.4060	66.7221	−0.0028	−0.0238	0.9356
金融	−	−	0.3864	14.8584	−0.0061	−0.1161	0.9371
不動産	1.3636	27.2475	0.0635	5.6809	−0.0385	−2.4108	0.6798
その他サービス			0.3807	96.3635	−0.0199	−0.2483	0.9366

注:推定式:$\ln H = a + b_1 * (\ln W) + b_2 * (\ln S)$,すべての推計で有意水準5%,自由度17。
　　ただし,H: 平均週労働時間,W: 平均年収,S: 性別ダミー(男性1,女性2)を表す。

数が平均実労働時間,説明変数が実質賃金収入と性別ダミーである。実労働時間と実質賃金収入の関係を見ると,農業以外の産業では,実質賃金収入が高ければ労働時間が長くなる傾向にある(統計的に5%水準で有意)。1単位当たり実質賃金収入の上昇によって,労働時間は商業と金融業で約40%,他産業で約2〜6%長くなる。農業では逆の傾向が見られ,実質賃金収入が高いほど労働時間は短くなる。男性・女性における実労働時間の長さを見ると,

図2-3　産業別1人当たり週平均労働時間

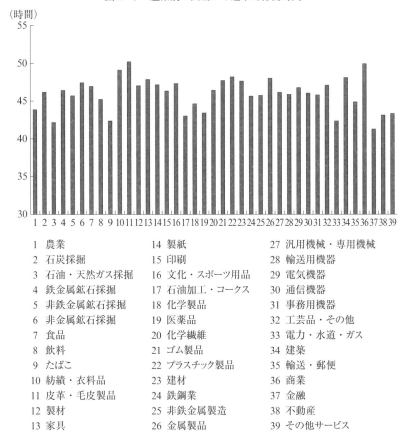

1	農業	14	製紙	27	汎用機械・専用機械
2	石炭採掘	15	印刷	28	輸送用機器
3	石油・天然ガス採掘	16	文化・スポーツ用品	29	電気機器
4	鉄金属鉱石採掘	17	石油加工・コークス	30	通信機器
5	非鉄金属鉱石採掘	18	化学製品	31	事務用機器
6	非金属鉱石採掘	19	医薬品	32	工芸品・その他
7	食品	20	化学繊維	33	電力・水道・ガス
8	飲料	21	ゴム製品	34	建築
9	たばこ	22	プラスチック製品	35	輸送・郵便
10	紡績・衣料品	23	建材	36	商業
11	皮革・毛皮製品	24	鉄鋼業	37	金融
12	製材	25	非鉄金属製造	38	不動産
13	家具	26	金属製品	39	その他サービス

農業，採掘業，電力，建築，輸送，不動産では女性のほうが男性より短いが，製造業や商業，金融業では男女間の実労働時間に関する差は確認されなかった。

　次に，回帰分析の結果を用いて39部門それぞれの1人当たり週平均労働時間を推計した。図2-3は全期間の結果を示している。産業別に見ると，紡績・衣料品，皮革・毛皮製品，家具，ゴム製品，プラスチック製品，金属製品，工芸品という一般消費財を生産する分野で労働時間が長い。商業も同様に人々の生活に関連が強いため，従業員の労働時間が長い傾向にある。また，

インフラや住宅を建設する産業でも労働時間が長い。一方，石油・天然ガス採掘，石油加工，化学製品のような重化学工業関連分野とたばこ，電力のような需要が比較的安定している産業では労働時間は短い。金融，不動産で平均労働時間が少ないのは，多くのサービスが必要とされるなかで労働時間をフレキシブルに調整できるから，という可能性が考えられる。

(2) 労働時間格差率

　2001年以降の労働統計では，産業×性別という交差分類された実労働時間以外に，所有制×性別，年齢×性別，学歴×性別も掲載されている。1992年から2000年までの交差分類された実労働時間のデータはないが，まず既存の情報に基づいて平均値を求め，次に各属性グループがその平均値からどれほど離れるかといった比率を得れば，データのない年についても推計することができる。こうした方法で各属性別の1人当たり週平均労働時間を求められる。

(3) マンアワーと総労働時間

　最後に，1人当たりの年間平均労働時間（man-hour），および産業ごとの年間総労働時間を推計する。年間総労働時間を求める1つの方法は，推計された週労働時間と年間週数の積から休日分を引くことである。週労働時間はすでに推計され，年間週数について52週にした。休日について，まず，1995年から週休2日制度を導入することにより所定労働日数を決める。次に，祝日・旧暦正月休暇に関して政府の調整があった。国民の休日を増やす措置として，1999年から正月やメーデー（5月1日），建国記念日（10月1日）を利用して大型連休を導入した。また，2000年に，国務院に所属する旅行局の提案を承認する形で，年3回の大型連休を制度化した。その後，連休の経済効果を高めようとして休日を分散する方法も採用されたが，休日の日数は大きく変わっていない。年間総労働時間の計算は，基本的に，（属性別交差分類された週労働時間×52週）－（休日の日数×8時間）という式で求めた。

表2-4　国有部門の就業者数

（万人）

年	政府発表 国有部門人数	政府発表 国有部門計	総人数- 部門計	推計人数	推計- 部門計	推計- 総人数
	A	B	C	D	D-B	D-A
1990	10346.00	10193.30	152.70	10763.77	570.47	417.77
1991	10664.00	10506.90	157.10	10966.32	459.42	302.32
1992	10889.00	10737.00	152.00	10973.37	236.37	84.37
1993	10920.00	10799.62	120.38	11116.92	317.30	196.92
1994	11214.00	10795.16	418.84	11014.62	219.46	△199.38
1995	11261.00	10776.03	484.97	10956.85	180.82	△304.15
1996	11244.00	10358.93	885.07	10568.75	209.82	△675.25
1997	11044.00	10561.16	482.84	11254.10	692.95	210.10
1998	9058.00	8414.14	643.86	8980.00	565.87	△78.00
1999	8572.10	8257.65	314.45	8934.04	676.39	361.94
2000	8101.90	7791.10	310.80	8608.14	817.04	506.24
2001	7639.90	7317.20	322.70	8251.74	934.54	611.84
2002	7162.90	6859.80	303.10	7854.65	994.85	691.75
2003	6875.60	6642.19	233.41	7690.55	1048.36	814.95
2004	6709.93	6460.01	249.91	7589.14	1129.13	879.22
2005	6488.20	6252.53	235.67	7387.40	1134.87	899.20
2006	6430.47	6430.93	△0.45	7585.50	1154.58	1155.03
2007	6424.00	5976.58	447.42	7119.72	1143.14	695.72
2008	6447.00	6446.94	0.06	7606.72	1159.78	1159.72
2009	6420.16	6420.16	0.00	7557.83	1137.67	1137.67
2010	6516.44	6516.80	△0.36	7218.26	701.46	701.82

出所：A：『中国統計年鑑』，B：『中国労働統計年鑑』より集計，D：筆者の推計。

■労働投入の数量変化

　国有部門と非国有部門それぞれのパフォーマンスを考察することは，この推計の重要なポイントである。表2-4は国有部門の就業者数の推計結果を示すものである。中国では社会主義計画経済時代から国有部門に対する統計体制を整えているが，前述したように国有部門別の調査は必ずしも全国調査と統一した手法で行われていなかったため，C欄で示したように2006年，2008年，2009年，2010年を除いて就業者総数と部門集計者数の間に顕著な違いが存在している。

　そして，もう1つの問題は農民工が正規従業員ではないため，部門集計人数と総人数とのどちらにも入れられていなかったという指摘が多数ある。農

民工の部門別分布に関する資料がほぼないなかで，南・牧野の研究グループ
が行った農民工の調査によると，農民工の移動先に占める国有企業の割合は
11.2％であった（南・牧野編著，1999: p.35）。本書では，国有企業で働いてい
る農民工の人数が農民工総数（実は都市部総就業者数と産業集計の間の差）の
1割を占めているという仮定を立てた。推計結果として，国有部門の労働者
人数は D 欄で示した規模となっており，また（D−B）欄，（D−A）欄の数
字のように，推計結果と政府発表の間に一定の差は生じている。

　表 2 − 5 は全国の国有部門と非国有部門それぞれの就業者人数と労働時間
について，全産業と第 2 次，第 3 次産業の 2 つのケースに分けて示している。
ただし，産業における国有部門，非国有部門，農民工の属性分布をそれぞれ
推計したうえで交差集計を行っているため，就業者数の推計結果は必ずしも
当初定めた目標合計値に一致しない。この場合，目標合計値とは政府発表の
総人数である。

　交差分類された各属性の労働時間もまず各部門属性間の格差率を推計して，
次に各部門 1 人当たりの週労働時間，最後に年間総労働時間を求める。国有
部門の就業者数の年平均増加率は−2.00％で，総労働時間の年平均増加率は
−2.16％であった。この推計の結果を見るかぎり，国有部門の労働投入は
1990年代前半に就業者数の面で増加傾向になっているが，労働時間の面では
実は減少傾向にあった。1998年から就業者数，労働時間どちらでも大幅に減
少する年が多かったが，2006年以後は減少傾向が緩和されたと見てよいだろ
う。この点については，表 2 − 4 で示した政府発表値も同じである。

　1990年代から2000年にかけての国有部門労働投入量の変化は，政府が実行
した一連の政策を想起させる。改革開放が導入された後に政府は国有企業の
経営自主権を徐々に拡大したが，従業員の解雇はタブーとされていた。江沢
民・朱鎔基政権の下で1993年「社会主義市場経済を実行する」ことが憲法に
初めて明記され，翌年発布された「労働法」で，企業の人員削減が可能となっ
た[5]。90年代半ば以降になると，政府はさらに「抓大放小（大企業を摑み，

5）　政府は「下崗」という過渡的措置を設けた。「下崗」とは，リストラされた元従業員
　の雇用契約を一定期間継続して賃金と社会保障の一部も提供しつつ，職業訓練を受けさ
　せるように配慮したものである（遊川，2011）。

表 2-5　就業者数と労働時間の推計結果：全産業

年	国有部門		非国有部門		全部門		非国有部門の労働時間比率
	就業者数	労働時間	就業者数	労働時間	就業者数	労働時間	
	（万人）	（億時間）	（万人）	（億時間）	（万人）	（億時間）	（％）
1990	10764	2330	53956	12094	64720	14424	83.85
1991	10966	2375	54501	12261	65467	14636	83.78
1992	10973	2385	53736	12167	64710	14552	83.61
1993	11117	2257	54485	12516	65602	14772	84.72
1994	11015	2260	54714	12674	65728	14934	84.87
1995	10957	2384	56152	12896	67109	15280	84.40
1996	10569	2203	58214	13457	68783	15660	85.93
1997	11254	2425	58354	13177	69608	15602	84.46
1998	8980	1931	61480	13996	70460	15928	87.87
1999	8934	1875	62938	13991	71872	15866	88.19
2000	8608	1771	63431	13710	72039	15481	88.56
2001	8252	1784	64549	13858	72800	15642	88.59
2002	7855	1597	65779	14071	73633	15668	89.81
2003	7691	1522	66045	14268	73736	15790	90.36
2004	7589	1522	66675	14292	74264	15815	90.37
2005	7387	1525	67260	14734	74647	16260	90.62
2006	7586	1591	67393	15169	74978	16760	90.51
2007	7120	1510	68364	14494	75484	16004	90.56
2008	7607	1594	67957	14173	75564	15767	89.89
2009	7558	1576	68270	14533	75828	16109	90.22
2010	7218	1512	68887	15607	76105	17119	91.17
平均年増減分	△177	△41	747	176	569	135	7.22*
平均年増加率(%)	△2.00	△2.16	1.22	1.28	0.81	0.86	

注：＊全期間中の増減量（単位：％ポイント）。

　「中小企業を放す）」方針を実行し，国有企業で本格的なリストラを開始した。一方，その後の胡錦涛・温家宝政権では国有企業に対して抜本的改革を続けなかったこと（中兼，2012），リーマンショック発生後に実施した大型財政出動の下で銀行資金が国有企業に流れたことなどが原因で（関，2019），いったん整理された国有企業は再び拡大する傾向にあり，それが労働投入面にも影響を及ぼしたと思われる。

　他方，この20年間に非国有企業の就業者の増加は止まることなく，年平均700万人以上の規模で増え続けた。国有部門の減少と相殺した結果，毎年平

表 2 - 6　就業者数と労働時間の推計結果：第 2 次，第 3 次産業

年	国有部門		非国有部門		全部門		非国有部門の労働時間比率
	就業者数	労働時間	就業者数	労働時間	就業者数	労働時間	
	(万人)	(億時間)	(万人)	(億時間)	(万人)	(億時間)	(％)
1990	9970	2149	20066	4220	30036	6369	66.26
1991	10194	2199	19861	4247	30054	6446	65.89
1992	10233	2217	19447	4229	29680	6446	65.61
1993	10413	2094	20907	4820	31320	6914	69.72
1994	10340	2109	21784	5049	32124	7158	70.53
1995	10305	2237	23607	5451	33911	7687	70.91
1996	9956	2065	25710	6034	35666	8099	74.50
1997	10597	2278	25227	5618	35825	7896	71.15
1998	8399	1802	28267	6530	36666	8332	78.38
1999	8367	1750	29340	6484	37706	8233	78.75
2000	8052	1664	29820	6370	37872	8033	79.29
2001	7719	1676	31179	6632	38898	8308	79.82
2002	7345	1503	32812	7048	40157	8551	82.42
2003	7152	1422	34310	7270	41463	8692	83.65
2004	7064	1428	35618	7637	42682	9065	84.25
2005	6882	1439	37665	8637	44547	10075	85.72
2006	7057	1498	39320	9177	46376	10675	85.97
2007	6600	1420	41787	9485	48387	10906	86.98
2008	7099	1510	42653	9485	49752	10995	86.27
2009	7089	1500	44469	10119	51558	11619	87.09
2010	6791	1436	47212	11101	54003	12536	88.55
平均年増減分	△159	△36	1357	344	1198	308	21.81*
平均年増加率(%)	△1.92	△2.02	4.28	4.84	2.93	3.39	

注：表 2 - 5 と同じ。

均新たに569万人分の雇用を創出した。労働時間を見ても，非国有部門の総労働時間は全部門の83.94％から91.17％に上昇した。非国有部門の就業者数の年平均増加率は1.22％で，総労働時間の年平均増加率は1.28％であった。国有部門と非国有部門を集約した結果，両部門の就業者数の年平均増加率は0.81％で，総労働時間の年平均増加率は0.86％であった。

　表 2 - 6 は農業を除いた就業者数と労働時間の推計結果を示すものである。中国の統計では，土地の使用権を持った自作農としての農家は非国有部門に計上されているが，この比率は1990年に非国有部門の69％に達した。90年代

以降，農村部から都市部への人口移動や農村の都市化などに伴って農業従事者が減少したが，それでも2010年に非国有部門の31.46％を占めている。一方，農業を除いて見れば，非国有部門の人員は1990年の2億66万人から2010年の4億7,212万人へと急速に増加してきた。これは，第1次産業から第2次，第3次産業への産業転換と，農村部の都市化の進展の結果にほかならない。また，第2次と第3次産業における非国有部門の存在感を示すように，従事者の総労働時間は66.26％から88.55％に上昇し，就業者数の年平均増加率も4.28％で，総労働時間の年平均増加率は4.84％とそれぞれ顕著に上昇した。国有部門の就業者は農業を含むケースと同じように依然として減少局面が続き，元より農業を主業種とする企業や就業者は少なかったことを反映している。

　表2−7は全期間に対して産業別労働時間の推計結果を示すものである。表の最右欄（p.59）は，1990年と2010年において，各産業の全産業に占める比率を示している。

　1990年に労働投入が最も大きい産業は，教育や科学技術機関，社会サービス，国家機関・社会団体などを含めた「その他サービス」となっており，全産業の17.42％を占めている。次に，商業・飲食業・ホテルが13.43％，建築業が11.09％，両産業を合わせると全労働時間の24.50％に達している。このほか，労働投入の大きい産業は，紡績・衣料品，建築材料，機械産業となっており，それぞれ7.91％，7.73％，6.01％であった。

　2010年になると，商業・飲食業・ホテルの労働時間のシェアが22.80％に拡大し，小売業が成長，雇用吸収力，労働時間のいずれの面でも抜きん出て大きく伸びたと考えられる。また，その他サービスが12.44％，紡績・衣料品が8.81％と労働投入の面では依然として大きな存在である。さらに，輸送用機械が2.32％，電気機器が2.69％，通信機器が3.30％となり，機械産業の労働投入は汎用・専用機械を除いて拡大する傾向にある。

　図2−4は，1990年から2010年まで第2次産業の国有部門，非国有部門，そして全部門それぞれ投下された労働時間を指数で表すものである。第2次産業の場合，1990年代の半ばから2000年代の半ばまで，国有部門の労働投入はほぼ毎年減少しており，1990年を1とした場合，2005年の労働投入は半分

以下に，そして2010年には0.28にまで下がった。こうした国有部門労働投入の減少は，国有企業の抜本的改革や人員の大幅な削減によって生じた結果であると考えられる。

　これとは対照的に，非国有部門における労働時間は90年代半ばあたりから増加し始めており，1990年を1とした場合，2005年には1.80，2010年には2.51になった。全部門を見れば，1990年に1とした場合，2010年に1.88に達した。

　図2−5は第3次産業の労働時間の部門別指数である。第3次産業における国有部門の労働時間は20年間に増加を見せたが，1990年を1とした場合，2010年には1.09になり，わずかしか増えなかった。

　一方で，非国有部門の労働時間の増加は凄まじかった。1990年を1とした場合，2008年金融危機の後に少し減少したが，2009年からまた流入し始め，2010年では2.70に達した。全産業から見れば，第3次産業の労働時間の増加率は第2次産業を上回っており，また第2産業と第3次産業ともに非国有部門の労働時間への貢献が大きかった。

　図2−6は，農村人口の変化と合わせて第1次産業の労働時間の指数を表すものである。政府発表の農村部人口統計によると，1990年を1とした場合，1985年0.96，1995年1.02となっている（『中国統計年鑑 2011』による，以下同）。農村部の改革が先行した約10年間は人口が増加していたが，90年代半ばを過ぎると農村部の人口移出が始まり，2010年には0.79になった。第1次産業における労働時間を見ると，1992年までは労働時間が増加し，1993年から減少に転じた。とりわけ2003年あたりから第1次産業全部門および第1次産業の98％を占める非国有部門（全部門の実線とほぼ重なる破線）において，実労働時間の減少が人口の流出を上回る勢いで進んだ。1990年から2010年までの20年間，農村人口のほぼ20％が都市部に移住したのに対して，労働時間は43％減った。2010年における全産業非国有部門の年労働時間を2010年の全産業労働者数（いずれも表2−5からの計算）で割ると，労働者1人当たりの年平均労働時間は2,267時間となる。この年平均労働時間数をもって1990年から2010年まで第1次産業の労働力減を概算すれば，およそ1億9,894万人の減少となるが，これは統計上の正式発表の農村人口減を上回る結果である。政府発表では，2010年には農村人口が6億7,113万人，1990年の8億4,138万人

表 2 - 7　産業別労働時間の推移

産業部門	労働時間				
	1990	1991	1992	1993	1994
1　農業	80,548,383	81,901,601	81,060,509	78,580,278	77,756,681
2　石炭採掘	2,224,885	2,244,189	2,175,430	1,977,168	2,079,637
3　石油・天然ガス採掘	157,153	162,385	173,885	239,649	267,721
4　鉄金属鉱石採掘	184,475	190,214	179,310	205,909	198,694
5　非鉄金属鉱石採掘	326,944	350,294	335,966	257,130	291,583
6　非金属・その他採掘	738,301	690,933	618,124	1,192,442	1,093,718
7　食品	1,685,941	1,693,270	1,641,009	1,843,552	1,886,043
8　飲料	464,361	469,512	463,748	514,711	520,640
9　たばこ	63,712	65,998	67,874	54,630	70,391
10　紡績・衣料品	5,038,259	5,063,536	4,971,688	4,985,537	4,943,959
11　皮革・毛皮製品	703,952	736,638	740,573	609,633	646,972
12　製材	503,450	506,231	494,127	520,589	561,711
13　家具	319,036	317,860	308,676	283,939	279,570
14　製紙	816,076	828,619	815,184	828,191	808,560
15　印刷品	318,706	320,828	312,462	404,265	435,638
16　文化・スポーツ用品	286,046	291,948	285,987	329,968	311,528
17　石油加工・コークス	234,506	251,588	256,069	225,948	227,713
18　化学製品	1,497,769	1,538,112	1,545,749	1,424,615	1,449,142
19　医薬品	273,080	287,233	300,997	252,198	272,372
20　化学繊維	161,024	171,006	177,613	139,269	157,358
21　ゴム製品	379,504	390,667	399,255	346,243	344,250
22　プラスチック製品	815,247	815,226	780,195	883,250	848,072
23　建材	4,925,471	4,783,771	4,549,957	5,332,183	5,080,204
24　鉄鋼業	1,030,271	1,057,940	1,094,539	1,123,936	1,197,719
25　非鉄金属製造	366,200	374,990	383,450	351,411	396,440
26　金属製品	1,441,990	1,447,526	1,380,862	1,590,138	1,567,003
27　汎用機械・専用機械	3,830,086	3,756,885	3,693,505	3,219,451	2,935,768
28　輸送用機械	923,898	1,008,742	1,053,440	980,332	1,009,966
29　電気機器	948,980	1,002,639	1,023,372	937,701	934,693
30　通信機器	543,281	587,456	575,348	559,465	598,106
31　事務用機器	208,970	216,888	231,344	245,925	259,491
32　工芸品・その他	1,179,050	1,037,514	842,726	2,582,460	2,445,044
33　電力・水道・ガス	424,839	441,725	455,616	478,202	505,775
34　建築	7,063,998	6,941,956	6,748,365	7,930,133	7,044,330
35　輸送・郵便	3,433,647	3,514,581	3,531,506	4,197,211	3,942,942
36　商業・飲食・ホテル	8,550,331	8,683,033	8,641,180	13,627,686	16,469,268
37　金融業	438,851	472,767	501,596	440,425	527,157
38　不動産	92,401	100,769	113,455	135,478	151,288
39　その他サービス	11,093,151	11,641,900	12,596,020	7,893,515	8,819,481
産業計	144,236,228	146,358,969	145,520,711	147,724,768	149,336,629

（万時間）

		労働時間			
1995	1996	1997	1998	1999	2000
75,927,607	75,609,525	77,059,564	75,956,214	76,321,588	74,479,579
2,173,043	2,243,647	2,300,657	2,286,978	2,160,053	2,028,116
307,505	294,923	264,074	230,536	205,739	163,293
211,068	223,912	216,855	242,122	240,317	230,726
310,115	325,106	331,402	336,554	344,305	330,165
1,284,787	1,329,787	1,338,681	1,443,842	1,481,869	1,322,342
2,102,915	2,197,335	2,202,045	2,203,557	2,180,193	2,033,347
573,040	589,021	628,578	621,913	609,340	564,719
69,103	72,067	70,817	66,801	60,912	63,438
5,134,881	5,083,859	5,221,120	5,348,666	5,000,056	4,909,573
753,798	797,650	832,069	974,066	859,645	893,712
619,292	690,117	697,143	684,213	653,691	610,714
323,784	342,226	375,604	416,058	429,897	420,768
896,225	942,342	937,547	970,210	952,986	896,974
410,895	423,812	447,486	434,849	422,931	407,215
365,069	388,947	433,914	568,595	529,909	513,228
241,521	255,456	253,684	248,596	233,293	224,121
1,531,598	1,585,555	1,601,503	1,531,013	1,493,565	1,417,252
302,049	311,065	325,028	325,700	319,634	325,338
177,416	186,557	213,264	199,415	172,997	171,795
362,382	386,250	389,442	393,595	391,946	381,442
960,455	1,025,502	1,114,101	1,206,139	1,208,128	1,170,785
5,393,770	5,648,591	5,583,603	5,655,110	5,487,236	5,021,319
1,262,244	1,268,428	1,270,872	1,140,733	1,100,364	984,718
449,496	470,500	464,400	462,065	460,969	442,103
1,689,952	1,723,623	1,794,750	1,806,222	1,855,168	1,722,405
2,880,682	2,864,287	2,931,635	2,565,273	2,512,732	2,341,832
1,108,686	1,096,220	1,114,934	1,013,564	994,944	937,921
1,013,615	1,017,411	1,114,854	994,538	1,074,841	1,056,387
659,142	671,991	749,924	806,804	871,668	980,334
261,428	255,742	281,481	228,504	236,672	223,198
2,438,643	2,532,432	2,640,772	2,791,857	2,808,548	2,555,308
530,445	561,762	618,854	621,387	622,955	614,242
7,855,941	7,980,409	7,677,497	7,927,025	7,892,669	7,452,038
4,565,795	4,918,230	3,806,476	4,680,366	4,567,674	4,260,395
17,548,119	19,677,138	17,647,837	20,470,702	20,645,738	21,506,742
562,369	593,760	631,040	645,149	659,301	654,710
163,345	173,242	178,236	194,015	195,053	202,480
9,379,501	9,844,645	10,262,542	10,582,296	10,396,719	10,297,755
152,801,722	156,603,074	156,024,290	159,275,242	158,656,245	154,812,529

表2-7の続き

産業部門	労働時間				
	2001	2002	2003	2004	2005
1 農業	73,341,368	71,173,997	70,980,689	67,502,942	61,845,160
2 石炭採掘	2,054,398	1,284,904	1,308,639	1,510,532	1,785,304
3 石油・天然ガス採掘	155,203	155,638	168,246	178,830	185,767
4 鉄金属鉱石採掘	250,523	177,313	182,586	234,737	274,124
5 非鉄金属鉱石採掘	336,591	279,728	285,936	288,901	313,487
6 非金属・その他採掘	1,325,855	508,973	459,574	445,287	489,758
7 食品	2,145,031	2,185,923	2,300,058	2,527,116	2,983,459
8 飲料	559,275	446,831	444,774	457,161	546,574
9 たばこ	58,972	65,055	52,033	51,121	52,401
10 紡績・衣料品	5,122,509	7,484,568	7,995,574	8,286,848	9,333,812
11 皮革・毛皮製品	895,285	1,205,610	1,238,117	1,192,190	1,564,920
12 製材	611,686	679,743	740,264	752,156	868,156
13 家具	473,856	401,684	429,951	505,625	582,122
14 製紙	916,929	1,044,274	1,010,577	989,895	1,050,490
15 印刷品	401,861	356,852	369,670	387,382	421,766
16 文化・スポーツ用品	579,302	505,177	548,684	565,282	629,884
17 石油加工・コークス	231,263	291,729	293,801	327,091	412,618
18 化学製品	1,363,480	1,506,135	1,541,243	1,604,197	1,908,553
19 医薬品	344,418	500,184	503,780	508,204	621,028
20 化学繊維	179,750	262,891	263,582	252,369	343,934
21 ゴム製品	392,236	450,207	490,188	500,498	626,554
22 プラスチック製品	1,309,248	1,256,170	1,339,020	1,317,394	1,479,214
23 建材	4,858,410	2,569,779	2,513,383	2,538,996	2,811,831
24 鉄鋼業	1,013,933	1,130,039	1,242,829	1,279,361	1,482,256
25 非鉄金属製造	462,490	598,174	669,961	674,593	769,017
26 金属製品	1,793,960	1,925,521	1,977,087	2,097,733	2,534,343
27 汎用機械・専用機械	2,396,888	2,684,150	2,926,544	3,083,194	3,484,632
28 輸送用機械	949,078	1,149,334	781,481	881,446	1,057,241
29 電気機器	1,083,205	1,238,967	1,413,703	1,482,654	1,964,510
30 通信機器	1,146,685	1,345,269	1,401,570	1,819,168	2,121,647
31 事務用機器	209,624	245,382	308,079	358,818	467,166
32 工芸品・その他	2,578,281	3,364,385	3,080,345	3,485,381	2,712,759
33 電力・水道・ガス	657,944	642,936	651,271	665,048	669,427
34 建築	7,809,293	8,104,862	8,259,599	8,333,898	9,267,381
35 輸送・郵便	4,304,133	4,650,190	4,609,014	4,688,036	5,063,393
36 商業・飲食・ホテル	22,294,076	21,990,822	22,523,956	23,432,540	25,651,972
37 金融業	697,073	685,570	705,659	725,037	747,131
38 不動産	224,582	243,683	248,962	279,501	332,750
39 その他サービス	10,892,852	11,890,841	11,640,932	11,937,411	13,141,714
産業計	156,421,543	156,683,493	157,901,362	158,148,569	162,598,252

（万時間）

労働時間					第 2，3 次産業に占める比率（％）	
2006	2007	2008	2009	2010	1990	2010
60,857,996	50,981,133	47,722,956	44,894,807	45,830,917	−	−
1,837,129	2,150,650	2,111,925	2,258,030	2,445,358	3.49	1.95
201,695	209,541	218,513	225,472	227,214	0.25	0.18
317,941	369,172	390,060	387,741	490,780	0.29	0.39
334,024	408,125	382,392	392,505	404,774	0.51	0.32
508,362	521,423	546,630	566,825	650,772	1.16	0.52
3,090,501	3,423,943	3,576,257	3,902,867	4,788,501	2.65	3.82
570,632	640,347	617,459	672,693	765,971	0.73	0.61
49,780	51,790	58,387	60,072	65,071	0.10	0.05
10,311,458	10,980,222	10,158,603	10,164,942	11,043,512	7.91	8.81
1,667,044	1,857,774	1,693,028	1,599,537	2,021,493	1.11	1.61
909,819	1,052,612	1,109,123	1,108,483	1,356,423	0.79	1.08
628,576	762,462	757,888	720,524	912,574	0.50	0.73
1,086,993	1,128,736	1,097,313	1,128,529	1,291,006	1.28	1.03
435,937	462,887	470,568	483,481	574,997	0.50	0.46
727,259	738,824	711,715	672,202	861,128	0.45	0.69
415,473	457,683	455,537	445,181	484,766	0.37	0.39
1,923,496	2,149,448	2,243,161	2,326,222	2,747,346	2.35	2.19
661,728	715,647	773,988	804,146	939,670	0.43	0.75
334,154	341,769	372,539	354,511	358,883	0.25	0.29
623,090	659,532	631,575	690,297	782,460	0.60	0.62
1,655,180	1,680,148	1,693,756	1,813,688	2,217,302	1.28	1.77
2,736,961	3,017,599	3,047,862	3,175,542	3,908,867	7.73	3.12
1,542,274	1,842,632	1,797,401	1,773,208	2,087,674	1.62	1.67
848,912	967,212	1,029,624	1,127,476	1,198,205	0.57	0.96
2,639,631	3,091,102	3,002,108	3,214,204	3,468,373	2.26	2.77
3,648,011	4,128,436	4,345,515	4,584,794	5,509,030	6.01	4.39
1,137,330	1,522,858	1,469,350	1,702,953	2,904,250	1.45	2.32
1,087,076	2,196,037	2,415,368	2,677,211	3,370,108	1.49	2.69
2,668,595	2,699,707	2,880,614	3,066,696	4,135,387	0.85	3.30
491,420	510,756	521,010	531,986	640,051	0.33	0.51
2,588,594	2,835,647	2,656,991	2,758,747	2,840,926	1.85	2.27
691,975	707,790	710,400	704,260	760,185	0.67	0.61
9,468,637	8,939,636	9,176,154	9,937,422	9,200,631	11.09	7.34
5,489,962	4,117,664	4,078,213	4,228,279	4,399,248	5.39	3.51
27,796,551	24,959,203	25,544,609	27,564,843	28,429,337	13.43	22.68
781,967	861,245	919,581	971,452	996,732	0.69	0.80
358,397	730,995	394,692	439,843	483,880	0.15	0.39
14,479,983	15,164,177	15,889,271	16,955,328	15,601,017	17.42	12.44
167,604,542	160,036,562	157,672,136	161,086,996	171,194,819		

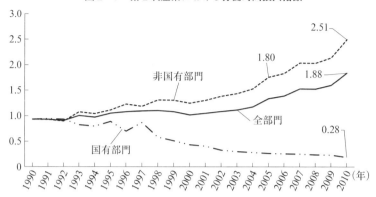

図2-4　第2次産業における労働時間投入指数

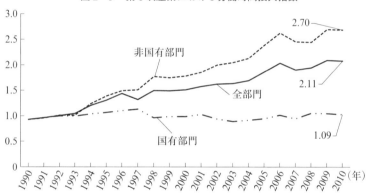

図2-5　第3次産業における労働時間投入指数

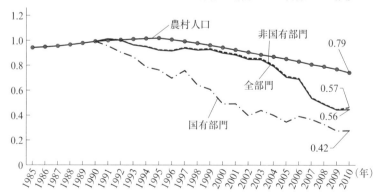

図2-6　第1次産業における労働時間投入指数および農村人口の推移

より 1 億3,644万人減少した。ただし，時間数から人口を逆算すれば（1 人当たりの労働時間を2,267時間とする），人口減少は 1 億9,894万人となった。この差分は，ある意味で出稼ぎ農民工の移動を表すものと考えてもよい。

2.　出稼ぎ農民工の労働投入

　前節では1990年から2010年までの期間における全就業者数・全労働時間数の推計および結果を説明した。その中には農民工の推計結果も含まれていることに留意されたい。本節では，農民工の労働投入に関する推計の理由，方法，結果を補足する。

■農民工と労働力統計

　中国では，1950年代に戸籍制度を導入してから人口や労働力の移動を厳しく管理してきた。重化学工業を重点的に発展させるため，政府は農業の集団化，農産物の統一買い上げ，実態より低い農産物価格の設定，農民の都市への移動制限など，いくつかの措置をセットにして，経済資源をなるべく政策実行のために集中する戦略をとった。戸籍制度を緩和し始めたのは，重化学工業の重点的発展から国民生活を重視するバランスのとれた改革開放へと政策の重点が移行した後のことであった。1980年代初期に，まず都市部従業員の流動規制が緩められ（厳, 2002, p.145），その後のさまざまな制度改革に伴い，農村労働力が急速に移動した。「はじめは農業から郷鎮企業への地域内での産業間移動が主流であったが，1990年代に入ってからは，内陸農村から沿海都市への地域間移動も活発化した」（厳, 2005, p.44）と指摘されるように，都市部の工業化が進むとともに大量の労働力需要が発生し，農村部から都市部へ行き臨時工として非農業に従事する流れが定着した。

　なお，農民工は厳密には次の 2 種類の就業者を含んでいる。(1) 基本的に戸籍所在地の近辺にある郷鎮企業に就職している就業者，(2) 農村部から都市部に行き，都市部で鉱工業やサービス業に従事する非正規の就業者である。一般的に言われている「農民工」は，後者を指すことが多い。本推計では，郷鎮企業で働いている就業者のなかには農村部の「農民工」がすでに含まれ

62

図2-7 外出農民工の推移

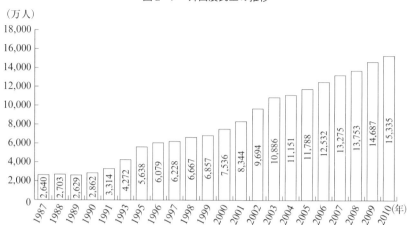

出所：2002年までは厳（2009），p.52，2003～2009年は武・張（2010），p.13，2010年は国家統計局
　　　住戸調査弁公室（2013），p.2。

ているので，農村から都市への出稼ぎ農民工のみを対象にする。

　図2-7は，「外出」した農民工，すなわち戸籍所在地ではなく，都市部で
なんらかの臨時工として就業している農民工の人数の推移を示すグラフであ
る。1987年から2010年まで農民工は年平均20％の伸び率で増加しているが，
それが労働統計ではどのように反映されているかを明らかにする必要があり，
労働力投入の推計における課題となっている。

　政府発表の労働力統計では総就業者数に農民工が反映されているが，部門
別の統計には反映されていないのではないかという疑念がある。労働力に関
する主要なデータソースである『中国統計年鑑』や『中国労働統計年鑑』で
は，各産業の就業者数の合算値は本来，全国の就業者数に一致するはずであ
るが，1990年以降は両者の間に数千万人の開きが生まれ，時期によって開き
は1億人以上にものぼる。同じような開きは，全国の就業者数と各所有制形
態の経済部門の合算値との間でも見られ，また31の省・直轄市・自治区との
間にも見つかった。この問題は中国では一時「統計の怪」と呼ばれており，
中国の労働統計制度に起因する問題ではないかという指摘がある（岳，
2005；李，2006；山本，2003）。岳，李の論文によれば，「産業部門別」「所有

形態経済部門別」「省別」それぞれの就業者数の統計は，全国の就業者数の統計とは別ルートで行われている。「産業部門別」「所有形態別」「省別」の統計は，職場を経由する「労働総合統計報告制度」，「城鎮私営個体就業人員統計」，「郷村従業人員統計」という「三合一」（3 つの統計の合体）の下で推計されている[6]。全国就業者数集計は，人口センサスおよび関連調査をベースに推計されており，人口センサスや関連調査は基本的に世帯調査である。そして，職場経由の労働統計における脱漏は世帯申告の不確実さと相まって開きを大きくした。次に，なぜこれだけ大きな「誤差」がもたらされたかについて，山本（2003）はこの「誤差」を，南・薛が推計した中国の農民工の総体的規模や増加の趨勢と比較したうえで，農村からの出稼ぎ労働者（農民工）の存在であると主張している。

　表 2-8 は所有制別の就業者数を示している。表中の欄①は『中国統計年鑑』から得た「社会総労働者数」で，欄③と欄④欄が同じ『中国統計年鑑』で発表された所有制別労働者数である。本来，③と④の合計は社会総労働者数と一致しなければならないが，⑤欄で示しているように，両者の間にギャップがある（ギャップ 1 ）[7]。このギャップは，1991年に2,199万人で，2002年から 1 億人以上になっている。一方，欄②は都市部総労働者数であって，都市部所有制別労働者数の合計（欄③）と同じになるはずだが，実は一致していない（ギャップ 2 ）。ギャップ 1 （欄⑤）とギャップ 2 （欄⑥）が，1990年を除いて同じ数値であるということは，社会総労働者数と所有制別労働者数の合計とのギャップは都市部門の統計によって生まれたと考えられる。

---

6)　李（2006）によると，「労働総合統計報告制度」は「都市部の企業，事業および行政機関を対象とし，労働賃金の把握を主要目的として，中華人民共和国建国初期の1959年から始められた比較的歴史の長い統計制度」である。「城鎮私営個体就業人員統計」は統計当局が工商行政管理局に登録された私営企業や個人企業の記録に基づいて作成されている。また，「郷村従業人員統計」は統計局の下部機関である農村社会経済調査総隊によって作成されている。

7)　中国では，1990年まで年総労働者数は「三合一」アプローチによって推計されたので，総労働者数と部門集計の間に大きな開きはなかった。しかし，1990年からは産業別労働力統計で「三合一」アプローチが使用され続けた一方，総労働者数については人口センサスの結果が利用され始めた（岳，2005）。これによって，両者の間に開きが生まれたと思われる。

表2-8　総労働者数

年	総労働者数 社会総労働者数 ①	都市部総労働者数 ②	国有	集団	その他 ③	私営個人	外資	郷鎮・私営・個人 ④	農民	ギャップ1 ⑤=①-③-④	ギャップ2 ⑥=②-③
1980	42,361	10,525	8,019	2,425	0	0	0	0	0	−	−
1981	43,280		8,372	2,568	0	0	0	0	0	−	−
1982	44,706		8,630	2,651	0	0	0	0	0	−	−
1983	46,004		8,771	2,744	0	0	0	0	0	−	−
1984	47,597		8,637	3,216	0	0	0	0	0	−	−
1985	49,873	12,808	8,990	3,324	38	450	6	6,979	30,086	0	0
1986	51,282	13,293	9,333	3,421	43	483	0	7,937	30,053	12	13
1987	52,783	13,783	9,654	3,488	50	569	0	8,805	30,195	22	22
1988	54,334	14,267	9,984	3,527	63	659	0	9,545	30,522	34	34
1989	55,329	14,390	10,108	3,502	82	648	0	9,367	31,572	50	50
1990	64,749	14,730	10,346	3,549	96	671	66	10,869	36,839	2,313	2
1991	65,491	17,465	10,664	3,628	49	760	165	11,341	36,685	2,199	2,199
1992	66,152	17,861	10,889	3,621	56	838	221	12,487	35,804	2,236	2,236
1993	66,808	18,262	10,920	3,393	394	1,116	288	14,542	34,004	2,151	2,151
1994	67,455	18,653	11,214	3,285	344	1,557	406	14,884	33,918	1,847	1,847
1995	68,065	19,040	11,261	3,147	370	2,045	513	16,387	32,638	1,704	1,704
1996	68,950	19,922	11,244	3,016	412	2,329	540	17,367	31,661	2,381	2,381
1997	69,820	20,781	11,044	2,883	511	2,669	581	17,172	31,867	3,093	3,093
1998	70,637	21,616	9,058	1,963	1,078	3,232	587	17,129	31,892	5,698	5,698
1999	71,394	22,412	8,572	1,712	1,213	3,467	612	17,500	31,482	6,837	6,837
2000	72,085	23,151	8,102	1,499	1,342	3,404	642	16,892	32,042	8,162	8,162
2001	72,797	24,123	7,640	1,291	1,522	3,658	671	16,902	31,772	9,342	9,342
2002	73,280	25,159	7,163	1,122	1,827	4,267	758	17,172	30,949	10,022	10,022
2003	73,736	26,230	6,876	1,000	2,070	4,922	863	17,587	29,919	10,499	10,499
2004	74,264	27,293	6,710	897	2,297	5,515	1,033	17,955	29,016	10,841	10,841
2005	74,647	28,389	6,488	810	2,682	6,236	1,245	18,760	27,498	10,928	10,928
2006	74,978	29,630	6,430	764	2,884	6,967	1,407	19,459	25,889	11,178	11,178
2007	75,321	30,953	6,424	718	3,076	7,891	1,583	19,949	24,419	11,261	11,261
2008	75,564	32,103	6,447	662	3,241	8,733	1,622	20,398	23,063	11,398	11,398
2009	75,828	33,322	6,420	618	3,587	9,789	1,699	20,991	21,515	11,209	11,209
2010	76,105	34,687	6,516	597	3,830	10,538	1,823	21,779	19,639	11,382	11,382

出所：『中国統計年鑑』より筆者集計。1980〜1984年は一部の部門データが入手できない。

　社会総労働者数と産業部門の集計との間にもギャップが存在する。筆者が用いた39産業部門の労働者数は『中国労働統計年鑑』の各年号から得ている。表2-9の欄①が，表2-8の欄①と同じく『中国統計年鑑』で発表されている社会総労働者数であるが，欄②が『中国労働統計年鑑』から得た産業別労

表 2-9　総労働者数と産業別労働者数の集計

	社会総労働者数 ①	労働者数の産業集計 ②	ギャップ2 ③=①-②		社会総労働者数 ①	労働者数の産業集計 ②	ギャップ2 ③=①-②
1980	42,361	0	—	1996	68,950	66,852	2,098
1981	43,280	43,280	0	1997	69,820	62,891	6,929
1982	44,706	44,706	0	1998	70,637	64,978	5,659
1983	46,004	46,004	0	1999	71,394	64,630	6,764
1984	47,597	47,597	0	2000	72,085	63,915	8,170
1985	49,873	49,873	0	2001	72,797	63,452	9,345
1986	51,282	51,282	0	2002	73,280	63,332	9,948
1987	52,783	52,783	0	2003	73,736	63,252	10,484
1988	54,334	54,334	0	2004	74,264	62,973	11,291
1989	55,329	55,329	0	2005	74,647	63,298	11,349
1990	64,749	59,044	5,705	2006	74,978	63,432	11,546
1991	65,491	60,897	4,594	2007	75,321	63,890	11,431
1992	66,152	63,788	2,364	2008	75,564	63,966	11,598
1993	66,808	63,635	3,173	2009	75,828	64,451	11,377
1994	67,455	65,260	2,195	2010	76,105	69,090	7,015
1995	68,065	66,257	1,808				

出所：①は『中国統計年鑑』，②は『中国労働統計年鑑』各年号より筆者集計。

働者数の年集計である。両者の間にギャップが存在するだけでなく，所有制の集計とはまた開きがある。例えば，表 2-8 の欄⑤の1991年の数値は2,199万人であったが，表 2-9 の欄③の1991年の数値は4,594万人となっている。これは，前に述べた 2 つの異なる統計系統の存在によって生じた不整合以外に，企業所有形態の激しい変化によってもたらされたのではないかと思われる。改革開放政策が実施されてから，国有企業改革や郷鎮企業（集団所有制企業）の盛衰，私営企業・個人企業の発展などは変化が速く，所有制別労働者数の把握は産業別労働者数の把握に比べ，いっそう困難であることは想像しやすい。

　『中国統計年鑑』の所有制別データと『中国労働統計年鑑』の産業別データが一致していない問題はあるが，本推計は労働力の産業別投入の把握を目的としていることから『中国労働統計年鑑』のデータを選ぶ。つまり，表 2-9 の欄③の数値を当年農民工の規模と考えているのである。

■農民工の産業分布と属性分布

　中国では，農村部からの出稼ぎ労働者に関する調査研究は1990年代に入ってからさまざまな機関によって単独で行われるものが多くなったが，政府が発表した時系列データはあまりない。2003年から統計局は「全国農村固定観察系統」を立ち上げ，農民工に対する追跡調査を始めた。この追跡調査は農村部の労働力移動の状況について年 2 回調査を実施し，出稼ぎ就業者の総数から属性まで詳しいデータを提供している。調査の一部データは前述した『中国人口与労働問題報告』シリーズ（蔡昉主編）から入手しているが，推計対象期間中の交差分類に必要な情報を揃えるために，各地方で実施された調査資料も参考にする。

　まず，厳善平氏の著書『中国の人口移動と民工──マクロ・ミクロ・データに基づく計量分析』（2005）で取り扱われたプロジェクトを参考にした。その 1 つが中国労働部（現・人力資源和社会保障部）就業司が実施したプロジェクト「農村労働力の就業と流動状況調査（1995）」の資料である（厳，2005: 補論）。このプロジェクトは，当時まだ発展が遅れていた内陸部の四川・安徽・湖南・貴州・江西・河南・河北など 8 省の24県を対象に調査を行った。調査を受けた農民家計は3,998戸で，主に広東・海南・江蘇・北京・上海・天津などの大都市に出て，非正規就業者として働いていた。

　もう 1 つは，中国社会科学院農村発展研究所がフォード財団の資金援助を受けて全国14の省・直轄市・自治区で実施した「農業労働力利用と転移情況調査」および「農家調査」（いずれも1995年実施）である（厳，2005: pp.171-174）。同書によると，前者では一部を除き行政村を調査単位とし，全部で120の個票データが得られた（106行政村，14郷鎮）。後者の農家調査は原則として各調査村から抽出された10世帯の農家を対象に行われ，全部で1,220戸のデータが得られた。調査は時系列データと現状データに分かれており，時系列データは1987〜1994年の村や農業・非農業部門の発展状況，就業構造などが求められ，現状データは村労働力の郷内移動，郷外への移出，郷外からの移入，女性労働力の移動状況を反映している。調査村の地域分布は上海・江蘇・浙江・福建・河北・山西・内モンゴル・黒竜江・広西・寧夏に集中している。

表 2 -10　農民工就業者の産業分布

（%）

期間 （年）	男性				女性			
	採掘	製造業	建築	商業 サービス	採掘	製造業	建築	商業 サービス
1990〜99	5.14	42.89	18.60	33.37	4.12	63.22	1.30	31.35
2000〜03	3.55	29.22	12.73	54.50	2.81	41.59	0.86	54.74
2004	1.67	32.24	13.16	52.94	1.40	45.90	0.89	51.81
2005	1.88	32.62	13.37	52.13	1.66	46.44	0.90	51.00
2006	1.88	32.46	13.32	52.35	1.62	46.21	0.90	51.28
2007	1.91	30.80	12.68	54.61	1.73	43.84	0.86	53.57
2008	1.93	31.51	12.97	53.59	1.71	44.86	0.88	52.56
2009	2.20	35.12	14.48	48.20	1.96	49.99	0.98	47.07
2010	2.10	34.49	14.21	49.19	1.84	49.10	0.96	48.10

出所：1999年までは労働部就業司調査（張・周，1999），大島（1996）第 4 章，2000年以降は武・張（2010）より。

　次に，大島一二氏の著書『中国の出稼ぎ労働者——農村労働力流動の現状とゆくえ』（1996）で取り上げられた広東省の人口センサスである。1990年に実施された広東省の第 4 次人口センサスは，当時，開発の中心地でかつ人口移動が激しかった深圳市・東莞市・恵州市・中山市などの地域を抱え，経済改革と発展の最前線であった広東省への出稼ぎ農民工の状況を提供している。本推計では，当センサスの資料を基に分析した大島一二氏の研究も参考にしている（大島，1996: pp.89-96）。

　さらに，前出の南亮進氏と牧野文夫氏による編著『流れる大河——中国農村労働の移動』（1999）で報告した中国の出稼ぎ労働者に対する調査も利用している。1996年に実施された当調査は，日本輸出入銀行からの委託であって，出稼ぎ労働者側の情報のみならず，受け入れ側企業の属性調査にも注力した。ほかにも，山本恒人氏の論文「中国における農民工の規模とその存在形態」（2003），厳善平氏の著書『農村から都市へ——１億3000万人の農民大移動』（2009）における調査研究からさまざまなデータをいただいた。

　表 2 -10は農民工就業者の産業分布を示している。2000年から2010年までの分布状況は『中国人口与労働問題報告』シリーズから得ているが，それ以前については 2 つの調査・研究の結果を参考にして，年平均値を算出した[8]。農民工の働き口として，2000年以前は製造業が圧倒的に多く，女性では 6 割

強，男性では4割強を占めており，女性が男性より約20ポイント高い。また，男性の18.6％は建築業に就労していた。一方，2000年以降では，商業とサービス業が明らかに農民工の主な働き先となり，およそ外出農民工の5割以上を占めた。

農民工が雇用された企業のタイプを見ると，いくつかの調査は非国有企業の比率が高いことを示している。山本（2003）は，「規制市場」である国有企業では農民工の進出が制限されているのに対して，私営企業・個人経営では「自由で流動的市場」であるため，農民工を受け入れやすいと分析した。南・牧野のチームが行った北京市・武漢市・広州市に対する企業調査によると，全従業員に占める農民工の比率は，私営企業が67.1％と最も高く，次に外資企業は49.7％，その他の企業が44.6％，集団企業が41.8％，国有企業が14.9％と最も低い（牧野，1999: p.153）。また，表2-8からわかるように，90年代2000年代に都市部門全産業の就業者に占める国有企業の年平均比率が50％であった。ここから，農民工の出稼ぎ先における国有企業の比率は8％以下と考えられるが，2000年以降に国有企業の就業者比率がさらに低下したことを考えれば，農民工の出稼ぎ先における国有企業比率はさらに少なくなる。実は，南・牧野らが中国側の人口センサスを基に行った分析では，1993年の農民工の移動先企業における国有企業の比率は11％前後であった（南・牧野，1999: p.35）。本書では，農民工の移動先として国有対非国有の比率を1対9に固定する。

表2-11は農民工の属性分布を示すものである。男性と女性の出稼ぎについて，各期間とも男性のほうが女性より多い。前述した南・牧野らがまとめた中国側の人口センサスに基づいた分析では，1994年前後における農民工の男性・女性比率はそれぞれ67.3％，32.8％であった（南・牧野，1999: p.35）。

8）例えば，2009年農民工の職業分布について，人力資源和社会保障部（人力資源と社会保障省）の調査によると，製造業が30.3％，建築業が17.1％，商業・サービス業（42.3％，そのうち，輸送・通信6.0％，コンピュータサービス4.7％，小売り・卸売り6.3％，ホテル・飲食10.9％，住民サービス7.3％，金融0.7％，不動産1.2％，商務サービス1.0％，科学研究・技術サービス0.4％，公共施設管理0.4％，教育0.6％，衛生・社会福祉サービス0.5％，スポーツ・娯楽サービス1.6％，行政組織0.6％，国際組織0.1％），電力・ガス供給2.4％，採掘3.5％，農業4.4％，となっている（人力資源和社会保障部（2010），p.28）。

表 2-11　農民工就業者の属性

(%)

期間（年）	1990〜1995	1996〜2000	2001〜2005	2006〜2010
性別				
男性	62.36	62.94	64.77	65.10
女性	37.64	37.06	35.23	34.90
年齢層				
15〜24歳	23.10	28.28	35.87	31.85
25〜34歳	36.45	32.38	15.88	15.90
35〜54歳	39.60	38.66	37.44	38.70
55歳〜	0.89	0.71	0.00	0.00
学歴				
大学卒	0.00	0.42	1.92	3.18
高校卒	13.97	9.30	10.64	12.48
中学校卒	53.33	61.11	60.44	62.40
小学校卒・非識字	32.67	29.17	26.92	21.94

注：60歳以上の農民工就業者は55歳以上のグループに入っている。
出所：大島（1996）第 4 章，厳（2009）第 3 章，中国国家統計局農村司（2010），p.5。

　また，厳（2009）によれば，2000年代前半，男性と女性の比はほぼ 2 対 1 であった（p.57）。さらに，国家統計局の農民工に関する調査では，2000年代後半において農民工に占める男性と女性の比率は65.1％対34.9％となっている（国家統計局農村司，2010: p.5）。

　年齢別と学歴に関しては，統計局の調査からデータを集められる。農民工の年齢層を見ると，中年層の比率が 4 割近くと最も高い。次に，15歳から24歳までの農民工就業者の比率が上昇しており，2000年代後半では 3 割以上を占める。それに対して，25歳から34歳までの農民工就業者の比率が90年代前半の36.45％から2000年代後半の15.9％まで低下している。これは，求人企業の年齢に対する要求が厳しくなったことが背景にある。人的資源と社会保障を担当する「人力資源和社会保障部」が2010年に行った調査では，若年農民工を雇いたい企業が増えていた。雇用者の年齢制限という質問に対して，45.2％の企業が年齢を18〜25歳の若年労働者を求め，前年より3.6ポイントが高くなった（人力資源和社会保障部，2010）。また，中国人民銀行調査統計部の調べによると，農民工全体の学力は高くなっており，専門学校卒や高校卒，大学卒といった，いわゆる新しい世代の農民工の比率は，2010年に32.2％と

2008年より3.8ポイント上昇した（中国人民銀行調査統計部, 2010: p.36）。ただし，2000年代の全体を見ると，6割の農民工が中学校卒で，2割の人が小学校卒という状況である。

■農民工の労働時間

　農民工の労働時間に関する推計は，中国社会科学院農村発展研究所が実施した全国14の省・直轄市・自治区を対象にした3つの調査と，これらの調査に対する分析の結果に基づいて行った。3つの調査とは，①「農業労働力利用と転移情況調査」（1995年実施），②「農家調査」（1995年実施），③『全国農村固定観察系統』（毎年）である。「農業労働力利用と転移情況調査」などの資料に基づいて，厳（2005）は次のように出稼ぎ労働者の就労時間を指摘した。「第1に，40代までのどの年齢層も週50時間程度就労しており，かなりの残業があった（全体平均51時間）。実際のところ，男女ともに3割近くの人たちが週60時間以上の就労をしている。第2に，そうした状況は男性ではいっそう目立ち，週当たり就労時間は女性全体の46時間より8時間も多い54時間となっている。第3に，40代後半以降の女性の就労時間は極端に短い（30時間程度）……第4に，一方では週40時間以下の就労者は男性で3割，女性で4割にも達している」（p.197）。

　また，国家統計局農村部は2008年末に立ち上げた「農民工統計観測調査」では，全国31省・直轄市・自治区における全6.8万戸，7,100以上の村を対象に農民工の産業分布や労働時間などを調査した。調査によると，雇用者としての農民工の週労働時間は平均58.4時間に達している。産業別に見れば，製造業では週58.2時間，建築業では59.4時間，サービス業では58.5時間，飲食・ホテル業では61.3時間，商業では59.6時間である。飲食・ホテル業での週就労時間は最も長いことがわかった（国家統計局農村部, 2010: p.9）。

　図2-8は，出稼ぎ農民工の労働時間資料を集計した産業別データをまとめたものである。図2-3と比べると，農民工の就労先は商業（36），建築業（34），飲食などのサービス業（39），輸送・郵便（35），石油・天然ガス採掘を除いた石炭などの採掘業全般（2）（4）（5）（6）に集中している。男性と女性それぞれの労働時間について，データが少ないなかで，厳が上海市に対

図 2-8　農民工産業別の 1 人当たり週平均労働時間

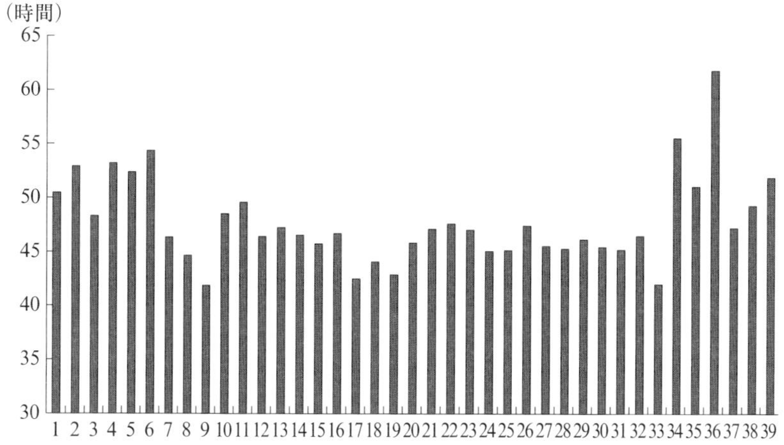

1	農業	14	製紙	27	汎用機械・専用機械
2	石炭採掘	15	印刷	28	輸送用機器
3	石油・天然ガス採掘	16	文化・スポーツ用品	29	電気機器
4	鉄金属鉱石採掘	17	石油加工・コークス	30	通信機器
5	非鉄金属鉱石採掘	18	化学製品	31	事務用機器
6	非金属鉱石採掘	19	医薬品	32	工芸品・その他
7	食品	20	化学繊維	33	電力・水道・ガス
8	飲料	21	ゴム製品	34	建築
9	たばこ	22	プラスチック製品	35	輸送・郵便
10	紡績・衣料品	23	建材	36	商業
11	皮革・毛皮製品	24	鉄鋼業	37	金融業
12	製材	25	非鉄金属製造	38	不動産
13	家具	26	金属製品	39	その他サービス

して行った調査は貴重な情報であり，男性の平均54時間に対して，女性は46時間であった（厳，2005: p.197）。したがって，本書は女性の就労時間を男性の 8 割と設定した。また，厳の調査では，40代後半以上の女性の労働時間が急に短くなっていた。そこで，本書は，55歳以上女性の労働時間を55歳以下女性の労働時間の 7 割に仮定した。

　年間全体の労働時間については，国家統計局の「農民工統計観測調査」の結果を利用している。当該調査によると，出稼ぎ労働者の月当たりの休日は正規労働者や都市部の非正規労働者より少なく，月当たり労働日数は平均

26.6日である。一方，出稼ぎ労働者の都市部における年間労働日数は平均9.5
カ月となっている。これは，多くの出稼ぎ労働者にとって旧正月は帰省をし
て子どもたちに会い，体を休め，新年度の家庭計画を立てる1年間で唯一の
機会であったことによる。これらの資料から，上記で推計された週労働時間
に9.5カ月（38週）をかけて，出稼ぎ労働者の年間労働時間が得られる。

3. 労働サービスの推計

■労働力加重和の推計方法

　労働力の投入について，第1節で説明したように，まず産業別の就業者数
と労働時間について推計を行った。その際に，就業者を属性別に分類したが，
ウェイトをかけずに単純な和集計によって勤労者の労働時間マトリックスを
算出した。ここで，就業者を属性別に分類することは，後に労働の質を考慮
に入れる労働投入の推計に必要な準備をしておいたという意味がある。労働
の質を考慮に入れる労働投入の推計では，こうした属性別に作られた労働時
間マトリックスに対して各属性にウェイトをかけ，加重和を求めるからであ
る。

　加重和による集計は，Jorgenson, Gollop, and Fraumeni（1987: pp.92-94）の
提示したフレームワークに基づいて行われた。産業部門 i の労働投入の変化
率は，（3）式のように，所有制，性別，年齢層，学歴によって交差分類され
た n 種類の属性の労働時間の変化率に対して，その属性の賃金額の全（属性）
報酬に占める比率をウェイトにする集計である。

$$\ln L_i(T) - \ln L_i(T-1) = \sum \bar{v}'_{ij}[\ln H_{ij}(T) - \ln H_{ij}(T-1)] \quad (i=1,2,\cdots,n; j=1,2,\cdots,q)$$

$$\text{ただし,} \quad \bar{v}'_{ij} = \frac{1}{2}[v_{ij}(T) + v_{ij}(T-1)] \quad v_{ij} = \frac{w_{ij}L_{ij}}{\sum_j w_{ij}L_{ij}} \quad (i=1,2,\cdots,n; j=1,2,\cdots,q). \tag{3}$$

ここで，w_{ij} は産業部門 i の第 j 種類の属性の就業者に対して支払われる賃金
額（時給×労働時間）であり，w_iH_i は産業部門 i の賃金総額である。したがっ
て，v_{ij} は労働配分率で，すなわち，産業部門 i の労働報酬額に占める第 j 種
類属性の労働報酬額の比率である。

　（3）式は，労働市場が競争的であれば，限界生産力の比率は限界費用の比

率に等しくなるという前提に基づいており，この式を用いて労働力を集計するために，第1節に示した所有制，性別，年齢層，学歴の交差分類された労働時間とまったく同じ交差分類された就業者の賃金のマトリックスを作る必要がある。賃金マトリックスを用いて，労働力の集計は（4）式のように労働サービスの集計 $L_i(T)$ に変換することができる。

$$L_{ij}(T) = Q_{ij}H_{ij}(T) \tag{4}$$

ここで，Q_{ij} は労働の質を表すマトリックスであり，Q_{ij} の変化率は次の（5）式で求めることができる。

$$\ln Q_i(T) - \ln Q_i(T-1) = \sum \bar{v}'_{ij}[\ln H_{ij}(T) - \ln H_{ij}(T-1)] - \sum[\ln H_{ij}(T) - \ln H_{ij}(T-1)] \tag{5}$$

（5）式右辺の第1項は異なる属性の労働時間変化率の加重和であって，労働サービスの変化を表すものである。第2項は異なる属性の労働時間変化率の単純和集計であって，労働時間の数量変化を表す。左辺は労働の質の変化を表すもので，基本的に第 j 種類属性の賃金シェアの変化率と労働時間の変化率の在り方によって決められる。

　賃金推計は就業者・労働時間の推計と同じように，産業×所有制×性別×年齢×学歴といった交差分類をする必要があり，具体的には5つのステップを踏む。ステップ1は，産業別×所有制別の就業者の年間賃金額を算出する。ステップ2は，産業別×所有制別の就業者の年間賃金額とマンアワーによって，時間当たりの賃金を算出する。ステップ3は，性別×年齢×学歴の賃金格差率を算出する。ステップ4は，マンアワーの推計と同じように，39（部門）×2（所有制）×2（性別）×5（年齢層）×4（学歴）×20（年），全部で62,400個の時系列時間当たり賃金データを作り上げる。最後にステップ5は，時間当たり賃金と労働時間を用いて，以上5次元62,400個の賃金額データを算出する。

　国有企業と非国有企業の従業員それぞれの年間賃金総額は，原則として『中国労働統計年鑑』，『中国郷鎮企業年鑑』から取得でき，産業×所有制に集計した就業者の年間労働時間と合わせて時間当たりの平均賃金を算出できる。しかし，非国有部門の情報は不足している。集団所有制企業，外資系企業な

ど都市部門のデータは就業者賃金総額に含まれているか，単独で公表されて
いることもある一方，郷鎮，私営，個人経営企業の賃金データは少ない。そ
のため，5年に1回公表されている『産業連関表』を利用した。具体的には，
『産業連関表』の「賃金総額」から「国有部門の賃金額と福祉支出」を引いて，
非国有部門の賃金額を得る。「国有部門の賃金額と福祉支出」は『中国労働
統計年鑑』から取得できる。ただし，2つの統計の産業分類が異なっている
ので，調整しなければならない。利用したのは7つの表で，1987年，1992年，
1997年，2002年，2007年の『産業連関表』と1990年，1995年2つの接続表で
ある。『産業連関表』のない年については線形補間を行うことにした。補間
係数を算出する際に，補足情報として産業別の所得総額（就業者数×平均賃金）
を使った。一方，個別産業の国有部門データには欠落があった。採掘・製造
業の賃金データは1985年から発表されているが，1993年から1997年までが欠
落している。これについて，前後の期間の賃金比率を算出し，対象期間の賃
金配分を按分した。なお，この欠落はSNAへの移行が背景にあったと言わ
れており，国有部門賃金の発表は1999年より再開された[9]。

　性別・年齢層・学歴の賃金格差率については，中国社会科学院経済研究所
が2回にわたって実施した住民収入に関する研究プロジェクト（趙・李，
1999；頼，1999；李・別雍，1999），北京師範大学中国収入分配研究院が実施
した研究プロジェクトの研究報告（李・羅，2014: pp.35-59, pp.153-167）に負
うところが大きい。社会科学院の研究プロジェクトの対象期間は1988年と
1995年で，主な研究材料は当該機関が実施したサンプル調査である。北京師
範大学の研究プロジェクトの対象期間は2007年であり，主として国家統計局
が実施した都市部家計収入調査に対する精査と分析である。両機関のプロ
ジェクトは本章の研究対象期間と重なっており，また研究内容・手法にも一
致する点が多いため，研究結果を使用しやすい。両研究の結果からは性別×
年齢，性別×学歴の賃金を取得でき，これらの資料を基に性別×年齢×学歴

9）　1993年，国民経済計算システムにおいて計画経済時代の物的生産バランス体系（A
　System of Material Product Balances）から国連の基準に基づく国民経済計算（System of
　National Accounts）へと移行した。1993年に『中国国民経済体系（試行案）』が作成さ
　れたが，1999年には試行案に対する改定が始まった。SNAに準拠するマニュアルは
　2002年に完成された。詳細について李（2012）を参照されたい。

の賃金データを作成した。

　上記 3 つの研究結果から年齢層別，学歴別，男女別の賃金格差率を算出した。全年齢層の平均値を 1 にした場合の各年齢層の比率を算出した結果を表 2 -12に示した。1988年調査の時点で35歳以上の 3 つのグループの賃金の対平均比率は 1 を超えている。そのうち，55〜60歳の賃金が最も高く，対平均比率は1.1949である。若年層の賃金率が比較的低く，とりわけ15〜24歳の賃金の対平均比率が0.6619と最も低い水準を示した。しかし，90年代以降は賃金格差の様子が変わってきた。15〜24歳の賃金格差率は1995年調査の時点で0.7315と，1988年より10％以上の上昇を見せた。25〜34歳の賃金格差率は2007年調査の時点で1.2118となり，1988年より相対賃金が大幅に高くなった。中年層の格差率は安定的に高水準を保っているなかで，55歳以上の就業者の賃金格差率は2007年調査の時点で両グループとも 1 を下回るようになった。若年層が教育を受ける年数が長くなったことや若い労働者が求められる産業構造が形成されつつあることも考えられる。さらに，国有企業のリストラでは中高年層が真っ先にレイオフの対象となることも一因であったと言える。

　表 2 -13は学歴による賃金格差率を示すものである。これを見ると，3 つの調査間で学歴による賃金格差が拡大している様子が一目瞭然である。全学歴層の平均値を 1 とした場合，1988年調査の時点で短大卒や大学卒，大学院卒が1.1345であったが，1995年調査の時点で1.2384，2007年調査の時点で1.6257と徐々に上がっている。一方，中学校卒が1988年では0.9435，1995年では0.9412，2007年では0.7665に下がっている。小学校卒・非識字も1988年には0.9279，1995年には0.7858，2007年0.5955，中卒と同様に高学歴者との差は広がっている。

　1990年代から2000年代にかけて，男女間の賃金格差も広がる傾向にある。表 2 -14は上記の 3 つの調査から得たデータを示している。1988年の時点で，男女の平均賃金に対する男性賃金の比率が1.0953，女性が0.9047，1995年には男性が1.1287，女性が0.8713，2007年には男性が1.1950，女性が0.8050と，女性の男性に対する相対賃金が次第に下がっている。

　以上の属性別の賃金格差率と別に作成した産業別×所有制別の時系列時間当たり賃金マトリックスを用いて，賃金データを導出する。さらに，属性別

表2-12　年齢による賃金格差率

年齢	1988年調査	1995年調査	2007年調査
15～24歳	0.6619	0.7315	0.7341
25～34歳	0.9877	0.9689	1.2118
35～54歳	1.1150	1.1438	1.2155
55～60歳	1.1949	1.2046	0.9193
61歳～	1.0406	0.9512	0.9193

注：全年齢層の平均値＝1。
出所：1988年調査と1995年調査は中国社会科学院経済研究所により実施されたものである。
　　　データは趙ほか（1999）第1, 14, 18章のデータより筆者算出。2007年データは北京師範
　　　大学中国所得分配研究プロジェクトより実施された調査に基づく李・羅（2014）第3章，
　　　第8章より筆者算出。

表2-13　学歴による賃金格差率

学歴	1988年調査	1995年調査	2007年調査
大学卒・短大卒・大学院卒	1.1345	1.2384	1.6257
高校卒	0.9940	1.0346	1.0123
中学校卒	0.9435	0.9412	0.7665
小学校卒・非識字	0.9279	0.7858	0.5955

注：全学歴層の平均値＝1。
出所：表2-12と同じ。

表2-14　性別による賃金格差率

性別	1988年調査	1995年調査	2007年調査
男性	1.0953	1.1287	1.1950
女性	0.9047	0.8713	0.8050

注：男女の平均値＝1。
出所：表2-12と同じ。

の賃金ウェイトを作成し，質を反映する労働サービスの増加率を算出する。

　図2-9は第2次産業の労働投入に関する3つの指数を示している。3つの指数とは，労働の数量指数，労働サービス指数と労働の質指数である。第2次産業の労働数量指数は1990年代より2000年代のほうが着実に上昇している。2000年代，WTO加盟によって多国籍企業の対中投資が急増し，世界の工場として輸出も好調に伸び，さらに2008年頃に中央政府と地方政府が景気対策の一環としてインフラ投資を拡大した。これらのいずれもが雇用の創出

図 2-9　第 2 次産業における労働投入指数

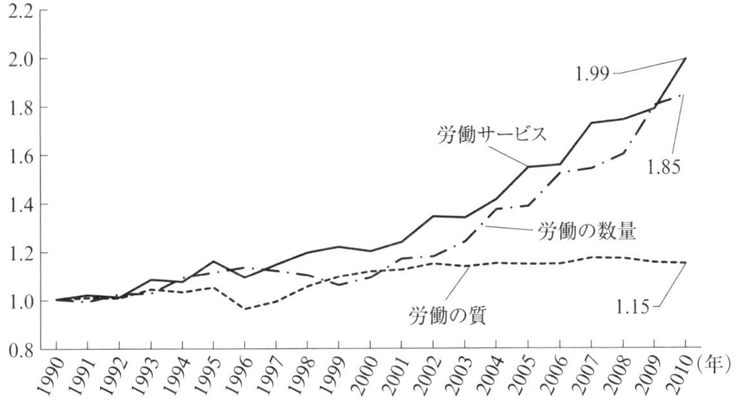

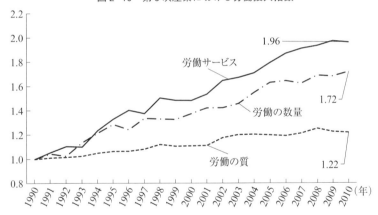

図 2-10　第 3 次産業における労働投入指数

につながっていた。労働の数量的変化を見ると，1990年を 1 として，2010年には1.99に上がった。一方，労働の質指数を見ると，1990年を 1 とした場合，2010年は1.15にとどまっている。市場メカニズムが導入され，国有企業改革が加速した90年代半ば以降は質的上昇を見せたが，そこから2010年まで横ばい傾向が続いた。労働の数量変化と労働の質変化を総合的に反映する労働サービス指数は，1990年を 1 として，2010年には1.85に達している。質的向上の弱さが数量増加の勢いで補われた格好であった。

　図 2 -10は第 3 次産業の 3 つの指数を示している。第 3 次産業における労働力の流入は1990年代に急増があって，長い間抑えられていたサービス産業への需要が拡大された。第 3 次産業の労働数量の変化は，1990年を 1 として，2010年は1.72に伸びた。労働投入の質的向上は90年代前期と2000年代前期に表れたが，2008年頃から下向きに転じた。結果，1990年を 1 とした場合，2010年は1.22になっている。

　表 2 -15は39産業各々の労働の数量的変化率，質的変化率と労働サービスの変化率を示している。全産業を見ると，1990年から2010年にかけて，量的年平均変化率が2.726％，質的年平均変化率が0.864％，これら要素を総合した労働サービスは3.599％と高い伸び率となった。第 1 次産業は，前述したように労働力が第 2 次産業，第 3 次産業へと産業間で移動したため，労働投入量は年平均2.8％減少している。一方，労働の質的向上は，平均的に0.5％の増加率にとどまっている。第 2 次産業，第 3 次産業の質的伸び率は，どちらでも 1 ％を超える結果となった。産業別で見ると，労働投入量の変化率は農業,非金属鉱物関連の採掘と建材の 2 産業が負値となっている[10]。労働サービスの平均年増加率の高い産業は，採掘業では石炭，石油と鉄金属，製造業では飲料，家具，文化・スポーツ製品，医薬品，プラスチック製品，鉄鋼，非鉄金属，金属，輸送用機器，電気機器，通信機器，事務用機器，工芸品・その他，商業・サービス業では商業と不動産が挙げられる。ただし，商業は労働投入の量的増加が顕著である一方，質的上昇は見られなかった。

　表 2 -16は労働投入の質的変化を 4 期間に分けて示している。第 I 期の1990年代前半では，全産業の平均上昇率が－0.008％と低下したが，13産業

---

10)　中国には豊かな非金属資源が存在すると言われるが,産業としては遅れをとっている。1980年代に中国非金属鉱物工業（中国名：中国非金属矿工业公司）という中央政府所属の国有企業が設立されたが，2000年代に入ると発展の勢いが減退する傾向に転じた。主な原因として，大手の国有企業がセメントなど建材の生産のみに集中していった一方，ほかの非金属の開発企業の 8 割が民間の中小企業であり資金と技術が不足していたため，発展が遅れるようになったと言われる。専門家によると，中国は石墨（グラファイト）の輸出国であるが，加工された製品は日本から輸入すること多い（以上，成都精新粉末測定設備有限公司（中国名：成都精新粉体测试设备有限公司）の論説である「建材産業の「黄金低地」——我が国非金属工業および製造産業の現状と展望」（原文名：建材业的"黄金洼地"——我国非金属矿及深加工产业的 中国建材现状与前景）を参照した）。

表 2 -15　産業別労働投入の変化率　　　　　　　　(%)

産業	労働サービス	労働投入量	労働投入の質
農業	△2.300	△2.819	0.520
石炭採掘	6.858	0.472	6.386
石油・天然ガス採掘	4.937	1.843	3.094
鉄金属鉱石採掘	4.779	4.892	△0.113
非鉄金属鉱石採掘	2.529	1.068	1.462
非金属鉱石採掘	0.517	△0.631	1.147
食品	2.330	5.219	△2.890
飲料	5.048	2.502	2.546
たばこ	2.389	0.106	1.649
紡績・衣料品	4.918	3.924	0.994
皮革・毛皮製品	4.411	5.274	△0.864
製材	4.794	4.956	△0.162
家具	6.321	5.255	1.067
製紙	2.510	2.293	0.217
印刷	4.462	2.950	1.511
文化・スポーツ用品	6.312	5.510	0.802
石油加工・コークス	1.197	3.631	△2.434
化学製品	3.201	3.033	0.168
医薬品	8.831	6.179	2.652
化学繊維	4.847	4.007	0.840
ゴム製品	3.770	3.618	0.152
プラスチック製品	5.578	5.003	0.576
建材	△0.797	△1.156	0.358
鉄鋼業	5.481	3.531	1.950
非鉄金属製造	6.835	5.927	0.908
金属製品	5.198	4.388	0.810
汎用機械・専用機械	3.038	1.818	1.221
輸送用機器	6.368	5.727	0.641
電気機器	7.245	6.337	0.909
通信機器	12.239	10.149	2.090
事務用機器	6.305	5.597	0.708
工芸品・その他	5.363	4.397	0.966
電力・水道・ガス	4.547	2.909	1.638
建築	1.988	1.321	0.667
輸送・郵便	1.986	1.239	0.747
商業	5.838	6.007	△0.170
金融	4.327	4.102	0.225
不動産	17.007	8.278	8.728
その他サービス	2.160	1.705	0.455
全産業	3.599	2.726	0.864
第 2 次産業	4.336	3.354	0.967
第 3 次産業	5.079	3.833	1.246

表 2-16　産業別労働投入の質的年上昇率

(%)

産業	第Ⅰ期 1991～1995	第Ⅱ期 1996～2000	第Ⅲ期 2001～2005	第Ⅳ期 2006～2010
農業	5.057	△3.573	0.795	△0.200
石炭採掘	△0.669	17.655	1.263	7.295
石油・天然ガス採掘	△5.133	13.186	1.190	3.132
鉄金属鉱石採掘	△1.403	0.660	0.209	0.081
非鉄金属鉱石採掘	2.041	3.061	0.445	0.299
非金属鉱石採掘	0.600	1.102	1.417	1.471
食品	△1.120	△9.656	0.452	△1.234
飲料	2.484	4.669	2.283	0.748
たばこ	6.745	△0.934	3.802	△3.017
紡績・衣料品	0.119	3.946	0.330	△0.419
皮革・毛皮製品	2.732	△2.861	△1.451	△1.875
製材	0.495	△0.817	△0.037	△0.288
家具	5.207	△1.469	0.223	0.306
製紙	0.863	0.285	△0.265	△0.016
印刷	△2.943	6.296	1.840	0.852
文化・スポーツ用品	1.544	1.897	△0.012	△0.222
石油加工・コークス	0.669	2.749	△10.997	△2.158
化学製品	0.314	△1.107	0.435	1.028
医薬品	0.763	8.220	1.298	0.328
化学繊維	△0.188	3.082	0.778	△0.311
ゴム製品	0.403	0.984	0.157	△0.935
プラスチック製品	0.440	1.746	△0.080	0.197
建材	1.045	△0.185	0.099	0.475
鉄鋼業	1.280	3.188	1.838	1.493
非鉄金属製造	0.035	0.903	1.726	0.967
金属製品	△2.545	△0.401	1.528	4.658
汎用機械・専用機械	0.625	2.328	1.565	0.366
輸送用機器	0.719	3.561	0.150	△1.867
電気機器	3.500	1.333	1.051	△2.250
通信機器	2.775	4.775	0.824	△0.014
事務用機器	0.216	2.446	1.391	△1.219
工芸品・その他	1.549	0.513	△0.430	2.231
電力・水道・ガス	0.105	△1.051	△2.332	△0.334
建築	△1.622	2.520	9.170	2.069
輸送・郵便	△6.481	7.307	1.840	4.642
商業	0.382	△1.990	△0.126	5.411
金融	△1.241	1.899	20.486	△12.191
不動産	1.864	△7.934	8.857	△1.148
その他サービス	△6.749	△4.165	△1.195	2.538
全産業平均	△0.008	0.097	2.050	0.368
第 2 次産業	0.289	2.182	1.544	0.556
第 3 次産業	△3.141	△1.529	3.272	1.476

は 1 ％以上の伸びを見せており，特に農業5.057％，非鉄金属採掘2.041％，飲料2.484％，たばこ6.745％，皮革・毛皮製品2.732％，電気機器3.500％，通信機器2.775％など顕著な質的向上が表れた。第Ⅱ期（90年代後半）では国有企業改革に伴うリストラが進んだこともあって， 1 ％以上の伸びを見せた産業は21産業に増え，平均的に0.097％と前半より伸び率が上昇した。第Ⅲ期（2000年代前半）でも平均的にさらに質的改善が見られたが， 1 ％を超えた産業は17産業に減った。第Ⅳ期では平均伸び率が前半より落ちており， 1 ％を超えた産業は11産業になった。こうしたなかで，第 3 次産業は1990年代において質の変化率の平均値がマイナスであった。国有企業改革や私営経済の導入が進められたなか，人的資本および賃金面におけるサービス業の改革効果はあまり大きくなかったと言える。そもそもこれは，第 3 次産業に政府機関が多いため，改革前から高卒・大卒の割合が高く，賃金面でも比較的高収入であったことが背景にある。ただし，第Ⅲ期以降では質的上昇が見られた。

4.　労働投入の質的変化の分解

■方法と推計結果

　上記では，労働力におけるいくつかの属性を組み合わせ，交差分類し，さらに交差分類された属性の労働力の賃金シェアを用い，異なる属性の労働力を集計し，質を考慮した労働サービスの年平均変化率を示した。また，労働サービスの年平均変化率と総労働時間の変化率の差として定義された労働投入の質的年平均変化率を示した。

　本節では，さらに労働投入の質的変化がどの属性の変化によって引き起こされたかを分析する。Dale W. Jorgenson, Frank M. Goggop, Barbara M. Fraumeni は労働力の属性ごとに加重和をして，労働の質的変化に対する第 1 次効果を考察している。例えば，男女それぞれの労働投入や賃金シェアの変化によって生じている労働の質的変化のみを考察する場合，年齢や学歴などほかの属性に対してウェイトをかけずに集計し，性別について集計する際にウェイトをかける。さらに， 2 種類の属性による労働投入の質の変化を考察する場合は，その 2 種類の属性に対して加重和し，その他の属性に関して

単純和集計をすれば，第2次効果も考察できる。この方法で，労働投入の質的変化について，第1次効果，第2次効果，……第n次効果を分解し，それぞれの属性や属性の組み合わせの効果が分析できる（Jorgenson, et al., 1987, pp.280-291）。

　したがって，本推計では，(6)〜(9)式によって所有制，性別，年齢，学歴それぞれの属性が主要因とした場合の労働の質的変化率を求め，考察する。

$$\ln Q_o(T) - \ln Q_o(T-1) = \sum \bar{v}_o [\ln H_o(T) - \ln H_o(T-1)] - [\ln H(T) - \ln H(T-1)] \quad (6)$$

$$\ln Q_g(T) - \ln Q_g(T-1) = \sum \bar{v}_g [\ln H_g(T) - \ln H_g(T-1)] - [\ln H(T) - \ln H(T-1)] \quad (7)$$

$$\ln Q_a(T) - \ln Q_a(T-1) = \sum \bar{v}_a [\ln H_a(T) - \ln H_a(T-1)] - [\ln H(T) - \ln H(T-1)] \quad (8)$$

$$\ln Q_e(T) - \ln Q_e(T-1) = \sum \bar{v}_e [\ln H_e(T) - \ln H_e(T-1)] - [\ln H(T) - \ln H(T-1)] \quad (9)$$

　ここで，

o が所有制，$\sum \bar{v}_o [\ln H_o(T) - \ln H_o(T-1)]$ が所有制のみにウェイトをかける和集計 $\sum_g \sum_a \sum_e \sum_i H_{ogaei}$ の変化率，

g が男女，$\sum \bar{v}_g [\ln H_g(T) - \ln H_g(T-1)]$ が性別のみにウェイトをかける和集計 $\sum_e \sum_a \sum_o \sum_i H_{geaoi}$ の変化率，

a が年齢，$\sum \bar{v}_a [\ln H_a(T) - \ln H_a(T-1)]$ が年齢のみにウェイトをかける和集計 $\sum_o \sum_g \sum_e \sum_i H_{aogei}$ の変化率，

e が学歴，$\sum \bar{v}_e [\ln H_e(T) - \ln H_e(T-1)]$ が学歴のみにウェイトをかける和集計 $\sum_o \sum_g \sum_a \sum_i H_{eogai}$ の変化率である。

また　$\bar{v}_o = \frac{1}{2}[v_o(T) + v_o(T-1)]$，

　　　　$\bar{v}_g = \frac{1}{2}[v_g(T) + v_g(T-1)]$，

　　　　$\bar{v}_g = \frac{1}{2}[v_g(T) + v_g(T-1)]$，

　　　　$\bar{v}_e = \frac{1}{2}[v_e(T) + v_e(T-1)]$，

となる。つまり，それぞれのウェイトに対して2期の平均値をとることになる。

　表2-17は以上の式を使って，まず第2次産業における各々の属性を主要因とした場合の質的効果を示している。全産業の総労働時間指数は20年を通

表 2-17　第 2 次産業における労働投入の質の分解

年	H	o	g	a	e
1990	1.000	1.000	1.000	1.000	1.000
1991	0.999	0.999	1.000	1.009	1.000
1992	0.975	0.994	1.002	1.016	0.999
1993	1.067	0.905	1.001	1.014	1.018
1994	1.039	1.106	1.004	1.019	1.021
1995	1.108	1.112	1.004	1.033	1.019
1996	1.133	1.069	1.004	1.028	1.016
1997	1.147	1.117	1.004	1.008	1.019
1998	1.154	1.141	1.001	1.008	1.032
1999	1.135	1.148	1.003	1.005	1.032
2000	1.080	1.162	1.004	1.009	1.033
2001	1.108	1.167	1.004	1.012	1.031
2002	1.139	1.187	1.000	1.022	1.041
2003	1.163	1.189	0.998	1.033	1.001
2004	1.213	1.193	0.997	1.037	1.012
2005	1.331	1.196	0.987	1.048	1.017
2006	1.367	1.197	0.986	1.046	1.013
2007	1.456	1.198	1.012	1.041	1.028
2008	1.454	1.199	1.013	1.039	1.022
2009	1.499	1.199	1.013	1.033	1.008
2010	1.633	1.193	1.013	1.032	1.009
年増加率（%）	3.163	0.966	0.064	0.161	0.045

注：H：労働時間，o：所有制，g：男女，a：年齢，e：学歴を表す。

して安定的に伸びており，年平均伸び率は3.163％であった。質的向上に関しては，所有制(o)，性別(g)，年齢(a)，学歴(e)の 4 属性に分けた。 4 つの属性のうち，所有制の変化による質的向上効果が相対的に高かった。所有制間の労働力移動について次の段落でより詳しく見たい。性別，年齢，学歴，それぞれの構成変化や賃金変化がもたらす労働の質は20年を通して，性別によって1.3％，年齢によって3.2％，学歴によって0.9％と上昇しており，年齢構成による質的上昇が高かった。平均年増加率を見れば，性別が0.064％，年齢が0.161％，学歴が0.045％で，顕著な効果は見られなかった。

　所有制における労働の構造変化がもたらした質的上昇効果について，1990年を 1 とすると，2010年では1.193で，年平均伸び率は 1 ％近くに達した。

図2-11　第2次産業の賃金差，非国有部門労働投入量指数

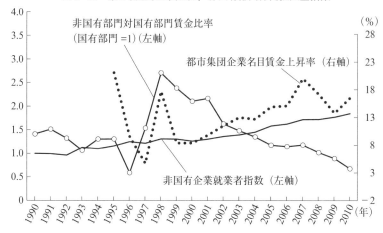

ただし，90年代後半から2000年代前半にかけては増加率が高かったものの，2000年代半ばから横ばいになった。政府が主導した国有企業改革が90年代後半に加速された結果，2000年代半ばからさまざまな形で業績の回復に向かった時期でもあった。質的変化の定義（(6) 〜 (9)式）で示したように，質的向上はある属性の投入量の増加によって賃金も上昇するし，加重集計された労働投入量が単純和集計された労働投入量を上回る。

　図2-11は，第2次産業における都市部集団企業名目賃金上昇率，非国有企業対国有企業の時間給比率，非国有企業労働投入の指数，という3つの指標を挙げている。これを見ると，非国有企業の賃金は1990年には国有企業の1.4倍の水準にあり，1996年に一度落ちたが1998年に2.5を超えた。つまり，非国有企業が現れた後かつ国有企業改革の初期において，個人経営や私営企業，外資系企業の賃金は相対的に高かった。しかし，1990年代半ば以降，中国政府は中小型国有企業の民営化，大型国有企業の株式化に着手し，1998年を境に両者の賃金差は縮小に向かい，2008年頃には逆転した。つまり，非国有企業の平均賃金は国有企業の平均賃金を下回ることになった。

　次に，第2次産業における非国有企業への労働力の流れは1998年前後でいったん下向きになったが，その後また増加傾向にある。労働需要面から見

れば，相対賃金が低下しているのに，非国有企業の求人が増加する格好である。これには，供給側の事情もある。まず，民営化やより強い国有企業を目指す政府の政策の下で，たとえ国有企業の賃金が高くても求人が限られ，就職できる人は少数であったため，非国有部門が雇用吸収の主力となった。次に，90年代後半から2000年代にかけて，中国農村部の余剰労働力は規模が縮小したとはいえ，まだ豊富に存在していた。任麗君（2008, p.74）は，中国の余剰労働力は90年代末頃には1.8億人，2005年にも1.52億人規模があったと主張している[11]。ルイスの二重経済モデルで示されたように，伝統部門に余剰労働力が存在するかぎり，近代部門の賃金が上がらなくても伝統部門からの労働力流入が続くことも考えられる。

　表 2 -18は第 3 次産業における労働投入の質の効果を分解したものであり，性別，年齢，学歴，それぞれの構成変化や賃金変化による労働の質の変化を示している。1990年に比べ2010年には，所有制による労働の質の変化が8.0%，性別による労働の質の変化が0.2%，年齢による労働の質の変化が0.7%，学歴による労働の質の変化が2.0%であった。第 2 次産業と同じように，4 つの属性の中で所有制の効果が最も大きく，その次は学歴の効果であった。平均年増加率を見ると，所有制が0.382%，性別が0.011%，年齢が0.034%，学歴が0.094%であった。

■労働の質の変化について

　これまで推計値で中国の労働投入を見てきた。総じて言えば，1990年から2010年までの間に労働投入量の増加率は第 1 次産業を除いて平均的に高かった。労働の質の向上も見られたが，産業によって，期間によって，様相が変わった。期間中に平均的質の伸び率を見れば，第 2 次産業が0.967%で，第

11）　2000年代後半，中国社会科学院労働と人口研究所所長の蔡昉氏らは，中国国内で余剰労働力は大幅に減少しているとの論文を発表し（蔡・都・王，2008: pp.167-177），国内外から論争が起きた。大島（2015）は，年齢階層別余剰労働力に関して推計を行い，「中国農村の余剰労働力は年齢階層別にみると，16〜30歳の余剰労働力の絶対数が少なく，とくに21〜25歳の出稼ぎ労働力としてもっとも求人が集中している年齢階層の余剰労働力はほぼ払底していると考えられる。これにたいして41歳以上の階層は依然として農業労働力の過半を占めている」と主張している。

表2-18　第3次産業における労働投入の質の分解

年	H	o	g	a	e
1990	1.000	1.000	1.000	1.000	1.000
1991	1.032	1.007	1.001	1.007	1.000
1992	1.073	1.011	1.004	1.011	1.000
1993	1.070	0.901	1.017	0.995	1.024
1994	1.198	0.953	1.019	1.000	1.018
1995	1.273	0.968	1.019	1.007	1.016
1996	1.361	0.969	1.019	1.006	1.014
1997	1.282	0.986	1.017	0.994	1.019
1998	1.399	1.042	1.019	0.992	1.013
1999	1.397	1.002	1.018	0.988	1.011
2000	1.409	1.002	1.017	0.987	1.011
2001	1.449	1.004	1.017	0.992	1.010
2002	1.475	1.070	1.019	1.001	1.019
2003	1.482	1.085	1.019	0.987	1.069
2004	1.515	1.086	1.018	0.991	1.070
2005	1.605	1.089	1.012	1.001	1.072
2006	1.690	1.089	1.012	0.999	1.066
2007	1.625	1.022	1.007	1.015	1.079
2008	1.647	1.083	1.007	1.012	1.062
2009	1.715	1.078	1.007	1.009	1.037
2010	1.710	1.080	1.002	1.007	1.020
年増加率（％）	3.383	0.382	0.011	0.034	0.094

注：表2-17と同じ。

　3次産業の1.246％より低くなったものの，属性を分解した推計値は所有制間の労働力移動による一定の質的向上の効果が見られ，第3次産業についてはその効果が小さかった。また，期間別に見ると，1996〜2000年と2001〜2005年で，第2次産業の労働の質的改善ぶりはほかの期間より顕著であり，それぞれ2.182％，1.544％と高い伸び率であった。この期間中，価格メカニズムや投資，金融システムの確立といったマクロ経済体制改革，株式制度や民営化による国有企業改革，さらに国民経済における私営経済の合法的地位の確定など，一連の改革が背景にあったと考えられる。第3次産業の労働の質の変化に関して，90年代はマイナスであったが，2005〜2010年と2006〜2010年で，それぞれ3.272％，1.476％上昇している。不動産・金融・Eコマースなどの新しいサービス業の興隆によって，今後も質の高い労働力に対する

表2-19　大分類産業別高卒・大卒割合

部門	年	高校卒		大学卒・大学院卒	
		発表値	推計値	発表値	推計値
農業	1990	4.48	5.11	0.05	0.17
	2000	4.61	5.50	0.14	0.16
	2010	5.80	4.08	1.40	0.40
採掘業	1990	18.93	20.26	2.31	1.73
	2000	21.49	27.17	4.94	9.07
	2010	23.00	16.16	18.90	10.36
製造業	1990	23.37	24.77	3.47	4.51
	2000	22.78	26.40	5.80	8.98
	2010	20.10	18.18	13.30	12.86
輸送・通信	1990	24.37	25.78	2.36	3.76
	2000	27.44	31.18	6.84	7.81
	2010	24.00	21.17	13.90	14.11
商業	1990	25.75	28.31	2.26	3.44
	2000	24.47	31.24	5.16	5.26
	2010	23.55	19.16	9.35	8.21
金融	1990	55.74	48.15	11.73	10.45
	2000	44.53	44.61	41.57	38.25
	2010	24.20	24.67	64.50	58.98
不動産	1990	26.08	36.69	3.20	15.22
	2000	37.41	41.41	26.87	27.38
	2010	27.40	24.83	28.10	25.37
電力	1990	37.42	28.85	6.04	4.42
	2000	43.60	47.64	16.27	15.12
	2010	33.10	32.99	38.10	28.74

注：政府発表の一部産業について加重和で算出した。
出所：「発表値」は，1990年と2000年は第4回，第5回人口普査資料，1995年は1％抽出調査資料
　　　より。2010年は『中国労働統計年鑑』より。「推計値」は筆者推計。

需要が高まると予想される。
　言うまでもなく，方法やデータの収集によって推計結果が変わることはあ
りうる。本書に関する課題は以下のとおりである。
　第1に，農民工労働投入の推計と質的変化の影響である。
　労働投入量に農民工を入れることで政府発表の年齢構成や学歴構成と異な
る結果になっていることは，1つのポイントとして挙げたい。表2-19は一
部産業の高卒，大卒の構成比を示しているが，政府の発表値と本書の推計値

が異なることがわかる。この一部は，農民工を考慮した推計によって生じた相違である。小卒や中卒のシェアが高い農民工の時間数が多ければ，政府発表との差が大きくなる。また，大卒のほうが高卒より差が大きい。前述したように，農民工は若年層が多く，中学校卒や小学校卒の就業者が依然として多数を占めている半面，大卒の割合が低い。農民工は数のうえで特に2000年代に入ってから増加率が高く，2003年から2009年まで1億人以上に達している。また，大学改革によって大卒者の比率が高くなったことも政府発表の中で表れている。一方，蔡・曲（2010）が指摘したように，「中国雇用者の学歴は改善されているが，程度はまだ不十分で，例えば，6年間で雇用者の平均的教育年数はわずか0.32（年）しか上昇しなかった。製造業の変化はもっと小さくて，ほとんどないと考えてもよい。ただし，この状況は決して教育の発展が不十分だということではなく，これは教育と人口構成固有の特性によってもたらされた。教育は主に6〜25歳の人口を対象に行われているが，この年齢層だけ注目すれば状況は比較的はやく改善できる。全雇用者の年齢範囲はより広いので，年齢も教育を受ける世代より幅が大きい（大体16〜60歳）。そのため，教育を受ける世代の構成変化による全世代の労働人口の教育状況への影響は緩慢で，限定的である」（筆者訳）。中国は80年代から90年代にかけて，義務教育の普及，大学教育の拡大，専門学校の充実など教育に注力してきたが，就労者全体の学歴構成を高めるのは依然として時間がかかると言えそうである。

　第2に，中国の賃金構造と質的変化の関係である。

　計画経済期の賃金決定は基本的に中央政府による統一賃金管理体制をとっており，企業と事業所は賃金管理や賃金分配の自主権を持っていなかった。経済改革以降，国有企業を中心に賃金管理の改革が行われており，地方政府と企業は徐々に自主権を持つようになっている。伊藤（1998）の調査によると，「1993年以降の国有単位賃金労働者の賃金総額は，時間給制賃金と出来高給制賃金の標準賃金，ボーナスと出来高給制賃金の超過賃金部門，手当・補助金，その他の4項目からなっている」（p.218）。このシステムを見ると，従業員の年齢や学歴に対する評価基準が整備されているかは不明である。非国有企業について，伊藤（1998）は都市集団所有制企業における標準賃金の割合

が65.4％とほかの所有形態のそれより高く，一方，株式制企業，香港・マカオ・台湾系を含む外資系企業の場合は，ボーナスと超過出来高賃金の割合が高く，経済効率性をより多く追求していると考えられる（p.223）。以上から見れば，1990年から2010年までの期間，経済改革の推進によるさまざまな変化が生じており，また社会全体が高い成長率に引っ張られて，企業単位で長期的視点を持って賃金制度を固める時期ではなかった。これは，新古典派経済成長モデルによって労働の質的変化を正確に捉えられない一因になっているかもしれない。ただし，伊藤は，教育が年間賃金額に正の影響を与えることを見出したが，筆者は質的変化による労働サービスへの貢献はそれほど高くないとの結果を出した。手法が異なっているが，90年代から2000年代にかけて中国で人的資本による経済成長への貢献が小さいという結論を導いた研究は，例えば，譚永生が行った中国の人的資本と経済成長に関する実証研究の結果によると，1978〜2004年の経済成長に対して資本の寄与度が54.2％，人的資本が8.3％，労働力投入が5.5％，構造変化が19.8％，制度改革が5.2％，全要素生産性が7％である。しかし，譚は，資本投入の寄与率が人的資本より高いのは投資の差によって生まれたと分析した。文化・科学・教育の対GDP比は3％程度で，固定資産対GDP比率の10分の1しかなかった。また，譚は，測定方法によって人的資本の貢献は全要素生産性の貢献に含まれる可能性もあると指摘した（譚，2006: pp.191-193）。

　第3に，賃金格差の拡大と推計の関係である。

　この推計で用いた所得調査の結果では，性別，年齢，学歴による賃金格差は広がっている。小卒や中卒，または若年層，女性の相対賃金は下がり続けていた。中国では，一部の産業を除いて労働人口の平均学歴が欧米主要国や日本，韓国，シンガポールなどの国に比べてまだ低く，労働集約的産業に大量の若年人材が必要とされる産業構造の中で適切な賃金評価を行えないかぎり労働者は逃げてしまい，質的変化は阻害される。学歴の高い人材の才能を高給により伸ばすことが大事だが，産業構造に見合うような賃金構造の調整も必要である。中国の高等教育と大卒者就職問題を研究している李（2011）によれば，高等教育が拡大しているなかで，高学歴人材に対する需要は伸び悩んでいる。2009年の求人倍率を見れば，中卒およびそれ以下が0.99，高卒

表2-20　各年齢層別労働時間のシェア変化　　　(%)

年	15〜24歳	25〜34歳	35〜54歳	55〜60歳	61歳以上
1990	29.5	29.5	32.2	4.8	4.1
1995	20.6	29.6	43.2	3.3	3.3
2000	19.9	31.1	38.9	3.6	6.5
2005	15.1	25.4	52.5	4.9	2.1
2010	16.2	23.0	48.8	6.4	5.6

出所：筆者推計。

が0.95，職業高校・技術学校などが1.12，短大・高等専門学校が0.81，大卒が0.75，大学院卒が0.72となっている（p.75）。これは，労働集約的産業の需要が高かった産業構造の実態をある程度まで反映している。野村・白根が行った日本の労働投入に関する研究（2013）では，高度成長期の日本は，終身雇用制が実施されながら，性別や学歴などによる賃金格差はほとんど拡大していなかったことを示しているが（表35），中国は対照的な結果となっている[12]。表2-20は年齢層別のシェアを表している。20年間を通して，15〜24歳の若年労働者のシェアは13％ポイント下がり，15〜34歳の労働者のシェアは19.8％ポイント低下した。一方，2000年代以降，55歳以上の労働力の需要が増え続けており，2010年には12％を占めた。少子高齢化が進む社会において，再教育か配置転換などで中年以上の労働者の能力を生かすと同時に，若年労働者の雇用創出，労働条件の改善，産業構造に見合った人材育成が重要課題になるであろう。

---

12)　野村・白根（2013）によると，性別の労働投入価格は，男性が1955年0.043, 1970年0.194, 3.9倍上昇したのに対して，女性が1955年0.035, 1970年0.172, 3.5倍上昇した。また，学歴別の投入価格では，小卒・中卒が1955年0.038, 1970年0.180, 3.7倍上昇したのに対して，大卒が1955年0.046, 1970年0.196, 3.26倍上昇した（表37，表38）。

付表 2-1　産業別の労働投入年変化率

年	農業	石炭採掘	石油・天然ガス採掘	鉄金属鉱石採掘	非鉄金属鉱石採掘
1991	0.0296	0.0104	0.0215	0.0933	0.0583
1992	△0.0038	△0.0057	0.0033	△0.0921	△0.0469
1993	0.2188	0.0675	0.0954	0.0126	△0.2291
1994	△0.0268	0.0053	△0.3217	△0.0622	0.1645
1995	△0.0239	0.0406	0.0146	0.0743	0.1024
1996	△0.0119	△0.0672	△0.0033	△0.0230	△0.0545
1997	0.0175	△0.0029	△0.0203	△0.0395	0.0788
1998	△0.2099	△0.1480	△0.0206	0.1935	0.1623
1999	0.0197	△0.0495	0.1066	0.0087	0.0604
2000	△0.0130	△0.0514	0.2239	△0.0339	△0.0314
2001	△0.0135	0.0218	0.0048	0.0761	0.0188
2002	△0.0250	△0.4771	0.0777	△0.3419	△0.1713
2003	0.0433	0.0757	0.0474	0.0355	0.0286
2004	△0.0479	0.1503	0.0189	0.2587	0.0148
2005	△0.1030	0.1777	0.1777	0.1491	0.0794
2006	△0.0156	0.0223	0.0508	0.1342	0.0554
2007	△0.2042	0.2254	0.0999	0.1835	0.2308
2008	△0.0504	△0.0068	△0.0287	0.0464	△0.0747
2009	△0.0560	0.0549	0.1447	△0.0227	0.0038
2010	0.0165	0.0827	△0.0046	0.2596	0.0553

年	非金属鉱石採掘	食品	飲料	たばこ	紡績
1991	△0.0868	0.0303	△0.0009	0.0351	0.0059
1992	△0.1805	△0.0060	△0.0232	0.0347	△0.0240
1993	0.8093	△0.0115	0.2243	△0.0335	△0.0972
1994	△0.0738	0.0364	△0.0262	0.2758	△0.0552
1995	0.1662	0.0861	0.1575	0.0075	0.1527
1996	0.0313	△0.6723	0.0946	0.0265	△0.0135
1997	△0.0332	0.2586	0.0988	△0.0289	0.0236
1998	0.1525	0.1015	0.0633	△0.2141	0.1703
1999	0.0246	0.0198	△0.0023	△0.0922	△0.0301
2000	△0.1221	△0.0507	△0.0537	0.0599	0.0040
2001	△0.0130	0.0617	0.0061	△0.0592	0.0494
2002	△0.8461	0.0455	△0.1992	0.0749	0.4147
2003	△0.1074	0.0430	0.0058	△0.1646	0.0476
2004	△0.0259	0.0991	0.0572	0.0507	0.0471
2005	0.0943	0.1563	0.2024	0.0700	0.1106
2006	0.0338	0.0260	0.0337	△0.0595	0.1004
2007	0.0943	0.0923	0.2110	△0.0826	0.0906
2008	0.0485	0.0344	△0.0526	0.1013	△0.0845
2009	0.0231	0.0688	0.0546	△0.0044	△0.0120
2010	0.1637	0.2055	0.1306	0.0395	0.0498

付表 2 - 1 の続き

年	皮革・毛皮製品	製材	家具	製紙	印刷
1991	0.0464	0.0323	0.0229	0.0115	0.0284
1992	△0.0097	△0.0533	△0.0076	△0.0232	△0.0258
1993	△0.0209	0.0982	0.0763	0.2506	0.2259
1994	0.0507	0.0664	△0.0251	0.0816	△0.0572
1995	0.1464	0.0834	0.1067	△0.0386	0.1593
1996	△0.0461	△0.0115	△0.1489	△0.0112	0.0629
1997	0.0192	0.0112	△0.0114	0.0157	0.0803
1998	0.1539	0.0106	0.0603	0.1176	0.2939
1999	△0.0904	△0.0150	0.0110	0.0047	△0.0046
2000	0.0537	△0.0611	△0.0478	△0.0198	△0.0151
2001	0.0026	△0.0004	0.0439	△0.0083	0.1206
2002	0.3188	0.1249	0.1882	△0.0980	△0.1115
2003	0.0112	0.0702	△0.0478	0.0359	0.0589
2004	△0.0318	0.0208	△0.0146	0.0564	0.0374
2005	0.2636	0.1375	0.0504	0.0926	0.1001
2006	0.0549	0.0405	0.0258	0.0254	0.1338
2007	0.1453	0.1440	0.1010	0.1575	0.0649
2008	△0.0943	0.0580	△0.0387	0.0036	△0.0473
2009	△0.0596	△0.0036	0.0086	0.0216	△0.0744
2010	0.1962	0.2153	0.1330	0.1576	0.2106

年	文化・スポーツ用品	石油加工コークス	化学製品	医薬品	化学繊維
1991	0.0115	0.0126	0.0340	0.0498	0.0665
1992	0.0115	0.0119	0.0103	0.0554	0.0363
1993	0.0143	0.0120	△0.0616	△0.0501	△0.2392
1994	0.0190	0.0127	0.0096	0.0751	0.1045
1995	0.0215	0.0110	0.0578	0.1403	0.1244
1996	0.0220	0.0100	△0.1551	0.0739	0.0269
1997	0.0206	0.0105	0.0822	0.0185	0.0862
1998	0.0214	0.0108	△0.0446	0.3113	0.0291
1999	0.0228	0.0108	△0.0042	0.0502	△0.0644
2000	0.0223	0.0110	△0.0395	0.0531	△0.0017
2001	0.0251	0.0112	△0.0372	0.0846	0.0555
2002	0.0319	0.0118	0.1140	0.4538	0.4089
2003	0.0382	0.0118	0.0215	0.0038	△0.0032
2004	0.0411	0.0112	0.0365	0.0175	△0.0379
2005	0.0424	0.0107	0.1767	0.2000	0.3093
2006	0.0426	0.0100	0.0121	0.0610	△0.0334
2007	0.0496	0.0104	0.1435	0.1660	0.0460
2008	0.0576	0.0112	0.0680	0.0597	0.0728
2009	0.0557	0.0115	0.0135	0.0120	△0.0805
2010	0.0361	0.0106	0.1674	0.1751	0.0192

年	ゴム製品	プラスチック製品	建材	鉄鋼業	非鉄金属製造
1991	0.0205	0.0023	△0.0159	0.0130	0.0040
1992	0.0123	△0.0514	△0.0432	0.0313	△0.0579
1993	△0.1152	0.1506	0.1693	0.0662	△0.0112
1994	△0.0067	△0.0442	△0.0291	0.0708	△0.0143
1995	0.0551	0.1283	0.0568	0.0654	0.0667
1996	△0.0654	0.0498	0.0209	△0.0174	0.0218
1997	0.0305	0.0684	△0.0427	△0.0176	0.0568
1998	0.0929	0.1454	0.0301	△0.0080	0.1786
1999	0.0487	0.0376	△0.0167	0.0126	0.0353
2000	△0.0095	△0.0149	△0.0827	△0.0887	△0.0685
2001	0.0312	0.1126	△0.0352	0.0385	0.0368
2002	0.1674	△0.0154	△0.6221	0.1697	0.0806
2003	0.0694	0.0405	△0.0290	0.1010	△0.0107
2004	0.0263	△0.0096	0.0148	0.0308	0.0784
2005	0.2135	0.1074	0.0966	0.1386	0.2047
2006	△0.0164	0.1034	△0.0342	0.0299	0.0263
2007	0.0631	0.0728	0.1445	0.2303	0.1829
2008	△0.0551	0.0008	0.0073	0.0006	△0.0243
2009	0.0668	0.0528	0.0293	△0.0089	0.0650
2010	0.1231	0.1932	0.2198	0.1772	0.1032

年	金属製品	汎用機械専用機械	輸送用機器	電気機器	通信機器
1991	0.0049	△0.0093	0.0974	0.0626	0.0817
1992	△0.0539	△0.0102	0.0484	0.0252	△0.0029
1993	0.0238	△0.0952	△0.0354	0.0152	0.0319
1994	△0.0133	△0.1087	0.0451	0.0051	0.0779
1995	0.0700	△0.0302	0.1079	0.1327	0.1209
1996	0.0070	0.0178	0.0052	0.0153	0.0312
1997	0.0338	△0.0451	△0.0266	0.0453	0.0910
1998	△0.0026	△0.0623	0.0354	△0.0871	0.1343
1999	0.0377	0.0070	0.0187	0.1310	0.1294
2000	△0.0769	△0.0081	△0.0521	0.0035	0.1453
2001	0.0463	0.0355	0.0090	0.0275	0.1679
2002	0.1169	0.1497	0.2052	0.1611	0.1870
2003	0.0009	0.0843	△0.3989	0.1165	0.0410
2004	0.0799	0.0736	0.1056	0.1038	0.2647
2005	0.2186	0.1325	0.1692	0.2639	0.1464
2006	0.0494	0.0719	0.0600	△0.5922	0.2253
2007	0.2730	0.1377	0.2099	0.6390	0.0829
2008	0.0237	0.0365	△0.0535	0.1008	0.0449
2009	0.1062	0.0265	0.1157	0.0726	0.0281
2010	0.0943	0.2037	0.5602	0.2070	0.2794

付表 2 - 1 の続き

年	事務用機器	工芸品・その他	電力・水道・ガス	建築	輸送・郵便
1991	0.0480	△0.1267	0.0252	0.0345	0.0067
1992	0.0649	△0.2280	0.0246	△0.0670	△0.0115
1993	0.0387	1.2765	0.1214	0.5747	0.5369
1994	0.0627	△0.0761	0.0561	△0.7410	△0.0865
1995	0.0094	△0.0265	△0.0000	△0.4035	0.1064
1996	△0.0098	△0.0569	0.0579	0.1273	0.0677
1997	0.0782	0.0440	0.0833	△0.3187	△0.2133
1998	△0.1800	0.0028	△0.0359	△0.2046	0.0153
1999	0.0814	0.0230	△0.0015	0.1924	△0.0059
2000	△0.0343	△0.0860	△0.0097	△0.0343	△0.0631
2001	△0.0676	0.0110	0.0567	0.0488	0.0121
2002	0.2087	0.2956	△0.0504	0.1018	0.0813
2003	0.2412	△0.1250	△0.0297	0.4226	△0.0080
2004	0.1585	0.1313	0.0064	0.0231	0.0151
2005	0.2576	△0.2600	△0.0135	△0.0682	0.0623
2006	0.0466	△0.0543	0.0304	0.1879	0.0802
2007	0.0505	0.2465	0.0084	△0.0831	△0.3095
2008	△0.0029	△0.0651	0.0410	0.1239	0.0470
2009	△0.0164	0.0302	△0.0158	0.1375	0.0308
2010	0.1698	0.0199	0.0464	0.0944	0.0044

年	商業	金融	不動産	その他サービス	全産業平均
1991	△0.0056	0.0652	0.1734	0.0318	0.0261
1992	△0.0130	0.0535	0.0989	0.0742	0.0055
1993	0.6784	△0.0431	0.3092	△0.6378	0.1178
1994	0.1267	0.1941	0.0752	0.0579	△0.0162
1995	0.0411	0.0274	0.0642	△0.1038	△0.0012
1996	0.1158	0.0089	0.0533	0.0572	0.0107
1997	△0.0483	0.0644	0.0464	0.0449	△0.0102
1998	0.0628	△0.1292	△0.2594	△0.1668	△0.0640
1999	0.0298	0.0533	0.0431	0.0466	0.0305
2000	0.0472	△0.0146	0.0237	△0.0117	△0.0134
2001	0.0328	0.0484	0.1186	0.0762	0.0351
2002	△0.0341	△0.0362	0.1024	0.0732	0.0691
2003	0.0896	0.0094	0.1842	△0.0558	0.0259
2004	0.0278	0.0027	0.1036	0.0309	0.0487
2005	0.0538	△0.0156	0.1791	0.0747	0.0842
2006	0.0704	0.0511	0.0876	0.0848	0.0319
2007	△0.1598	0.1160	0.7814	0.0284	0.0819
2008	0.0204	0.0828	△0.7799	0.0712	0.0076
2009	0.0686	0.0263	0.1089	0.0518	0.0424
2010	0.0035	0.0036	0.0771	△0.0588	0.1417

注：全産業平均は全付加価値に占める各産業のシェアをウェイトにして集計した数値である。

第 3 章

資本投入の推計

　労働力とともに資本もまた，経済成長にとって不可欠な生産要素であることは言うまでもない。一般的に言えば，国・地域の経済が離陸（take-off）する段階で，1人当たり資本ストックの増加が見られる。これは，工場や設備が必要とされるだけではなく，住宅も増え，道路や橋，水道や電気などインフラストラクチャーの整備も進めなければならないためである。ただし，第1章で言及したように，高度産業化社会に移行するに伴い，資本投入に伴う収穫逓減傾向があるため，より質の高い労働者や経営者に対する需要が高まることになる。また，インフラストラクチャーが飽和状態を迎えると，経済成長を持続させるために産業構造の高度化も必要となり，資本投入も量的拡大から質的向上へと転換しなければならない。そのため，全要素生産性分析の一環として，労働投入の推計と同様に，資本投入の推計も重要になる。

　資本ストックは企業が所有している建物や設備の総価値を反映する1つの指標だが，全要素生産性分析の視点から見ると，一般的に粗資本ストックや純資本ストックと異なる生産的資本ストックを測定する必要がある。また，新古典派的な資本測定理論において，資本投入の推計対象は，生産・サービスに投入された資本ストックそのものではなく，資本ストックに基づいて提供されているフローの資本サービスである[1]。したがって，資本投入の推計は，生産的資本ストックや資本サービス価格の推計に関わっているものの，資本サービス価格は市場で直接観察できないため，資本の収益率や資本財の取得価格，税金などの情報に基づいて間接的に測定することしかできない。

1）　資本投入と資本サービス価格の推計については，第4節を参照されたい。

本章では，生産的資本ストック，資本サービスの推計方法と結果を説明する。第1節は，資本ストックの種類を明らかにし，本章で採用する推計方法を具体的に検討する。第2節は，主に中国の所有制別資本ストック推計，資本財別資本ストック推計におけるデータ作成を説明する。特に資本ストックの推計に避けられない固定資産投資時系列の作成，減価償却率やデフレーターの設定などを述べ，データの収集と作成について説明する。第3節は，所有制別資本ストックと資本財別資本ストックの作成結果を提示する。第4節は，新古典派的な資本推計の考え方に沿って，資本投入（＝資本サービス）推計の枠組みをまとめる。第5節は，以上の結果に基づいて資本サービス価格や資本投入，固定資本ストックの質的向上について考察する。

1. 資本ストックについて

■資本ストックの定義

資本のタイプは一般的に，金融資産や国富としての土地・自然資源・人的資本，さらに商品を産出するための生産手段，生産要素を含む（柳沼・野中，1996）。本来，生産性分析で取り上げられる「資本」は，工場，オフィスビルディング，機械設備など物的資産（assets）に限られるケースが多い。土地も資本の範囲に入る。これらの生産要素は，耐久性，再生産可能性という性格を備えなければならない。生産過程に投資された物的資本の累積が資本ストックである。資本が生産活動の主要な源泉であるため，資本ストックの大きさは経済成長分析の重要なシグナルとなっている。一方，1990年代にアメリカから起こったIT革命とそれに伴う生産性の上昇を受け，ソフトウェアに加えて人的投資や組織改編への投資を含む無形資産に対する評価がますます重視されるようになった（宮川・金，2010）。ただし，本書の推計は有形資産に限定している。

ここで，資本ストックをめぐるいくつかの概念を確認しておこう。過去に行われた総投資は粗資本ストック（gross capital stock）である。粗資本ストックはone-hoss-shayの仮定の下で，資産の除却（retirement）は考慮されるが，減衰（decay）は考慮されない。粗資本ストックでは，すべての資本財は除

却するまで減衰されない「新しい財」と見なされる。粗資本ストックは，各資本財の除却パターン，投資額，資産価格指数があれば測定できるという利点があるものの，減衰が反映されていないため，資本ストックが過大評価される傾向は否定できない。

　純資本ストック（net capital stock）は減価償却（depreciation）の控除後の資本ストックである。減価償却は資本財の時間経過に伴う価値の損失を測定し，年齢─価格プロファイル（age-price profile）によって表される。年齢─価格プロファイルとは，資本財価格の低下と上昇は，生産能力の損失や残存耐用年数，新規資産の導入などによって決定されるという考え方である。

　資本の効率性を評価する方法は，生産的資本ストック（productive capital stock）の評価法となる。これは，資本財の時間経過に伴う効率の低下（efficiency decline）や減衰によって生じた損失を控除した資本ストックの評価法である。資本財の減衰・効率低下は，資産の加齢に伴う生産サービスの低下ということになるので，これは年齢─効率プロファイル（age-efficiency profile）を用いて説明される。一般的に，資本財生産サービスの初期では効率の低下は緩慢であり，次第に加速していくように観察される。生産的資本ストックは一種の「純」資本ストックと近似しているが，通常の純資本ストックとも異なる。生産的資本ストックと純資本ストックの違いは，生産的資本ストックは資本財の物理的な減衰に着目するものだが，純資本ストックは資産価値の低下に関心がある。逆に言えば，生産要素としての資本の測定は，「生産過程において投入される能力的な資本投入量（capital capacity）の側面と，所有する資本価値（capital value）の両面を対象とする」（野村，2004: p.64）。

■資本ストックの推計方法

　資本ストックの推計は，一般的に直接法，ベンチマーク法（Benchmark Year: BY 法）と恒久棚卸法（Perpetual Inventory Method: PIM）の 3 つが代表的である。直接法は，国富調査などによって直接に把握する方法である。直接調査は一般的により詳しいデータが得られ，一定の質も保証できる。ただし，この方法はコストがかかり，現在運用する国は日本や韓国，オランダなど数か国しかない（柳沼・野中，1996）。ベンチマーク法は，基準年の資本ストッ

クは直接調査で確定し，各期の資本ストックは投資などのデータ系列を加え
ることによって順次に推計する方法である。日本は BY 法を使って資本ス
トックを推計している。PIM は直接調査に頼らない推計方法である。この
方法では，投資された資本財は耐用期間中に資本ストックとして存在し，耐
用年数内における毎年の投資額の合計は粗資本ストックとされ，耐用年数内
の資本減耗累計額控除後の投資額の合計値は純資本ストックとされる。恒久
卸棚法は，国富調査が行われていない欧米諸国で広く用いられている。この
方法は国富調査より簡便でコストもかからない。ただし，資産の除却や減耗
に関する情報は少ないため，人為的に仮定を定めなければならない。

　ここではまず，野村が整理・提示したストックと効率性分布，Jorgenson
の生産的資本ストックに関する考え方に基づいて，PIM の方法を整理した
い（野村，2004: pp.27-39; Jorgenson, 1996: pp.126-130）。PIM では，投資された
資本財は耐用期間中に資本ストックとして存在し，耐用年数内における毎年
の投資額（I）の合計が粗資本ストックとされる。いま，t 時点（current time）
における i 産業の粗資本ストック $A_i^g(t)$ を（1）式で表す。

$$A_i^g(t) = \sum_{\tau=0}^{\infty} I_i(t-\tau) \tag{1}$$

　ただし，τ は固定資産の使用年数（age），$I_i(t-\tau)$ は $t-\tau$ 年の固定資産投
資額，$\sum_{\tau=0}^{\infty} I_i(t-\tau)$ は固定資産の購入から t 年までの固定資産投資額の合計
である。

　一方，耐用年数内の効率の低下が反映された後の投資額の合計が生産的資
本ストックとなる。生産的資本ストックの推計について，Jorgenson（1974）
が提示した相対効率（relative efficiency）の概念を導入して定義すると，t 年
の生産的資本ストック $A_i^p(t)$ は各年に行われた投資の加重和で，ウェイトは
使用年数が τ 年となった固定資産の相対効率 d_τ である。

$$A_i^p(t) = \sum_{\tau=0}^{\infty} d(\tau) I_i(t-\tau) \qquad (0 \le d \le 1) \tag{2}$$

ここで，相対効率 $d(\tau)$ は資産の経年に伴う効率性指標であるが，完全競争
の仮定の下では資本の限界生産力の比に等しい。経年の資本財に伴って資本
の相対効率が低下し，生産能力や効率を維持するために補正（replacement）

しなければならない。いかなる資本財も経年によって取得価格（acquisition price）の低下，生産能力や生産効率の低下を価格上で反映される。ここで，τ 年における資本財の生産損失率 $m(\tau)$（mortality）を相対効率の変化率として導入する。

$$m(\tau) = d(\tau - 1) - d(\tau) = -(d(\tau) - d(\tau - 1)) \tag{3}$$

したがって，τ 年対 $\tau - 1$ 年の資本ストックの変化は，次のように τ 年の投資から資本財の相対効率の低下（損失額）を差し引いた結果になる。

$$\ln A_i^p(t) - \ln A_i^p(t-1) = I_i(t) - \sum_{\tau=0}^{\infty} m(t) I_i(t-\tau) \tag{4}$$

さらに，δ を資本財の生産能力を維持するための補塡投資比率（replacement rate）の分布として，次のように定義する。

$$\delta(\tau) = m(1)\delta(\tau - 1) + m(2)\delta(\tau - 2) + \cdots + m(\tau)\delta(0) \tag{5}$$

式（5）は，τ 年の補塡投資比率が資本財購入の初期から τ 年までの効率性の減少分に対する補塡投資の合計であることを表しており，再生産方程式（renewal equation）である。さらに，t 時点で補塡された総生産的資本ストックは，

$$R_i(t) = \sum_{t=1}^{\infty} m(\tau) I_i(t-\tau) \tag{6}$$

となる。

　次に，資本財の生産効率の減耗分布を検討する。資本財の生産効率の低下を反映する典型的な劣化パターンは 3 つある。1 つ目は one-hoss-shay 分布，2 つ目は線形分布（straight-line），3 つ目は幾何分布（geometric distribution）である。"one-hoss-shay" 除却パターンは，資産は除却（企業が資産を売却したり廃棄したりすること）されるまで同程度の生産能力を有することが想定されているが，資産の減衰（老朽化・劣化すること）が想定されていない。コンピュータは廃棄するまで一定の効率が保てるようだが，建物や多数の機械設備は除却されるまで完全な生産能力を保つことは不可能と考えられる。"straight-line" 方法もシンプルすぎる。一般的に，資本財生産サービスの初期

には効率の低下は緩慢であり，次第に加速していくと考えられる。しかし，一般に資本ストックの推計において，$d(\tau)$を一定率に仮定することが多い。つまり，生産的効率性が設備年齢のみに依存した一定値$d(\tau)$とした。特殊なケースの恒久棚卸法である。そのように仮定すると，相対効率$d(\tau)$は（7）式のように書くことができる。

$$d(\tau) = (1-\delta)^{\tau} \tag{7}$$

（7）式を使って，$\tau = T$（Tは資本財の耐用年数）とし，耐用年数TおよびT年目に残った資本財の相対効率$d(T)$が分かれば，δが得られる。さらに，資本ストックの差分を表す（4）式は次のようになる。

$$\ln A_i^p(t) - \ln A_i^p(t-1) = I_i(t) - \sum_{\tau=1}^{\infty} \delta(1-\delta) I_i(t-\tau) \tag{8}$$
$$= I_i(t) - \delta A_i^p(t-1)$$

さらに次式に書き換える。

$$A_i^p(t) = I_i(t) + (1-\delta) A_i^p(t-1) \tag{9}$$

すなわち，t年の生産的資本ストックは当年の投資（実質値）と資本減耗額控除後の前年の生産的資本ストックの合計値となる。PIM のもとで，（7）式を（2）式に代入して，次の式を使って推計できる。

$$A_i^p(t) = \sum_{\tau=0}^{\infty} (1-\delta)^{\tau} I_i(t-\tau) \tag{10}$$

　一方，Jorgenson の資本投資に関する考えにおいては，生産活動に投入されるのは資本ストックではなく，資本サービスである。資本サービスの推計において重要なことの1つは，労働投入の推計と同様に，資産の異質性（heterogeneity）を考慮する必要がある。建物，設備，工具などの異なる資本財は，資産の耐用年数，相対効率の低下，初期費用などが大きく変わる場合がある。そのため，（10）式を利用する際，異なる種類の資本財に関してそれぞれ計算する必要があるだけでなく，資本サービスを推計するにあたり資産の同質性を配慮するため，（10）式と異なってディビジア指数（加重和）で集計しなければならない。もう1つは，資本サービス価格を算出する必要

がある。こうして資産の質を考慮した生産的資本ストックと資本サービス価格の積こそ，資本サービスの量となる。現実的に，中国経済の構造変化を観察するには，所有制別経済主体の資本投入について考察することも課題の１つである。ただし，以下で示すように中国では所有制別に異なる資本財の固定資産投資情報を入手できないため，所有制別の資本投入と資本財の種類を同時に考慮する推計はできない。

2.　データの作成

■ベンチマーク資本ストック

　(10) 式中の固定資産系列 $\sum_{\tau=0}^{\infty}(1-\delta)^{\tau}I_i(t-\tau)$ を作成するためには，資本ストックのベンチマーク，つまり，基準年の資本ストックを作成しなければならない。本推計の対象期間は1992〜2010年だが，より長い固定資産投資系列が望ましい。固定資本の残存率は年数が経つと大きく低下するため，長い固定資本投資系列が作成されればベンチマークによって生じた誤差の影響は十分に小さくなる可能性がある。一方，投資系列の期間は短くても一定の信頼度を確保できるという考えもある。柳沼・野中 (1996) は，西ドイツ，フランス，イタリア，イギリス４カ国では，25年前に取得された資産が総資本ストックに占める比率は１％以下になっていたことを示した。粗資本ストック中における過去の投資が１％になるまでにかかった時間は，西ドイツとイギリスが26年，イタリアが25年，フランスが23年であった。中国で正式に国民経済統計を公表したのは1949年以降だが，固定資産に関しては，1953年の固定資産投資額が最も古いデータである。そのなかで，黄・任・劉 (2002) はより長い期間の資本ストックを推計するため GDP 成長率と投資伸び率の関係を見出し，建国前からの投資系列を作った。

　本書は，90年代以降の資本ストックを推計するため，50年代初期に中華人民共和国が樹立した後に当局が発表している固定資産投資データを利用することになる。しかし，産業レベルのデータに関しては，以下に示すように，さまざまな工夫が必要である。

■固定資産投資時系列

　生産的資本ストックの推計における基本要素は，固定資産投資時系列の作成である[2]。ここで主に利用しているのは『中国統計年鑑』，『中国固定資産投資統計年鑑』，『中国固定資産投資統計数典 1950-2000』，『中国固定資産投資統計年鑑1950-1995』の４つである。

　中国の資本ストックを推計する際に，同じ政府発表の固定資産投資（Total investment in fixed assets）と固定資産形成総額（Gross fixed capital formation）のどちらを利用すべきかが問われる。中国の GDP 統計に詳しい許憲春氏は両者の違いについて，「固定資産投資額から土地購入費，中古資産購入費を引いたうえ，小規模の投資プロジェクトや不動産の付加価値，資源探査・ソフトウェアなどの無形資産を加えて計上したものが，固定資産形成総額」であると指摘した（許，2013）。資本ストック推計の観点からすれば，小規模プロジェクトが除外されれば固定資産投資の過小評価につながるが，中古資産購入費の計上は逆に過大評価となる。それぞれの規模を計算した朱天・張軍・劉芳（2017）によれば，全固定資産投資に占める小規模プロジェクト（2010年までは50万元以下，2010年以後は500万元以下が除外された）の比率は0.2〜2.0%，計上された中古資産購入費の比率は0.3〜0.5%である。

　ただし，問題はこれだけではない。許はさらに，地方政府が業績を上げるために現実離れした投資目標を立てており，固定資産投資を過大評価する傾向があるため，建築やセメント生産額に合わせて調整すべき，と指摘している。その関係で，これまで中国の資本ストックや全要素生産性の研究者は，以下の２つの指標から選ばなければならなかった。孫琳琳・任若恩は，概念上，固定資産の積み上げ＝固定資産形成総額－減価償却額，固定資産形成総額＝固定資産投資額－退役年齢になった資産額（失われた生産能力の価値）＋土地設置費用となるので，固定資産投資額を使用するのは合理的であると主

2）　中国では，鉱工業について「固定資産原値（粗資本ストック）」と「固定資産浄値（純資本ストック）」を発表しているが，いくつかの問題があると言われている。1つ目は，減価分の計算は毎年同額の減価償却費を計上する直線法が使われるが，それを支持する根拠は足りない（侯，1992）。2つ目は，計画経済期では資本不足の状態が続いていたため，補填投資部分（減価償却）が低水準に抑えられる傾向があった。3番目は，発表の対象は鉱工業に限られており，農業，建築，第3次産業は含まれていない。

張している（孫・任，2005）。一方，楊軼波は産業連関表の固定資産形成額の比率を用いて固定資産投資額を調整した（楊，2020）。しかし，資本財の種類別データがなければ，質を考慮した資本サービスの推計が難しくなる。そのため，固定資産投資額を使って推計し，その結果とほかの先行研究の結果を比べ，どれほどの乖離があるかを考察する。

（1）所有制別固定資産投資系列

改革開放まで，中国統計システムの重点は都市部に置かれていた。投資の面において，重化学工業を優先的・重点的に発展させようという経済戦略の下では，農林水産業以外の産業がほとんど都市部に配置されたこともあり，都市部中心に固定資産投資統計が作られたことは明らかであった。所有制別の固定資産投資統計を見ると，建国時から現在まで統計体制は数回見直されたが，大きく変わったのは私営経済を範囲内に入れた1981年であった。表3-1は，これまで政府が発表した農業以外の固定資産投資統計の対象企業・事業所をまとめている。改革開放が始まった1978年までは計画経済体制をとっていたため，政府は国有企業や国・地方の行政部門を対象に固定資産投資を発表している。1978年からは都市部の集団所有制企業を加えた。やがて農村部の郷鎮企業や都市・農村の私営部門が台頭し，国民経済における役割が徐々に肯定されるなかで，1981年からは統計制度上の取り扱いも大きく前進した。1996年以降は基本的に多様な所有制の出現に対応して政府統計も何回かにわたり調整されたと考えられる。また，株式会社など所有制改革の進展によって，2003年からは子会社などを持つ政府系持株会社も国有企業として計上されるようになった。

表3-1　政府固定資産投資統計の企業・事業所範囲（農業を除く）

1953〜1978	1978〜1980	1981〜1995	1996〜2000		2001	2002〜
国有	国有 都市集団	国有 都市集団 都市私営 農村集団 農村私営	国有 都市集団 都市私営 農村集団 農村私営	聯営 株式制 外資 香港・マカオ・台湾	国有 （他所有制 のデータ がない）	国有と国有持株 集団 私営 外資 香港・マカオ・台湾

　非国有部門の固定資産投資額の発表は1978年から始まった。最初に入手できたのは集団所有制企業および都市部の個人投資（私営企業）のデータのみであったが，85年以降は農村部の個人投資データも得られるようになった。1994年から株式会社と有限会社（および国家単独出資会社）という2つの企業形態を規定した会社法（中国語名：公司法）が施行されるようになり（丸川，2013, p.212），1996年以降，株式制企業，外資企業，香港・マカオ・台湾企業，または異なる所有制企業の聯営企業など，所有制形態別のより詳しい投資データが公表された。ただし，この時期，株式制企業は国有，非国有を問わず一本化されたが，2002年から国有持株企業が分離され，株式制は非国有企業として扱われている。

　固定資産投資統計の産業分類は数回調整されたが，本書では39産業部門に統一した。「その他サービス」では，科学技術や衛生・スポーツ部門から，教育・文化事業，社会サービス，国家機関・社会団体などを1つの分野として扱っている。表3-2は暦年の固定資産投資統計に設定されている産業分類を示している。1953年から1980年まで，中分類として農林水産業が1部門，鉱工業は電力と建築も含めて15部門，サービス業が11部門であった。1981年の調整では，鉱工業の部門数がこれまでの15部門から37部門に増えた。2002年の調整では鉱工業とサービス業を中心に調整が行われた。例えば，「食品加工」から「農産物加工」を分離し，「鉄鋼業」から「金属製品」を分離した。また，サービス分野中の「情報通信」を1つの産業部門としてほかのサービスから独立して計上するようになった。国有部門の問題として1953〜1980年の2桁分類の産業別投資額が欠如しているため，1981〜1984年の産業別投資割合を使って，計画経済期の大分類を2桁分類に細分した。ただし，1953〜1980年の投資額は「基本建設投資」と「更新改造投資」の合計値を使用した。「基本建設投資」とは生産拡大向けの新規投資で，「更新改造投資」は技術改善を目的とする投資である（『中国統計年鑑』，2011）。これは，計画経済期において，政府の投資部門が「基本建設」，「更新改造」，「その他」に分かれたからである。

　非国有部門の投資データは都市部集団所有制部門を除く2桁分類データがなく，鉱工業について採掘業，製造業の2部門のみ発表されているので，推

表3-2 暦年発表された固定資産投資の産業分類

期間	部門数	産業分類
1953～1980	28	農林水産業, 石炭, 石油, コックス, 化学, 機械, 森林, 建材, 紡績, 食品, 紙, 皮革, 衣服, その他工業, 電力, 建築, 地質探査, 輸送・郵便, 商業, 金融, 不動産, 社会サービス, 衛生・スポーツ, 教育・文化, 科学研究, 国家機関, その他
1981～2001	47	農林水産業, 石炭採掘, 石油・天然ガス採掘, 鉄鉱石採掘, 非鉄金属採掘, 非金属採掘, その他採掘, 木材伐採, 食品加工, 食品製造, 飲料, たばこ, 紡績, 服装, 皮革, 木材加工, 家具, 紙, 印刷, 文化・スポーツ製品, 石油精錬, 化学製品, 医薬品, 化学繊維, ゴム, プラスチック, 非金属品, 鉄鋼業, 非鉄金属製造, 汎用機械, 専用機械, 輸送設備, 電気設備, 通信設備, 事務用品, その他製造業, 電力, 建築, 地質探査, 輸送・郵便, 商業, 金融, 不動産, 社会サービス, 衛生・スポーツ, 教育・文化, 科学研究, 国家機関, その他
2002～	51	農林水産業, 石炭採掘, 石油・天然ガス採掘, 鉄鉱石採掘, 非鉄金属採掘, 非金属採掘, その他採掘, 木材伐採, 農産物加工, 食品加工, 食品製造, 飲料, たばこ, 紡績, 服装, 皮革, 木材加工, 家具, 紙, 印刷, 文化・スポーツ製品, 石油精錬, 化学製品, 医薬品, 化学繊維, ゴム, プラスチック, 非金属品, 鉄鋼業, 金属製品, 非鉄金属製造, 汎用機械, 専用機械, 輸送設備, 電気設備, 通信設備, 事務用機器, その他製造業, 電力, 建築, 地質探査, 輸送・郵便, 情報通信, 商業, 金融, 不動産, 社会サービス, 衛生・福祉, 教育・文化, 科学研究, 国家機関・社会組織, その他
本書	39	農業, 石炭採掘, 石油・天然ガス採掘, 鉄鉱石採掘, 非鉄金属採掘, 非金属採掘, 食品, 飲料, たばこ, 紡績・衣料品, 皮革製品, 家具, 製紙, 印刷, 文化・スポーツ製品, 石油加工・コックス, 化学製品, 医薬品, 化学繊維, ゴム, プラスチック, 建材, 鉄鋼業, 非鉄金属製造, 汎用機械・専用機械, 輸送用機器, 電気機器, 通信機器, 事務用機器, 工芸品・その他, 電力・水道・ガス, 建築, 輸送・郵便, 商業, 金融, 不動産, その他サービス業

計しなければならない。国有企業がインフラなどの重点産業を担わなければならないという政府の方針の下で，非国有企業との間に一定の棲み分けが存在することは考えられる[3]。言い換えれば，所有者を問わず非国有企業の産業構造には一定の類似性が存在していると考えられる。労働投入の推計と同じ手法で2002年以前の都市部の個人投資，農村部の集団企業投資と個人投資について，都市部集団所有制投資の産業配分によって細分化した。

中国の統計システムはWTO（世界貿易機構）加盟の影響も受けた[4]。例年

図 3 - 1　所有制別固定資産投資の推移：1981〜2010年

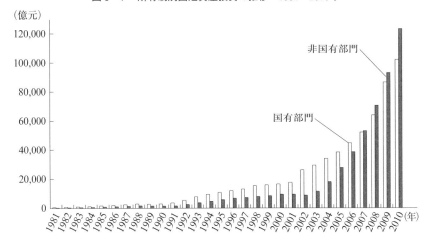

（億元）

出版されていた『中国固定資産投資統計年鑑』は，この年は出版されなかっ
た。『中国統計年鑑』からは，上述した「基本建設投資」と「更新改造投資」
の大分類データが得られるため，線形補間によって算出した。

　1980年をベンチマークにするために，公式発表のある1953年からの固定資
産投資データを集めた。1977年までは国有部門のみ，翌年から経済改革の下
で非国有部門の発表が始まった。図 3 - 1 は1981年から2010年まで所有制別

---

3 ）　2006年当時，国有資産監督管理委員会主任・李栄融の報告によると，国有企業によ
　る絶対的コントロールを維持する分野は軍事産業，送配電・電力，石油・石油化学，電
　気通信，石炭，航空輸送，海運であった。また，当該産業の主要企業において国家が比
　較的強いコントロールを維持すべき分野は設備製造，自動車，電子・情報，建築，鉄鋼，
　非鉄金属，化学，資源探査・設計，科学技術である（丸川，2013: p.220）。ただし，こ
　れらの産業に対して，中国政府は2005年と2010年の 2 度にわたって民間企業の参入を奨
　励する内容を通達した（丸川，2013: p.276）。もっとも，政府が絶対的にコントロール
　する分野，または強くコントロールする分野への民間進出があったとしても，実際には
　これらの分野における国有企業の地位が大きく変わっているとは考えにくい。
4 ）　中国の統計体制に詳しい許憲春氏は，WTO 加盟が中国政府統計に影響を与えた点と
　して，統計分類基準，統計調査方法，調査票設計，統計指標の算出方法，統計情報の発信，
　被調査者の秘密保護，の主に 6 分野を指摘した（許，2009）。筆者は，2002年中国鉱工
　業統計の業種に関する新しい分類体系は WTO 加盟と関連したと考えている。2002年の
　業種分類と1994年業種分類との比較について，徐（2009）を参照されたい。

固定資産投資名目値の推移を示している。経済改革以後，両部門とも投資が急増した時期は，1つ目は都市部改革が始まった後の1984〜1988年，2つ目が鄧小平による南方視察後の1992〜1995年，3つ目がWTO加盟後の2002〜2007年，4つ目がリーマンショックへの対策として政府が4兆元の救援策を実施した後の2008〜2010年である。WTO正式加盟後の2002年以降は，国有部門の固定資産投資が急増したが，2004年以降に非国有部門の投資増が顕著となって，2007年に国有部門の投資を上回るようになった。

(2) 資本財種類別固定資産投資系列

続いて，PIM法を用いて資本財種類別生産的資本ストックを推計するために，資本財種類別固定資産投資系列を用意しなければならない。これは資本の質の変化を考慮して，資本サービスを測定するためである。資本サービスの測定については，次節で詳細に述べたい。前出の（9）式，（10）式に資本財種類を表す添字 k を加え，（11）式，（12）式のように，t 年の生産的資本ストックを表すことができる。

$$A^p_{i,k}(t) = I_{i,k}(t) + (1 - \delta_k) A^p_{i,k}(t-1) \tag{11}$$

（12）式は，t 年の異なる資本財の資本ストックの和集計である。

$$A^p_{i,k} = \sum_{\tau=0}^{\infty} (1 - \delta_k)^{\tau} I_{i,k}(t - \tau) \tag{12}$$

資本財種類別資本ストックの推計対象期間を1992〜2010年とし，ベンチマーク年の資本ストックのデータを作るため，1953年以降の固定資産投資系列を作成する。中国では『中国固定資産投資年鑑』によって産業別かつ資産種類別の固定資産投資データが発表されたのは1996年以降であり，毎年継続的に発表されるようになったのは2002年以降である。資産種類は「建物」，「設備」，「その他」の3つに分けられている。「その他」の計上対象は中古建物の購入，環境整備，土壌改良，家具購入，管理費用，土地購入費用，住民移住の補助，プロジェクトの研究費用，設備検査費用などの諸費用である。筆者は，これまで行った推計では「その他」を入れなかったが，物価の上昇につれて土地購入などの諸費用も毎年増大したため，「その他」も資産として

計上している。データが欠如している1953～1995年までの資本種類別固定資産投資に関し，1981～1995年については RAS 法で推計したが，1953～1980年については1981年の割合で按分した。2003年以降のデータは，各年の『中国固定資産投資統計年鑑』から入手できる。

　RAS 法は，Richard Stone によって開発され，一部の情報の下でマトリックス上の縦および横の構成比の変化を推計するのに用いられる。これは，マトリックスの行和と列和の情報が 2 つのコントロール・トータル（制約）とし，マトリックスの各マスの値について，2 つのコントロール・トータルを満たすまで逐次収束計算を実行する方法である。産業別×資産種類別の 2 次元に交差分類された投資額を推計する場合，まず産業別投資額ベクトル（39産業）と資本財種類別の投資額ベクトル（3 種類）をそれぞれコントロール・トータルとしたうえで，集計した1996年，1998年，2002年それぞれの産業×資産種類の投資額を逐次収束計算の初期値マトリックスにして計算を行う。

　ただし，1 つの問題は，農村部の資本財種類別固定資産投資データは，採掘業，製造業それぞれ 1 部門しかない。農村部の資産種類は建物，道路，橋，設備，水利設備，その他となっているが，都市部と同じ 3 種類に集計した。産業別×資本財種類別のマトリックスについて，集団所有制企業の構成比を用いて按分した。

　図 3 - 2 は1981～2010年の名目値による資本財種類別固定資産投資額を示すものである。1981年，各種資本財に対する全投資の割合は，建物が71.8％，設備が23.3％，その他が0.49％であった。2010年では，それぞれの割合が61.6％，21.4％，17.0％となっており，建物が10ポイント減，設備が 2 ポイント減に対して，その他が16.5ポイント増となった。

■固定資本減耗

　当年の生産的資本ストックは（11）式で示したように，資本減耗額控除後の前年の生産的資本ストックに当年の投資を加えた結果となる。また，（7）式で示したが，$\tau = T$ のとき，耐用年数 T，および T 年目に残った資本財の相対効率 $d(T)$ が分かれば，減価償却率 δ が得られる。つまり，資本財の耐用年数を決めるのが計算のカギである。1992年の法定減価償却率と法定残存

図 3-2　資本財種類別名目固定資産投資の推移：1981～2010年

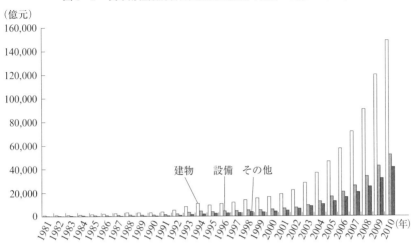

（億元）

率を使用して耐用年数を逆算した。減価償却率は『中国統計年鑑』1994年号に発表があり，法定耐用年数は孫・任（2005）から得た。償却率を5.57％，残存率を 5 ％として計算した結果，資本財の平均耐用年数は51年である。柳沼・野中の調査論文によると，製造業の建物の耐用年数はカナダ40年，フィンランド40年，イタリア38年，アメリカ32年で，機械設備は同じく22年，17年，23年，17年というように，財の種類によって耐用年数の設定は変わる（柳沼・野中，1996）。日本全産業の建物の耐用年数は平均で33年，設備は平均11年であった。

　筆者は 3 つの方法で減価償却率を推定した。1 つ目の方法は，産業共通の減価償却率を仮定することである。上記 OECD 国の経験から資本財の耐用年数を定めるのが第一歩であり，建物が40年，設備が16年，その他が13年と仮定した。その他は，OECD 国の非製造業における設備の耐用年数を参考にした。また，3 種類の資本財の残存率は，いずれも 5 ％に設定した。これによって算出された減価償却率は，建物が7.2％，設備が17％，その他が31％である。

　2 つ目の方法は，一部の国の産業×資本財の減価償却率を利用することである。ここで，日本，ドイツ，アメリカ，イタリア 4 か国の産業別平均資本

表3-3　産業別平均減価償却率（日本，ドイツ，アメリカ，イタリア）

（%）

建物		設備	
農業	7.6	農業	21.1
採掘	10.1	石炭採掘	23.2
製造業	8.2	石油・天然ガス採掘	22.6
電気・ガス・水道	8.4	鉄鉱石採掘	21.1
建築業	7.5	その他採掘	21.6
運輸・郵便	7.2	食品・飲料・たばこ	17.7
商業	8.2	紡績・衣料製造	19.3
金融業	8.0	皮革・毛皮製品	19.7
不動産業	8.0	製材	23.2
その他サービス	6.9	家具製造	22.1
その他		製紙	18.5
農業	12.7	印刷・文化用品	19.3
採掘・製造	12.3	石油製品	15.3
電気	16.2	化学製品	20.1
建設	28.3	非金属鉱物製品	19.7
輸送	16.3	鉄鋼業	14.6
商業	10.8	金属製品	16.8
金融	21.3	一般機械	16.5
不動産	12.1	輸送用機器	20.6
その他	12.1	電気・通信機器	19.7
		事務用機器・工芸品	18.5
		電気・ガス・水道業	17.2
		建築業	28.3
		運輸・郵便	18.5
		商業	24.3
		金融業	21.3
		不動産業	21.3
		その他サービス	21.0

出所：柳沼・野中（1996）より。

財の耐用年数を算出して，産業×資本財の減価償却率を求めた。表3-3は算出結果を示している。

　3つ目の方法は，中国産業連関表を利用して産業別減価償却率を算出することである。利用できるのは1992年，1997年，2002年，2005年の産業連関表で，表中の「資本減耗額」，固定資産形成額に基づいてδを算出した[5]。産業分類は19部門に統合した。表3-4は算出結果を示している。ただし，産業連関表のなかの固定資産形成額も減価償却額も資本財別になっておらず，

表 3 - 4　産業連関表により算出した減価償却率

(％)

産業部門	減価償却率
農業	－
採掘	0.02
食料品	0.10
繊維	0.32
家具	0.16
紙・印刷	0.53
文化用品工芸	0.09
石油化学	0.16
ゴム・プラスチック	0.24
金属製品	0.15
機械類	0.67
電力	0.07
建築	0.37
輸送・郵便	0.04
商業	0.49
金融	－
不動産	0.04
その他サービス	0.19

建物や機械設備などの減価償却率も同じものしか得られなかった。そのため，以下に示している生産的資本ストックの結果は，①産業共通の減価償却率と，②表 3 - 3 で示した減価償却率に基づいて推計されたものである。

5)　減価償却率の計算は以下のとおり。資本減耗額 $D_i(t)$ は資本減耗率と資本ストックの積で $D_i(t) = \delta A_i(t)$ とする。また，上記 (9) 式を次のよう書き換える。$A_i(t)$ は算出された粗資本ストックである。

$$A_i(t) = A_i(t-1)x + I_i(t) = \sum_{s=1}^{T} I_i(S)x(T-S) + A_i(0)x(T),$$

ただし，$x = 1 - \delta$。そのうえ，$A_i = D_i/(1-x)$ に書き換え，

$$A_i(t) = I_i(t) + \sum_{s=1}^{T}(I_i(T-S) - I_i(T-(S+1)))x(S) + (A_i(0) - I_i(T-(S+1)))x(s).$$

この式を T 次方程式に書き換え，

$$F(X) = \sum_{s=0}^{T} d(S)X(S).$$

ただし，$d(0) = A_i(0) - I_i(T-S+1), d(S) = I_i(T-S) - I_i(T-S+1), d(T) = I_i(t) - D_i(t)$

x が分かれば，δ が分かる。孟（2012）を参照されたい。

■投資財価格指数

　生産性分析のために，固定資産投資額を実質化する必要がある。中国では，資本財別（3種類の資本財）の固定資産投資価格指数は1992年から発表されている。1953年から1991年までについては次のように代用に頼った。すなわち，建物に関しては建築業のデフレーター，設備に関しては各種機械や設備のデフレーターの平均値，その他に関しては小売価格指数を利用した。

　固定資産投資の実質化は，国有企業と非国有企業に共通のデフレーターを用いた。表 3 - 5 は，1992〜2010年に鉱工業産業別，所有制別固定資産投資増加率を示したものである。ここで，1992〜1995年を第 I 期，1996〜2000年を第 II 期，2001〜2005年を第 III 期，2006〜2010年を第 IV 期に分けて見ていく。

　第 I 期を全体的に見て，国有企業の増加率は非国有企業を上回っていた。国有企業では，鉄金属鉱石採掘，たばこ，鉄鋼業，化学製品，工芸品・その他が年平均10％以上増加しており，製材，石油加工・コークス，輸送用機器も年平均 7 〜10％で増加した。非国有企業の場合，年平均10％以上増加したのは工芸品・その他であった。改革開放の初期に，国民生活の需要と外貨を稼ぐための輸出を担った日用品・雑貨類への投資は国有・非国有を問わず大いに増加した。ほかには，食品，鉄鋼業が年平均 8 ％以上の増加となった。

　第 II 期に関しては，政府は国有企業に対して株式会社制度や有限会社制度の導入をはじめ「現代企業制度改革」を実施し，同時に，消費財産業を中心に従来の国有企業の民営化と産業の再編を進めた。そのなかで，国有の採掘業，化学関連産業，冶金産業，食品，飲料など生活関連産業を含めて，多くの産業において固定資産投資が減少に転じた。また，この時期の非国有企業はむしろ前進し，採掘業，食品関連，家具，製紙，印刷，医薬品，石油加工・コークス，化学繊維，通信機器などの分野の投資が活発化した。

　第 III 期を見ると，国有企業は全面的に回復し，ほとんどの産業は年増加率が 2 桁であった。不良債権処理が一段落し，企業の再編が進み，また WTO 加盟の影響で国有企業の業績が回復に向かっていた時期で，採掘業，化学産業，冶金産業，機械産業を中心に，15の産業で20％以上伸びた。非国有企業を見ても，工芸品・その他を除いてほとんどの産業は第 II 期よりも高く伸びており，20％以上伸びた産業は26あった。

表 3 - 5　鉱工業産業別，所有制別固定資産投資増加率：1992〜2010年　(%)

	国有				非国有			
	1992〜1995 第Ⅰ期	1996〜2000 第Ⅱ期	2001〜2005 第Ⅲ期	2006〜2010 第Ⅳ期	1992〜1995 第Ⅰ期	1996〜2000 第Ⅱ期	2001〜2005 第Ⅲ期	2006〜2010 第Ⅳ期
石炭採掘	△2.89	△8.24	25.96	14.56	△4.24	7.72	53.45	29.65
石油・天然ガス採掘	0.52	△8.05	25.65	10.22	△35.28	39.38	72.95	20.94
鉄金属鉱石採掘	13.12	△8.40	28.21	16.58	△31.23	26.91	61.66	26.85
非鉄金属鉱石採掘	△11.35	△3.06	14.70	24.58	△7.15	8.94	28.89	35.08
非金属鉱石採掘	△15.01	△14.89	19.67	18.34	△32.33	13.42	38.27	36.22
食品	△3.63	△6.91	16.82	7.53	8.21	8.61	36.32	28.23
飲料	1.84	△0.37	6.62	6.65	3.11	11.06	25.89	28.82
たばこ	14.36	△9.30	6.48	12.49	△23.22	△22.52	11.88	12.09
紡績・衣料品	△7.90	△5.77	7.92	△0.70	△5.93	△0.94	24.88	19.94
皮革・毛皮製品	△4.68	8.21	18.41	△6.40	△18.89	△0.13	27.93	28.27
製材	9.57	△18.68	22.62	12.86	△6.91	6.31	34.91	31.80
家具	3.59	△2.38	44.07	12.34	△5.39	8.27	30.73	33.11
製紙	△2.69	△5.78	20.03	△12.85	△13.08	10.57	23.41	25.14
印刷	3.68	3.34	10.40	2.54	△14.01	14.01	22.23	25.10
文化・スポーツ用品	△18.07	△0.98	13.67	16.41	△13.57	4.53	24.44	28.14
石油加工・コークス	7.84	△11.91	31.15	8.88	△26.79	34.61	31.03	21.95
化学製品	11.15	△17.52	21.11	12.50	△13.87	6.13	32.33	32.61
医薬品	△7.18	△4.99	22.89	1.34	△17.15	26.15	31.43	21.87
化学繊維	△8.39	△22.03	18.01	5.22	△17.08	10.28	14.63	24.95
ゴム製品	△10.88	△6.99	8.82	25.50	△18.23	8.11	26.37	29.25
プラスチック製品	△2.77	12.42	6.85	15.10	△20.35	8.82	19.32	29.05
建材	9.58	△19.42	25.46	14.79	3.21	△0.56	30.69	35.61
鉄鋼業	13.98	△14.17	32.92	△4.69	8.75	△3.18	40.26	21.05
非鉄金属製造	3.50	△3.70	28.07	11.69	2.19	2.42	36.32	34.99
金属製品	△2.71	△7.27	30.88	14.98	△7.20	1.74	27.60	33.51
汎用機械・専用機械	△4.76	△11.01	28.29	21.41	△5.18	△0.67	37.29	34.96
輸送用機器	7.27	△5.10	30.32	19.26	5.15	△7.23	24.97	45.27
電気機器	0.85	△3.35	15.17	29.38	△11.25	5.52	22.09	39.72
通信機器	△20.61	13.84	12.37	30.45	△14.93	13.07	18.41	36.97
事務用機器	△5.18	△0.45	14.47	27.54	△10.05	1.27	34.80	33.22
工芸品・その他	21.60	6.56	13.06	28.84	25.20	21.31	△0.33	30.51

　第Ⅳ期にはリーマンショックが発生し，政府は大型刺激策を打ち出した。国有企業では連続で 2 桁伸びる産業も多数あったが，第Ⅲ期に比べて固定資産投資の勢いは弱まってきた。そのなか，採掘業，機械産業は引き続き増勢

が見られた。一方，非国有企業の固定資産投資の勢いは衰えをまったく見せず，第Ⅲ期に匹敵する増勢が見られた。一般的に，この時期には政府の大規模景気刺激策によって国有企業でより活発な固定資産投資を生み出したはずと思われがちだが，実は国有企業の投資の増加率は非国有企業の投資の増加率を下回るようになり，鉄鋼，紡績，製紙など一部の産業では減少となった。これに関して2つの理由が考えられる。

　1つ目は，「資本過剰経済」のつけが回ってきたことである。梶谷 (2018) は，中国の「資本過剰経済」をリーマンショック前とリーマンショック後の2段階に分けて分析した。リーマンショック前は旺盛な設備投資を行う企業行動が目立ち，リーマンショック後は大規模な景気刺激策およびそれを受けた地方政府の投資行動が活発であった。投資事業の大半は地方政府に丸投げされたため，地方債の発行や銀行からの借り入れが厳しく制限されたなかで，「融資プラットフォーム」と呼ばれるダミー会社（「影の銀行」：筆者注）から資金を調達し，地方都市のインフラや不動産への投資が盛んになったのである（pp.68-70）。

　2つ目は，機械や機器の組立を中心とした輸出産業が著しく成長したことである。2001年の中国のWTO加盟以降，海外多国籍企業がサプライチェーンを相次いで中国へ移転した結果，中国の電子，機械，オフィス機器，自動車など諸産業の技術革新を促進し，これらの産業の輸出を飛躍的に拡大させ，2002年にはテレビ，電話機，通信機器の輸出額が世界1位となった。電気機器の輸出は2001年に世界7位であったが，2007年に1位となった。また，オフィス機器，コンピュータの輸出も2002年に世界2位，2003年に世界1位となった。ほかには，繊維製品，非金属製品などの輸出が不断に拡大した（Global Note, UNCTAD）。こうした輸出拡大は旺盛な設備投資の一因になった。

　猪俣 (2019) はアジア国際産業連関表をもとに東南アジア域内生産ネットワークの発展過程を描いた。1985年から1995年までは日米中心のネットワークだったが，2000年から中国が台頭し，2005年までにネットワークの中心は完全に中国へ移行し，アメリカと日本は周辺部へと追いやられた（pp.66-68）。中国の輸出産業の成長は旺盛な設備投資がなければ考えられない。

3.　資本ストックの推計結果

■資本財別生産的資本ストック

　以上の作業を経て，資本財別生産的実質資本ストックと所有制別実質資本ストックという 2 セットの資本ストックデータを作り上げた。表 3 - 6 〜表 3 -11は資本財別の実質資本ストックを示している。これらのうち，表 3 - 6 〜表 3 - 8 が産業共通の固定した減価償却率を用いて推計した資本ストック，表 3 - 9 〜表 3 -11が産業別の減価償却率を使い推計した資本ストックである（いずれも1992年価格で表示されている）。

　2010年資本ストックの規模を見ると，産業共通で固定した減価償却率を使って推計した資本ストック中，建物が31.66兆元，設備が19.56兆元，その他が10.18兆元，総資本ストックは61.4兆元であった。他方，産業別の減価償却率を使って推計した資本ストック中，建物が19.49兆元，設備が12.50兆元，その他が9.94兆元，総資本ストックは41.93兆元であった。産業共通で固定した減価償却率を用いた建物の推計値は，産業別の減価償却率を用いた建物の推計値より20兆元ほど高い。推計上の差は両体系の減価償却率の相違によって生じた。前節で述べたが，産業共通で固定した減価償却率は建物が7.2％，設備が16％，その他が31％と設定されている。産業別の減価償却率は表 3 - 3 で示したとおり，建物は7.2％を超える産業が多い。同じように，産業別の設備の減価償却率でも産業共通の16％を超える産業は多数ある。その他について，産業別の減価償却率は12％から28％までで，産業共通の31％より低い。2010年産業別資本ストックの規模を見ると，建物に関して不動産，その他サービス，輸送・郵便，電力・水道・ガス，建築などインフラ・サービス関連産業が 7 割，鉱工業が28％。農業が2.5％前後を所有していた。設備に関しては，インフラ・サービス業が36％，鉱工業が 6 割以上，農業が2.4％前後を所持している。その他に関しては，インフラ・サービス業が57％前後で，鉱工業が 4 割，農業が2.4％を占めている。全体的に，資本ストック中でインフラ・サービス業の所持分が大きい。

　建築・設備・その他それぞれの資本ストックの測定について先行研究と比

表3-6　資本ストック：建物，1992年価格，産業共通減価償却率

産業部門	1992	1993	1994	1995	1996	1997	1998	1999
1　農業	1,522	1,564	1,612	1,667	1,753	1,847	1,980	2,133
2　石炭採掘	1,085	1,123	1,142	1,159	1,182	1,212	1,213	1,200
3　石油・天然ガス採掘	1,913	2,036	2,133	2,224	2,326	2,481	2,641	2,784
4　鉄金属鉱石採掘	110	113	117	118	118	115	116	114
5　非鉄金属鉱石採掘	249	251	250	250	256	256	257	255
6　非金属鉱石採掘	143	153	155	152	149	148	145	142
7　食品	532	549	554	572	585	590	599	611
8　飲料	243	254	251	252	254	255	257	260
9　たばこ	84	93	102	113	118	123	128	130
10　紡績・衣料品	1,116	1,139	1,138	1,131	1,121	1,104	1,074	1,054
11　皮革・毛皮製品	130	133	137	134	135	137	144	148
12　製材	79	79	79	80	84	90	89	89
13　家具製造	83	82	82	81	81	82	85	90
14　製紙	227	238	237	239	247	247	248	244
15　印刷	83	91	94	96	98	101	112	124
16　文化・スポーツ用品	53	53	53	53	55	60	60	59
17　石油加工・コークス	354	378	404	426	457	502	530	545
18　化学製品	1,056	1,099	1,142	1,206	1,276	1,304	1,324	1,333
19　医薬品	215	226	229	234	247	253	265	278
20　化学繊維	207	211	211	208	204	198	192	185
21　ゴム製品	117	121	122	120	123	125	124	125
22　プラスチック製品	302	307	304	298	299	294	288	284
23　建材	789	858	905	936	957	949	945	952
24　鉄鋼業	950	1,026	1,083	1,154	1,201	1,211	1,214	1,204
25　非鉄金属製造	286	305	324	335	340	341	342	345
26　金属製品	281	300	311	317	317	322	327	339
27　汎用機械・専用機械	1,036	1,073	1,087	1,089	1,095	1,086	1,074	1,064
28　輸送用機器	392	448	481	509	535	551	564	575
29　電気機器	439	460	465	464	465	459	456	447
30　通信機器	308	310	306	299	294	289	290	296
31　事務用機器	94	99	100	99	99	98	98	101
32　工芸品その他	734	726	701	679	662	637	613	608
33　電力・水道・ガス	2,569	2,784	2,974	3,143	3,381	3,619	3,875	4,186
34　建築	586	697	776	860	982	1,091	1,164	1,268
35　輸送・郵便	3,343	3,861	4,470	5,093	5,788	6,607	8,042	9,340
36　商業	2,121	2,376	2,558	2,702	2,859	3,032	3,206	3,186
37　金融	457	503	556	625	716	844	955	1,450
38　不動産	2,752	4,230	5,809	7,451	8,868	10,179	11,452	11,430
39　その他サービス	6,103	6,719	7,279	7,944	8,765	9,776	11,085	12,561
建物ストック総額	33,139	37,066	40,734	44,512	48,490	52,615	57,575	61,543

（億元）

2000	2001	2002	2003	2004	2005	2006	2007	2008	2009	2010
2,318	2,522	2,806	3,084	3,365	3,746	4,243	4,839	5,582	6,759	7,775
1,167	1,137	1,155	1,216	1,343	1,573	1,898	2,276	2,695	3,262	4,088
2,748	2,723	2,878	3,071	3,302	3,643	4,071	4,637	5,162	5,681	6,551
115	113	120	131	165	235	330	429	566	738	962
256	255	278	301	340	402	501	650	810	1,029	1,262
138	134	143	158	182	225	287	367	467	611	743
619	631	753	923	1,181	1,565	2,071	2,712	3,380	4,357	5,621
265	268	309	359	430	518	654	820	991	1,230	1,510
132	134	139	144	149	157	170	183	198	224	265
1,043	1,037	1,166	1,360	1,660	2,075	2,593	3,184	3,754	4,461	5,163
147	146	157	175	212	273	358	450	549	678	818
91	93	112	143	193	271	377	533	697	914	1,169
92	93	107	127	167	227	312	422	541	696	893
244	248	295	351	450	580	725	906	1,095	1,369	1,613
127	129	154	186	235	302	387	485	589	729	869
59	58	63	73	92	122	157	206	252	304	369
540	540	576	643	790	951	1,177	1,466	1,775	2,086	2,472
1,313	1,283	1,365	1,497	1,810	2,264	2,761	3,423	4,162	5,206	6,457
294	323	445	583	759	948	1,138	1,350	1,581	1,924	2,335
179	172	180	194	225	263	305	358	408	472	534
123	119	132	154	195	244	322	413	501	635	772
288	296	362	431	541	694	915	1,168	1,433	1,793	2,151
940	936	1,059	1,235	1,515	1,869	2,340	3,001	3,841	5,091	6,621
1,186	1,192	1,309	1,525	1,845	2,239	2,635	3,076	3,526	3,952	4,551
349	355	405	491	610	782	986	1,260	1,601	2,001	2,567
349	361	435	519	666	889	1,206	1,615	2,078	2,712	3,447
1,045	1,029	1,119	1,271	1,540	1,998	2,647	3,562	4,642	6,157	8,117
580	582	672	765	969	1,299	1,673	2,205	2,866	3,734	4,946
452	452	523	612	783	1,013	1,340	1,760	2,250	3,058	4,054
302	306	369	428	621	854	1,151	1,516	1,889	2,310	2,949
101	101	120	130	158	193	239	302	375	480	621
613	607	678	776	894	1,071	1,306	1,590	1,882	2,295	2,644
4,589	4,885	5,497	6,110	7,180	8,622	10,158	11,688	13,156	15,290	18,229
1,379	1,439	1,672	1,888	2,074	2,295	2,569	2,896	3,216	3,721	4,393
10,522	11,800	13,358	15,160	17,347	19,922	23,265	26,586	29,831	35,648	44,179
3,386	3,523	3,765	3,985	4,370	4,976	5,757	6,775	7,920	9,668	12,014
1,573	1,690	1,782	1,884	1,897	1,985	2,450	2,702	3,102	3,547	1,779
13,280	15,255	18,449	21,381	25,588	30,437	36,531	44,182	52,631	63,711	80,471
14,098	15,622	18,144	20,731	23,640	27,099	31,045	35,462	40,384	48,573	60,698
67,042	72,588	83,049	94,192	109,484	128,823	153,051	181,456	212,378	257,105	316,671

表3-7 資本ストック：設備，1992年価格，産業共通減価償却率

産業部門	1992	1993	1994	1995	1996	1997	1998	1999
1 農業	117	149	185	222	273	322	377	434
2 石炭採掘	184	229	267	304	348	412	447	467
3 石油・天然ガス採掘	171	224	273	321	376	449	515	572
4 鉄金属鉱石採掘	24	31	40	45	50	52	57	58
5 非鉄金属鉱石採掘	42	48	53	59	68	75	82	85
6 非金属鉱石採掘	56	70	78	80	83	84	84	83
7 食品	187	226	254	297	337	379	422	463
8 飲料	124	159	173	192	215	240	263	287
9 たばこ	81	108	142	177	201	227	249	262
10 紡績・衣料品	882	1,014	1,108	1,191	1,278	1,340	1,357	1,386
11 皮革・毛皮製品	71	85	102	107	118	119	122	124
12 製材	65	75	84	97	118	140	143	147
13 家具	27	30	34	37	41	45	49	55
14 製紙	153	186	202	222	255	304	346	367
15 印刷	55	73	84	94	104	117	143	170
16 文化・スポーツ用品	22	25	27	29	34	43	46	46
17 石油加工・コークス	83	111	141	170	208	275	319	347
18 化学製品	446	551	663	802	964	1,078	1,167	1,230
19 医薬品	74	91	102	114	136	151	170	189
20 化学繊維	122	145	165	175	185	200	210	218
21 ゴム製品	65	80	90	95	110	123	130	138
22 プラスチック製品	234	271	294	308	340	362	375	390
23 建材	311	421	514	589	658	709	755	810
24 鉄鋼業	384	527	657	806	935	1,020	1,080	1,114
25 非鉄金属製造	110	145	184	214	237	257	273	291
26 金属製品	180	226	263	292	313	337	360	390
27 汎用機械・専用機械	398	497	575	635	707	770	815	858
28 輸送用機器	219	321	397	465	537	594	638	675
29 電気機器	257	320	360	389	425	466	503	522
30 通信機器	240	268	285	297	313	337	369	411
31 事務用機器	27	37	44	48	53	56	61	67
32 工芸品その他	118	134	139	146	155	175	192	230
33 電力・水道・ガス	613	818	1,022	1,214	1,478	1,844	2,187	2,560
34 建築	20	35	47	60	79	107	125	148
35 輸送・郵便	663	1,044	1,511	1,995	2,579	3,176	4,089	4,886
36 商業	132	190	239	281	331	368	401	403
37 金融	23	30	39	50	65	98	125	150
38 不動産	104	241	399	567	730	837	930	923
39 その他サービス	231	339	447	568	721	881	1,063	1,254
設備ストック総額	7,316	9,574	11,683	13,753	16,159	18,569	21,037	23,209

（億元）

2000	2001	2002	2003	2004	2005	2006	2007	2008	2009	2010
570	768	1,046	1,379	1,721	2,118	2,594	3,172	3,916	4,929	4,773
520	572	667	789	982	1,320	1,677	2,143	2,773	3,576	4,206
579	590	640	702	770	887	1,040	1,188	1,481	1,857	2,125
63	66	74	94	143	235	338	456	638	885	1,113
91	96	119	156	210	278	381	526	722	972	1,108
86	88	102	127	166	230	316	435	594	843	1,038
523	591	779	1,021	1,386	1,931	2,651	3,540	4,608	6,070	7,125
311	330	392	465	567	712	931	1,205	1,535	1,926	2,145
273	284	297	323	346	363	388	408	437	497	509
1,453	1,529	1,754	2,045	2,511	3,121	3,880	4,816	5,815	7,072	7,573
125	126	138	158	197	265	356	462	583	737	850
155	162	187	231	310	425	580	810	1,093	1,457	1,750
57	58	71	92	129	192	280	394	555	764	901
396	435	533	631	828	1,078	1,378	1,728	2,151	2,653	2,858
191	208	249	301	387	490	627	782	971	1,216	1,324
48	49	55	65	83	111	151	206	269	348	383
382	426	501	610	832	1,134	1,403	1,898	2,539	3,199	3,520
1,304	1,353	1,540	1,786	2,335	3,104	4,049	5,335	7,136	9,318	10,833
216	262	393	558	765	1,008	1,302	1,608	1,990	2,521	2,840
226	231	256	294	380	461	555	692	832	955	1,007
150	159	188	235	327	419	592	784	1,000	1,265	1,447
424	466	574	669	844	1,067	1,375	1,728	2,187	2,796	3,106
858	920	1,124	1,427	1,901	2,475	3,199	4,240	5,723	7,886	9,592
1,180	1,297	1,564	2,071	2,769	3,687	4,503	5,368	6,490	7,667	8,200
323	359	448	616	841	1,110	1,454	1,881	2,498	3,215	3,888
413	440	524	628	822	1,139	1,573	2,171	3,014	4,097	4,878
895	937	1,088	1,316	1,709	2,368	3,321	4,702	6,552	9,217	11,475
720	758	913	1,115	1,553	2,162	2,926	3,848	5,122	6,902	8,526
560	589	688	801	1,043	1,381	1,824	2,436	3,359	4,701	5,926
461	506	639	776	1,319	1,897	2,699	3,591	4,602	5,649	6,662
67	69	83	106	161	228	317	408	572	761	929
263	284	373	482	617	785	1,021	1,318	1,680	2,190	2,241
3,081	3,503	4,110	4,977	6,318	8,149	10,179	12,322	14,849	18,307	20,894
197	231	374	529	672	857	1,104	1,397	1,776	2,260	2,311
5,835	6,885	7,954	8,918	10,030	11,278	12,705	14,653	16,896	19,727	21,638
472	528	649	803	997	1,272	1,623	2,076	2,743	3,767	4,395
221	290	355	387	450	501	505	522	572	633	669
971	1,030	1,679	2,318	2,989	3,777	4,660	5,697	6,944	8,508	8,110
1,561	1,872	2,504	3,191	3,954	4,915	6,116	7,472	9,283	11,787	12,807
26,222	29,347	35,624	43,193	54,363	68,932	86,572	108,418	136,502	173,132	195,673

表3-8　資本ストック：その他，1992年価格，産業共通減価償却率

産業部門	1992	1993	1994	1995	1996	1997	1998	1999
1 農業	249	279	307	361	424	550	722	890
2 石炭採掘	199	224	239	269	298	328	348	358
3 石油・天然ガス採掘	86	100	111	131	149	162	177	190
4 鉄金属鉱石採掘	22	25	28	31	33	36	43	46
5 非鉄金属鉱石採掘	21	23	23	26	29	29	31	31
6 非金属鉱石採掘	18	22	24	25	26	28	29	30
7 食品	42	47	49	57	63	65	70	74
8 飲料	17	19	20	21	23	24	26	27
9 たばこ	7	8	10	12	14	15	16	16
10 紡績・衣料品	93	101	105	112	118	120	121	122
11 皮革・毛皮製品	11	12	13	13	14	14	14	14
12 製材	11	12	12	14	16	20	20	21
13 家具	7	7	7	8	8	8	9	10
14 製紙	40	46	47	52	58	63	68	70
15 印刷	7	9	10	11	12	12	14	15
16 文化・スポーツ用品	5	5	5	6	7	7	7	7
17 石油加工・コークス	72	85	97	117	139	156	170	177
18 化学製品	350	394	433	522	610	617	628	630
19 医薬品	29	33	35	39	46	49	56	61
20 化学繊維	85	93	97	103	106	103	99	96
21 ゴム製品	26	29	31	33	37	36	36	36
22 プラスチック製品	24	26	27	28	30	32	33	35
23 建材	93	112	125	144	158	163	171	180
24 鉄鋼業	107	128	144	175	199	213	229	236
25 非鉄金属製造	42	50	56	65	71	71	71	72
26 金属製品	32	37	40	45	47	52	58	65
27 汎用機械・専用機械	111	125	133	145	157	162	167	171
28 輸送用機器	81	104	118	141	160	165	170	173
29 電気機器	60	68	71	77	83	83	85	84
30 通信機器	48	50	51	53	55	55	57	59
31 事務用機器	7	8	9	9	10	10	11	13
32 工芸品その他	89	93	92	95	97	94	90	90
33 電力・水道・ガス	559	669	762	912	1,086	1,252	1,456	1,665
34 建築	21	30	36	47	60	79	95	114
35 輸送・郵便	180	239	303	408	518	665	939	1,167
36 商業	154	194	223	265	306	337	375	379
37 金融	21	25	29	39	50	65	81	277
38 不動産	361	697	1,032	1,588	2,048	2,556	3,131	3,188
39 その他サービス	311	395	464	598	738	936	1,228	1,529
その他ストック総額	3,696	4,622	5,418	6,795	8,103	9,433	11,151	12,419

（億元）

2000	2001	2002	2003	2004	2005	2006	2007	2008	2009	2010
1,052	1,223	1,378	1,446	1,516	1,613	1,739	1,893	2,090	2,430	2,409
348	340	343	348	363	416	483	546	634	777	1,702
192	196	216	253	289	334	409	458	511	569	958
45	43	43	44	48	61	78	99	133	171	477
32	32	37	42	50	63	84	115	150	196	414
30	30	32	36	42	53	66	84	104	137	410
78	85	113	150	202	281	384	507	625	796	2,456
29	31	39	49	62	82	114	151	188	239	653
19	22	25	27	29	36	40	45	51	61	124
126	132	163	207	268	352	454	573	670	801	2,033
15	16	19	25	34	46	64	84	107	132	311
21	22	25	33	46	60	82	111	142	186	625
11	12	16	20	28	42	57	80	101	129	336
71	74	86	101	127	153	182	218	263	314	791
16	17	22	30	40	54	72	94	115	143	376
7	7	9	11	14	20	28	36	44	52	120
173	172	177	188	214	250	295	350	410	479	1,108
618	604	624	662	763	840	942	1,085	1,224	1,441	3,842
66	74	103	132	166	210	255	297	345	414	967
92	88	87	88	93	97	106	114	119	127	274
35	34	36	39	46	54	67	83	96	123	439
37	41	57	73	96	128	171	221	270	340	934
179	182	210	246	298	360	449	579	736	970	3,476
235	240	269	304	352	413	465	533	605	700	2,059
73	75	86	104	126	154	192	241	306	386	1,387
67	70	84	102	132	177	241	321	407	521	1,714
174	178	204	238	291	388	521	710	908	1,178	4,362
172	172	191	212	259	331	430	577	718	927	3,235
89	93	111	130	165	212	279	373	477	636	2,327
60	61	74	83	112	157	218	303	378	480	2,108
13	15	20	22	29	36	48	61	75	92	338
116	135	169	199	232	264	313	373	441	529	750
1,786	1,890	2,078	2,242	2,509	2,847	3,252	3,671	4,038	4,593	8,568
131	142	181	222	255	308	356	416	482	562	786
1,349	1,567	1,809	2,116	2,436	2,905	3,522	4,203	5,127	6,709	9,764
425	466	520	595	696	832	1,021	1,256	1,484	1,794	2,538
270	262	251	238	226	215	207	199	201	209	282
3,603	4,107	4,825	6,328	8,200	10,238	12,737	15,934	19,079	22,760	24,620
1,885	2,266	2,847	3,676	4,473	5,443	6,673	7,987	9,372	11,576	11,766
13,739	15,213	17,578	21,064	25,325	30,526	37,099	44,981	53,228	64,680	101,838

表3-9　資本ストック：建物，1992年価格，産業別減価償却率

産業部門	1992	1993	1994	1995	1996	1997	1998	1999
1　農業	1,394	1,250	1,143	1,070	1,048	1,044	1,087	1,149
2　石炭採掘	1,007	887	778	695	638	603	548	493
3　石油・天然ガス採掘	1,798	1,648	1,514	1,412	1,350	1,362	1,387	1,401
4　鉄金属鉱石採掘	99	89	82	74	67	58	55	50
5　非鉄金属鉱石採掘	232	202	175	155	144	132	122	111
6　非金属鉱石採掘	137	127	113	96	83	75	66	58
7　食品	504	469	429	410	390	366	352	343
8　飲料	227	215	192	176	165	154	146	142
9　たばこ	81	81	84	87	85	84	83	80
10　紡績・衣料品	1,035	909	791	695	616	545	475	425
11　皮革・毛皮製品	121	109	101	88	81	77	78	77
12　製材	74	63	53	48	46	47	42	38
13　家具	77	65	57	49	44	41	41	43
14　製紙	216	203	182	167	160	149	139	127
15　印刷	79	77	72	67	63	61	67	74
16　文化・スポーツ用品	50	45	40	35	34	37	34	31
17　石油加工・コークス	329	327	329	330	340	365	372	367
18　化学製品	994	911	847	821	810	764	722	678
19　医薬品	205	190	171	157	155	147	147	150
20　化学繊維	192	171	153	133	117	102	89	78
21　ゴム製品	109	99	87	75	70	66	60	57
22　プラスチック製品	286	254	220	190	173	154	137	125
23　建材	745	723	688	647	606	546	501	475
24　鉄鋼業	881	894	893	909	905	867	829	782
25　非鉄金属製造	267	260	257	248	235	220	208	201
26　金属製品	270	263	251	237	220	209	203	204
27　汎用機械・専用機械	958	910	850	787	740	686	637	598
28　輸送用機器	372	378	365	351	341	324	309	296
29　電気機器	416	382	340	302	273	244	222	200
30　通信機器	295	260	227	197	174	156	146	143
31　事務用機器	85	81	75	67	61	55	53	52
32　工芸品その他	669	589	506	440	389	338	297	280
33　電力・水道・ガス	2,426	2,404	2,377	2,346	2,401	2,464	2,549	2,694
34　建築	542	541	515	508	546	569	558	585
35　輸送・郵便	3,109	3,284	3,555	3,832	4,174	4,625	5,665	6,476
36　商業	2,002	1,919	1,800	1,685	1,621	1,600	1,597	1,413
37　金融	440	424	423	440	481	556	608	2,286
38　不動産	2,648	3,754	4,829	5,849	6,541	7,079	7,556	6,725
39　その他サービス	5,657	5,494	5,359	5,400	5,640	6,080	6,798	7,619
建物ストック総額	31,030	30,955	30,923	31,277	32,026	33,050	34,984	37,127

（億元）

2000	2001	2002	2003	2004	2005	2006	2007	2008	2009	2010
1,141	1,072	1,000	937	919	971	1,099	1,283	1,592	2,166	3,019
429	382	373	408	500	677	918	1,172	1,431	1,792	2,442
1,243	1,129	1,218	1,336	1,478	1,714	2,007	2,402	2,706	2,971	3,505
48	44	44	47	72	128	199	266	361	476	651
106	100	103	101	113	143	200	296	390	516	697
52	47	43	45	52	76	110	157	216	303	463
333	330	374	450	597	844	1,170	1,586	1,987	2,614	3,605
140	136	150	167	200	242	322	420	512	647	874
78	75	76	77	78	81	90	97	106	125	155
382	349	344	378	460	596	755	912	1,024	1,155	1,454
71	66	64	68	87	127	182	237	291	362	472
38	37	40	51	78	126	189	291	385	509	723
42	40	41	47	69	107	161	231	299	388	553
121	119	132	147	198	269	339	433	523	666	856
72	68	71	77	95	128	168	213	258	322	435
29	26	25	28	39	58	80	111	136	160	212
344	329	330	358	461	567	723	926	1,134	1,313	1,590
615	553	559	602	813	1,130	1,434	1,857	2,307	2,970	3,978
154	173	247	320	418	510	584	666	756	924	1,259
69	60	57	58	74	92	109	132	149	169	217
51	46	45	51	73	99	146	198	239	313	424
123	125	141	148	187	257	371	494	611	775	1,070
436	412	444	511	661	855	1,119	1,529	2,067	2,898	4,190
734	716	782	936	1,180	1,476	1,745	2,038	2,321	2,542	2,932
195	193	218	272	353	475	614	807	1,051	1,319	1,778
203	205	220	236	304	433	629	890	1,179	1,576	2,182
554	521	530	587	745	1,066	1,528	2,204	2,982	4,081	5,706
280	265	307	339	473	711	953	1,316	1,764	2,339	3,359
195	187	194	205	288	410	594	837	1,116	1,636	2,498
142	139	163	174	313	468	659	890	1,102	1,316	1,847
50	48	60	60	78	99	128	170	217	287	405
276	262	254	260	272	330	416	527	629	786	1,071
2,928	3,043	3,438	3,799	4,585	5,671	6,748	7,730	8,578	10,013	12,115
619	600	667	696	708	747	817	918	994	1,194	1,777
7,112	7,808	8,580	9,542	10,840	12,404	14,585	16,538	18,265	22,376	29,291
1,492	1,503	1,552	1,570	1,767	2,148	2,634	3,276	3,951	5,097	7,027
1,887	1,556	1,276	1,030	839	693	576	489	433	421	495
7,942	9,154	10,877	12,187	14,721	17,562	21,299	26,146	31,262	38,253	51,958
8,416	9,135	10,583	11,959	13,475	15,334	17,409	19,691	22,221	27,601	37,697
39,139	41,052	45,623	50,262	58,664	69,825	83,810	100,379	117,542	145,372	194,982

表3-10　資本ストック：設備，1992年価格，産業別減価償却率

産業部門	1992	1993	1994	1995	1996	1997	1998	1999
1　農業	164	170	180	192	218	240	267	295
2　石炭採掘	241	243	241	241	250	281	279	266
3　石油・天然ガス採掘	219	234	246	257	277	313	340	356
4　鉄金属鉱石採掘	33	35	38	38	38	35	36	35
5　非鉄金属鉱石採掘	53	51	48	47	50	52	52	50
6　非金属鉱石採掘	68	72	69	62	56	52	46	41
7　食品	239	249	249	265	279	295	312	327
8　飲料	166	180	173	174	179	188	195	203
9　たばこ	98	114	136	158	168	178	186	185
10　紡績・衣料品	1,158	1,128	1,075	1,028	999	957	882	835
11　皮革・毛皮製品	92	93	97	90	91	82	78	73
12　製材	85	80	76	77	86	97	87	81
13　家具	37	34	32	31	30	30	31	33
14　製紙	186	196	189	188	202	231	251	250
15　印刷	66	75	78	78	80	85	103	120
16　文化・スポーツ用品	27	27	25	24	27	33	32	30
17　石油加工・コークス	105	122	141	158	184	237	264	274
18　化学製品	562	585	618	679	760	789	795	780
19　医薬品	89	93	92	93	104	108	116	123
20　化学繊維	156	157	155	146	139	139	135	130
21　ゴム製品	81	83	81	76	81	84	82	82
22　プラスチック製品	298	290	272	250	252	247	234	227
23　建材	398	451	485	501	513	509	504	513
24　鉄鋼業	491	589	670	767	841	868	874	855
25　非鉄金属製造	142	161	183	195	201	204	204	206
26　金属製品	219	241	253	258	257	259	262	274
27　汎用機械・専用機械	516	558	579	584	604	617	615	613
28　輸送用機器	267	328	359	381	407	418	418	413
29　電気機器	326	339	332	318	315	321	325	313
30　通信機器	295	282	262	242	231	231	242	262
31　事務用機器	38	42	44	43	43	42	43	45
32　工芸品その他	159	153	140	131	126	134	138	163
33　電力・水道・ガス	758	875	987	1,081	1,244	1,500	1,715	1,946
34　建築	27	35	40	45	56	73	78	88
35　輸送・郵便	841	1,112	1,446	1,767	2,164	2,541	3,205	3,694
36　商業	167	193	208	217	234	237	238	210
37　金融	27	30	34	40	50	77	95	425
38　不動産	124	241	365	483	583	616	637	559
39　その他サービス	301	361	415	480	571	660	764	868
設備ストック総額	9,315	10,303	11,114	11,884	12,991	14,061	15,156	16,242

（億元）

2000	2001	2002	2003	2004	2005	2006	2007	2008	2009	2010
281	259	233	247	268	295	353	448	621	875	1,156
289	311	357	420	542	787	1,009	1,305	1,717	2,229	2,793
323	301	324	356	391	472	578	666	889	1,164	1,403
36	35	36	46	81	155	226	303	431	603	816
51	51	53	64	84	113	165	246	358	493	644
41	40	40	49	66	102	152	223	319	482	679
361	403	499	622	837	1,198	1,675	2,253	2,924	3,868	5,002
211	214	240	267	316	398	538	711	913	1,137	1,397
182	181	183	197	208	212	224	231	246	290	315
836	851	910	1,002	1,225	1,542	1,932	2,416	2,857	3,404	4,124
68	64	62	65	84	127	184	246	309	390	518
80	79	84	102	149	220	317	469	645	863	1,139
32	30	30	35	54	92	146	214	315	441	576
258	278	326	361	484	640	820	1,021	1,261	1,530	1,787
130	135	146	163	207	258	330	407	501	623	764
29	28	27	29	37	53	77	111	147	190	232
292	318	351	412	574	799	967	1,340	1,823	2,267	2,644
782	765	839	949	1,334	1,880	2,516	3,403	4,675	6,132	7,587
139	171	251	345	459	587	737	872	1,051	1,327	1,696
127	123	128	143	201	244	292	372	442	476	553
87	88	98	121	183	234	355	475	599	746	930
242	264	305	316	392	496	656	825	1,057	1,368	1,749
516	537	625	782	1,070	1,406	1,827	2,492	3,488	4,980	6,699
874	946	1,136	1,546	2,110	2,849	3,428	4,010	4,805	5,580	6,265
224	245	300	425	590	781	1,024	1,323	1,781	2,281	2,977
278	287	305	329	424	623	902	1,301	1,886	2,611	3,471
610	614	663	768	1,008	1,478	2,175	3,216	4,604	6,626	8,956
421	423	510	624	950	1,399	1,934	2,553	3,435	4,690	6,218
323	324	341	354	478	668	918	1,284	1,889	2,782	4,027
289	309	385	447	898	1,322	1,910	2,510	3,151	3,731	4,721
42	40	47	60	101	149	212	268	389	518	686
183	188	191	193	198	217	276	362	466	636	845
2,312	2,553	2,931	3,534	4,548	5,957	7,430	8,885	10,595	13,072	15,722
122	135	160	174	181	212	279	354	471	606	770
4,300	4,963	5,431	5,750	6,204	6,733	7,375	8,458	9,696	11,321	13,536
256	283	299	334	405	532	701	927	1,309	1,939	2,570
404	376	332	287	254	226	215	220	258	302	352
553	562	581	587	639	724	838	1,003	1,249	1,509	1,861
1,077	1,267	1,539	1,791	2,052	2,437	2,948	3,484	4,318	5,556	6,875
17,665	19,043	21,296	24,297	30,286	38,614	48,638	61,207	77,891	99,640	125,056

表3-11　資本ストック：その他，1992年価格，産業別減価償却率

産業部門	1992	1993	1994	1995	1996	1997	1998	1999
1　農業	249	279	307	361	424	550	722	890
2　石炭採掘	199	224	239	269	298	328	348	358
3　石油・天然ガス採掘	86	100	111	131	149	162	177	190
4　鉄金属鉱石採掘	22	25	28	31	33	36	43	46
5　非鉄金属鉱石採掘	21	23	23	26	29	29	31	31
6　非金属鉱石採掘	18	22	24	25	26	28	29	30
7　食品	42	47	49	57	63	65	70	74
8　飲料	17	19	20	21	23	24	26	27
9　たばこ	7	8	10	12	14	15	16	16
10　紡績・衣料品	93	101	105	112	118	120	121	122
11　皮革・毛皮製品	11	12	13	13	14	14	14	14
12　製材	11	12	12	14	16	20	20	21
13　家具	7	7	7	8	8	8	9	10
14　製紙	40	46	47	52	58	63	68	70
15　印刷	7	9	10	11	12	12	14	15
16　文化・スポーツ用品	5	5	5	6	7	7	7	7
17　石油加工・コークス	72	85	97	117	139	156	170	177
18　化学製品	350	394	433	522	610	617	628	630
19　医薬品	29	33	35	39	46	49	56	61
20　化学繊維	85	93	97	103	106	103	99	96
21　ゴム製品	26	29	31	33	37	36	36	36
22　プラスチック製品	24	26	27	28	30	32	33	35
23　建材	93	112	125	144	158	163	171	180
24　鉄鋼業	107	128	144	175	199	213	229	236
25　非鉄金属製造	42	50	56	65	71	71	71	72
26　金属製品	32	37	40	45	47	52	58	65
27　汎用機械・専用機械	111	125	133	145	157	162	167	171
28　輸送用機器	81	104	118	141	160	165	170	173
29　電気機器	60	68	71	77	83	83	85	84
30　通信機器	48	50	51	53	55	55	57	59
31　事務用機器	7	8	9	9	10	10	11	13
32　工芸品その他	89	93	92	95	97	94	90	90
33　電力・水道・ガス	559	669	762	912	1,086	1,252	1,456	1,665
34　建築	21	30	36	47	60	79	95	114
35　輸送・郵便	180	239	303	408	518	665	939	1,167
36　商業	154	194	223	265	306	337	375	379
37　金融	21	25	29	39	50	65	81	277
38　不動産	361	697	1,032	1,588	2,048	2,556	3,131	3,188
39　その他サービス	311	395	464	598	738	936	1,228	1,529
その他ストック総額	3,696	4,622	5,418	6,795	8,103	9,433	11,151	12,419

（億元）

2000	2001	2002	2003	2004	2005	2006	2007	2008	2009	2010
1,224	1,454	1,614	1,599	1,595	1,611	1,651	1,713	1,822	2,047	2,109
348	340	340	340	351	398	460	515	596	729	1,705
192	196	215	253	289	333	408	457	509	567	971
45	43	42	41	44	56	70	89	120	155	483
32	32	34	35	37	45	59	83	111	146	388
30	30	30	31	34	41	50	63	78	104	400
78	85	100	122	156	215	295	391	482	615	2,411
29	31	34	40	46	59	83	110	137	175	627
19	22	25	27	28	35	39	44	49	59	126
126	132	141	159	189	239	299	373	423	489	1,859
15	16	17	20	26	35	49	65	83	101	297
21	22	23	27	35	46	61	85	110	145	619
11	12	14	16	20	31	43	61	77	99	324
71	74	80	88	105	122	140	163	196	229	752
16	17	19	22	27	35	46	60	73	90	348
7	7	7	8	11	14	20	27	32	37	112
173	172	173	178	198	227	264	309	359	415	1,093
618	604	613	637	722	782	863	982	1,097	1,281	3,855
66	74	95	115	139	173	204	230	263	310	917
92	88	85	83	85	85	90	93	93	95	257
35	34	33	34	37	42	50	61	69	88	430
37	41	48	52	63	80	106	136	166	208	865
179	182	194	212	244	281	342	440	564	753	3,452
235	240	262	291	330	381	422	476	535	613	2,069
73	75	82	96	113	135	166	208	265	334	1,405
67	70	74	80	96	125	170	230	294	378	1,672
174	178	191	208	242	317	425	585	754	984	4,397
172	172	184	197	234	295	381	513	639	827	3,292
89	93	100	104	123	151	196	266	345	469	2,295
60	61	67	69	88	123	171	242	303	386	2,130
13	15	18	20	25	30	40	51	63	76	339
116	135	154	166	179	188	210	238	275	319	597
1,786	1,890	2,071	2,226	2,482	2,807	3,197	3,599	3,949	4,480	8,899
131	142	162	180	194	226	248	281	318	359	614
1,349	1,567	1,777	2,049	2,339	2,774	3,353	3,992	4,873	6,398	9,873
425	466	505	564	649	768	937	1,151	1,355	1,635	2,406
270	262	251	237	225	215	206	198	200	208	285
3,603	4,107	4,705	6,096	7,869	9,796	12,174	15,243	18,264	21,777	23,548
1,885	2,266	2,925	3,693	4,427	5,327	6,476	7,701	8,993	11,077	11,228
13,910	15,444	17,504	20,416	24,095	28,644	34,463	41,524	48,933	59,256	99,449

表3-12　先行研究との比較

(億元)

| 孫・任 | 年 | 建物 | 設備 | 建物＋設備 | 楊 | 年 | 建物＋設備＋その他 |
		(1980価格)					(1990価格)
孫・任	1992	13,205	4,242	17,447	楊	1992	36,436
	2000	30,917	12,418	43,335		2000	87,846
						2008	314,402
ケース①	1992	14,995	3,686	18,681	ケース①	1992	37,245
	2000	30,336	13,210	43,546		2000	90,456
						2008	339,746
ケース②	1992	14,041	4,692	18,733	ケース②	1992	37,138
	2000	17,710	8,899	26,609		2000	60,030
						2008	207,847

注：ケース①は産業共通減価償却率，ケース②は産業別減価償却率使用。
出所：孫・任（2005），楊（2020）。

較するために建設業価格，工業品出荷価格，投資財価格を利用して1980年価格，1990価格に直した。ここでの比較対象は，1つが孫琳琳・任若恩（2005）の推計，もう1つが楊軼波（2020）の推計である。使われたデータソースのうち，固定資産形成について，孫・任の推計では政府発表の資本財別（建物・設備）固定資産投資額時系列を，また楊の推計では産業連関表の投資データを用いて，政府発表の資本財別（建物・設備・その他）の固定資産投資額に対して調整している。減価償却について孫・任は建物と設備それぞれの耐用年数を40年，16年と仮定し，減価償却率をそれぞれ8％，17％と算出した。一方，楊は資産の耐用年数を建物55年，設備16年，その他25年と仮定し，償却率をそれぞれ5.3％，17％，11.29％と算出した。投資財価格指数に関しては，政府が1990年から投資財価格指数を発表しているため両推計ともそれを使用しているが，1990年以前においては，孫・任は建物について小売価格指数，設備について工業価格指数を利用している。楊は建物に建築業価格指数，設備に工業価格指数，その他に2つの価格指数の加重和を使用した。

　表3-12に2つの先行研究との比較を示した。表中，ケース①が産業共通減価償却率，②が産業別減価償却率を使用しており，両方とも産業別資本ストックの合計である。まず孫・任の推計結果と比較すると，ケース①とほぼ同じ結果になっている。ケース②の場合，2000年の数値は孫・任の推計より

図 3 - 3　資本財種類別資本ストックの推移（1992=1）

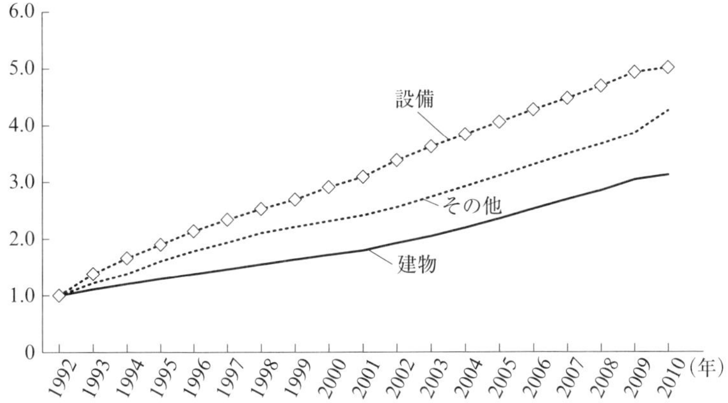

注：産業共通減価償却率による推計。

　小さくなっている。主な理由は，利用した日本，ドイツなど 4 か国の産業別
資産耐用年数が平均的に固定した産業共通の資産耐用年数より短く，減価償
却率が平均的に高いことが考えられる。楊の推計との比較においても，ケー
ス①は楊の推計結果とほぼ同水準だが，ケース②では数値が小さくなった。
　ケース①の結果に基づいて，図 3 - 3 は建物，設備，その他用具・諸費用
それぞれの資本ストックの指数を提示している。1992年以降，3 種類の資本
財はどれも顕著に増加したが，設備とその他の投資は建物より全体における
割合が低かったものの，投資の増加率は建物への投資を上回った。1992年を
1 として，2010年には5.01となり，年平均の伸び率は22.3％であった。1992
年の「南巡講話」，2001年の WTO 加盟，その後の北京五輪の開催決定などは，
いずれも設備投資ブームを引き起こし，建設ブームはむしろ後半に起きてい
る。投資関連の諸費用を含めたその他の資本ストックは，1992年を 1 として，
2010年には4.25，年平均伸び率は18.1％であった。建物に関しては，1992年
を 1 として，2010年に3.12，年平均伸び率は11.7％であったが，WTO 加盟
後だけを見ると年平均14.7％といっそう加速したことがわかる。

■所有制別資本ストック

　所有制別資本ストックの推計は，所有制×資本財の固定資産投資マトリックスがないため，資本財は建物や設備などを含めて一本化している。したがって，全固定資産投資に占める建物と設備それぞれの割合をウェイトにして加重平均を求めた結果，固定資産の耐用年数が28年で，減価償却率が9.9％になった。これらと算出された価格指数を用いて，国有部門・非国有部門それぞれの生産的資本ストックを推計した。

　中国では1978年末に経済改革が始まって以後，国有企業改革の推進とともに，私営企業や個人経営に関しても従業員8人以下ならば許可するところからスタートし，改革の成果が表れた80年代，90年代，2000年代においては数度にわたって憲法が改正され，私営経済を奨励する方針が打ち出された[6]。表3-13は全部門資本ストック中の非国有部門比率を示している。1992～2010年の全期間における非国有部門比率は付表3-1に掲示している。資本ストックの産業比率をウェイトにした非国有部門比率の全産業平均は1992～1995年第Ⅰ期の31.34％から次第に高くなり，2005～2010年第Ⅳ期には41.18％と10ポイント上がった。そのなか，鉱工業における非国有企業の比率が農業より低かったが，サービス業よりは高かった。平均を見ると，第Ⅰ期から第Ⅲ期まで48.09％から第Ⅲ期の49.27％へとわずかしか上昇しなかった。第Ⅳ期では非国有企業のシェアが10ポイントほど拡大し，58.39％となった。サービス業は鉱工業と異なって，第Ⅰ期から第Ⅱ期まで平均で23.34％から31.13％と8ポイント近く上昇した。ただし，第Ⅲ期と第Ⅳ期では顕著な拡大は見えなかった。産業シェアの側面から見れば，2005～2010年では鉱工業において国有企業の後退と非国有企業の前進が顕著に表れており，1992～1995年ではサービス業においても国有企業の後退と非国有企業の前進が明らかである。

6）　中国の全国人民代表大会（全人代）は，1982年12月に採択された「中華人民共和国憲法」は，個人経済は，社会主義公有制経済の補完とし，私営経済には触れていなかった。1988年の憲法改正で私営経済が合法的地位を得たが，まだ公有制の補完という枠を嵌められていた。その後，1999年の憲法改正で社会主義市場経済の重要な構成部分として認められ，2003年の憲法改正で私有財産の不可侵と保護が明記された（呉，2004（日本語訳，2007，p.169），黄，2011：p.84）。

表 3 -13　資本ストックに占める非国有部門の比率

(%)

	1992～1995 第 I 期	1996～2000 第 II 期	2001～2005 第 III 期	2006～2010 第 IV 期
農業	67.40	70.86	60.39	48.28
石炭採掘	5.67	6.18	8.70	26.17
石油・天然ガス採掘	0.49	0.32	0.44	1.21
鉄金属鉱石採掘	11.06	10.93	22.61	60.50
非鉄金属鉱石採掘	27.05	32.00	35.78	55.50
非金属鉱石採掘	36.90	33.92	40.90	68.97
食品	37.88	43.12	54.43	77.67
飲料	33.98	35.45	39.91	63.05
たばこ	15.96	10.14	6.33	4.94
紡績・衣料品	66.34	68.49	68.76	79.88
皮革・毛皮製品	85.74	87.09	83.26	85.87
製材	65.34	65.88	69.82	85.17
家具	89.94	90.71	86.59	90.76
製紙	52.15	51.06	54.13	65.37
印刷	60.69	61.11	65.02	75.68
文化・スポーツ用品	80.44	83.09	80.93	87.35
石油加工・コークス	11.84	10.80	18.62	29.82
化学製品	24.62	22.78	22.37	42.12
医薬品	39.05	45.08	53.70	68.98
化学繊維	27.73	28.03	36.34	48.24
ゴム製品	56.01	55.46	55.69	71.72
プラスチック製品	89.95	88.12	83.34	86.95
建材	49.67	51.39	56.92	73.11
鉄鋼業	18.28	16.22	18.06	26.88
非鉄金属製造	22.77	24.47	25.15	44.02
金属製品	84.72	84.80	82.91	86.54
汎用機械・専用機械	45.18	50.07	53.48	71.09
輸送用機器	39.41	41.98	32.51	39.34
電気機器	75.31	75.17	73.67	79.84
通信機器	52.40	51.31	47.45	50.81
事務用機器	47.02	51.41	51.35	66.88
工芸品その他	83.79	80.46	73.02	69.08
電力・水道・ガス	12.18	8.50	6.85	12.40
建築	39.10	38.55	38.87	39.92
輸送・郵便	10.49	6.93	5.29	6.02
商業	57.93	59.70	61.99	71.42
金融	40.42	46.59	53.32	45.19
不動産	29.74	56.48	66.38	73.96
その他サービス	13.84	15.82	13.69	13.47
鉱工業平均	48.09	48.80	49.27	58.39
サービス業平均	23.34	31.13	32.74	33.92
全産業平均	31.34	34.43	35.37	41.18

　2桁産業を見ると，エネルギー関連産業のうち，第Ⅲ期から非国有企業の資本ストックの割合が拡大した産業は多数あった。第Ⅱ期，第Ⅲ期，第Ⅳ期のシェアを見ると，鉄金属鉱石採掘が各期10.93％，22.61％，60.50％，非鉄金属鉱石採掘が各期32.00％，35.78％，55.50％，非金属採掘が各期33.92％，40.90％，68.97％，石油加工・コークスが各期10.80％，18.92％，29.82％，これらの分野に対する非国有企業の進出のスピードは比較的速かった。石炭産業は非国有の比率が低かったが，第Ⅳ期では26.17％となり，第Ⅲ期より17ポイント以上上昇した。そのなか，石油・天然ガス採掘は国有資本の割合が終始圧倒的に高く，非国有資本の進出は難しかったことがはっきりした。製造業の場合は，紡績・衣料品，皮革やゴム，製材，家具，食品，プラスチック製品，ゴム製品，文化・スポーツ用品，金属製品，事務用機器，工芸品など生活に関連する産業と一部の素材産業では非国有資本の比率がもともと高かったが，期間中に進出がさらに加速した。素材産業のなか，鉄鋼業における非国有のシェアは低く，第Ⅳ期でも26.88％に止まった。また，機械部門のなかで，輸送用機器における非国有のシェアも40％未満であった。建築部門における非国有のシェアは全期間を通して39％前後と拡大が見られなかった。インフラ部門を見ると，電力・水道・ガス，輸送・郵便それぞれの非国有資本の割合が平均10％以下で，依然として国有資本の比率が高い。サービス業を見ると，不動産では非国有資本のシェアが第Ⅰ期29.74％であったが，第Ⅱ期56.48％，第Ⅲ期66.38％，第Ⅳ期73.96％と次第に拡大し，十数年の間に非国有企業が不動産業の主力となった。金融について第Ⅰ期と第Ⅳ期を比べると，非国有の比率が5ポイントしか上がらず，全体の4割強を占めていた。非国有の金融機関は，主として政府が筆頭株主ではない株式制銀行と従来の農村信用社・城市信用社などから脱皮した約150行の地方銀行を指している。その他サービスには病院や学校，科学研究，資源探査，行政機関など政府系部門が占めているので，非国有資本の進出は難しいと思われる。農業関連の資本ストックに占める非国有部門の比率は他産業と異なり，全期間を通じて68％から48％へと20ポイント低下した。「三農問題」に対する政策や「社会主義新農村建設」などの政策を実行する過程で，農村インフラの建設，公共サービス事業の発展を通して国有資本の割合が高くなったのではないかと

思われる（加藤，2016: pp.96-98）。

　表 3 -14は，国有部門の産業別資本ストックの増加率を 4 段階で示している。農業で，国有部門の資本ストック第Ⅰ期を除けば，みな 2 桁の増加率で拡大したことが確認できる。鉱工業の平均値を見ると，第Ⅰ期が10.18％，第Ⅱ期が3.26％，第Ⅲ期が9.97％，第Ⅳ期が9.47％となり，第Ⅱ期を除けば，一定のペースで増加している。サービス業は第Ⅰ期が20.90％，第Ⅱ期が13.61％，第Ⅲ期が12.48％，第Ⅳ期が12.05％と，鉱工業のペースを上回った。全産業としては平均的に 2 桁以上増加する期間が 3 回あり，特に第Ⅰ期では15.20％の伸び率となった。全体的に，第Ⅱ期の伸びがやや落ちていたが，これは，国有企業の株式化や小規模企業の民営化など国有企業改革の時期と重なっていることから，投資規模の拡大が相対的に抑えられたと考えられる。国有資本の拡大が特に進められていた分野は，農業，石炭や鉄鉱石などエネルギー全般，鉄鋼業を含む冶金産業全般，輸送用機器，電気機器，通信機器，電力や輸送などインフラ全般，不動産産業とその他サービスである。金融については第Ⅰ期が23.03％と伸び率が高かったが，その後はむしろ低下している。技術や高度人材が集約する産業については，初期以外の期間では他産業に比べ固定資産投資の伸び率が低いという印象を受ける。対して，その他サービスの資本ストックが全期間を通して 2 桁以上も上昇したのは，病院や学校，研究機関などさまざまなサービス業において依然として政府系を中心に拡大し続けたためである。

　一方，表 3 -15は以上の 4 段階における非国有部門の資本ストックの増加率を示すものである。農業は第Ⅰ期と第Ⅱ期がそれぞれ10.06％，13.20％の成長を達成したが，第Ⅲ期が－0.65％と低下した後，第Ⅳ期が8.60％増となった。鉱工業平均を見ると，第Ⅰ期から第Ⅲ期まで 1 桁の伸びとなり，第Ⅳ期が26.09％と大きく増えた。エネルギー分野，鉄鋼や機械などの重工業に対する非国有部門の進出が観察されたが，全体的に見れば，2000年代後半の第Ⅳ期の増え方が堅調であり，鉱工業33部門のうち，2 桁成長となった部門は32に上る。サービス業は第Ⅰ期から伸び率が高く，不動産産業を見ると，第Ⅰ期が65.95％，第Ⅱ期が25.82％，第Ⅲ期が16.14％，第Ⅳ期が19.18％と高い成長が続いていた。

表 3 -14　産業別国有資本ストックの年増加率　　　　　　　　(%)

	1992〜1995 第 I 期	1996〜2000 第 II 期	2001〜2005 第Ⅲ期	2006〜2010 第Ⅳ期
農業	4.39	11.83	14.60	12.16
石炭採掘	7.73	3.97	3.88	14.19
石油・天然ガス採掘	10.07	7.88	4.79	12.38
鉄金属鉱石採掘	12.58	2.37	1.93	18.69
非鉄金属鉱石採掘	6.21	△ 0.56	5.60	12.12
非金属鉱石採掘	14.81	△ 2.68	△ 1.00	8.04
食品	8.28	1.09	9.20	2.62
飲料	8.21	2.42	6.25	1.16
たばこ	18.80	8.93	3.85	6.07
紡織・衣料品	5.20	△ 2.80	6.16	△ 2.29
皮革・毛皮製品	5.50	0.12	11.85	8.29
製材	6.48	2.96	8.97	3.47
家具	1.82	1.77	23.44	3.96
製紙	13.01	4.02	8.97	2.52
印刷	17.05	5.48	8.66	4.42
文化・スポーツ用品	5.98	0.28	11.00	△ 1.38
石油加工・コークス	13.56	10.24	4.82	18.06
化学製品	11.42	6.00	6.19	7.69
医薬品	11.07	2.20	19.14	0.59
化学繊維	11.37	△ 2.37	△ 0.75	0.27
ゴム製品	13.03	1.50	9.12	2.96
プラスチック製品	10.10	4.37	15.75	4.18
建材	14.36	0.74	7.47	6.52
鉄鋼業	12.98	5.61	10.48	11.78
非鉄金属製造	11.26	2.67	13.54	12.88
金属製品	14.09	1.35	14.62	13.81
汎用機械・専用機械	8.06	△ 1.10	6.69	12.15
輸送用機器	17.93	4.88	14.49	15.04
電気機器	11.68	0.88	9.18	13.23
通信機器	8.57	0.71	13.72	11.07
事務用機器	6.35	△ 1.25	11.24	6.53
工芸品その他	5.94	1.03	15.67	10.76
電力・水道・ガス	15.57	12.83	12.37	13.47
建築	21.98	12.60	11.37	8.34
輸送・郵便	22.73	19.42	12.88	12.72
商業	16.66	4.80	6.88	6.08
金融	23.03	14.17	0.83	3.71
不動産	29.56	9.56	10.68	11.16
その他サービス	14.39	15.03	16.52	13.94
鉱工業平均	10.18	3.26	9.97	9.47
サービス業平均	20.90	13.61	12.48	12.05
全産業平均	15.20	8.83	10.78	10.73

表 3-15　産業別非国有資本ストックの年増加率

(%)

	1992～1995 第Ⅰ期	1996～2000 第Ⅱ期	2001～2005 第Ⅲ期	2006～2010 第Ⅳ期
農業	10.06	13.20	△0.65	8.60
石炭採掘	8.90	8.09	13.45	43.77
石油・天然ガス採掘	25.50	△9.34	28.07	27.67
鉄金属鉱石採掘	△0.10	12.43	24.78	46.25
非鉄金属鉱石採掘	6.50	8.65	2.88	39.38
非金属鉱石採掘	3.07	△0.39	7.29	38.86
食品	5.14	10.36	16.52	33.73
飲料	2.00	6.53	9.61	30.31
たばこ	3.48	△3.56	△6.11	5.33
紡績・衣料品	4.41	0.57	4.20	19.41
皮革・毛皮製品	9.16	1.28	0.76	23.36
製材	1.75	7.26	9.22	35.96
家具	3.94	4.42	4.74	35.27
製紙	8.15	6.27	6.84	24.54
印刷	15.09	11.06	7.84	23.59
文化・スポーツ用品	4.25	5.34	0.93	26.24
石油加工・コークス	12.27	12.85	23.09	25.32
化学製品	6.79	7.45	△3.25	44.71
医薬品	9.09	12.83	20.33	23.16
化学繊維	3.19	3.45	4.52	16.63
ゴム製品	7.82	4.54	3.62	30.61
プラスチック製品	6.42	△0.08	4.93	23.06
建材	13.86	5.73	9.15	31.43
鉄鋼業	18.46	2.52	16.86	22.89
非鉄金属製造	13.66	5.81	14.17	37.61
金属製品	12.00	4.06	5.29	30.98
汎用機械・専用機械	11.66	5.11	6.15	38.05
輸送用機器	23.73	7.05	△4.30	41.56
電気機器	9.22	1.69	4.19	29.47
通信機器	4.95	2.73	3.35	25.39
事務用機器	11.44	5.15	5.37	32.18
工芸品その他	2.92	△1.79	0.67	16.36
電力・水道・ガス	7.21	3.48	13.63	27.69
建築	16.15	16.27	5.89	14.60
輸送・郵便	11.89	12.73	6.60	21.73
商業	14.47	8.58	6.32	21.81
金融	20.15	25.23	△1.45	△3.79
不動産	69.95	25.82	16.14	19.18
その他サービス	15.61	18.26	8.23	21.68
鉱工業平均	8.23	4.01	5.61	26.09
サービス業平均	28.78	18.59	9.91	20.22
全産業平均	18.34	10.62	9.50	24.33

図 3 - 4　所有制別資本ストックの推移（1992＝1）

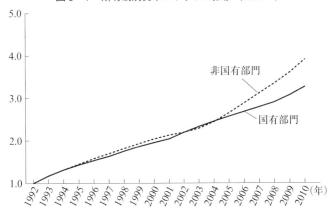

　図 3 - 4 から国有部門と非国有部門における資本ストックの増加の対比を確認できる。経済改革政策が導入されてから10年ほど過ぎた1990年代前半では，両部門はほぼ同じペースで資本ストックが増えていた。1995年から2002年までの間，国有中小型企業の民営化が推進されるなか，非国有部門の資本ストックの増加ペースが国有部門を超える様相が現れた。これは国有部門の資本ストックの増加が鈍化したというより，国有企業の民営化による民間資本の自然増と，非国有企業の発展に向けた環境の改善によると考えられる。2000年代に入って，淘汰・改組・民営化・不良債権処理などによって国有部門の資本ストックが再び安定的に伸びる一方，2004年以降，非国有部門資本ストックはより速いペースで伸びていた。資本ストックの指数を見れば，1992年を 1 として，2010年には国有部門が3.26になったのに対して，非国有部門が3.91となった。これは，以上で述べたように，供給面では，リーマンショックが発生した後，政府の景気刺激策の約 3 分の 1 は地方政府に任せられ，「影の銀行」を含めた資金調達を背景に中小企業の設備投資が誘導されたことと，需要面では，2000年以降の輸出が旺盛な状況にあったからである。

4. 資本サービス推計の方法論

Jorgenson が1963年に "Capital Theory and Investment Behavior" という論文を発表して以降，新古典派資本蓄積論の立場から，生産過程に用いられるフローの資本サービスの概念および測定に関して新たな理論枠組が定着しつつあった。資本投入（＝資本サービス）の増加率は，資本ストック量の増加率と資本の質の増加率の合計と定義されている（Jorgenson, 1963）。前節までは資本ストックの推計を説明したが，以降では資本の質を含めた資本投入の増加に関する推計を検討したい。

■資本投入指数

i 産業の資本サービス投入量 K_i は，離散型のトランスログ数量指数によって定義される。

$$\ln K_i(t) - \ln K_i(t-1) = \sum_k V_{i,k}(\ln K_{i,k}(t) - \ln K_{i,k}(t-1)) \qquad (13)$$

$K_{i,k}$ は i 産業における第 k 種類の資本財のサービス量である。労働投入量の場合と同様に，k 種類の同質的な資本サービス量は資本ストック量 $A_{i,k}$ に比例すると考えることができる。ただし，A_i は第 1 節で検討した生産的資本ストック A^p_i である。$V_{i,k}$ は第 k 種類の資本財のウェイトで資本財の限界生産力に等しい。さらに，限界生産力命題の下で資本財の限界収入（価格）に等しくなると仮定すれば，t 時点の i 産業 k 資本財のウエイト $v_{i,k}(t)$ は当該資本財の分配率であり，次式のように表すことができる。

$$v_{i,k}(t) = p_{i,k}(t) k_{i,k}(t) / \sum_k p_{i,k}(t) k_{i,k}(t) = p_{i,k}(t) a_{i,k}(t) / \sum_k p_{i,k}(t) a_{i,k}(t) \qquad (14)$$

ここで，k が建物，設備，その他の資本財，$p_{i,k}(t)$ が i 産業，k 資本財の t 時点の資本サービス価格（the price of capital services）を表している。したがって，$V_{i,k}$ は（15）式のように 2 時点の平均値となる。

$$V_{i,k}(t) = 1/2((v_{i,k}(t) + v_{i,k}(t-1)) \qquad (15)$$

　以上のように，資本投入の集計には資本サービス価格が必要である。新古典派が考える完全競争の世界では，人々は資本財を購入して，将来の生産活動によって収益を得るか，それとも他人に貸すことによって，将来の利子収入を得るか，どちらかの選択の余地をもっているはずであり，完全競争の均衡が成立すれば，2つの方法それぞれから得られる収益額は等しくなる（黒田，1984: p.124）。したがって，t年に新しく購入した資本財の価格は，$t+1$以降，元本を他人にレンタルして利子収入を得るとして，その場合の毎年の元利合計を反映するはずである。一方，一般に資本財のレンタル価格を直接に観察できる指標はない。多くの場合，資本財は所有されているだけで，必ずしもレンタルされないからである。そのため，資本サービス価格を推計しなければならない。推計では，資本財の所有者が自分の資本財の利用に対して対価を「支払っている」と仮定されており，使用者費用（user costs of capital）とも呼ばれる。

■資本サービス価格

　使用者価格または資本サービス価格 $p_{i,k}(t)$ の推計について，OECD は2003年のワーキングペーパー "OECD Capital Services Estimates: Methodology and a First Set of Results" のなかで解説している（Schreyer, 2003）。ここで，方法論のまとめは同ペーパーおよびその他の先行研究を参考にしている。

　先述のとおり，完全競争市場の下では，資本財価格が資本財の残存年数内における各年の期待されるすべての資本レンタル収入（元本と利子）の合計に等しくなる。言い換えれば，資本財価格は資本財耐用年数の最後までの各年におけるレンタル価格の現在価値でもある。この場合の割引率は資本収益率となる。いま，税による影響を除けば，新しい資本財が取得された時点 t において資産年齢 $s = 0$ の資本財の価格 $q_{i,k}(t,0)$ は以下のように表される。

$$q_{i,k}(t,0) = p_{i,k}(t,0)(1+r(t))^{-1} + p_{i,k}(t+1,1)(1+r(t))^{-2} + p_{i,k}(t+2,2)(1+r(t))^{-3}$$
$$+ p_{i,k}(t+3,3)(1+r(t))^{-4} + \cdots \tag{16}$$

ただし，$r(t)$ を資本収益率として，完全競争の下，資本財の種類が異なっても収益率は一定となる。この仮定の下で，$t+1$ 時点で資産年齢 $s = 1$ の場合は，

$$q_{i,k}(t+1,1) = p_{i,k}(t+1,1)(1+r(t))^{-2} + p_{i,k}(t+2,2)(1+r(t))^{-3}$$
$$+ p_{i,k}(t+3,3)(1+r(t))^{-4} + \cdots \tag{17}$$

となる。(16) 式，(17) 式は，i 産業，k 資本財は取得された時点から各年の末にレンタル価格が得られるということを意味している。そこで，(16) 式から (17) 式を差し引いて，さらに $(1+r)$ を乗じると (18) 式が得られる。

$$p_{i,k}(t+1,0) = q_{i,k}(t,0)(1+r) - q_{i,k}(t+1,1) \tag{18}$$

この (18) 式は (19) 式に書き換えることができる。

$$p_{i,k}(t+1,0) = q_{i,k}(t,0)\{1+r+(q_{i,k}(t+1,0)q_{i,k}(t+1,1))/(q_{i,k}(t,0)q_{i,k}(t+1,1))\} \tag{19}$$

さらに，(19) 式は

$$p_{i,k}(t+1,0) = q_{i,k}(t,0)(r(t) + \delta_{i,k}(t+1) + \zeta_{i,k}(t+1) + \delta_{i,k}(t+1)\zeta_{i,k}(t+1))$$
$$\text{または，}\quad p_{i,k}(t,0) = q_{i,k}(t-1,0)(r(t) + \delta_{i,k}(t) - \zeta_{i,k}(t) + \delta_{i,k}(t)\zeta_{i,k}(t)) \tag{20}$$

と書くことができる。ただし，

$$\delta_{i,k} = 1 - q_{i,k}(t,s+1)/q_{i,k}(t,s),$$
$$\zeta_{i,k}(t) = q_{i,k}(t,0)/q_{i,k}(t-1,0)$$

である。

$\delta_{i,k}$ は資本財が古くなることによって市場価格が低下することを表す指標であり，年齢―効率プロファイルと年齢―価格プロファイルが一致するように，相対効率の幾何分布を示す (7) 式によって算出された値にほかならない。一方，$\zeta_{i,k}(t)$ は期間の初めと終了の間に発生した資本財のキャピタルゲインまたはキャピタルロスである。$\zeta_{i,k}(t)$ が (20) 式のなかでマイナスとなっているのは，資本財の市場価格が低下する際に資本サービス価格が上がることを意味している。価格の変動によるゲインとロスを把握するために，固定資産投資価格指数を利用することができる。そうすると，資本サービス価格を求めるために，資本収益率 $r(t)$ だけが未知のものとなる。

■資本収益率

一般的に，$r(t)$ の求め方は 2 つある。1 つは内生的に算出する方法で，もう 1 つは外生的に決める方法である。外生的方法として，国債利回りなどの長期市場金利が採用されることが多い。以下の推計では，Christensen and Jorgenson（1969）で示した資本所得，資本サービス価格，資本サービス量（資本ストック）三者の関連付けに従って，資本サービス価格を求める方法を検討した。(21) 式は Christenson and Jorgenson の考えを反映するものである。

$$B_i(t) = \sum_{k=1}^{j} p_{i,k}(t) K_{i,k}(t) = \sum_{k=1}^{j} p_{i,k}(t) A_{i,k}(t) \tag{21}$$

$B_i(t)$ は i 産業の資本所得（compensation of capital）で，労働報酬を除いた全所得を指している。本書では，労働賃金の推計結果を利用することができ，各産業の名目付加価値額から名目労働賃金を差し引いて名目資本所得が得られる。Biatour, Bryon and Kegels（2007）は次のように資本収益率 $r_i(t)$ を導出した。$B_i(t)$ は資本財ごとの資本サービス価格 $p_{i,k}(t)$ と資本ストック $A_{i,k}(t)$ の積の合計値として定義されているから，(21) 式に（20）式を代入すると，

$$\sum_{k=1}^{j} p_{i,k}(t) A_{i,k}(t) = r_i(t) \sum_{k=1}^{j} q_{i,k}(t-1) + \sum_{k=1}^{j} (\delta_{i,k} - \zeta_{i,k}(t) + \delta_{i,k} \zeta_{i,k}(t)) q_{i,k}(t-1) A_{i,k}(t) \tag{22}$$

となり，したがって，実質資本収益率 $r_i(t)$ は，

$$r_i(t) = (CAP - \sum_{k=1}^{j} (\delta_{i,k} - \zeta_{i,k}(t) + \delta_{i,k} \zeta_{i,k}(t)) q_{i,k}(t-1) A_{i,k}(t)) / \sum_{k=1}^{j} q_{i,k}(t-1) A_{i,k}(t) \tag{23}$$

というように，産業別の CAP（資本所得）と産業別×資本財別の $\delta_{i,k}$，$\zeta_{i,k}(t)$，$q_{i,k}(t-1)$，$A_{i,k}(t)$ が分かれば $r_i(t)$ は算出できる。

■税体系を考慮した資本サービス価格

資本収益率が算出されれば，(20) 式のように，資本サービス価格が求められる。一方，投資理論体系に従うならば，資本投入の貸借価格に対する税体系の影響を考慮するべきである。野村（2004）は，資本サービス価格の測定にあたって，法人税（非償却資産，償却資産），事業税，資産取得課税，資

産課税などに関する測定方法を示している（pp.183-209）。また，孫・任（2008）は中国の産業別資本サービス投入量に関する論文のなかで，企業所得税（法人税），増値税（Value added tax）と財産税を導入した。筆者は，中国の税体系において資本コストに影響する関連税制として，増値税，固定資産投資方向調節税と企業所得税の3つの税目を考えている。増値税とは，中国国内での物品の販売および加工・修理・修繕など役務の提供を対象とした付加価値税である。ただし，物品とは，「土地，家屋，その他の建築物などの不動産以外のすべての有形資産のことをいい，電力，熱力なども含まれる」（伏見・楊，2009）。つまり，3種類の資本財のうち，建物だけは課税から除外される。固定資産投資方向調節税は固定資産の投資額に応じる課税だが，2002年以降，内需拡大が進められて廃止された。3つ目は企業所得税である[7]。よって，この推計は，以上3つの税目を考慮に入れ，（20）式を（24）式に書き換える。

$$p_{i,k}(t,0) = \{(1+w(t)+e(t)-u(t)z(t))*(q_{i,k}(t-1,0)r_i(t)+\delta_{i,k}-\zeta_{i,k}(t)$$
$$+\delta_{i,k}\zeta_{i,k}(t))\}/(1-u(t)) \tag{24}$$

ただし，$u(t)$は企業所得税，$w(t)$は増値税，$e(t)$は固定資産投資方向調節税を指す。増値税は一部農産物以外すべての物品の取引に関する課税として価格に反映されるが，建物に関しては非課税と設定している。固定資産投資方向調節税と企業所得税は全産業に対して統一税率となっている。$z(t)$は資本財1単位の企業会計上の減価償却額を現在価値に割り引いたものであり，ここで資本収益率を割引率として使っている。付表3-2は39産業の資本レンタル価格を掲示している。

5. 資本投入の推計結果

図3-5は資本サービス（資本投入量）指数，資本ストック指数，資本レン

---

7) 中国の資産課税には，ほかにも家屋税，都市土地使用税，耕地占有税がある。筆者の推計では建物の中に土地取得関連投資が含まれているが，土地の部分を分離していないため関連課税を考慮しない。また，家屋税の税率は1.2％なので，ここの推計では考慮に入れていない。

図3-5　資本サービス，ストック，レンタル価格

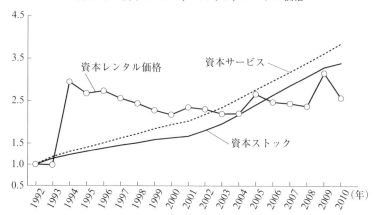

タル価格指数を示すものである。ただし，ここの資本サービスは，金額ベースの資本サービスであり，資本サービス額と考えてよいであろう。まず，資本ストックと資本サービスを見てみよう。1992年を1とする資本ストックは，2010年には3.39と3倍以上に拡大していることがわかる。資本サービスも1992年を1として，2010年には3.86となっており，資本ストックの上昇より0.47％ポイント高く，資本投入の質に関しても一定の改善が現れた。資本サービス量の算出に関連する資本レンタル価格を見ると，1992年を1とした場合，1994年は2.94に急騰した後，徐々に低下傾向で推移した。この間の資本サービス価格の高騰は「南巡講話」の影響を受けた資本需要の回復を反映したものと考えられる。2000年代の後半では，2005年，2009年を除けば期間中に価格の低下傾向が続いた。政策要因によって乱高下した1992～1994年を除けば，資本サービス価格は年平均－2.46％となった。図3-6に政府発表の固定資産投資価格の変動率を描いた。1992～1993年，2008年を除けば投資価格の上昇はほぼ見られなかった。1997～2006年の約10年間，建物や製造設備以外の投資関連諸費用の価格はむしろ下落し続けた。図3-5と合わせて見ると，資本サービス価格は固定資産投資財価格の変動より一歩遅れた形で動いた。資本財や資本サービスの価格の変動は一時的な政治要因を除けば安定的に推移し，企業は設備投資をしやすい環境になっていた。

図 3-6 固定資産投資価格変動率

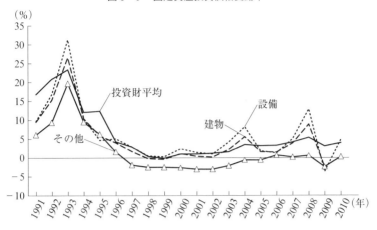

表 3-16に 4 つの期間に分けた産業別資本投入の増加率の推計結果を示した。また，付表 3-3 は毎年の資本投入の成長率を表示している。鉱工業の場合は，企業改革が加速した第Ⅱ期を除いて，その他の期間はみな 2 桁の資本サービスの成長が実現した。WTO 加盟後の第Ⅲ期では年平均16.18％，リーマンショックを挟む第Ⅳ期は年平均23.94％と高い伸び率を見せた。鉱工業の各産業を見ると，第Ⅱ期を除いてその他 3 期間いずれも10％以上の上昇率を達成したのは，石炭，飲料，紡績・衣料品，皮革製品，製紙，化学製品，建材，鉄鋼，非鉄金属製品，金属製品，輸送機器，事務用機器，工芸品その他といった33部門中の13部門となった。また，印刷，石油加工・コークスは 4 期にわたって10％以上伸びた。一方，商業の資本投入は第Ⅱ期で伸び率が鈍化したものの，ほかの 3 期とも 2 桁の伸びとなった。計画経済期にサービス業は重要視されていなかったが，改革開放が始まると商業，通信，金融などインフラ整備の緊急度は何よりも高くなった。サービス業のうち，不動産は45.74％，12.73％，19.76％，16.73％と， 4 期にわたって連続的に資本投入が伸びた。輸送・郵便サービス，その他サービスも資本投入の上昇率は堅調であった。農業の資本投入は安定的に伸びている。改革開放前には国民生活に密接する農業の発展が立ち遅れていたという事情もあり，経済改革後に機械化や耕地改良など固定資産投資の需要が高まったと思われる。

表 3 -16　産業別資本投入の増加率

(%)

	1992〜1995 第 I 期	1996〜2000 第 II 期	2001〜2005 第 III 期	2006〜2010 第 IV 期
農業	9.19	13.09	14.93	12.56
石炭採掘	17.84	5.19	12.37	23.67
石油・天然ガス採掘	15.01	6.59	7.07	16.17
鉄金属鉱石採掘	8.54	4.32	19.63	33.00
非鉄金属鉱石採掘	7.85	3.97	16.59	28.08
非金属鉱石採掘	6.24	△ 1.04	12.76	26.59
食品	8.89	7.16	23.88	28.74
飲料	10.00	6.71	16.01	24.30
たばこ	19.30	7.18	5.53	13.24
紡績・衣料品	12.21	2.77	14.66	18.57
皮革・毛皮製品	10.07	2.75	14.62	25.40
製材	8.67	7.65	20.56	31.35
家具	6.94	5.92	22.38	32.03
製紙	10.34	8.42	19.19	21.43
印刷	14.42	11.72	18.86	22.25
文化・スポーツ用品	5.78	6.87	16.30	25.78
石油加工・コークス	14.07	10.48	16.94	23.58
化学製品	14.59	6.28	14.27	25.61
医薬品	9.72	9.37	27.91	21.73
化学繊維	8.37	1.78	11.38	16.32
ゴム製品	9.31	5.79	18.20	26.88
プラスチック製品	7.92	4.71	18.62	23.94
建材	14.88	4.81	18.86	29.61
鉄鋼業	16.55	5.40	19.77	17.67
非鉄金属製造	15.31	5.31	21.90	27.84
金属製品	12.77	5.63	19.86	31.31
汎用機械・専用機械	10.63	3.96	17.48	33.69
輸送用機器	19.22	6.61	19.86	30.28
電気機器	10.30	4.72	17.51	32.10
通信機器	5.56	5.97	25.87	28.39
事務用機器	14.01	4.33	20.71	29.79
工芸品その他	11.10	4.14	17.84	20.42
電力・水道・ガス	19.04	13.77	16.09	18.84
建築	15.45	13.11	16.72	19.24
輸送・郵便	32.10	18.80	13.20	15.49
商業	11.32	6.32	11.35	20.97
金融	12.09	30.29	△ 0.50	△ 0.31
不動産	45.74	12.73	19.76	16.73
その他サービス	3.45	14.51	16.99	15.46
鉱工業	12.31	5.68	16.18	23.94
サービス業	22.71	15.04	15.89	15.71
全産業	17.56	10.58	16.11	19.28

注：平均値のウェイトは付加価値に占める各産業シェア。

　資本サービスの計算式をもう一度見ると，資本サービス伸び率は異なる種類の資本財の加重和として計算され，k資本財の資本サービス価格とk資本財の資本ストックの積を分子，それぞれ資本財の資本サービス価格と資本ストックの積の合計を分母とする割合がウェイトとなる。一方，資本ストックの伸び率は全種類の資本ストックの単純和集計の伸び率である。このとき，計算された資本サービスの伸び率と資本ストック伸び率の差こそ資本サービスの質的変化率となる。ここでは，産業別資本サービスの質的変化を見てみよう。

　表3−17は産業別に資本投入の質がどれほど変わったかを表した。農業は第Ⅰ期の質的上昇が高く，年平均伸び率は3.34％に達した。その後，質的上昇が鈍化し，第Ⅳ期では年平均で負の成長になった。鉱工業は，第Ⅰ期から第Ⅳ期までの質的変化は年平均伸び率が5.24％，0.80％，1.52％，3.96％となり，第Ⅰ期と第Ⅳ期において一定の上昇が見られる。産業別に見れば，年平均伸び率が4％以上を達成したのは，第Ⅰ期では石炭，石油・天然ガス採掘，非鉄金属採掘，家具，化学製品，非鉄金属製品，汎用機械・専用機械，工芸品・その他の8部門，第Ⅱ期と第Ⅲ期では0部門，第Ⅳ期では石炭，石油・天然ガス採掘，鉄金属鉱石採掘，非金属鉱石採掘，食品，たばこ，皮革・毛皮製品，製材，家具，文化・スポーツ用品，石油加工・コークス，化学製品，ゴム製品，建材，非鉄金属製造，金属製品，輸送用機器，電気機器，通信機器，事務用機器の全部で20産業に上り，半分以上の製造部門において資本投入の質的上昇が示された。サービス業を見ると，第Ⅰ期が3.29％増となり，第Ⅱ期以降は伸び率が低下した。資本投入が急増したなかで，全体として質的向上が表れなかった。

　表3−12で見たように，2010年の時点で鉱工業では固定資本の4割，サービス業では固定資本の6割以上が依然として国有部門にあった。鉱工業を見るかぎり，1990年代後半から2000年代前半は国有企業改革の加速に大きく影響され，資本の質的変化は流動的であったが，後半から回復するようになった。国有資本の割合が高いサービス業では資本投入の質的向上を実現するには，国有部門のいっそう踏み込んだ改革を進める必要がある。

　中国の資本サービス（資本投入）を推計した先行研究があまり多くないなか，

表3-17 産業別資本投入の質的上昇率 (%)

	1992〜1995 第Ⅰ期	1996〜2000 第Ⅱ期	2001〜2005 第Ⅲ期	2006〜2010 第Ⅳ期
農業	3.34	1.88	2.12	△ 0.80
石炭採掘	12.32	1.98	2.64	4.05
石油・天然ガス採掘	8.03	1.10	0.60	4.42
鉄金属鉱石採掘	1.47	1.48	2.20	4.85
非鉄金属鉱石採掘	5.50	1.51	3.08	3.90
非金属鉱石採掘	1.48	0.57	1.93	4.65
食品	2.35	1.64	1.28	4.35
飲料	3.52	1.45	0.54	3.90
たばこ	0.49	0.42	0.11	5.86
紡績・衣料品	3.73	1.01	0.25	3.61
皮革・毛皮製品	3.99	0.27	0.44	4.35
製材	1.48	0.99	△ 0.23	3.99
家具	4.27	1.10	1.26	4.28
製紙	3.62	1.91	0.50	3.57
印刷	3.41	1.54	0.30	3.12
文化・スポーツ用品	2.71	1.41	0.44	4.08
石油加工・コークス	2.86	1.88	1.81	4.32
化学製品	4.19	1.37	1.23	4.90
医薬品	3.14	1.47	1.40	3.99
化学繊維	3.03	1.35	1.32	3.67
ゴム製品	3.52	1.53	1.25	4.82
プラスチック製品	3.83	1.33	0.16	3.44
建材	3.67	△ 10.65	1.52	4.84
鉄鋼業	3.45	1.45	1.96	3.79
非鉄金属製造	4.16	1.43	1.69	4.81
金属製品	3.35	0.90	0.28	4.65
汎用機械・専用機械	4.29	1.51	1.27	5.34
輸送用機器	3.36	1.03	0.95	5.11
電気機器	3.41	1.34	0.27	5.52
通信機器	2.70	1.21	0.63	6.27
事務用機器	7.33	1.34	2.31	5.78
工芸品その他	11.83	2.63	2.66	2.62
電力・水道・ガス	7.61	2.08	1.49	1.07
建築	1.04	1.74	2.58	5.14
輸送・郵便	12.68	1.61	0.09	0.76
商業	1.32	0.78	1.30	2.53
金融	0.25	△ 0.75	3.91	1.48
不動産	9.28	0.33	1.51	△ 1.98
その他サービス	△ 7.07	1.40	1.82	△ 1.08
鉱工業平均	5.24	0.80	1.52	3.96
サービス業平均	3.29	0.99	1.27	△ 0.59
全産業平均	4.36	0.99	1.31	1.55

表3-18　ほかの推計との比較
(%)

| | 資本投入の年平均変化率 | | | 資本の質的変化率 | |
	葉	孫・任	本書	孫・任	本書
1993		10.41	23.69	1.44	5.51
1994		13.64	17.15	1.83	2.63
1995	12.79	13.29	12.76	0.54	0.47
1996	12.39	11.57	13.12	△0.28	0.17
1997	11.23	11.45	12.15	△0.23	1.85
1998	11.47	12.62	11.91	0.68	0.92
1999	10.38	12.34	11.29	0.35	0.21
2000	10.00	10.67	10.77	0.69	1.89
2001	10.49	5.88	9.99	0.22	1.57
2002	11.29	6.58	16.22	0.28	1.35
2003	14.08		16.74		1.64
2004	16.84		19.33		1.67
2005	18.77		19.56		0.75
2006	18.54		19.51		0.44
2007	19.10		19.96		0.91

注：葉推計では，外生的資本収益率を用い，国債年率の幾何平均によって求められた。
出所：葉（2009），孫・任（2005）。

孫・任（2005）（2008）と葉（2009）はいずれも貴重な参考資料である。2つの研究はどちらも資本投入の質的上昇を考慮している。孫・任の研究対象期間は1981〜2002年，葉の研究対象期間は1995〜2007年だが，ここでは，本研究対象期間と重なる部分のみを取り上げる。表3-18は2つの研究結果との比較を示している。まず，資本の質的変化を考慮した資本投入の成長率を見ると，1995〜2000年について葉の研究では12.79％から10％，孫・任の研究では13.29％から10.67％，本書では12.76％から10.77％と推計され，3つの研究とも類似した結果が得られている。2001年と2002年については，葉推計では10.49％，11.29％，孫・任推計では5.88％から6.58％，本書では9.99％，16.22％となった。3つの研究はいずれも2002年における資本投入の増加傾向を観察したが，増加のレベルについて葉推計と本書では2桁となったが，孫・任推計では1桁に止まった。2003〜2007年について，葉推計では14.08％から19.10％，本書では16.74％から19.96％に上昇したという結果を得た。2000年代前半に関して，本書は葉推計より1〜3ポイント高い数値と

なった。次に，質的上昇率を推計した孫・任推計と本書の結果を見てみよう。共通の研究対象期間である1993〜2002年ついて，孫・任の推計は年平均0.55%，本書は年平均1.65%の上昇となり，1ポイントの差しかなかった。質の上昇率が最も高い年について，本書では1993年の5.51%であり，孫・任1994年の1.83%であった。最も低い年について，本書では1996年の0.17%，孫・任推計では同じ1996年の−0.28%であり，数値に一定の差が存在するものの，両推計とも同じような時系列変化の特徴を示した。

　資本投入の変化に大きく影響するのが減価償却率，資本財の市場価格，資本収益率の三者である。本書では，資本投入の伸び率を推計するために，まず資本収益率を推計した。表3-19は産業別の実質税引き前資本収益率を示すものである。各平均値は資本ストックに占める各産業の比率によって加重和をとったものである。まず，全産業を見れば，第Ⅰ期が0.21%，第Ⅱ期が22.74%，第Ⅲ期が28.64%，第Ⅳ期が22.80%となっており，2000年代のほうが90年代より収益率が高くなっていることが確認できる。次に，鉱工業の収益率が他産業より高かった。第Ⅰ期を除く3期で2桁の収益率を実現した産業は33部門中の26部門に上り，収益率の高いことが示された。農業でも，すべての期間で2桁の収益率であった。商業・サービスでは商業と金融が高かったが，輸送・郵便，不動産の収益率がマイナスである[8]。推計の観点からすれば，資本収益率は資本所得から減価償却費，キャピタルゲイン／ロスを差し引いて算出される以上，資本所得の推計にも大きく影響される。筆者の資本所得に関する推計は，付加価値推計値から労働報酬推計値を差し引いたものであり，統計的手法による推計とは異なるものである。この点に関して，第5章を参照していただきたい。

8）　不動産の収益率について，日本の経験を参考した結果，他産業に比較して不動産の収益率は必ずしも高くない。野村（2004）は日本の高度成長期の1960〜1964年，1965〜1969年，1970〜1974年の産業別税引き後収益率を推計した結果，不動産業は2.01%，4.39%，4.20%であり，同じサービス業の金融保険の40.80%，45.55%，55.10%，商業の24.80%，33.87%，31.61%と大きな差が開いている（pp.247-256）。

表 3-19　産業別実質税引き前資本収益率

	1992〜1995 第 I 期	1996〜2000 第 II 期	2001〜2005 第 III 期	2006〜2010 第 IV 期
農業	23.63	30.66	36.09	17.28
石炭採掘	△ 26.41	9.73	7.66	12.54
石油・天然ガス採掘	△ 30.32	27.59	32.04	34.02
鉄金属鉱石採掘	△ 20.48	18.46	19.96	42.71
非鉄金属鉱石採掘	△ 16.55	28.79	21.40	24.83
非金属鉱石採掘	△ 11.90	27.23	0.18	△ 4.84
食品	31.75	87.10	90.25	51.09
飲料	16.94	78.21	70.83	35.87
たばこ	186.19	253.71	274.37	277.49
紡績・衣料品	23.09	63.72	63.58	40.71
皮革・毛皮製品	4.98	68.20	107.51	61.09
製材	52.22	95.31	68.62	32.30
家具	△ 1.85	44.11	55.38	31.40
製紙	5.68	30.42	46.81	28.40
印刷	20.12	33.76	38.16	18.56
文化・スポーツ用品	17.96	76.22	92.88	46.01
石油加工・コークス	△ 2.89	50.73	45.55	28.34
化学製品	1.87	20.18	33.11	27.42
医薬品	14.43	61.34	58.60	26.98
化学繊維	5.01	23.07	31.74	26.60
ゴム製品	9.59	38.85	55.13	29.67
プラスチック製品	△ 5.14	29.85	48.53	31.67
建材	9.33	41.19	42.12	24.97
鉄鋼業	13.71	26.97	32.61	39.44
非鉄金属製造	△ 2.20	38.15	47.29	52.10
金属製品	△ 6.58	53.15	57.43	31.42
汎用機械・専用機械	6.32	37.18	49.52	34.60
輸送用機器	22.05	51.84	79.36	42.56
電気機器	1.70	57.03	94.93	64.20
通信機器	0.20	92.84	159.81	76.46
事務用機器	△ 3.21	25.34	44.46	44.04
工芸品その他	△ 10.00	5.00	△ 2.54	△ 1.62
電力・水道・ガス	△ 23.16	8.41	12.70	2.08
建築	65.76	65.41	74.62	131.00
輸送・郵便	△ 7.29	△ 2.70	△ 2.73	△ 12.47
商業	48.05	67.11	95.03	102.67
金融	199.83	190.11	72.40	238.19
不動産	△ 12.64	△ 7.63	△ 5.51	△ 5.58
その他サービス	△ 26.53	△ 12.81	5.78	7.02
鉱工業平均	13.96	45.75	47.65	38.49
サービス業平均	△ 2.96	6.15	7.25	9.65
全産業平均	0.21	22.74	28.64	22.80

付表 3 - 1　産業別資本ストックに占める非国有部門の比率：1992 ～ 2010年

産業	1992	1993	1994	1995	1996	1997	1998	1999
1　農業	65.74	65.74	67.57	68.89	70.02	70.91	71.52	71.51
2　石炭採掘	5.55	5.55	5.55	5.92	5.75	5.56	5.83	6.57
3　石油・天然ガス採掘	0.35	0.35	0.62	0.51	0.43	0.37	0.31	0.26
4　鉄金属鉱石採掘	12.55	12.55	10.90	9.73	9.16	9.22	9.47	11.67
5　非鉄金属鉱石採掘	27.40	27.40	26.91	26.84	27.21	29.27	31.56	35.21
6　非金属鉱石採掘	41.16	41.16	35.97	33.58	33.07	32.22	33.65	34.49
7　食品	38.83	38.83	37.34	37.47	39.24	40.38	41.86	45.33
8　飲料	35.62	35.62	33.48	32.84	33.39	34.83	35.28	36.25
9　たばこ	17.89	17.89	15.73	14.27	12.36	11.43	9.99	8.72
10　紡績・衣料品	66.77	66.77	65.91	66.35	66.83	67.63	68.74	69.28
11　皮革・毛皮製品	85.33	85.33	85.21	86.67	86.38	87.13	87.54	87.06
12　製材	66.56	66.56	65.59	63.85	62.73	64.07	66.90	67.05
13　家具	89.64	89.64	89.89	90.29	90.51	90.67	90.69	90.31
14　製紙	54.09	54.09	51.61	50.75	49.91	49.67	50.10	52.07
15　印刷	61.74	61.74	61.54	58.80	58.04	58.67	59.77	63.70
16　文化・スポーツ用品	80.63	80.63	80.33	80.37	80.88	82.45	83.89	84.16
17　石油加工・コークス	12.54	12.54	12.08	10.91	9.80	10.76	10.37	10.82
18　化学製品	25.77	25.77	24.55	23.52	21.58	21.87	22.20	23.39
19　医薬品	40.25	40.25	38.36	38.53	37.50	42.34	45.09	48.86
20　化学繊維	29.97	29.97	27.31	25.92	25.58	25.83	27.27	29.61
21　ゴム製品	58.28	58.28	55.67	54.08	54.03	54.96	55.21	55.30
22　プラスチック製品	90.50	90.50	89.92	89.42	89.12	88.77	88.06	87.52
23　建材	51.01	51.01	49.13	48.87	49.17	50.10	50.40	52.18
24　鉄鋼業	17.39	17.39	19.13	18.31	17.49	16.46	15.30	15.77
25　非鉄金属製造	23.37	23.37	22.08	22.86	23.65	23.78	24.27	24.91
26　金属製品	85.38	85.38	84.52	84.26	84.26	84.24	84.50	85.02
27　汎用機械・専用機械	44.72	44.72	45.19	45.62	46.59	48.31	50.31	51.76
28　輸送用機器	38.88	38.88	39.33	40.01	40.14	41.88	42.56	42.67
29　電気機器	76.31	76.31	74.80	74.81	74.27	74.76	75.50	75.78
30　通信機器	54.61	54.61	51.56	51.02	51.04	50.46	50.45	51.05
31　事務用機器	46.22	46.22	46.69	48.16	49.00	49.25	49.98	52.69
32　工芸品その他	85.58	85.58	83.52	82.29	81.09	80.63	80.41	80.04
33　電力・水道・ガス	13.55	13.55	11.88	11.09	9.80	9.29	8.36	7.83
34　建築	43.07	43.07	37.47	36.76	36.17	36.53	38.80	40.14
35　輸送・郵便	12.18	12.18	10.52	8.75	7.67	7.04	6.49	7.04
36　商業	58.67	58.67	57.77	57.35	57.43	58.59	59.96	60.61
37　金融	42.16	42.16	39.95	39.15	38.88	41.83	47.96	51.47
38　不動産	14.16	14.16	33.02	42.05	49.38	53.86	57.33	59.76
39　その他サービス	13.49	13.49	13.84	14.19	14.84	15.73	16.20	16.05

（%）

2000	2001	2002	2003	2004	2005	2006	2007	2008	2009	2010
70.33	69.36	65.93	58.90	55.20	52.53	50.13	48.19	47.21	47.78	48.07
7.18	7.44	7.96	8.32	8.70	11.10	16.34	21.33	26.62	31.15	35.40
0.22	0.22	0.32	0.47	0.49	0.69	1.07	1.08	1.19	1.25	1.48
15.14	16.33	18.09	19.47	23.31	35.85	48.02	57.04	62.03	66.49	68.92
36.76	37.61	37.85	35.58	34.20	33.66	40.28	49.56	58.89	62.27	66.49
36.18	38.25	39.63	39.54	40.88	46.17	55.85	64.52	69.77	74.69	80.02
48.79	51.55	55.19	53.87	53.66	57.88	65.87	73.42	79.20	83.20	86.68
37.52	39.43	41.18	39.03	38.37	41.53	48.30	57.47	64.69	69.51	75.31
8.19	7.59	6.99	6.31	5.63	5.14	5.00	4.90	4.91	4.95	4.96
70.00	70.60	70.73	68.04	66.55	67.90	72.16	76.81	80.72	83.49	86.23
87.33	86.33	85.79	83.20	81.16	79.83	80.87	84.05	86.55	88.51	89.38
68.65	70.32	72.16	70.12	67.61	68.92	75.32	81.79	86.97	89.92	91.84
91.39	91.92	92.00	86.49	81.87	80.66	84.18	88.49	91.87	94.00	95.23
53.56	54.90	56.60	55.08	53.17	50.91	54.69	60.99	65.23	70.21	75.72
65.35	65.48	66.87	64.99	63.32	64.42	67.58	72.08	76.39	79.83	82.52
84.05	84.52	84.52	81.09	78.39	76.11	80.02	84.92	88.26	90.87	92.69
12.24	14.81	16.16	16.15	20.18	25.81	28.45	28.31	28.81	30.21	33.33
24.85	25.79	25.79	23.09	20.10	17.10	24.31	34.62	43.68	51.24	56.76
51.61	54.49	58.01	52.88	50.02	53.09	58.84	65.03	69.83	73.43	77.76
31.88	34.06	36.27	36.67	36.85	37.86	40.47	42.53	47.68	52.51	58.00
57.83	59.30	60.07	56.59	51.44	51.02	58.47	67.58	73.84	78.12	80.59
87.12	86.64	86.75	82.92	80.66	79.75	82.10	84.46	87.52	89.66	91.01
55.09	56.90	58.81	56.55	55.19	57.16	62.04	68.27	74.31	78.66	82.25
16.11	16.75	17.17	16.25	19.20	20.89	23.11	25.22	26.80	27.76	31.52
25.74	26.92	26.22	22.04	24.21	26.36	31.17	38.30	45.26	50.14	55.20
85.97	86.41	86.11	82.71	79.98	79.36	81.76	84.91	87.56	88.38	90.07
53.36	54.58	55.57	53.40	51.18	52.69	59.43	66.39	72.58	76.79	80.26
42.65	42.11	39.72	31.69	26.49	22.51	25.00	32.92	40.00	46.56	52.25
75.57	75.95	76.71	73.75	71.29	70.67	73.78	76.93	80.75	83.28	84.44
53.54	53.04	53.14	47.42	42.97	40.70	44.07	46.98	50.40	54.21	58.41
56.12	56.36	56.43	48.48	46.66	48.82	56.00	61.23	67.07	72.61	77.47
80.14	80.11	78.74	73.05	67.60	65.60	65.84	67.61	69.79	70.54	71.62
7.25	6.77	6.80	6.57	6.43	7.69	9.67	11.31	12.73	13.80	14.49
41.12	42.33	42.97	38.64	35.71	34.68	35.91	39.02	41.04	41.59	42.06
6.42	5.88	5.53	5.32	4.96	4.78	4.96	5.39	5.89	6.54	7.30
61.90	63.02	63.64	61.67	60.39	61.23	64.74	68.49	71.68	74.59	77.62
52.79	55.28	55.38	53.98	52.00	49.94	48.63	47.33	45.92	43.42	40.67
62.07	64.49	66.78	66.03	66.34	68.26	70.77	72.58	74.39	75.81	76.26
16.27	16.59	15.67	13.10	11.69	11.38	11.48	12.25	13.18	14.53	15.91

付表 3 - 2　産業別資本レンタル価格

産業	1993	1994	1995	1996	1997	1998	1999
1　農業	0.3722	0.2679	0.8150	0.6071	0.5679	0.4425	0.4110
2　石炭採掘	0.2567	0.1930	0.5763	0.4725	0.5135	0.4491	0.4185
3　石油・天然ガス採掘	0.3048	0.2639	0.6992	0.5311	0.5534	0.4680	0.4264
4　鉄金属鉱石採掘	0.2744	0.2295	0.6182	0.4572	0.5178	0.4524	0.4201
5　非鉄金属鉱石採掘	0.2900	0.2458	0.6463	0.5068	0.5368	0.4629	0.4224
6　非金属鉱石採掘	0.3081	0.2763	0.6628	0.5092	0.5865	0.4862	0.4140
7　食品	0.3159	0.4513	1.0845	0.6328	0.7088	0.5519	0.4481
8　飲料	0.3447	0.3356	0.8687	0.6070	0.6585	0.5394	0.4484
9　たばこ	1.0564	1.0214	2.0106	1.1709	1.1045	0.7211	0.5178
10　紡績・衣料品	0.3111	0.4401	0.8847	0.6055	0.6421	0.5105	0.4383
11　皮革・毛皮製品	0.2522	0.3086	0.8738	0.5911	0.6695	0.5311	0.4407
12　製材	0.4244	0.5593	1.1457	0.7433	0.7395	0.5492	0.4430
13　家具	0.2729	0.2632	0.7315	0.5143	0.5946	0.4949	0.4290
14　製紙	0.2938	0.2343	0.7014	0.5183	0.5813	0.4787	0.4279
15　印刷	0.3285	0.3390	0.7856	0.5199	0.5918	0.4928	0.4293
16　文化・スポーツ用品	0.2935	0.3214	0.8699	0.6028	0.6636	0.5247	0.4460
17　石油加工・コークス	0.3871	0.3903	0.9339	0.6733	0.6253	0.4942	0.4303
18　化学製品	0.2962	0.2371	0.6680	0.4914	0.5319	0.4575	0.4215
19　医薬品	0.3375	0.3063	0.7500	0.5635	0.6198	0.5128	0.4394
20　化学繊維	0.3107	0.2454	0.6929	0.5092	0.5189	0.4599	0.4213
21　ゴム製品	0.3383	0.2609	0.7100	0.5084	0.5761	0.4891	0.4306
22　プラスチック製品	0.2577	0.2221	0.6201	0.4773	0.5497	0.4736	0.4273
23　建材	0.3412	0.3620	0.8261	0.5510	0.5838	0.4856	0.4272
24　鉄鋼業	0.3540	0.4295	0.8965	0.5262	0.5256	0.4564	0.4220
25　非鉄金属製造	0.3257	0.3326	0.7536	0.5378	0.5479	0.4651	0.4275
26　金属製品	0.2713	0.3211	0.7940	0.5479	0.6044	0.4952	0.4335
27　汎用機械・専用機械	0.3062	0.2966	0.7568	0.5314	0.5625	0.4801	0.4268
28　輸送用機器	0.3659	0.3723	0.8587	0.5644	0.5819	0.4884	0.4349
29　電気機器	0.3002	0.3096	0.6138	0.5454	0.5916	0.4981	0.4377
30　通信機器	0.2567	0.2372	0.7877	0.6081	0.6010	0.5461	0.4605
31　事務用機器	0.2425	0.2752	0.6848	0.4781	0.5372	0.4651	0.4247
32　工芸品その他	0.2492	0.2026	0.5596	0.4202	0.4908	0.4401	0.4159
33　電力・水道・ガス	0.2803	0.2110	0.6149	0.4759	0.5048	0.4480	0.4208
34　建築	0.4519	0.6717	1.2873	0.8190	0.6440	0.4928	0.4308
35　輸送・郵便	0.3337	0.2424	0.6692	0.4508	0.4972	0.4406	0.4144
36　商業	0.5072	0.5149	1.1043	0.7362	0.6891	0.5176	0.4353
37　金融	1.0008	1.2915	2.1909	1.3013	1.1074	0.6784	0.4856
38　不動産	0.3404	0.2569	0.6414	0.4513	0.4883	0.4351	0.4157
39　その他サービス	0.2644	0.2183	0.5790	0.4478	0.4932	0.4418	0.4114

（元）

2000	2001	2002	2003	2004	2005	2006	2007	2008	2009	2010
0.3519	0.3154	0.3653	0.3493	0.3075	0.3032	0.4231	0.3446	0.3140	0.3202	0.6109
0.3689	0.3356	0.3787	0.3676	0.3293	0.3155	0.4473	0.3721	0.3562	0.3440	0.5896
0.3639	0.3233	0.3805	0.3653	0.3266	0.3232	0.4796	0.3877	0.3705	0.3363	0.5990
0.3682	0.3336	0.3792	0.3667	0.3267	0.3251	0.4719	0.3823	0.3720	0.3689	0.6173
0.3658	0.3308	0.3795	0.3667	0.3285	0.3174	0.4544	0.3810	0.3657	0.3459	0.5952
0.3708	0.3376	0.3783	0.3683	0.3308	0.3055	0.4098	0.3581	0.3398	0.3279	0.5612
0.3539	0.3143	0.3826	0.3607	0.3216	0.3339	0.4956	0.3903	0.3752	0.3522	0.6225
0.3549	0.3177	0.3818	0.3624	0.3241	0.3252	0.4750	0.3827	0.3677	0.3339	0.5924
0.3241	0.2765	0.3906	0.3420	0.2999	0.3979	0.7089	0.4852	0.5082	0.5988	1.0536
0.3596	0.3219	0.3814	0.3631	0.3239	0.3258	0.4749	0.3834	0.3683	0.3423	0.6106
0.3581	0.3192	0.3831	0.3588	0.3167	0.3448	0.5138	0.3943	0.3820	0.3533	0.6299
0.3574	0.3192	0.3821	0.3619	0.3252	0.3236	0.4688	0.3808	0.3660	0.3334	0.5916
0.3646	0.3272	0.3807	0.3640	0.3242	0.3276	0.4733	0.3807	0.3631	0.3293	0.5882
0.3635	0.3268	0.3803	0.3643	0.3259	0.3210	0.4635	0.3784	0.3619	0.3273	0.5853
0.3643	0.3307	0.3801	0.3654	0.3265	0.3175	0.4495	0.3731	0.3556	0.3198	0.5729
0.3576	0.3186	0.3828	0.3601	0.3193	0.3334	0.4964	0.3885	0.3710	0.3393	0.6060
0.3624	0.3238	0.3810	0.3636	0.3239	0.3248	0.4714	0.3814	0.3667	0.3397	0.6125
0.3665	0.3311	0.3797	0.3656	0.3266	0.3201	0.4623	0.3786	0.3639	0.3279	0.5862
0.3576	0.3186	0.3814	0.3642	0.3256	0.3195	0.4587	0.3773	0.3628	0.3289	0.5843
0.3642	0.3272	0.3793	0.3660	0.3272	0.3160	0.4534	0.3776	0.3626	0.3243	0.5851
0.3635	0.3265	0.3806	0.3637	0.3241	0.3246	0.4730	0.3805	0.3647	0.3289	0.5854
0.3638	0.3268	0.3806	0.3643	0.3257	0.3224	0.4673	0.3813	0.3655	0.3308	0.5864
0.3639	0.3274	0.3803	0.3649	0.3264	0.3191	0.4568	0.3776	0.3614	0.3280	0.5834
0.3665	0.3309	0.3798	0.3658	0.3259	0.3230	0.4741	0.3841	0.3716	0.3392	0.6090
0.3627	0.3250	0.3808	0.3647	0.3255	0.3246	0.4800	0.3956	0.3857	0.3549	0.6240
0.3618	0.3251	0.3810	0.3633	0.3242	0.3266	0.4717	0.3821	0.3656	0.3291	0.5832
0.3646	0.3281	0.3802	0.3646	0.3247	0.3250	0.4751	0.3831	0.3665	0.3311	0.5879
0.3599	0.3235	0.3815	0.3614	0.3201	0.3301	0.4764	0.3841	0.3715	0.3416	0.6072
0.3578	0.3164	0.3824	0.3611	0.3196	0.3399	0.5194	0.4010	0.3876	0.3525	0.6109
0.3485	0.3005	0.3843	0.3566	0.3079	0.3555	0.5478	0.4058	0.3828	0.3497	0.6273
0.3670	0.3291	0.3790	0.3675	0.3228	0.3273	0.4846	0.3884	0.3728	0.3333	0.5935
0.3705	0.3390	0.3780	0.3692	0.3309	0.3065	0.4192	0.3617	0.3427	0.3137	0.5645
0.3672	0.3340	0.3790	0.3674	0.3296	0.3099	0.4322	0.3664	0.3482	0.3039	0.5516
0.3616	0.3233	0.3814	0.3617	0.3219	0.3372	0.5274	0.4174	0.4204	0.4587	0.8588
0.3703	0.3369	0.3784	0.3683	0.3305	0.3080	0.4275	0.3656	0.3477	0.3072	0.5536
0.3571	0.3170	0.3827	0.3591	0.3185	0.3461	0.5398	0.4144	0.4170	0.4163	0.7066
0.3602	0.3216	0.3815	0.3618	0.3217	0.3386	0.5401	0.4386	0.4996	0.6175	1.2243
0.3695	0.3362	0.3785	0.3681	0.3303	0.3080	0.4264	0.3652	0.3474	0.3053	0.5540
0.3707	0.3362	0.3788	0.3672	0.3289	0.3138	0.4479	0.3752	0.3565	0.3248	0.5837

付表 3-3　産業別資本投入の成長率：1993 ～ 2010年

産業	1993	1994	1995	1996	1997	1998	1999
1 農業	11.64	9.09	6.84	10.24	12.95	13.70	12.72
2 石炭採掘	29.85	17.90	5.79	7.37	9.44	4.05	1.81
3 石油・天然ガス採掘	23.24	15.12	6.67	8.06	9.82	8.40	6.88
4 鉄金属鉱石採掘	12.10	8.01	5.51	5.81	2.30	7.89	2.61
5 非鉄金属鉱石採掘	13.30	7.22	3.04	7.19	4.46	3.62	1.11
6 非金属鉱石採掘	15.12	4.33	− 0.72	− 0.54	− 0.03	− 2.18	− 2.22
7 食品	12.71	5.59	8.36	7.97	6.90	6.32	6.09
8 飲料	19.74	4.81	5.46	7.51	7.26	6.08	6.25
9 たばこ	20.69	19.42	17.80	10.72	9.64	7.60	4.04
10 紡績・衣料品	23.20	8.53	4.91	5.31	3.54	0.32	1.11
11 皮革・毛皮製品	16.04	12.93	1.24	6.99	0.76	3.34	1.74
12 製材	10.43	6.26	9.31	14.80	15.31	1.59	2.02
13 家具	9.94	8.00	2.88	5.45	4.54	7.05	8.31
14 製紙	18.68	6.37	5.98	10.66	12.37	9.29	4.02
15 印刷	24.69	11.09	7.49	7.37	9.29	16.80	15.44
16 文化・スポーツ用品	10.36	4.95	2.03	12.01	16.90	3.17	0.03
17 石油加工・コークス	17.58	13.61	11.03	14.34	17.79	9.94	5.67
18 化学製品	17.43	13.12	13.22	14.03	6.63	4.88	3.05
19 医薬品	15.94	6.78	6.45	12.40	7.01	8.91	8.31
20 化学繊維	13.82	8.17	3.13	3.21	2.89	1.28	0.61
21 ゴム製品	16.94	7.92	3.08	9.91	7.05	3.05	4.05
22 プラスチック製品	14.96	6.65	2.16	7.23	4.57	1.98	2.55
23 建材	22.91	13.19	8.54	7.69	4.40	3.70	4.84
24 鉄鋼業	22.41	13.68	13.55	11.07	6.34	4.14	1.93
25 非鉄金属製造	20.90	15.87	9.15	7.13	4.78	3.46	3.92
26 金属製品	20.21	11.17	6.92	4.93	5.89	5.35	7.22
27 汎用機械・専用機械	17.83	9.25	4.82	6.66	4.89	2.97	2.85
28 輸送用機器	30.48	15.35	11.81	11.63	7.30	5.32	4.21
29 電気機器	18.36	8.12	4.41	6.05	5.57	4.55	1.83
30 通信機器	10.75	4.47	1.47	3.23	4.31	5.82	7.71
31 事務用機器	27.18	11.81	3.02	5.37	2.96	5.36	6.54
32 工芸品その他	24.75	9.26	− 0.71	0.97	1.87	0.88	6.65
33 電力・水道・ガス	27.59	18.47	11.05	14.35	15.28	12.94	12.60
34 建築	21.93	12.37	12.03	16.24	15.37	9.03	10.94
35 輸送・郵便	34.38	42.99	18.93	19.74	18.21	23.53	16.99
36 商業	16.55	9.83	7.57	8.63	7.33	6.66	− 0.20
37 金融	11.50	11.36	13.40	16.32	21.03	14.62	96.84
38 不動産	68.36	40.28	28.59	20.47	16.25	13.85	0.32
39 その他サービス	− 0.25	− 0.58	11.17	13.22	14.24	15.29	14.51

(%)

2000	2001	2002	2003	2004	2005	2006	2007	2008	2009	2010
15.85	16.41	16.66	14.68	13.31	13.58	14.57	15.82	17.40	20.19	− 5.19
3.29	3.38	8.02	10.90	16.39	23.18	21.11	21.70	23.39	23.22	28.93
− 0.20	0.22	6.64	8.37	8.68	11.45	13.09	12.98	17.09	15.27	22.41
3.01	0.82	7.65	15.65	31.82	42.19	34.04	28.78	32.22	30.25	39.73
3.44	2.23	15.22	18.42	23.57	23.48	27.37	30.56	29.81	27.68	25.01
− 0.26	− 0.66	8.52	14.32	18.49	23.13	23.63	25.21	25.31	29.83	28.99
8.55	8.93	24.30	25.44	29.17	31.56	30.48	28.46	25.47	26.78	32.53
6.46	4.75	16.72	16.90	19.80	21.89	26.15	25.35	23.63	22.56	23.83
3.92	3.86	4.97	7.00	5.99	5.84	7.48	6.19	7.46	13.23	31.87
3.55	3.84	13.21	15.27	19.81	21.16	20.67	20.19	16.91	17.58	17.51
0.93	0.40	9.17	13.69	21.93	27.89	29.06	25.55	22.70	22.64	27.04
4.53	3.57	15.66	22.14	29.60	31.80	31.55	33.43	29.30	28.25	34.19
4.24	2.36	17.71	23.30	32.00	36.53	34.89	33.08	32.14	29.63	30.40
5.74	7.68	19.37	16.84	26.48	25.59	23.61	22.22	21.49	21.01	18.82
9.72	6.92	18.34	19.64	25.12	24.30	24.82	22.49	21.38	22.27	20.32
2.26	0.57	10.83	16.30	25.14	28.64	29.20	29.51	25.33	23.25	21.59
4.68	5.94	11.20	15.53	26.34	25.69	20.89	27.35	26.96	20.95	21.74
2.82	1.36	9.75	12.19	23.50	24.56	23.05	25.17	26.69	25.03	28.10
10.20	15.30	37.07	31.88	29.62	25.69	22.69	19.82	20.19	22.32	23.63
0.92	0.08	7.52	10.70	21.67	16.95	16.82	19.77	16.93	13.39	14.71
4.89	3.30	14.03	19.64	30.28	23.73	32.06	27.26	23.46	23.59	28.01
7.21	8.13	21.29	16.17	23.40	24.12	26.21	23.30	23.06	24.03	23.12
3.40	4.61	17.39	21.31	26.51	24.48	24.50	27.41	29.14	30.97	36.04
3.51	6.78	15.74	24.34	26.37	25.63	18.60	17.01	18.24	15.54	18.97
7.25	7.56	18.85	28.12	28.55	26.43	25.52	25.27	27.64	24.41	36.35
4.78	5.56	17.82	18.27	26.35	31.30	31.62	31.43	31.49	29.41	32.60
2.43	2.82	12.86	17.20	24.18	30.34	31.70	33.55	31.92	32.32	38.97
4.61	3.50	16.70	17.53	30.06	31.52	28.69	27.59	27.86	28.85	38.38
5.59	3.84	15.50	15.38	25.73	27.12	27.86	28.63	30.72	32.58	40.69
8.80	6.92	21.88	17.78	47.80	34.99	33.79	28.65	24.51	20.59	34.43
1.41	1.90	19.02	19.01	34.79	28.82	29.08	24.91	31.65	27.13	36.16
10.32	5.67	20.66	20.86	21.11	20.90	23.02	23.25	22.62	23.97	9.23
13.69	9.74	13.59	15.05	20.31	21.76	19.30	17.22	16.94	18.84	21.88
13.96	7.69	24.08	20.97	15.57	15.30	16.04	17.98	18.24	18.16	25.77
15.53	14.74	13.69	12.19	12.39	13.00	14.12	14.35	14.65	17.51	16.83
9.16	6.26	9.94	10.89	13.71	15.97	17.61	20.16	21.10	23.50	22.49
2.65	1.41	− 0.25	− 2.20	0.33	− 1.80	− 4.00	− 1.99	0.89	0.63	2.92
12.77	12.62	21.95	21.75	22.57	19.88	19.61	20.46	18.45	18.82	6.31
15.29	13.33	19.08	18.63	17.19	16.70	16.49	16.55	17.79	20.91	5.56

第 4 章

全要素生産性の推計

　1980年代以来，中国は改革開放政策を実施することで高い経済成長を成し遂げた。供給サイドでは，競争原理・企業改革の導入によって経営者・従業員の労働意欲を引き出し，WTO 加盟による貿易環境の改善と相まって生産と貿易が拡大し，「世界の工場」として成長した。しかし，2000年代の後半から中国国内で労働賃金がじわじわと上昇し，第 2 章で検討したように農村部の余剰労働力が枯渇しつつあると主張する研究が相次いだ。一方，巨大な人口規模を持つ以上，中国が世界経済に与える影響はきわめて大きい。今後の潜在的成長力を展望するために，成長要因の分析によって中国経済の性質を検討する必要がある。

　中国における経済改革の 1 つは投資制度の改革である。当初，計画当局による無償の資金分配制度が廃止され，金融市場・資本市場・為替市場が整備されたが，国有銀行が主な融資業務を担っている状況は変わらず，地方政府や企業の債務問題も再燃している。労働市場については，膨大な人口を持つ中国が，2012年より労働人口の減少局面を迎えている。労働人口の減少分を労働生産性の上昇によって補うことができれば，経済成長は持続する。したがって，中国の経済改革のさらなる一歩は，経済の量的拡大から質的向上に転換させることである。それは，単位当たりの生産要素が生み出す生産量または所得によって観察できる。本章は，中国の1990年代初期から2010年まで約20年間の労働投入，資本投入，全要素生産性による経済成長への貢献を分析する。また，少子高齢化を迎えるなかで，労働生産性およびそれに影響する諸要因を考察する。

1. 中国の全要素生産性に関する初期の研究

1978年に中国で経済改革が始まると，東アジア新興国に次いで中国の経済発展に対する国際社会の関心が高まり，特に市場経済的要素が次々と導入されたことで中国経済のパフォーマンスにいかなる変化が生じたか，生産性の視点からも数多くの研究が生まれた。表4-1に1990年代から2000年代までの中国の全要素生産性（Total factor productivity: TFP）に関する主要な研究をまとめた。

表4-1　中国の全要素生産性（TFP）に関する初期の代表的研究

研究者	発表年	対象期間	アウトプット	労働投入
Gary H. Jefferson, Thomas G. Rawski, Yuxin Zheng	1992	1980〜1988	Industrial output	非生産的人員を含めない
Jingwen Li, Dale W. Jorgenson, Masahiro Kuroda, et al.	1992	1953〜1990	GNP	マンアワー
Alwyn Young	2000	1978〜1998	Value-added	人的資本推計
Gregory C. Chow, Kui-Wai Li	2000	1952〜1998	Value-added	労働者数
黄勇峯，任若恩	2002	1985〜1994	Value-added	マンアワー
張軍，施少華	2003	1952〜1998	GDP	社会労働者数
孫琳琳，任若恩	2005	1980〜2002	GDP	マンアワー，教育×年齢×性別×産業
Hurry X. Wu	2007	1980〜2005	Value-added	マンアワー，ただし国有企業と集団主要制企業から非生産的人員を除く。
Jing Cao, Mun S. Ho, Dale W. Jorgenson, Ruoen Ren, Linlin Sun, Xianchun Xu	2009	1982〜2000	Industrial gross output, and GDP (Sum of industry value-added)	マンアワー，教育×年齢×性別×産業

注：△はマイナスを示す。

　Gary H. Jefferson, Thomas G. Rawski, and Yuxin Zheng（1992）は早い時期に行われた中国の TFP に関する研究の 1 つである。この研究は1980年代の中国の国有企業（state-owned enterprises: SOEs）の改革と集団所有制企業（collective enterprises: COEs）の台頭に注目し，市場経済の導入によって生産性がどれだけ変化したかを考察すると同時に，SOEs と COEs の間で要素の限界収入が縮小したかについても考察した。両部門の間に要素収入の収斂があれば，それは市場メカニズムの導入で市場がより競争的になっていることを裏付けるものとなる。Jefferson らの研究の特徴の 1 つは中国のデータをそのまま利用するのではなく，労働力や固定資産投資から非生産的な部分を除去したことにある[1]。労働，資本，原材料（materials），TFP のうち，経済成

資本投入	中間投入	産業部門	集計された TFP
固定資産投資から非生産的部分を取り除いた資本サービスを推計	中間財	国有企業 1 部門 郷鎮企業 1 部門	国有: 2.40% 郷鎮: 4.63%
生産的資本ストック	—	1 部門	1953〜1978: △0.8% 1979〜1990: 2.5%
生産的資本ストック	—	非農業部門 1 部門	1.40%
生産的資本ストック	—	鉱工業 1 部門	3.03%
資本サービス	—	製造業10部門	△0.67%
生産的資本ストック	—	1 部門	1953〜1959: 1.5% 1960〜1962: △15.2% 1963〜1970: 4.2% 1971〜1976: △1.3% 1977〜1998: 2.9%
資本サービス	—	1 部門	1981〜1984: 6.45% 1984〜1988: 3.14% 1988〜1994: 3.83% 1994〜2002: 0.99%
非生産的資産を除いた資本サービスを推計	—	鉱工業24部門	1980〜1985: 1.3% 1985〜1993: △2.2% 1993〜2000: 1.4% 2000〜2005: 12.9%
資本サービス	時系列産業連関表を推計	33部門→28部門 （農業，鉱工業26, サービス）	1982〜1984: 9.12% 1984〜1988: 3.26% 1988〜1994: 2.64% 1994〜2000: △0.31%

長に対する貢献が一番大きいのが原材料部門の投入で，1980～1988年の間に原材料投入の伸び率は4.31％であった。2番目に大きく貢献したのがTFPで2.40％，3番目は資本投入で1.4％，そして労働投入が0.43％で4番目となった。要素収入におけるCOEs対SOEsの比率は，労働に関して1984年の58.9％（国有企業＝100）から1988年の55.43％，資本に関しては1980年の69％から1987年の53％と一定の収斂が確認された。

　同じ1990年代前半，Jingwen Li, Dale W. Jorgenson, and Masahiro Kuroda と中国社会科学院数量経済研究所の研究員ら（Jingwen et al., 1992）は，中国の経済成長と生産性に関する共同研究の結果を発表した。TFPに関する共同研究の対象期間は1953～1990年の約40年間で，特に計画経済期に関する研究が少ないなかで，貴重な初期研究の1つであった。この研究の特徴の1つはデータの調整にある。アウトプットはGNPだが，1978年まで中国はMPS（System of Material Product Balance）を採用したため，SNA（System of National Accounts）への調整が必要であった。労働に関しては，改革開放後に生まれた小作農，商業・サービス業の人員もカバーしている。また，資本ストックに関しては，従業員に提供した宿舎など非生産的固定資産を資本ストックから取り除いている。TFPの年成長率に関しては，計画経済が実行された1953～1978年は－0.8％，改革開放政策が実施された後の1979～1990年は2.5％と上昇を示し，政策の有効性を示唆した。

　1990年代に香港・シンガポールの成長率が過大評価されていることを指摘して注目されたAlwyn Youngも早くから中国の成長率の問題点に関心を示し，TFPを含めて成長要因分析を行った研究者である[2]。Young（2000）はいくつかの問題意識の下で中国の統計データを見直した。まず，デフレーター

1）　計画経済時代の国営工場は付属学校や病院，宿舎などの施設と一体化していた。国有企業改革ではこれら「非生産的部門」を本業から分離させることで，企業の効率化を図った。

2）　Alwyn Youngは1992年に，*A Tale of Two Cities: Factor Accumulation and Technical Change in Hong Kong and Singapore* というワーキングペーパーを発表した。この論文は香港とシンガポールの経済データの問題点を指摘し，データを見直すと香港のTFPがぎりぎりのプラス，シンガポールのそれはマイナスであったという結果を示して，後にPaul R. Krugman が発表した"The Myth of Asia's Miracle"の根拠の1つになったことで一般的に知られるところとなった。

の問題を指摘した。当時，中国のデフレーターは「影のデフレーター（implicit deflator）」と呼ばれることがあった。つまり，企業側が統計当局に報告する際に当年価格で評価される数値のみならず，当局に指定された時点の価格での数値も報告しなければならず，当局はこうした報告に基づいてデフレーターを作るという仮定である。これは西側諸国の独立する統計当局によりデフレーターを作成するシステムと完全に異なる。2 番目に，労働力について『中国統計年鑑』体系と人口センサス体系それぞれの発表の食い違いが指摘された[3]。すなわち，人口センサスによって報告された労働力の数値が『中国統計年鑑』の数値より大きいという問題が生じていた。3 番目の指摘は，固定資産投資データは計画ベースで作られ，実行ベースと違って過大評価される可能性があるという点である。そのため，「固定資産形成」のデータを使用することが勧められた。Young の推計によると，1978〜1998年の間に，実質 GDP 成長率が7.4％で公式発表より1.7ポイント低く，非農業部門の実質成長率が8.1％で公式発表より2.5ポイント低い。また，性別・年齢・教育歴により算出された全産業の人的資本伸び率は 1 ％であり，非農業部門の同率は0.8％であった。期間中の TFP 伸び率は1.4％である。こうした指標の検討とともに政府統計に対するさまざまな問題提起は，中国の TFP 測定に対して大きな影響を与えた。

　1993年，Gregory C. Chow は中国の資本ストックの推計（Chow, 1993）を発表した後，Kui-Kai Li と共同で中国の TFP 推計論文（Chow and Li, 2000）を発表した。Chow は1993年の論文で，中国の資本ストック，労働，企業の収益率，生産要素の限界生産力などを推計した。2000年の論文では前論文の結果と比較しながら，新しい推計結果を発表した。新しい推計は，1952〜1998年における集計された全産業の資本分配率，労働分配率がそれぞれ61.36％，41.18％，GDP 年成長率が7.6％という結果を示した。1978〜1998年については，GDP 成長率が9.7％，TFP 成長率が3.03％という結果になった。さらに Chow and Li は，1998〜2010年について 3 つのシナリオを示した。TFP が3.03％となった場合，GDP 成長率は8.72％となり，TFP が年1.51％

3）　この点に関しては，筆者も第 2 章で検討しているので，参照されたい。

の成長であればGDP成長率が6.87％，TFPが年0.0％の成長であればGDP成長率が5.07％になるという予測を示した。

　黄勇峰・任若恩（2002）は，米中両国の製造業を対象にTFPの年成長率を推計し，両国間における競争力の格差を分析した。その数か月前に黄・任・劉（2002）が中国製造業15部門の資本投入に関する推計を完成し，また，任は米中の購買力および相対価格に関する推計を行ったこともあり，米中のTFP比較が可能になった。中国に関する産業レベルのTFP研究は，データ収集と作成が難しいために今日でも少ないが，当時はなおさら稀であった。黄・任の研究は食品，紡績，製材，製紙・印刷・出版，化学工業，非金属材料産業，金属製品，機械・輸送機械，電子機械，その他製造業の10部門に及び，1985年時点で米中の産業競争力を比較した。結果的に，米国の労働生産性が中国の17.67倍，TFPでは中国の5倍近くという大きな開きを示した。一方，資本生産性について，米国は中国の90％であった。産業別では，中国は電子機械，金属製品，化学，食品のTFP成長率では米国との格差が3～4倍と小さく，機械・輸送設備，製材，製紙・印刷などの産業では6～10倍の格差があることが見いだされた。また，同研究は，産業間における付加価値，労働報酬，資本サービス価格における格差率に関して，貴重な方法論と研究結果を示した。

　張軍・施少華（2003）は中国全体のTFP推計を行った。張・施の推計では，アウトプットは全国のGDP，労働投入では当局発表の社会労働者数，資本投入は賀菊煌（1992）が推計した資本ストックを使用した。張・施の分析対象は1952～1998年という長期間であるが，回帰分析のなかに2つの期間による効果の変化を表すダミー変数を組み込んでいる。期間ダミーの1つは1961～1963年に自然災害が発生し，また旧ソ連が中国の経済開発に対する援助を中止する時期である。もう1つは1984年以降，都市部改革や価格改革が始まった時期である。2つの期間ダミーを組み込むことで，TFP成長率の変動を軽減する効果がある。分析によると，TFP成長率は1953～1959年が1.5％，1960～1962年が－15.2％，1963～1970年が4.2％，1971～1976年が－1.3％，1977～1998年が2.9％となっており，適切な経済政策が経済回復とともに生産性の上昇にもつながることが確認できた。

　Hurry X. Wu（2007）は，産業別 TFP 成長率を測ったもう 1 つの研究である。Wu はこの研究を発表する前に，中国の GDP 推計（Wu, 2000）をはじめ，資本ストック，資本サービス，労働投入という一連の実証研究を発表した。一連の論文では，経済成長の要因分析において不可欠なアウトプット，インプットのデータを丹念に検討し，統計データの問題点を明らかにしたうえで，それぞれの再推計を行った。マンアワーを測定した際には，国有企業・集団所有制企業の非生産的人員を除外し，これは労働生産性を算出するためかもしれないが，マンアワーから労働力の人数を逆算した（300日／人）。推計によると，鉱工業24部門の TFP 成長率は1980〜1993年の期間中に平均 − 0.9％，1993〜2005年では10.2％上昇したという結果になった。より詳細には，1980〜1985年が1.3％，1985〜1993年が − 2.2％，1993〜2000年が1.4％，2000〜2005年が12.9％となっており，TFP がマイナスからプラスに転換したのは2000年で，その後大きく上昇した。Wu は2015年にあらためて産業別 TFP 推計を発表した（Wu, 2015）。この推計では，産業から集計された TFP 成長率は，1980〜1991年が1.39％，1991〜2001年が1.79％，2001〜2007年が1.57％，2007〜2010年が − 1.80という結果を得ており，金融危機がマイナスの影響を及ぼした時期を除いて，生産性の上昇が実証された。

　孫琳琳・任若恩（2005）は，TFP の推計だけでなく，中国国内で比較的数少ない資本サービスの推計も詳しく検討した研究の 1 つである。資本サービスの推計に必要とされる固定資産投資系列，減価償却，デフレーター，資本所得，資本収益率，税体系など各概念について，中国の実情に鑑みて執筆者の考えを明確に説明することは，海外研究者だけでなく，中国の研究者にとっても参考になる。TFP の推計において，マンアワーには教育×年齢×性別という労働の質を考慮した労働投入データが使われ，労働分配率は産業連関表の付加価値と労働報酬から導出された。孫・任の研究によれば，TFP 成長率は，1981〜1984年が6.45％，1984〜1988年が3.14％，1988〜1994年が3.83％，1994〜2002年が0.99％となっている。つまり，改革開放の初期に TFP がピークに達して，その後は徐々に低下しているように見える。

　筆者の知るかぎり，Jing Cao, Mun Ho, and Dale W. Jorgenson が中国国内の研究者と共同で中国の TFP に関する研究プロジェクトを始めたのが2000

年代前半であったと思う。データ作成の完成度を高めると同時に経済成長と環境との関わりなどにも取り組み，2009年にTFPの研究成果を発表した。産業レベルで中間投入を取り入れるKLEMS[4]研究が少ないなかで，Cao, et al. の取り組みは貴重であった。産業レベルのTFP研究の重要な目的は，産業の技術進歩が生じたかどうかを明らかにすることである。労働や資本といった本源的生産要素のみならず，原材料やエネルギーなどの中間財も投入して得ることができる総産出量を表す生産関数こそ，TFP測定によって「投入に体化されていない」技術変化を捉えることができる（Schreyer, 2001）[5]。Cao, et al. はまた，産業レベルで総産出，一国経済レベルでは付加価値（GDP）という使い分けで工夫した研究でもある。付加価値レベルの測定は，TFPが国民所得にどれだけ貢献するかを測ることができるからである。産業レベルでは，電気製品や機械など製造業のTFP伸び率が高く，エネルギー関連はマイナスとなった産業が多い。GDPは産業付加価値の集計として設定され，そのもとでTFPの成長率は，1982〜1984年が9.12％，1984〜1988年が3.26％，1988〜1994年が2.64％，1994〜2000年が-0.31％となり，この結果は総産出レベルのTFP測定の結果と大きな乖離はないという結論になった。

　以上で見たように，1990年代以来，多くの研究者が中国経済のTFP測定に挑んできたが，データの作成方法や分析の仕方によって結果には一定の相違がある。

2. 産業別TFP成長率の推計方法と付加価値データ

■ TFP成長率の推計方法

　本書では，産業付加価値ベースのTFP推計を採用している。KLEMSの

4）　KLEMSはアウトプットが総生産額，インプットが資本，労働，エネルギー，原材料，サービスによる生産性を推計する方法。
5）　付加価値ベースのTFP測定は技術変化を計測できないということではない。資本投入の計測が，さまざまな資本財の質的変化を反映した資本サービス価格に基づいたコストシェアをウェイトにして集計するのであれば，体化された技術変化の効果は資本投入として取り込まれ，体化されていない技術変化のみがTFPに影響を与える（Schreyer, 邦訳書，p.11）。

研究は別の視点から非常に大事だが，中間投入のデータを直接に得られない
ため，時系列産業連関表の推計が避けられない。以下，基本的に付加価値ベー
スの TFP を測定するプロセスを説明するが，前節で述べたように，付加価
値ベースの TFP 測定でも，生産要素の質の変化を測ることによって，TFP
成長率から体化された技術変化が生産要素の測定結果に取り込まれ，体化さ
れない技術変化が TFP に反映されることになる。

　新古典派的な生産理論では，付加価値と生産要素の関係について次式で示
したコブ＝ダグラス型の生産関数で表すことができる。

$$Y_i(t) = T_i(t) L_i^{\alpha}(t) \cdot K_i^{\beta}(t) \tag{1}$$

　ここで，$Y_i(t)$ は t 時点 i 産業の付加価値額，$T_i(t)$ は時間に伴う技術の変化，
$L_i(t)$ は i 産業の労働投入，$K_i(t)$ は i 産業の資本投入を表すものである。また，
α は労働分配率，β は資本分配率を表しており，生産関数が一次同次の場合
は $\alpha + \beta = 1$ となる。(1) 式に両辺で対数をとると，次式になる。

$$\ln Y_i(t) = \ln T(t) + \alpha \cdot \ln L_i(t) + \beta \cdot \ln K_i(t) \tag{2}$$

(2) 式は，最小二乗法を適用して，生産要素の分配率が推計できるが，賃金
率や資本サービス価格など経済諸指標を利用して算出する方法をとるならば，
生産要素市場が完全競争であると仮定する必要がある。いま，Y_i，T_i，L_i，
K_i の時間に対する微分をとり，各指標の成長率を求めると，

$$\dot{Y}_i(t)/Y(t) = \dot{T}_i(t)/T_i(t) + \alpha \cdot \dot{L}_i(t)/L_i(t) + \beta \cdot \dot{K}_i(t)/K_i(t) \tag{3}$$

となる。ただし，

$$\dot{Y}_i(t)/Y_i(t) = d\ln Y_i(t)/dt$$
$$\dot{L}_i(t)/L_i(t) = d\ln L_i(t)/dt$$
$$\dot{K}_i(t)/K_i(t) = d\ln K_i(t)/dt$$
$$\dot{T}_i(t)/T(t) = d\ln T_i(t)/dt$$

(2) 式中の α，β は，完全競争の下で限界生産力命題が成立した場合，総所得
に占める労働所得，資本所得の分配率に等しくなり，次式のように表現できる。

$$\alpha = v_{li}(t) = (\partial Y_i(t)/\partial L_i(t))/(Y_i(t)/L_i(t)) = \frac{w_i(t)L_i(t)}{(w_i(t)L_i(t) + c_i(t)K_i(t))} \tag{4}$$

$$\beta = v_{ki}(t) = (\partial Y_i(t)/\partial K_i(t))/(Y_i(t)/K_i(t)) = \frac{c_i(t)K_i(t)}{(w_i(t)L_i(t) + c_i(t)K_i(t))} \tag{5}$$

ここで，$w_i(t)$ は t 時点 i 産業の賃金率，$c_i(t)$ は t 時点 i 産業の資本サービス価格，分母の $(w_i(t)L_i(t) + c_i(t)K_i(t))$ は t 時点 i 産業の総付加価値額である。ただし，$w_i(t)$ は観測することができるが，$c_i(t)$ は第 3 章で示したように求めなければならない。$L_i(t)$ は，第 2 章で定義したとおり，$L_i = f(H_{i1}, H_{i2}, ..., H_{in})$，$h_{ij}$ は産業部門 i に雇用される第 j カテゴリー就業者の単位労働時間，$K_i(t)$ は，第 3 章で定義したとおり，i 産業の k 種類資本財のサービス量であり，一次同次の下で資本ストック量 $A_{i,k}(t)$ に比例するものとする。

（3）式の左辺は付加価値額の成長率を表しており，これは，労働分配率をウェイトとする労働投入量の成長率（右辺第 2 項），資本分配率をウェイトとする資本投入量の成長率（右辺第 3 項）および時点間で生産関数を変位させる広い意味での技術進歩の成長率（右辺第 1 項，TFP 成長率・ソロー残差とも呼ばれる項）の合計値と定義されている。付加価値や生産要素の成長率・分配率はそれぞれ離散型をとってさらに整理すると，（3）式は次のようになる。

$$
\begin{aligned}
\ln T_i(t) - \ln T_i(t-1) = {} & \ln Y_i(t) - \ln Y_i(t-1) \\
& - 1/2\big(v_{li}(t) + v_{li}(t-1)\big)\big(\ln L_i(t) - \ln L_i(t-1)\big) \\
& - 1/2\big(v_{ki}(t) + v_{ki}(t-1)\big)\big(\ln K_{ki}(t) - \ln K_{ki}(t-1) \tag{6}
\end{aligned}
$$

（6）式は，TFP 成長率がアウトプットの成長率と総インプットの成長率の差分に等しくなることを示している。以上は産業部門の TFP 測定を示したが，各産業の付加価値が全付加価値額に占めるシェアをウェイトにして全産業の加重平均をとることで集計レベルの TFP 上昇率が求められる。

一方，（2）式の両辺から $\ln L_i(t)$ を差し引いて整理すると，（7）式を得る。

$$\ln y_i(t) = \ln T(t) + \beta \cdot \ln k_i(t) \tag{7}$$

ただし，$y_i(t) = Y_i(t)/L_i(t)$，$k_i(t) = K_i(t)/L_i(t)$ であり，それぞれは労働生産性，資本装備率（資本労働比率）を表している。（7）式を時間に対して微分すると，（8）式になる。

$$\dot{y}_i(t)/y_i(t) = \dot{T}_i/T(t) + \beta \dot{k}_i(t)/k_i(t) \qquad (8)$$

(8) 式の左辺は労働生産性上昇率であり，右辺の第1項は（3）式のように TFP 上昇率で，第2項は資本分配率と資本装備比率の上昇率の積である。この式は労働生産性上昇率が TFP 上昇率と資本装備率の上昇率という2つの変数に分解できることを意味している。TFP 上昇率の測定にあたって，(8) 式を利用する統計的手法と，(7) 式を利用する成長会計アプローチのいずれかを採用しうる。(8) 式を利用する場合は，多様な要因分解分析が潜在的に可能となり，また完全競争市場という仮定は不要になるというメリットがある。ただし，サンプル数など統計的条件をクリアしないかぎり棄却される可能性はある。結局のところ，一般化された（7）式は使いやすいという利点がある。実際には，2つの方法が互いに重要な補完手段として利用されることが望ましい。

■産業別付加価値データの作成

(6) 式で示したように，TFP 上昇率はアウトプットの上昇率から各インプットの上昇率の加重和を差し引いて求める。インプットとして労働と資本の上昇率の求め方については，すでに第2章，第3章で詳細に述べた。アウトプットについては，付加価値の推計が必要である。

改革開放以後，中国では国民経済計算システムが計画経済時代の MPS から国連の基準に基づく国民経済計算（SNA）へと移行した。SNA の導入に伴い，1993年版の『中国統計年鑑』より，1978年からの GDP を発表するようになった。国内総生産の発表とともに，第1次産業，第2次産業，第3次産業，また第2次産業のなかに（鉱）工業と建築業，第3次産業のなかに輸送・郵便，商業，いわゆる1桁分類の各産業の付加価値発表も含まれている。さらに，1992年（1993年版以降の『中国統計年鑑』）より詳細な2桁分類の鉱工業産業別付加価値も得られるようになった。経済改革の過程は漸進的であったが，郷鎮企業，個人企業，私営企業，外資系企業，混合所有などさまざまな形の企業が相次いで出現し，それに合わせて中国の統計体系も何度も調整されるなかで，付加価値の統計でもいくつかの問題点が浮上した。筆者が行っ

た39産業の付加価値推計には，これらの問題点と対応も含まれている。

（1）鉱工業付加価値データの作成

　『中国統計年鑑』には1992年から鉱工業2桁分類の産業別付加価値額が掲載されているが，問題点は2つある。1つは，産業別付加価値のなかに，売上が一定規模以上の企業のみが含まれている一方，労働や資本のデータは企業売上という基準が設定されておらず，原則的には全企業が入っている。TFPを推計する際にアウトプットとインプットとでカバーする範囲が一致しないという問題である。表4-2は産業別付加価値を合計した数値と政府発表の鉱工業付加価値額それぞれの推移を示している。1992～1997年に企業売上という制限はまだ導入されておらず，これまでどおり「独立採算企業」と呼ばれる「郷以上」の鉱工業企業が統計対象になっていた。1998年から，鉱工業部門の統計範囲は「郷以上」から「国有企業および一定規模以上の非

表4-2　鉱工業付加価値額に関する政府発表　　　（億元）

	独立採算 企業集計 ①	国有，規模以 上非国有集計 ②	鉱工業 付加価値額 ③	①／③ または ②／③
1992	7,618	－	10,285	0.7407
1993	12,804	－	14,188	0.9025
1994	14,436	－	19,481	0.7410
1995	15,363	－	24,951	0.6157
1996	17,987	－	29,448	0.6108
1997	19,787	－	32,921	0.6010
1998	－	19,167	34,018	0.5634
1999	－	21,288	35,861	0.5936
2000	－	25,089	40,034	0.6267
2001	－	27,988	43,581	0.6422
2002	－	32,381	47,431	0.6827
2003	－	41,980	54,946	0.7640
2004	－	54,805	65,210	0.8404
2005	－	72,127	77,231	0.9339
2006	－	90,474	91,311	0.9908
2007	－	116,214	110,535	1.0514

　出所：『中国統計年鑑』各号より。①と②は集計値。ただし，2008年以降，2桁
　　　分類の鉱工業付加価値の発表はなくなった。

国有企業」へ変更された。「一定規模以上」とは年間売上高が500万元以上の企業である。一番右の欄を見ればわかるように，独立採算企業の付加価値合計（①欄），国有＋非国有規模以上企業の付加価値合計（②欄），いずれも鉱工業付加価値額（③欄）の数値より小さく，6 ～ 7 割の年が少なくない。『中国統計年鑑』のデータしかない場合は，インプットと統計範囲が異なるため，経済的には意味不明になってしまう。

　本書では『中国郷鎮企業年鑑』に発表されている産業別集団所有制鉱工業企業のデータを利用して，過不足分を推計した。1996年より『中国郷鎮企業年鑑』を入手できるようになった。零細企業が多いという集団所有制企業の特性を生かして，大分類しかない郷鎮企業，私営企業，農村企業それぞれ付加価値の産業分布を算出した。

　もう 1 つの問題はデータの欠落があることである。欠落があったのは，1998年，2004年，2008〜2010年。2008以降，中国経済の基本情報を掲載する『中国統計年鑑』から，2 桁産業部門の付加価値がなくなった。この問題を解決するために，産業連関表の中間投入を利用した。中国の産業連関表はSNA 体系に移行した1987年から 5 年に 1 回作成され，末数「2」と「7」の年に表が公表される。まず，2010年39部門の付加価値を算出するために，2010年の産業別中間投入比率と2012年の比率が同じという仮定の下で，2012年139部門の産業連関表の算出と中間投入のデータを取り出し，39部門に統合した。産業別の中間投入比率を得た後，『中国統計年鑑』にある採掘業，鉱工業，電力など大分類鉱工業付加価値額をコントロール・トータルにして，39部門の中間投入比率を用いてそれぞれの付加価値を算出した。2010年の付加価値が得られると，2007年の付加価値総額と合わせて，線形補間によって2008年，2009年の産業別付加価値額を算出した。欠落年1998年，2004年のデータも線形補間を使って推計した。

　以上の方法で鉱工業部門産業別の付加価値額を得たが，実は産業部門の合計と鉱工業部門の間になお一致が見られない。付加価値額について過少または過大推計を行った場合，資本収益率など資本投入の際に必要な数値計算は間違いになる可能性が大きい。そこで，最終的に各年の鉱工業付加価値額に合わせて，産業割合を用いて産業別付加価値をスケールアップした。

（2）鉱工業付加価値の実質化

　産業別付加価値の実質化には，ダブルデフレーション法を使用するのが一般的である。しかし，実質産出価額と実質中間投入価額の差（ダブルデフレーション）によって求められる付加価値額は，いくつかの問題点が指摘されている。1つはマイナスの付加価値額が生ずる可能性がある。さらに，必要な中間投入データを得るために産業連関表の延長表を推計しなければならない。そこで今回の推計では，シングルデフレーションという簡便な方法を使用した。鉱工業に関して産業部門の出荷価格指数，非鉱工業部門に関して各部門のGDP数量指数を使って価格指数を導出した。

（3）鉱工業以外の産業の付加価値

　中国の国民所得統計は，計画経済の時代から伝統的に農林畜牧業・鉱工業・建築業・運輸業・商業といった5大産業部門を中心に構築されている。1993年のSNAへの移行に伴うGDP統計が開始された後でも，遡って1978年から上記に述べた5部門大分類の付加価値時系列が公表されるようになった。1994年以降は，農林牧畜業以外に，当年価格と参照年価格とをそれぞれ基準にした商業・サービス業11部門の付加価値も公表されている。今回の推計では，商業，輸送・郵便，金融，不動産，その他という5部門に統合した。その他には，地質探査，衛生・体育・社会福祉，教育・文化・芸術，科学研究，社会サービス，国家機関が含まれている。2010年の時点で，その他サービスの各分野は基本的に政府に所属しているという共通点を持っている。

　表4-3は，産業別付加価値推計値の年増加率を示すものである。第Ⅰ期の1992〜1995年では全産業として10.03％と2桁の成長を見せた。鉱工業の付加価値伸び率が8.99％，サービス業の10.30％に比べて1.21ポイント低かった。製造部門の伸び率は全体的に高く，食品の伸び率が21.25％，皮革・毛皮製品が28.24％，文化・スポーツ用品が25.71％，家具が18.82％，製材が16.14％，製紙が12.73％，輸送用機器14.66％，電気機器19.79％，通信機器が32.69％，事務用機器が19.56％となっており，製造部門26産業のうち，10％以上の伸び率を実現した産業は15産業もあった。改革開放初期における国民生活の向上に関連する産業や輸出産業の発展ぶりが窺える。エネルギー産業を見れば，

表 4 - 3　産業別付加価値の年増加率
（%）

産業部門	1992〜1995 第 I 期	1996〜2000 第 II 期	2001〜2005 第 III 期	2006〜2010 第 IV 期
農業	6.06	5.98	4.01	5.20
石炭採掘	9.39	△ 3.06	12.50	6.14
石油・天然ガス採掘	0.48	6.49	△ 3.19	13.86
鉄金属鉱石採掘	5.39	10.42	19.02	19.62
非鉄金属鉱石採掘	14.33	6.23	6.52	16.43
非金属鉱石採掘	△ 0.82	3.62	5.92	12.32
食品	21.25	11.89	14.35	9.98
飲料	9.64	11.69	4.88	10.66
たばこ	6.45	8.97	6.74	8.34
紡績・衣料品	9.01	8.73	10.64	10.97
皮革・毛皮製品	28.24	8.06	13.08	10.13
製材	16.14	4.29	9.30	14.27
家具	18.82	11.40	19.72	11.27
製紙	12.73	11.13	12.96	10.41
印刷	5.94	9.48	10.52	9.27
文化・スポーツ用品	25.71	12.42	10.12	8.70
石油加工・コークス	△ 0.89	△ 3.83	3.16	7.74
化学製品	11.13	9.80	11.46	13.07
医薬品	7.69	19.13	11.17	9.44
化学繊維	9.43	9.20	0.75	15.77
ゴム製品	△ 0.25	10.85	12.23	9.50
プラスチック製品	10.88	16.15	11.47	12.17
建材	7.16	6.57	10.56	10.95
鉄鋼業	6.66	6.28	16.37	11.17
非鉄金属製造	12.06	12.66	13.31	19.30
金属製品	10.89	11.32	11.14	12.14
汎用機械・専用機械	4.74	4.69	15.58	12.01
輸送用機器	14.66	9.85	15.36	13.51
電気機器	19.79	15.49	13.68	11.48
通信機器	32.69	22.35	19.74	10.26
事務用機器	19.56	12.42	20.03	11.24
工芸品その他	23.93	10.04	6.25	9.34
電力・水道・ガス	11.55	5.69	7.96	7.58
建築	13.68	5.82	9.22	10.51
輸送・郵便	10.14	9.81	9.08	1.61
商業	8.00	7.88	9.05	12.16
金融	9.14	6.22	7.24	23.39
不動産	11.08	5.61	9.30	16.36
その他サービス	12.48	11.79	11.65	9.12
鉱工業	8.99	7.93	9.98	10.46
サービス業	10.30	9.16	9.86	11.46
全産業	10.03	8.31	9.27	10.04

非鉄金属が14.33%，石炭が9.39%と伸び率が高かったが，ほかのエネルギー関連産業の伸び率は全般的に低かった。1990年代の前半に価格改革が始まったが，エネルギー価格が需給関係を反映しない計画経済の後遺症はなお残っており，エネルギー関連企業の業績が大きく影響された時期にあたる。

第Ⅱ期の1996～2000年では，経営が悪化した国有企業の整理や大胆な民営化の流れに伴って，鉱工業の伸び率が第Ⅰ期より1.06ポイント，サービスが1.14ポイント低下した。そのなかで，鉄金属採掘，非鉄金属製造など金属関連産業，ゴムやプラスチック，機械産業は比較的高い伸びとなった。

第Ⅲ期の2001～2005年では，産業の回復期とも言える伸び率の上昇が見られる。食品が14.35%，紡績・衣料が10.64%，文化・スポーツ用品が10.12%など，生活関連産業が伸びたと同時に，鉄鋼が16.37%，汎用・専用機械が15.58%，輸送用機器が15.36%，事務用機器が20.03%など重化学産業の成長が目立った。サービス業のなかでその他サービスの伸び率が他より高く，11.65%であった。第Ⅳ期の2005～2010年では金融危機が発生したが，政府が出した救済策の下で鉱工業が平均10.46%，サービスが平均11.46%，全体として10.04%伸びた。

3. TFP 成長率の推計結果

■産業別 TFP 成長率

TFP 成長率は（6）式によって算出された。ただし，（6）式のなかの $v_{li}(t)$，$v_{ki}(t)$，つまり，労働分配率と資本分配率について 2 つの方法で求めた。1 つは，産業名目付加価値を直接産業名目賃金総額で割って労働分配率を求める方法で，もう 1 つは各産業のデータから（8）式を推定する方法である。産業ごとに行われた単回帰推定において有意水準を 5 ％とした場合，39産業のうち35産業から回帰係数の有意性を確認できた。残りの 4 産業（たばこ，石油加工・コークス，事務用機器，不動産）については，産業賃金額対産業付加価値額の比率で TFP 推計を行った。さらに，35産業のうち，25産業の時間変数がマイナスとなり，生産性の低下を示した。

表 4 - 4 は，（6）式に従って推計した TFP の年平均上昇率を示したもので

表 4 - 4　分配率により推計された産業別 TFP 年平均上昇率　(%)

	1992〜2000	2001〜2010	1992〜2010	労働分配率[注]
農業	3.15	6.45	4.98	85.03
石炭採掘	△ 5.39	△ 1.70	△ 3.34	49.48
石油・天然ガス採掘	△ 6.45	△ 6.26	△ 6.35	11.85
鉄金属鉱石採掘	9.03	△ 3.57	2.03	17.90
非鉄金属鉱石採掘	5.77	△ 9.75	△ 2.85	21.08
非金属鉱石採掘	10.67	△ 10.75	△ 1.23	19.57
食品	18.05	△ 8.10	3.52	16.05
飲料	4.25	△ 5.83	△ 1.35	28.64
たばこ	△ 4.82	△ 1.93	△ 3.21	5.03
紡績・衣料品	12.02	△ 6.52	1.72	24.32
皮革・毛皮製品	17.22	△ 3.53	5.69	34.50
製材	5.49	△ 8.00	△ 2.01	13.29
家具	13.22	△ 5.90	2.60	27.08
製紙	8.71	△ 4.64	1.30	22.23
印刷	3.41	△ 4.83	△ 1.16	35.79
文化・スポーツ用品	13.80	△ 3.61	4.13	44.70
石油加工・コークス	△ 13.68	△ 3.09	△ 7.80	17.49
化学製品	7.84	△ 2.39	2.15	26.29
医薬品	8.39	△ 6.30	0.23	33.30
化学繊維	7.40	△ 1.35	2.54	30.93
ゴム製品	6.50	△ 5.48	△ 0.16	34.43
プラスチック製品	13.84	△ 4.97	3.39	29.25
建材	6.37	△ 7.81	△ 1.51	22.31
鉄鋼業	2.15	0.33	1.14	27.35
非鉄金属製造	8.59	△ 5.02	1.03	22.49
金属製品	12.61	△ 10.57	△ 0.27	27.32
汎用機械・専用機械	10.67	△ 4.06	2.49	37.35
輸送用機器	8.19	7.25	7.67	31.10
電気機器	16.67	0.59	7.73	33.31
通信機器	19.93	△ 4.88	6.15	40.22
事務用機器	14.61	△ 0.15	6.41	63.88
工芸品その他	20.33	△ 1.25	8.34	63.25
電力・水道・ガス	△ 7.16	△ 1.30	△ 3.90	21.33
建築	5.76	2.10	3.73	57.82
輸送・郵便	△ 4.22	0.01	△ 1.87	42.04
商業	0.54	0.45	0.49	36.96
金融	△ 13.88	13.07	1.09	11.39
不動産	△ 13.39	△ 6.82	△ 9.74	10.30
その他サービス	13.32	△ 0.46	5.66	59.73

注：労働分配率は賃金総額対付加価値額の比率で算出された。

ある。ただし，労働分配率は，賃金総額対付加価値の比率で求めた。この表は推計期間の前期と後期，つまり1992〜2000年と2001〜2010年に分けて推計結果を示している。前半の1992〜2000年の期間では銀行システムの改革，資本市場の構築，投資体制の変更などマクロ分野での市場経済化を進め，後半では「大企業を摑み，中小を手放し」の方針の下，産業政策から産業組織まで国有企業の位置づけに対して戦略的な調整を行った。1992年の鄧小平による「南巡講話」から2001年WTOの加盟実現まで，最も力強い改革志向の時期であったと言える。この期間のTFP成長率を見ると，製造業のTFP上昇が顕著であった。食品，紡績・衣料品，皮革・毛皮製品，家具，文化・スポーツ用品，プラスチック製品，金属製品，電気機器，通信機器，事務用機器，工芸品その他のいずれも10％以上の生産性上昇が実現した。背景には，経済改革の実施による国有企業の効率性の改善，生産性の高い外資系企業の進出，郷鎮企業を含む非国有部門の成長，さらに，以前に比べて良質な食事，衣服，日常用品，住宅などの消費財に対する需要の高まりなどの要因があったと思われる。原材料や素材を生産する産業も1桁のTFP上昇を実現できた。なかでも，製材，製紙，医薬品，化学繊維，ゴム製品，化学製品のTFP上昇率が5％を超えた。建築業も5.76％のTFP上昇があった。この時期に，TFPが低下したのは一部のエネルギー産業，インフラ関連，および一部サービスであった。エネルギーには石炭，石油天然ガス採掘，石油加工・コークス製造，インフラ関連には電力・水道・ガス供給，輸送・郵便，サービスには金融，不動産があり，これらの産業では負のTFP上昇となった。国有資本のウェイトが高いたばこ産業も−4.82％と生産性の上昇には至らなかった。この時期，政府が重点的に投資する産業の生産性改善が見られなかった。ただし，その他サービスの生産性伸び率が13.32％に達しており，1990年代に進められた行政改革は一定の変化を起こしたことが見て取れる。

　後半の2001〜2010年の期間では，共産党と政府の新しい指導部は「和諧社会」を提唱し，格差の削減によって調和された社会を目指す政策を打ち出した。さらに，リーマンショックの影響もあり，その結果，大型国有企業は株式会社化し，資本市場に上場して資金調達力を高めたが，所有と経営の改革はそれほど進まなかった。生産性の面では，サービス業と機械産業を除き，

39産業のうち31産業がマイナスに転じ，TFP の上昇は停滞した。農村部の改革は1980年代に先行したが，1990年代になると立ち遅れ，2000年代に入ってから農村税費制度の改革によってある程度の所得向上が実現した。2001〜2010年の期間では，農業の全要素生産性は6.45％上昇し，1992〜2000年より3.30ポイント高く，全期間 5 ％近くの上昇が実現した。

　表 4 − 5 は，同じ（6）式により TFP 年平均上昇率の推計結果を示すものだが，労働の限界生産力は（8）式を推定することで求めた。2 つの方法で使われたデータのうち，唯一の違いが労働分配率を使うかパラメータを使うかという点である。まず，1992〜2010年の全期間の TFP 成長率を比較してみると，絶対値で 2 ポイント以上の差が現れた産業は 9 産業で，すなわち農業，石油天然ガス採掘，食品，製材，金属製品，工芸品その他，電力・水道・ガス供給，商業，その他サービスである。次に，どちらの方法でも，1992〜2000年の TFP 成長率が高く，2001〜2010年の TFP 成長率は鈍化する結果となった。3 つ目は，農業の推定値が 2 つの期間ともマイナスとなった点は，賃金所得対付加価値比率で推計した結果と対照的である。労働分配率を見ると，賃金所得対付加価値比率で求められる結果は85％で，パラメータの50％より35ポイントも高くなった。労働分配率による農業労働所得の評価が過大であった可能性が示唆されている。

■資本の質，労働の質，TFP

　Jorgenson, Gollop, and Fraumeni（1987）の方法で，各産業の成長に対する各インプットの貢献度を次のように展開することできる。すなわち，各産業の付加価値ベースの向上に対して，労働時間，労働の質，資本サービス，資本の質，TFP の 5 つの部分に分解して分析することができる。次の（9）式は以上のような分解を表すものである。

$$
\begin{aligned}
\ln Y_i(t) - \ln Y_i(t-1) &= \bar{v}_{i,k}[\ln K_i(t) - \ln K_i(t-1)] + \bar{v}_{i,l}[\ln L_i(t) - \ln L_i(t-1)] \\
&\quad + [\ln T_i(t) - \ln T_i(t-1)] \\
&= \bar{v}_{i,k}[\ln Q_{i,k}(t) - \ln Q_{i,k}(t-1)] + \bar{v}_{i,k}[\ln A_i(t) - \ln A_i(t-1)] \\
&\quad + \bar{v}_{i,l}[\ln Q_{i,l}(t) - \ln Q_{i,l}(t-1)] + \bar{v}_{i,l}[\ln H_i(t) - \ln H_i(t-1)] \\
&\quad + [\ln T_i(t) - \ln T_i(t-1)]
\end{aligned}
\tag{9}
$$

表 4-5　パラメータにより推計された産業別 TFP 年平均上昇率
(%)

	1992〜2000	2001〜2010	1992〜2010	パラメータ(注)
農業	△ 11.23	△ 12.25	△ 11.79	50.15
石炭採掘	△ 4.62	△ 3.62	△ 4.07	29.38
石油・天然ガス採掘	△ 5.75	△ 4.91	△ 5.28	40.85
鉄金属鉱石採掘	36.31	△ 4.56	13.60	4.52
非鉄金属鉱石採掘	8.23	△ 7.60	△ 0.56	30.22
非金属鉱石採掘	9.68	△ 7.00	0.41	34.38
食品	20.39	△ 1.86	8.03	43.39
飲料	4.23	△ 4.19	△ 0.45	40.12
たばこ	△ 4.52	△ 1.82	△ 3.02	4.96
紡績・衣料品	8.32	△ 5.94	0.39	36.32
皮革・毛皮製品	14.37	△ 2.23	5.15	41.22
製材	8.20	1.05	4.23	61.04
家具	12.31	△ 4.33	3.07	29.92
製紙	7.92	△ 4.30	1.13	22.86
印刷	3.52	△ 2.34	0.27	46.41
文化・スポーツ用品	13.27	△ 2.70	4.40	49.49
石油加工・コークス	△ 13.26	△ 4.36	△ 8.32	17.47
化学製品	3.88	△ 3.71	△ 0.34	12.17
医薬品	8.11	△ 3.24	1.80	47.81
化学繊維	5.20	△ 3.46	0.39	15.46
ゴム製品	6.29	△ 1.10	2.18	47.86
プラスチック製品	13.46	△ 3.63	3.96	29.51
建材	5.80	△ 6.31	△ 0.93	25.23
鉄鋼業	0.15	△ 1.05	△ 0.52	12.62
非鉄金属製造	6.04	△ 5.03	△ 0.11	13.72
金属製品	12.55	△ 6.13	2.18	48.17
汎用機械・専用機械	7.36	△ 4.18	0.95	28.21
輸送用機器	6.02	5.48	5.72	14.91
電気機器	14.87	△ 0.87	6.13	15.72
通信機器	19.34	△ 3.35	6.74	41.94
事務用機器	13.61	1.62	6.95	63.88
工芸品その他	23.82	△ 4.52	8.08	47.08
電力・水道・ガス	△ 7.87	4.02	△ 1.27	44.75
建築	2.57	22.29	13.53	37.80
輸送・郵便	△ 21.34	0.52	△ 9.19	41.25
商業	△ 0.08	△ 3.54	△ 2.00	2.86
金融	△ 0.32	7.17	3.84	64.73
不動産	△ 21.22	△ 2.39	△ 10.76	9.98
その他サービス	5.65	△ 1.15	1.87	31.49

注：パラメータは単回帰式で推定された。ただし，たばこ，石油加工・コークス，事務用機器，不動産は有意な推定値が得られず，賃金所得対付加価値比率の平均値を用いる。

こうして，付加価値の上昇率は第二等号の右辺で示されたように，3 つの部分に分解されたことが理解できる。1 つ目は，和集計された資本ストックの上昇率と和集計された労働時間の上昇率である。2 つ目は，加重和された資本投入の質の上昇率と加重和された労働投入の質の上昇率である。3 つ目は，TFP 上昇率である。ただし，$\bar{v}_{i,k}$，$\bar{v}_{i,l}$ は i 産業の付加価値額における資本所得，労働所得それぞれの比率の 2 期平均値である。

　表 4 - 6 は，(9) 式で推定された結果を元にして，産業別付加価値上昇率に対するインプットの寄与度を示している。左から 1 番目の欄は付加価値の年平均上昇率であり，2 番目の欄から資本投入の質，資本ストック，労働投入の質，労働時間，TFP という順で，各インプットの寄与度を示している。ここで，資本投入も質と量（資本ストック），労働投入も質と量（労働時間）に分解することで，各産業の成長要因について量的な成長のみならず，市場を通して生産要素の質がどれだけ変化してきたかを観察できる。各投入要素の寄与度を見ると，次のことが言える。

　まず，各産業の成長に対する資本投入の役割を見ると，資本ストックの上昇は資本の質の上昇より明らかに大きな貢献を果たしている。39 産業の資本ストックの寄与度はすべてが資本の質の寄与度を上回っている。しかも，39 産業の資本ストックの寄与度は TFP を含めた他のすべてのインプットの寄与度も超えている。特に，鉄金属鉱石採掘，非金属鉱石採掘，食品，飲料，たばこ，製材，印刷，石油加工・コークス，ゴム製品，建材，汎用・専用機械，電力・水道・ガスといった産業の資本ストックの寄与度が高く，主に資本投資によって産業付加価値を向上させる一面が窺える。一方，資本投入の質について見れば，非鉄金属鉱石採掘，石油加工・コークスなどエネルギー関連産業，化学関連製品，工芸品その他や事務用機器など一部消費財における上昇率は相対的に高かった。

　次に，各産業の成長に対する労働投入の役割については，製造業，インフラ関連と一部サービス業における労働時間の上昇が重要な貢献となった一方，エネルギー産業，農業では労働の質的上昇が重要な貢献となった。製造業を見れば，食品，紡績・衣料品，皮革・毛皮製品，製材，家具，製紙，印刷，文化・スポーツ用品，化学製品，医薬品，化学繊維，ゴム製品，プラスチッ

表4-6　産業別付加価値上昇率の要因分解：1993～2010年　　　　(%，% pt)

	付加価値上昇率	資本の質	資本ストック	労働の質	労働時間	TFP
農業	5.23	0.40	4.04	0.16	△1.09	1.72
石炭採掘	5.89	1.10	3.29	2.38	0.21	△1.09
石油・天然ガス採掘	4.85	1.41	4.62	1.73	0.89	△3.81
鉄金属鉱石採掘	14.53	1.48	8.76	△0.16	3.26	1.18
非鉄金属鉱石採掘	10.50	2.04	8.53	1.21	0.73	△2.02
非金属鉱石採掘	5.92	1.10	4.72	0.57	0.14	△0.62
食品	13.51	1.25	8.92	△1.89	3.29	1.95
飲料	13.60	1.37	9.05	2.14	2.01	△0.97
たばこ	9.17	2.13	8.89	2.02	△0.26	△3.60
紡績・衣料品	7.76	0.57	4.56	0.41	1.60	0.62
皮革・毛皮製品	9.47	0.69	4.63	△0.32	2.21	2.26
製材	11.36	0.77	8.81	△0.10	2.92	△1.04
家具	13.39	1.08	7.69	0.51	2.87	1.24
製紙	10.43	1.06	7.15	0.13	1.38	0.70
印刷	14.91	1.18	10.85	1.27	2.45	△0.84
文化・スポーツ用品	11.71	0.86	5.82	0.40	2.76	1.86
石油加工・コークス	9.12	2.34	12.90	△2.18	3.28	△7.22
化学製品	12.96	1.58	7.95	0.06	2.01	1.36
医薬品	1.81	0.14	1.05	0.19	0.42	0.02
化学繊維	11.39	1.41	4.97	0.61	2.67	1.73
ゴム製品	12.32	1.55	8.36	0.13	2.38	△0.10
プラスチック製品	8.71	0.61	4.57	0.24	2.08	1.22
建材	9.01	△0.84	11.49	0.23	△0.67	△1.20
鉄鋼業	12.87	1.41	7.25	1.33	2.19	0.70
非鉄金属製造	8.99	0.90	5.22	0.33	2.19	0.36
金属製品	10.51	0.85	7.08	0.42	2.28	△0.12
汎用機械・専用機械	14.58	1.67	9.13	0.80	1.41	1.58
輸送用機器	11.43	0.80	5.69	0.22	2.00	2.72
電気機器	9.76	0.70	4.40	0.29	2.02	2.36
通信機器	13.20	0.90	5.48	0.78	3.87	2.17
事務用機器	14.59	1.54	6.79	0.35	2.77	3.14
工芸品その他	19.99	2.07	6.80	0.80	4.62	5.70
電力・水道・ガス	15.39	1.68	12.77	1.90	2.56	△3.51
建築	11.11	1.43	6.60	0.33	0.87	1.88
輸送・郵便	7.82	0.95	6.82	0.34	0.54	△0.82
商業	9.38	0.69	5.34	△0.11	3.22	0.24
金融	7.39	0.67	4.24	0.10	1.85	0.53
不動産	9.42	0.13	6.64	3.26	2.94	△3.56
その他サービス	11.76	0.04	7.76	0.26	0.64	3.06

注：労働分配率は賃金所得によって算出するケース（表4-4）を使用。寄与度は付加価値上昇率のうち，各要素が何％ポイントを貢献したかを表す指標。

ク製品，鉄鋼業，非鉄金属製品，金属製品，汎用・専用機械，輸送機器，電子機器，通信機器，事務機器，工芸品その他という約 7 割の産業において労働時間の上昇率が労働の質の上昇率を上回っていた。電力・水道・ガス，建築業，商業，金融，不動産など第 3 次産業の多くの労働時間の上昇率が相対的に高かった。一部の産業では労働力の流入が多かった割に顕著な質的上昇が現れなかった。それに対して，農業と多くのエネルギー関連産業，例えば，石炭採掘，石油・天然ガス採掘，非鉄金属採掘，非金属採掘における質的上昇の寄与度のほうが労働時間の上昇率の寄与度を上回っていた。農業では，本来農業に従事していた農民が郷鎮企業や都市部門の発展につれて他産業に吸収されることで，労働力の質的貢献につながったと考えられる。他方，労働時間とともに質の向上も一定の寄与が観察された産業もいくつかある。例えば，飲料では，質と時間の寄与度はそれぞれ2.14ポイントと2.01ポイント，印刷ではそれぞれ1.27，2.45ポイント，鉄鋼業では1.33，2.19ポイント，電力・水道・ガスで1.90，2.56ポイント，不動産で3.26，2.94ポイントであって，バランスのとれた労働力の貢献となった。

　さらに，TFP上昇率の寄与度はとても重要な成長要因になっている。39産業のうち，TFP上昇率の寄与度が労働の質的上昇率の寄与度を上回ったのは22産業，資本の質的上昇率の寄与度を上回ったのは15産業で，資本ストックに次ぎ最も重要な成長要因となったことが示された。そのなかで，電子・機械と一部消費財産業におけるTFPの寄与度が相当に高かった。輸送用機器，電気機器，事務用機器，工芸品その他，皮革・毛皮製品，いずれの産業でも労働時間や労働の質，資本の質の寄与度を上回って，技術進歩が大きな役割を果たした。一方，期間中に，石油天然ガス採掘，非鉄金属鉱石採掘，石油加工・コークス，たばこ，電力・水道・ガス，不動産など 3 分の 1 の産業ではTFP上昇率が低下し，産業成長率への寄与度がマイナスになった。不動産は労働投入と資本ストックの増加が顕著である一方，資本の質の貢献とTFPの貢献が低かった。石油産業は，採掘と製品の加工いずれもTFPの貢献は負の値を示した。

技術進歩の観点からすれば，資本・労働力の質的向上は体化されている技術革新や学習効果などを体現している。一方，TFP は資本・労働力に体化されていない技術進歩を意味するものであり，持続的経済成長の真の原動力となる。付加価値ベースの TFP 推計は主に所得面の成長要因を捉えているが，量的変化から質的変化を分離する Jorgenson らの方法を用いれば，技術変化についても把握できる（Schreyer, 2001）。本書の推計結果から，資本の質，労働の質，TFP の 3 つの指標のうち 2 つ以上で高い数値を示したのは工芸品その他，事務用機器，通信機器，化学繊維，たばこである。ただし，たばこ産業は労働と資本の質的改善が表れたものの，TFP の上昇は表れなかった。

図 4 - 1 は，各産業の成長に対して各生産要素および TFP の指数を示している。

各産業のグラフ（1〜39）から，資本ストック，資本の質，労働時間，労働の質，TFP という 5 要素のなかで，第 1 次産業，第 2 次産業，第 3 次産業では異なる形態が表れた。第 1 次産業を見ると，1992〜2009年の期間中，資本ストックが絶えず上昇傾向で推移し，TFP は2004年頃から上昇し始めたのが特徴である。資本の質と労働の質には大きな上昇がなく，労働時間数は低下し続けており，2004年から労働時間数の低下が一段と加速した。顕著な労働時間減と TFP 上昇が同時期に起きたことは，決して偶然ではない。筆者の試算では，1992年頃の農業の労働分配率は87％となっており，その後に固定資本の増加によって低下したが，それでも2010年に 6 割近くと諸産業のなかで最も高い水準であった。労働分配率が高い農業において労働力が減少した場合，生産性の向上が起きる可能性は否定できない。一方，労働力に関して量は減少したが，質的向上は特に発生しなかった。

第 2 次産業を見ると，多くの産業は第 1 次産業と異なり，資本ストックの上昇傾向はむしろ2000年代に入ってからはっきりと表れるようになった。市場経済を導入する都市部の改革は1990年代から始まったものの，「南巡講話」を契機に，不動産業者の急増と開発区ブーム，自動車産業の投資急増が起こり，再びインフレが発生したため，政府による厳しい経済引き締めが行われた。このようななか，高金利による国有企業の経営悪化が表面化した。さらに，1997年にアジア通貨危機が発生し，中国経済は減速傾向が明らかになっ

図 4 - 1　産業別生産要素および全要素生産性（TFP）の指数：1992～2010年

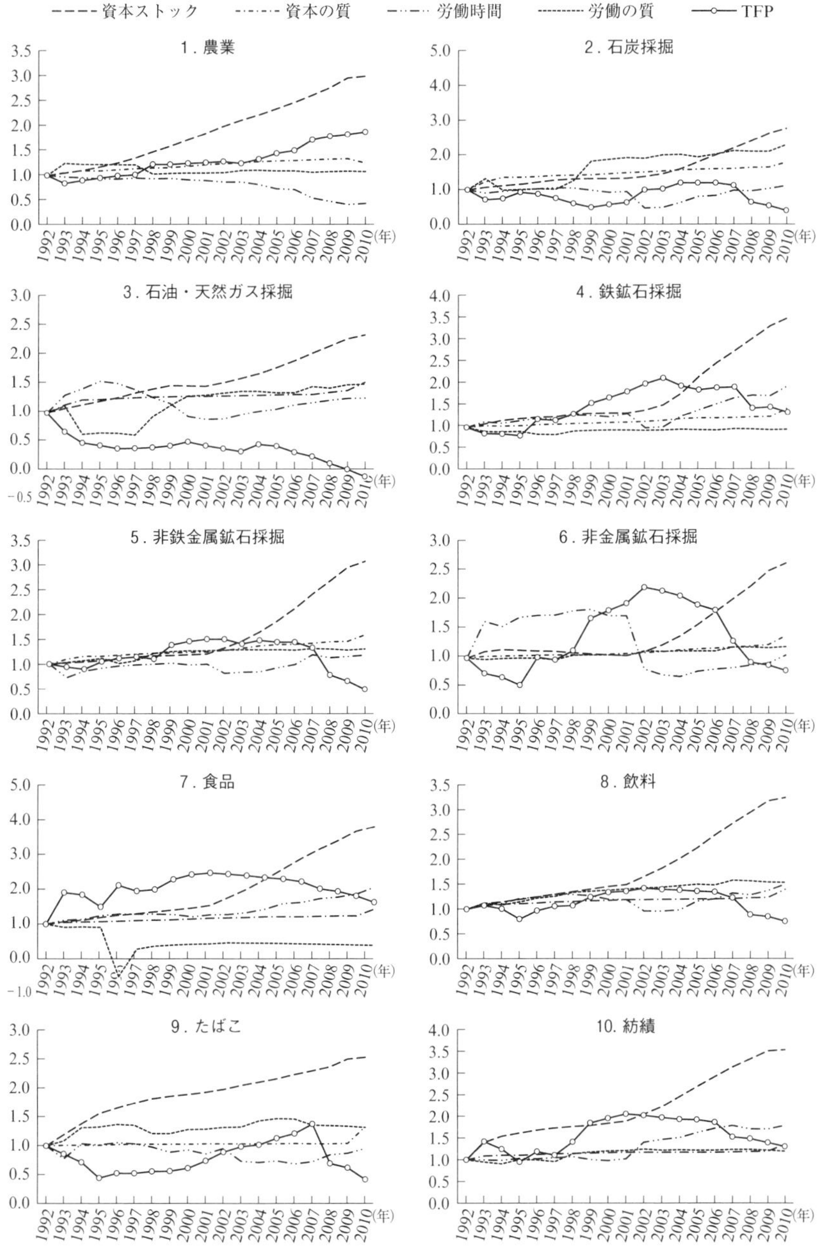

- - - - 資本ストック　　　・・・・ 資本の質　　　・-・- 労働時間　　　・・・・・・ 労働の質　　　─○─ TFP

図 4 - 1 の続き

------ 資本ストック　　-----・- 資本の質　　-----・ 労働時間　　------- 労働の質　　--○-- TFP

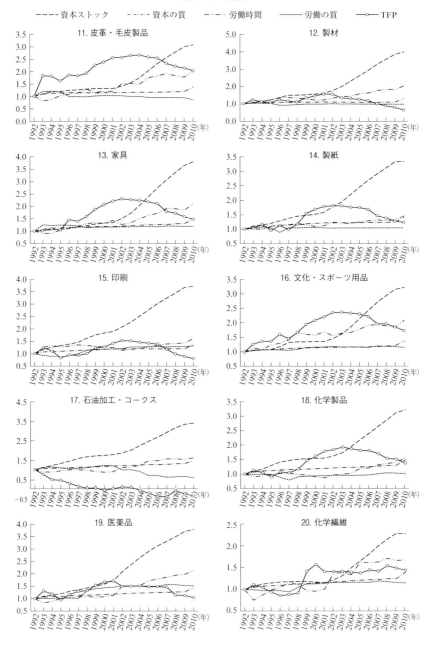

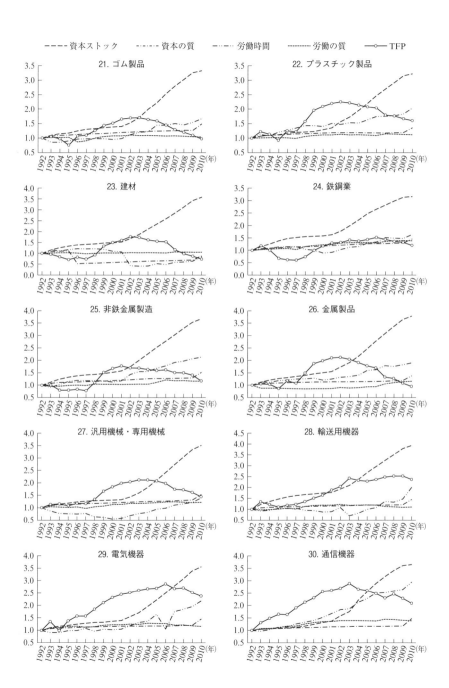

図 4 - 1 の続き

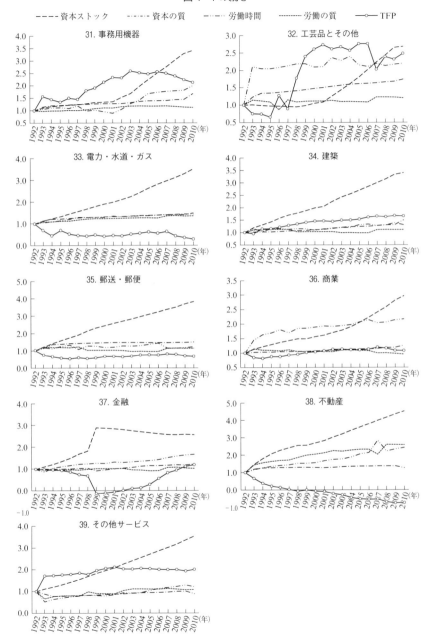

た（田中，2006）。ただし，この時期に経済は下火になったが，経済構造の改革が推進された結果，消費財を中心に一部の産業では TFP 上昇率が改善された。食品，皮革・毛皮製品，紡績・衣料品，文化・スポーツ用品，電気機器，通信機器などは1990年代の前半から生産性上昇率の改善が起きている。2000年代に入ると，経済は再び過熱し，資本ストックの上昇が目立つようになった。1992年を 1 とした場合，2010年にはほとんどの産業が2.5〜 4 まで固定資本ストックを拡大した。また，2000年代になると，生活関連型産業と加工組立型産業で労働時間増が表れたが，資本の質の向上はほとんど見られなかった。TFP に関して，鉱工業部門の多くが低下傾向で推移したなか，皮革・毛皮製品，輸送用機器，工芸品その他では一定の上昇が続いた。労働の質がはっきりと上昇したのは石炭採掘，石油・天然ガス採掘，化学繊維，医薬品，通信機器であった。電力・水道・ガスと建築業はほかの産業と異なって，固定資産投資を先行した形となっており，資本ストックの上昇は初期から始まった。改革開放以降，経済活動の活発化に伴う基本インフラの整備と工場や各種施設の設立で，両産業への投資を誘発したと考えられる。両産業とも生産要素の質的向上が少ないが，建築業は電力・水道・ガスに比べ TFP の上昇が大きかった。

　第 3 次産業は第 1 次産業と似たようなパターンで，初期から資本ストックの上昇率が高かった。同時に，商業では初期に労働時間数が明白に増加し，不動産では期間を通じて労働時間と労働の質の両方とも上昇した。TFP に関しては，その他サービスにおいて初期の上昇が目立ち，金融においては WTO 加盟の数年後から TFP の上昇が現れた。

■ TFP 成長率の集計

　各産業の TFP 成長率の集計は経済全体の生産性上昇，技術進歩を示すだけでなく，各産業の貢献を反映するものでもある。OECD の生産性測定マニュアルは，総産出ベース TFP 成長率の集計についてドーマウェイトを勧め，一方で付加価値ベース TFP 成長率の集計については加重平均を勧めている（Schreyer, 2001: p.98）。ドーマウェイトとは，経済全体の TFP 成長率を産業別 TFP 成長率の加重和として集計する際のウェイトのことを指しており，

図4-2　中国経済のパフォーマンス：1992〜2010年

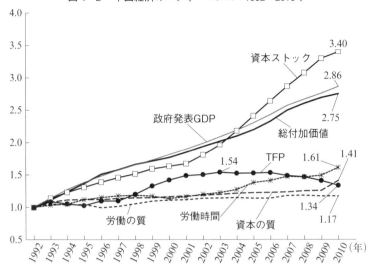

このウェイトは総付加価値額に対する各産業の産出額（付加価値＋中間投入）の比率である。各産業の産出額が付加価値より大きいため，このドーマウェイトは1より大きい可能性がある。また，中間投入が含まれているため，集計されたTFP成長率は中間財の効果を含めた生産性の成長の効果を計測することになる。付加価値ベースTFP成長率の集計は，名目総付加価値に対する各産業のシェアをウェイトにすればよいが，体化されていない技術進歩の効果を反映するにはあまり有効ではない。

　本書では，付加価値ベースの産業別TFP成長率を集計した。図4-2は集計された実質総付加価値指数，資本ストック指数，資本の質の変化指数，労働時間の投入指数，労働の質の変化指数，TFP増加指数，そして参考として政府発表の実質GDP指数を表示している。各指数の産業集計については，次のとおりである。資本ストックと資本の質の変化について，資本報酬に占める産業のシェアを用いた。労働時間と労働の質の変化については，労働報酬に占める産業のシェアを用いた。TFPと付加価値については，総付加価値に占める産業のシェアを用いた。

　まず，推計した総付加価値額の指数を見ると，1992年を1として，2010年

には2.75となる。この推計値は，政府発表の実質 GDP 成長率で計算した指数（2.86）からは0.11％ポイント小さいが，大きな差ではない。次に，資本ストック指数を見れば，1990年代後半の国有企業改革の加速で投資の鈍化が見られたが，1992年を 1 とした場合，2010年では3.40となり，経済成長を押し上げる効果は大きかった。そして，労働時間の投入に関しては，1998年から2000年まで国有企業における大幅な人員削減やアジア通貨危機による中小企業の大量倒産などの結果として総労働時間の一時的な低下が見られたが，2000年から2005年まで政府の第 3 次産業の発展および私営企業発展に有利な政策の下で雇用は回復し，2010年に1.61になった。資本の質の変化と労働の質の変化を比較すれば，資本の質における変化の平均増加率のほうが高かった。新古典派の立場では，生産要素の質の変化に関する指標は，生産要素市場のサービス価格が限界生産力を反映する 1 つの度合である。その立場から見れば，中国では，1990年代と2000年代の資本市場の価格は労働市場の価格に比べて調整機能が高いかもしれない。TFP の指数に関しては，1992年を 1 として，2003年までに1.54に上昇したが，2010年には1.34に低下した。すなわち，2000年代後半の TFP 平均上昇率はマイナスであった。ただし，1997〜2002年の間に資本投入が鈍化し，かつ労働量の投入も低下しているなかで，労働の質と TFP の上昇が経済成長に大きく寄与していた。

　労働の質の向上と TFP の成長が今後の中国経済にとって重要課題であることは，この推計からわかる。労働の質の向上について第 2 章でも検討したが，改革開放以降，義務教育の普及，技術学校の強化，大学新入生募集の拡大などからさまざまな分野で著しい改革の実績を上げはしたものの，労働力は一挙に入れ替わるわけではないので，今後，全体的な教育レベルの底上げが期待される。一方で，生産力の上昇が賃金の上昇につながらなければ労働の質の改善と考えられないのは，新古典派的な考え方である。日本経済も同じことだが，低賃金・高企業収益の下で経済成長は持続しにくいのではないかと考えられる。TFP 成長については，製品・サービスの付加価値を上げることが課題である。生産性の面から見ても，人口規模が大きいことは有利な面もあり，不利な面もある。有利なのは，規模の経済の存在で技術革新の不確実性が下がるゆえにコストを削減しやすく，他国で富裕層しか享受でき

ない高スペックの製品を安く提供でき，低所得層の人々もそれら高スペック製品を入手できる。不利なのは，価格競争が激しいため，高スペックで，高い品質の製品でも安く提出せざるを得ず，生産性の上昇にはつながらず，富裕層にとっても高品質であることが認められにくい。こうしたジレンマをいかに打開するかは，今後ますます重要になってくる。

4. 労働生産性上昇の構造的要因

■産業別労働生産性の要因分析

　中国は14億人を有する人口大国であり，かつ高齢化が進み，生産年齢人口は2010年74.5％をピークに低下，2020年68.6％，2021年68.3％と，1990年代後半の水準まで低下している（JETRO, 2022）。このように生産年齢人口の減少局面を迎えている中国では，労働生産性をいかに向上させるかが重要な課題となっている。労働生産性の上昇は短期的あるいは中期的には需要面の影響を考えなければならないが，長期的には供給面から産業の構造的要因を考察しなければならない。本節では，経済成長期の中国における産業部門の労働生産性を考察するが，供給面から見た労働生産性の上昇に寄与する諸要因の分析に重点を置く。

　第2節で取り上げた（8）式は，労働生産性の改善要因を TFP と資本装備率の2つに分解している。いま，（8）式を離散型に書き直すと以下のようになる。

$$\ln y_i(t) - \ln y_i(t-1) = [\ln T_i(t) - \ln T_i(t-1)] + \beta[\ln k_i(t) - \ln k_i(t-1)] \quad (10)$$

ただし，$\ln y_i(t) = \ln Y_i(t)/\ln L_i(t)$，$\ln k_i(t) = \ln K_i(t)/\ln L_i(t)$ で，β は（5）式で示した資本分配率である。この式は，労働生産性の上昇率は TFP 上昇率と資本装備率の上昇率に分解される式である。資本装備率は労働者1人当たりの資本ストックであり，これは資本の深化を表す指標となっている。一方，野村浩二は，（8）式に労働投入の質の上昇率も労働生産性の変化要因の1つとして加えている（野村，2004: p.346）。つまり，労働生産性の上昇は，資本装備率，労働投入の質，TFP の3つによって引き起こされ得るという考え

図 4 - 3　各産業労働生産性増加率に対する各投入の寄与度：1993〜2010年

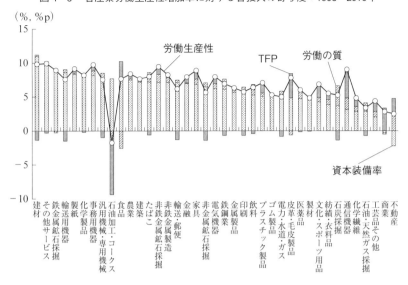

方である。野村の方法に従って，上記の（10）式は次の（11）式のように，労働の質的変化分を入れて表すことができる。

$$\ln y_i(t) - \ln y_i(t-1) = \left[\ln T_i(t) - \ln T_i(t-1)\right] + a\left[\ln Q_{i,l}(t) - \ln Q_{i,l}(t-1)\right]$$
$$+ \beta\left[\ln k_i(t) - \ln k_i(t-1)\right] \tag{11}$$

式の右辺の第 2 項は労働投入の質の上昇率で，a は労働分配率，β は資本分配率である。労働生産性の上昇率，労働の質の上昇率，資本装備率の上昇率はこれまでの推計結果を単回帰で推計した資本分配率と一緒に用いて，規模に関する収穫不変の下で（11）式から TFP の上昇率を計算することができる。本書ではこの方法を試みた。

　図 4 - 3 は1993〜2010年において産業別の実質労働生産性の年平均上昇率について，資本装備率，労働の質，TFP の 3 要因に分解して表すものである。縦棒は産業ごとに労働生産性の上昇に対する資本装備率の寄与率，労働の質の変化の寄与率，TFP 変化の寄与率を表し，折れ線は産業ごとの労働生産性成長率を表示している。寄与率は，労働生産性の増加率に対して，各要素

がそれに何％ポイント貢献したかを表している。産業の並べ方は左から資本
装備率の上昇率が高い順になっている。

　これら各産業の労働生産性上昇に対する３つの要因について，次の点を指
摘したい。まず，産業の労働生産性は着実に高まっている。39産業のうち，
労働生産性の年平均上昇率５％を超える産業は31部門と全体の８割を占めて
おり，８％を超える産業は12部門あって，全産業の３分の１に近い。この12
部門とは，通信機器，電気機器，事務用機器，家具，製紙，化学製品，建材，
非鉄金属鉱石採掘，鉄金属鉱石採掘，非鉄金属製品，その他サービスと農業
である。このなかに，金属類の採掘・加工製造関連の素材型産業は３つ，素
材型産業は３つ，電子・機械産業は３つ，生活関連型産業１つ，サービス業
は１つ，第１次産業１つが含まれている。一方，労働生産性の上昇率が５％
以下であった７つの産業は，石油加工・コークス，化学繊維，製材，商業，
不動産，石油・天然ガス採掘，工芸品その他である。

　次に，資本装備率の上昇は労働生産性の伸びに著しい影響を与えている。
39産業のうち，資本装備率の寄与率が70％超えるのは30産業ある。その内訳
は，採掘業が非鉄金属鉱石採掘，非金属鉱石採掘，石炭採掘，石油天然ガス
採掘の４産業，生活関連型産業は製紙，食品，家具，たばこ，金属製品，印
刷，飲料，プラスチック製品，ゴム製品，医薬品，製材の11産業，素材産業
では化学製品，石油加工・コークス，鉄鋼業，建材，鉄金属鉱物採掘，非鉄
金属製造の６産業，電子・機械産業では輸送用機器，汎用機械・専用機械，
事務用機器，電気機器の４産業，非鉱工業では農業，輸送・郵便，建築，金
融，電力・水道・ガス供給の５産業となっている。つまり，1993〜2010年の
期間中，一般的に資本集約型産業として認識されるエネルギー関連産業，素
材産業，電子・機械産業のみならず，農業や生活関連型産業，一部のサービ
ス業でも，資本装備は著しく増加している。図４－４は『中国統計年鑑』で
発表している実質GDP上昇率，固定資産投資の上昇率，および家計貯蓄率
（Global Note, 元データソース：NPISH, OECD）を示している。左軸は，実質
GDPと実質固定資本投資額がそれぞれ1990年を１とした場合の指数を示し
ており，右軸は家計貯蓄率を示している。まず左軸を見ると，2010年では固
定資本投資が5.09となって，GDPの3.10より1.99％ポイントも上回った。

図4-4　GDP上昇率と固定資本投資上昇率

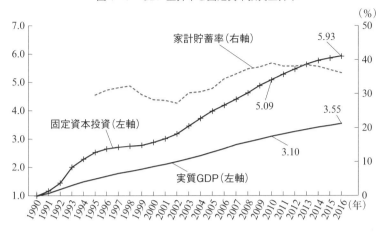

2016年の時点では，両指数の差はさらに2.38％ポイントまで開いている。確かに1992年の鄧小平の「南巡講話」発表から1995年あたりまで国内外からの固定資産投資が急速に増えて，55％から24％までと不規則な変動もあったが，1995～2010年の期間で年率17％の高い増加が続いていた（『中国統計年鑑』）。旺盛な固定資産投資の誘因は，需要面から見れば，経済成長の初期によくあるインフラストラクチャーや生産設備，工場などに対する需給ギャップであった。ただし，供給面からより重要な要因が指摘できるかもしれない。1つは家計貯蓄率で，これは家計可処分所得から消費されず貯蓄に回る分の比率として定義されているが，中国は顕著に家計貯蓄率が高い。国際統計データ配信のグローバル・ノートに収集された中国の家計貯蓄率のデータによると，1995～2010年では平均32.15％で，その間で中国は常に世界トップとなっている。家計貯蓄率以外に，政府投資も重要な役割を果たしている。遊川（2011）は，2000年代以降における平均2桁の高成長を牽引したのは旺盛な政府投資であり，その背景には地方政府の旺盛な投資意欲に対し中央政府が歯止めをかけられなかったことがある（p.21），としている。2008年の金融危機を受けて政府が4兆元の景気対策を打ち出したことで，投資の比率がいっそう高まった。

　3点目として，TFPの上昇が労働生産性を押し上げた重要な要素となっ

ている点も指摘したい。資本装備率の次に労働生産性の上昇に寄与したのは
TFP の上昇であり，労働生産性の上昇率に対する TFP の寄与率が20％を超
える産業は9産業ある。この9産業には，通信機器，皮革・毛皮製品，食品，
文化・スポーツ用品，工芸品その他，プラスチック製品，化学繊維という7
つの製造業が含まれる。通信機器産業については，梶谷は発展の中心部であ
る深圳の電子産業が「3つの層」になっており，この多様性がイノベーショ
ンを生み出す源泉ではないかという興味深い分析をしている（梶谷，2018:
pp.197-214)[6]。通信機器や皮革・毛皮製品，文化・スポーツ用品，工芸品そ
の他，プラスチック製品，食品は主に一般消費財または一般消費財向けの素
材を生産し，かつ輸出で外貨を稼ぐ産業にまで成長している。1990年代に輸
出促進という原動力の下で加工貿易が盛んに行われ，2000年代に入ると海外
企業からアウトソーシングの委託を受ける企業も増えていた。こうしたなか
で，技術を学習する機会が増え，品質の向上が促進され，起業家が活躍する
環境も備えつつあることで，生産性の上昇につながっていったと考えられる[7]。
化学繊維産業は，旺盛な内需と輸出によって促進された。内需では，1990年
代から不動産産業の成長で住宅の内装需要が高まった。2004年には寝装用・
インテリア用ホームテキスタイルの消費量は繊維の3分の1以上を占めてお
り，うち21％が輸出され，2005年も輸出が大きく拡大した（御法川，2006)。
非鉱工業には商業と不動産の2部門がある。2000年以降はEコマースの出現，
ネットサービスに誘発されたプラットフォームの開発で技術革新が進んでい

---

6) 梶谷の分析をまとめると，「3つの層」とは，まず知的財産権をまったく無視する「プ
レモダン層」の存在がエコシステム（産業生態系）の形成，コストの低下，イノベーショ
ンサイクルの加速，需要の拡大を貢献した。次に，知的財産権によって独自の技術をしっ
かり囲い込む戦略を採っている「モダン層」の存在がネット販売のインフラ整備，技術
者のスピンオフとともにコピー可能な技術環境を提供した。最後に，「ポストモダン層」
が独自の技術開発をするものの，それを特許で囲い込むのではなく，むしろ積極的に開
放し，さまざまな人が関わることでイノベーションを促進する。「3つの層」は互いに
影響し合い，助け合い，イノベーションを促進することが可能となっている。

7) 1990年には輸出のなかで一般貿易の割合が60％近く，加工貿易が40％であったが，
2000年には一般貿易が40％，加工貿易が55％と逆転した（『中国統計年鑑』)。2000年代
中盤から，政府は環境破壊，独自開発の立ち遅れなどを懸念し，政策によって加工貿易
を禁止したが，金融危機以降の景気刺激策として規制が緩和された（経済産業省，
2010)。

ることが商業の TFP 上昇につながった可能性は大きい。

■所有制別労働生産性の要因分解

　国有企業改革は中国の経済改革の本丸と位置づけられている。これまで中国の国有企業改革は4つの段階を経てきた。1979年から1992年までが第1段階で，いわゆる経営の改革を進めた。国有企業の生産性を高めることを目的として，内部留保を導入し，100％の利潤上納制から法人税課税に切り替え，経営請負制を普及した。経営自主権の拡大によって国有企業の活性化を目指した。

　1992年から2003年頃までが第2段階で，いわゆる所有制改革を進めた。1993年に「公司法」が制定され，株式会社や有限会社制度が導入された。この時期，改革の重点対象は中小型企業であり，政府は積極的に中小型国有企業の株式会社化・民営化を推進し，株式市場への上場も許した。国有企業の整理整頓に伴い，解雇された一時帰休者や早期退職者が急増した。丸川（2013）の調べによると，1993～2000年の間に国有企業や集団所有制企業の従業員のうち一時帰休となった人員は累計で4,437万人になった（p.92）。

　2003年から2015年までが第3段階で，大型の国有企業の株式会社化が進められた。中央と地方政府にそれぞれ国有資産監督管理委員会が設置され，「中央企業」「地方企業」に対する管理体制を強化した。2000年代半ば以降，中国を代表する大型国有企業が株式市場に上場することになり，政府は，銀行，保険，通信，航空，鉄鋼，電力，素材など中国経済のなかで重要な位置を占める大型国有企業を次々と香港およびニューヨーク株式市場に上場させた（肖敏捷，2010: p.87）。

　2015年以降が第4段階で，「強く，大きく，優れた国有企業を作り出す」段階である。改革として，民間や海外資本の参入を一部緩和する措置をとり，国有企業の業績改善と管理体制の強化によって，鉄道や電力・電子通信など公共財から国家安全に関わる宇宙開発，出版事業，レアアースまで，さらに機械，電子，石油化学，自動車，建築，建材，鉄鋼，金融，IT などの基幹産業における国有企業の主導的地位をより増強させようとしている。

　一方，1979年に政府は労働者雇用数8人以下という雇用制限を条件に，初

めて個人企業を承認した。背景には，改革開放後に農村部集団所有制の郷鎮企業が飛躍的な発展を遂げ，非国有企業として予想外の成功を収めたことと（呉，2004，青木監訳，2007: p.168），1978年に「上山下郷」の中止が決定されたことで文化大革命期に農村へ移住させられた累計1,623万人の青年の働き口を作らなければならないという事情があった（肖，2010: pp.95-96；呉，2004，青木監訳: p.167）。1983年頃から雇用制限を超える私営企業が黙認されることになったが，私有経済を認めるべきかどうかについて激しい論争が起きた。1987年に中国共産党第13回大会は，個人経済と私営経済の発展を奨励する方針を明確に提起し，1988年4月，第7期全国人民代表大会（全人代）第1回会議は憲法修正案を採択し，「国は私営経済が法律の規定する範囲内で存在し発展することを許すことになった。私営経済は社会主義公有制経済の補完である。国は私営経済の合法的権利を保護し，私営経済に対し誘導，監督，管理を行う」と規定した（呉，2004，青木監訳: p.169）。さらに，1997年9月の第15回党大会は，私営経済（非公有経済）は「中国の社会主義市場経済の重要な構成部分」として，国有経済も非国有経済も，すべての組織形態と経営方式を利用してよいという方針を確定した（呉，2004，青木監訳: p.172）。

　余惕君の調べによると，1992年から2001年の10年間，私営企業数は14万社から203万社へと14.5倍に増加し，年平均伸び率は34.63％となった。同時期の企業数の伸び率は，国有企業がマイナス1.76％，集団企業がマイナス6.79％，外資系企業が10.21％であった（余，2004: p.73）。私営企業の伸び率はその他の所有制企業を大きく上回っている。また，鉱工業に限って見れば，外資系も含む全国有企業と一定規模以上の非国有企業[8]のうち，私営企業数のシェアは2005年の46％から2010年の72％へと，26％ポイント上昇した。外資系を除いた規模以上の私営企業数のシェアは2005年の57％から2010年の80％へと，23％ポイント上昇した。売上高に関しては，外資系も含む場合，私営企業のシェアは2005年の21％から2010年の38％へと，17％ポイント上昇した。外資

8）　主要営業種目の売上が500万元以上の工業非国有法人企業を指す。ただし，2007以降，『中国統計年鑑』の工業法人統計範囲は，国有企業も含めて売上が500万元以上の工業法人企業に変更され，さらに2011年以降，国有企業も含めて売上が2,000万元以上の工業法人企業に変更された。時系列的に比較する際に，この点を留意する必要がある。

系を除く場合，売上高における私営企業のシェアは2005年の31％から2010年
の49％へと，18％ポイント上昇した。産業組織の面において，国有企業と非
国有企業の棲み分けが進んでいる状況を読み取れる。

　そこで，労働生産性および労働生産性に寄与する諸要因について，国有企
業と非国有企業に分けて推計した。ただし，労働生産性の推計に必要とされ
る産業×所有制付加価値データは，農業，建築，第 3 次産業全体について得
られないために，鉱工業のみを推計の対象としている。表 4－7 は1992年価
格表示の鉱工業所有制別×産業別時間当たり労働生産性の推計結果を表示し
ている。産業はこれまでの39産業から農業，建築，輸送・郵便，商業，金融，
不動産，その他サービスの 7 産業を除外した。推計結果から明らかにされた
のは以下の点である。

　1 つ目に，1993〜2010年の間に，大概の国有企業の労働生産性は非国有企
業より高いという結果を得ている。特に石油・天然ガス採掘，石油加工・
コークス，鉄金属鉱石採掘，鉄鋼業，非鉄金属採掘，非鉄金属製造，汎用・
専用機械など重工業において，非国有企業より国有企業の労働生産性ははる
かに高い。たばこ産業も国有企業の労働生産性の高さが非常に目立っている。
これらの産業はもとより国有企業のシェアが高く，政府の政策から直接に影
響を受けやすく，また資金や労働力調達の面においても政府または政府系銀
行などから支援を受けやすい。

　2 つ目に，非国有企業の労働生産性を見ると，2000年代より1990年代にお
いて国有企業を上回っていたケースが少なくなかった。具体的に，1993〜
1995年の期間中，たばこ，製材産業，医薬品，化学繊維，電気機器，通信機
器，事務用機器，電力が，いずれも国有企業を超えた。1996〜2000年期に入っ
ても各産業で非国有企業の労働生産性は伸び続けたが，国有企業ほどの伸び
方ではなかった。1990年中盤以降，国有企業の労働生産性の上昇ぶりから，
中小型国有企業に対する整理整頓，民営化，大規模リストラなど一連の改革
が功を奏したことが窺える。一方，リストラなどで放出された一時帰休者や
早期退職者の再就職の受け皿として，非国有企業は大きな役割を果たした。
つまり，雇用創出の「選手交代」の時代であった。1990年代後半に進められ
た国有企業改革で株式会社への転換，中小型国有企業の民営化，人員のリス

表4-7 鉱工業における産業別国有企業・非国有企業の時間当たり労働生産性

(元，1992年価格)

	国有企業				非国有企業			
	1993〜 1995	1996〜 2000	2001〜 2005	2006〜 2010	1993〜 1995	1996〜 2000	2001〜 2005	2006〜 2010
石炭採掘	2.17	3.13	9.52	20.82	0.74	0.67	0.64	0.59
石油・天然ガス採掘	12.55	18.69	38.21	47.40	4.84	8.52	13.73	27.82
鉄金属鉱石採掘	2.94	4.94	11.77	38.57	0.88	1.03	1.20	1.40
非鉄金属鉱石採掘	3.02	4.97	12.98	43.77	1.44	1.70	1.91	1.91
非金属鉱石採掘	1.62	2.24	6.31	17.03	0.44	0.49	0.51	0.59
食品	6.21	28.09	18.94	45.99	2.81	2.69	2.63	3.00
飲料	7.87	17.71	48.00	131.13	4.02	4.07	3.97	4.22
たばこ	73.96	108.32	282.93	615.40	81.17	10.71	9.62	14.65
紡績・衣料品	5.01	4.39	7.29	14.58	2.16	2.24	2.46	2.74
皮革・毛皮製品	2.57	4.49	2.63	2.97	2.30	2.21	2.03	2.08
製材	2.49	4.60	10.60	18.83	2.61	2.58	2.68	2.79
家具	2.07	3.57	5.62	11.68	1.63	1.83	1.90	2.11
製紙	2.75	15.24	21.83	38.96	1.93	1.80	1.75	1.99
印刷	4.13	5.87	14.79	40.46	2.02	1.98	1.92	2.14
文化・スポーツ用品	3.64	4.67	7.64	12.25	2.05	2.32	2.36	2.47
石油加工・コークス	12.52	13.28	30.87	66.22	2.29	2.34	2.50	2.27
化学製品	5.16	11.53	34.27	112.02	4.17	3.95	4.49	4.88
医薬品	6.73	16.74	55.27	126.03	8.02	7.73	7.43	7.76
化学繊維	7.16	17.40	21.83	134.97	9.97	9.07	7.75	6.52
ゴム製品	4.69	10.64	29.13	59.79	2.81	2.74	2.76	3.20
プラスチック製品	2.55	5.40	12.17	28.47	2.35	2.29	2.22	2.58
建材	3.42	4.42	11.02	40.55	1.05	1.13	1.15	1.27
鉄鋼業	9.68	14.85	53.67	148.33	2.98	2.66	2.39	2.57
非鉄金属製造	6.20	10.60	32.94	101.16	3.26	3.04	3.04	3.60
金属製品	2.62	3.89	9.45	28.95	1.74	1.96	2.03	2.43
汎用機械・専用機械	7.24	6.91	22.51	71.37	2.40	2.84	3.24	3.71
輸送用機器	5.87	13.05	62.98	268.52	5.65	5.74	5.87	6.21
電気機器	4.03	12.09	32.33	126.03	4.63	4.55	5.23	6.16
通信機器	5.60	32.02	90.88	117.19	6.68	7.12	7.66	7.90
事務用機器	3.42	6.73	18.84	56.91	4.26	4.30	4.15	4.86
工芸品その他	1.84	1.53	2.74	12.58	0.91	1.02	1.03	1.34
電力・水道・ガス	9.75	12.18	26.33	56.68	19.96	23.57	22.51	18.64

トラ以外に，1997年に開催された党大会では「国有企業の戦略的再編」も行われた。「再編」とは，国有企業が国家安全に関わる企業，自然独占・寡占型産業，重要な公共財および基幹産業において主導するという方針であった。

結果的に国有企業と非国有企業の経営環境は大きく変わった。多くの国有企業が独占化・寡占化された一方，非国有企業は激しい競争にさらされることが多くなった。そのうえ，第 1 章で述べたが，中国企業は少品種・大量生産方式を取っているため，基本的に低付加価値製品を生産している。さらに，輸出向けの産業には非国有企業が多くを占めていたため，リーマンショックにより世界経済の後退に影響されやすかった。結果的に，2 つの所有形態における労働生産性の差はいっそう開いた。

　先に述べたように，労働生産性の増加は資本装備率の伸び，労働の質的変化，TFP の変化によってもたらされたと考えられる。ここでは鉱工業の国有企業と非国有企業に分けて当てはめることで，それぞれの労働生産性の変化要因を調べた。表 4 - 8，表 4 - 9 は国有企業の各産業と非国有企業の各産業における労働生産性の年平均増加率と労働生産性の向上に貢献した資本装備率，労働の質，TFP の上昇率を示したものである。

　まず，国有企業（表 4 - 8）について見ると，次のことが言える。第 1 に，1993〜2010 年の期間中，国有各産業では著しく高い労働生産性の上昇が見られ，そのうち特に目立つのは機械関連，化学関連の産業である。鉱工業 32 部門のうち，労働生産性の加重平均年上昇率が 10％以上になったのは 28 産業あり，国有鉱工業部門の 87％を占めている。このなかで 20％以上の上昇率に達したのは 7 産業だったが，5 つの機械産業のうち 4 つも入っている。事務用機器製造業も 20％にこそ達していないものの 18.55％と大幅に伸びた。ほかの 4 つには化学製品，医薬品，製紙が入っており，化学関連が 2 つ，生活関連が 1 つとなった。

　第 2 に，労働生産性の上昇に最も貢献したのは資本装備率の上昇である。この期間中に，国有企業の資本装備率の年上昇率は加重平均で 14.6％であり，産業別労働生産性の年平均上昇率 16％に対する寄与度が 8％ポイントで，寄与率が 50％となった。資本装備率は従業員 1 人当たりの資本ストック量として算出されており，資本ストックの増加か労働者の減少，あるいは両方の理由で 1 人当たりの使用しうる固定資産の量が増えるほど労働生産性は高くなる。本書では，第 2 章，第 3 章で示したように，所有制別・産業別の労働者数・労働時間および資本ストックを調べた。1993〜2010 年の期間は，国有企

表4-8　国有部門におけるアウトプットとインプットの上昇率　　(%)

	労働生産性	資本装備率	労働の質	TFP
石炭採掘	14.20	14.16	1.88	3.22
石油・天然ガス採掘	3.24	10.41	6.61	△ 7.11
鉄金属鉱石採掘	16.50	13.73	11.67	3.14
非鉄金属鉱石採掘	18.01	15.08	10.09	3.18
非金属鉱石採掘	7.23	△ 5.23	0.06	9.87
食品	17.11	15.19	12.04	3.76
飲料	19.11	14.96	14.62	4.23
たばこ	13.79	11.99	9.40	1.89
紡績・衣料品	13.97	12.05	24.42	△ 2.54
皮革・毛皮製品	4.25	10.89	23.82	△ 2.23
製材	16.85	11.54	27.34	△ 12.23
家具	14.04	10.68	7.23	2.05
製紙	20.57	16.05	12.95	9.34
印刷	17.47	16.25	15.20	1.85
文化・スポーツ用品	14.17	9.13	20.41	1.77
石油加工・コークス	11.77	20.59	9.62	△ 4.21
化学製品	20.34	17.98	12.50	△ 3.17
医薬品	20.94	16.50	17.27	2.75
化学繊維	16.65	12.37	14.97	11.41
ゴム製品	16.95	16.75	14.31	△ 0.17
プラスチック製品	15.43	12.37	9.78	△ 1.21
建材	17.61	18.00	10.27	4.76
鉄鋼業	18.67	16.84	12.05	△ 3.53
非鉄金属製造	17.84	15.05	9.64	1.35
金属製品	16.33	15.35	6.70	5.63
汎用機械・専用機械	21.31	18.19	14.27	4.21
輸送用機器	24.04	17.44	9.26	△ 2.16
電気機器	21.01	16.95	14.44	11.41
通信機器	22.14	17.18	19.94	4.02
事務用機器	18.55	15.20	13.65	6.33
工芸品その他	17.10	14.47	10.60	1.60
電力・水道・ガス	9.50	13.21	4.06	△ 1.31

業改革を加速する期間とも重なっていたため，従業員のリストラなどによっ
て労働者数と労働時間の両方とも年平均-2.2％，-2.3％のレベルで減少し
ている。一方，国有企業の資本ストックの増加は年平均10.10％であった。
国有企業の資本深化（資本装備率の上昇）と資本占有率の間の相関関係につ

いても調べたところ，相関係数が0.1463と低い相関を示しているが，このう
ち石油採掘や鉄鋼業などの伝統部門より自動車，通信機器，化学製品，医薬
品など新興産業への投資の増加率が高くなっている。

　第 3 に，労働の質的向上は労働生産性の上昇における 2 番目の要因であっ
た。国有企業において労働の質的向上が多くの産業部門で表れ，全体の加重
平均で年上昇率が2.71％，労働生産性の上昇に対する寄与度が平均6.83％ポ
イントで，寄与率が42％であった。労働の質の上昇率は労働投入の上昇率と
労働時間の上昇率の差とされているため，国有部門の大規模人員リストラが
質の上昇率を引き起こす要因と考えられるが，従業員の構成変化，賃金体制
改革がなければ質的向上は難しい。新古典派的な考え方によれば，市場が完
全競争の状況では労働力の限界生産性が労働力の限界収入に一致するように
なる。そうした新古典派的な考え方に基づいて労働投入の質的変化を推計す
る場合，労働力の構造変化のみでなく，賃金の構造変化も反映している。第
2 章で検討したように，年齢や教育歴，性別など異なるカテゴリーの労働力
の集計では和集計を避け，労働力に対して交差分類することで細かいタイプ
に分け，タイプ別の賃金が部門全体賃金に対する比率をウェイトにして加重
和をとる。つまり，さまざまに異なるタイプの労働力に対して，市場で一定
の価格が形成されているか否かが問われている。その意味で，中国の国有企
業をめぐって一定の競争的労働市場が形成されているのではないかと考えら
れる。1990年代後半以降，国有企業改革の加速によって資金調達能力や知名
度が上がり，政府の管理下によって都会で安定的生活が保障されるというメ
リットがあって，国有企業は大学生にとって理想的な就職先になりつつある。
李敏が中国の大学を 3 ランクに分けてそれぞれ実施した就職実態調査による
と，上位校では社会経済的地位の高い国家機関や国有企業と外資系企業に就
職した卒業生が大多数を占める。また，国家機関・国有企業に就職した人の
なかで，高学歴層の卒業生が一番多く，「低所得・低学歴」層の学生が経済
報酬の高い外資系企業に就職する傾向が強いという興味深い結果も示されて
いる（李，2011: pp.200-201）[9]。ただし，後述するように，経営請負制の下で
国有企業は投資より多く分配する傾向もあった。

　第 4 に，TFP は国有企業の労働生産性の上昇に特に貢献していないとい

うことである。付加価値をウェイトにして国有企業全産業の TFP 上昇率が
−0.19％であり，労働生産性に対する寄与度は−0.16％ポイントである。た
だし，TFP の成長が高い産業がまったくないとも言えない。化学繊維では
上昇率が11.41％で，寄与率が30％に達している。電気機器の TFP 上昇率も
11.41％，寄与率が26.65％となった。ほかには非鉄金属鉱石採掘，製紙産業
でも大きな貢献を示している。国有企業の特徴として，労働の質の上昇がはっ
きりと表れたものの，資本に体化されない技術力の上昇は，ごく限られた産
業を除けば，大部分の産業で見られなかった。

　国有企業の労働生産性上昇率および要因分解と同じように，非国有企業の
労働生産性上昇率および各投入要素の上昇率を示しているのが表 4 – 9 であ
る。1992〜2010年，非国有企業全体における労働生産性の年上昇率の加重平
均は8.28％，国有企業より 6 ポイント低かった。一方，非国有企業における
労働生産性の上昇要因を分解すると，国有企業と異なった特質が浮き彫りに
なった。まず，非国有企業全体として労働生産性の上昇に最大の貢献をした
投入要素は TFP であった。全部門の TFP の加重された上昇率は6.27％であり，
そのうち労働生産性に対する寄与度は平均的に20.23ポイントであった。こ
れは，加重平均で40.65％ポイント，資本装備率の19.88％ポイントを上回った。
これは，付加価値シェアの大きい通信機器（平均7.5％）の TFP 上昇率が高く，
資本装備率がマイナスであったことが大きく影響した。さらに，後述するよ
うに，労働の質の貢献がマイナスになった産業が多いことにも関係がある。
非国有部門の労働生産性の伸びは国有部門に及ばなかったものの，技術進歩
の貢献度が国有部門をはるかに超えた。非国有企業は資金，労働力，土地，
市場参入など必要な経営資源の獲得において不利な立場に立たされているこ
とが多いが，学習と開発能力で技術革新を引き起こすことによって付加価値
を高め，労働生産性の向上をもたらしたという特質が窺える。TFP の上昇
率が10％以上となった産業は，石油・天然ガス採掘，鉄金属鉱石採掘，食品，

9）　原書では，「国有機関」「三資企業」という用語が使われているが，筆者の理解では，
　「国有機関」＝国有企業＋政府機関，「三資企業」は外資系である。中国で三資とは，外
　資100％の独資企業，中国側と外国側が共同出資する合弁企業，中国側と外資側の合作
　（協力）で経営する企業のことを指している。

表 4 - 9　非国有部門におけるアウトプットとインプットの上昇率　(%)

	労働生産性	資本装備率	労働の質	TFP
石炭鉱業	△ 2.78	17.40	△ 4.56	2.04
石油・天然ガス採掘	18.72	7.66	△ 11.88	2.53
鉄金属鉱石採掘	10.79	17.45	△ 4.11	6.83
非鉄金属鉱石採掘	1.24	12.52	△ 1.99	△ 0.45
非金属鉱石採掘	4.99	14.96	2.34	5.60
食品製造	11.55	11.06	△ 6.33	6.27
飲料製造	6.27	9.03	△ 3.81	1.11
たばこ	△ 10.40	△ 15.02	△ 13.07	5.94
紡績・衣料品	6.75	2.59	△ 3.65	5.71
皮革・毛皮製品	9.49	3.90	△ 4.09	8.79
製材	7.08	10.63	△ 2.42	3.65
家具製造	10.15	8.68	△ 2.96	9.24
製紙	10.02	8.57	△ 2.12	5.53
印刷	8.73	8.40	△ 4.15	10.00
文化・スポーツ用品	8.31	4.38	△ 4.36	8.20
石油加工・コークス	14.87	11.36	△ 7.64	11.90
化学製品	10.21	9.92	△ 4.98	4.92
医薬品	10.09	8.01	△ 8.45	7.00
化学繊維	10.35	1.67	△ 4.09	10.49
ゴム製品	8.36	7.64	△ 3.63	5.03
プラスチック製品	8.20	3.66	△ 3.44	7.46
非金属鉱物製品	12.55	16.49	1.38	3.23
鉄鋼業	6.91	8.30	△ 6.28	6.64
非鉄金属製造	8.98	10.76	△ 6.79	3.79
金属製品	7.52	8.75	△ 0.68	△ 0.45
汎用機械・専用機械	10.90	12.00	△ 4.26	7.56
輸送用機器	12.89	9.36	△ 6.28	9.57
電気機器	12.74	4.99	△ 6.16	10.47
通信機器	8.92	△ 2.61	△ 11.94	14.84
事務用機器	9.24	6.59	△ 7.30	8.14
工芸品その他	5.36	△ 1.85	△ 3.76	8.59
電力・水道・ガス	△ 4.02	3.02	△ 11.62	△ 4.89

家具, 製紙, 医薬品, 石油加工・コークス, 化学製品, 化学繊維, 非金属製
品, 輸送用機器, 電気機器, 汎用機械・専用機械の14部門であった。

　TFP の次に, 個別の産業を除けば, 資本装備率の上昇も相当強い要因で
あることは, 国有企業と同じである。1992～2010年, 鉱工業における非国有

部門の資本装備率の年上昇率の加重平均は7.68％となっており，労働生産性に対する寄与度は3.23％であった。32産業のうち，資本装備率の上昇率が平均10％以上となったのは石炭採掘，鉄金属鉱石採掘，非鉄金属鉱石採掘，非金属鉱石採掘，食品，製材，非金属鉱物製品，石油加工・コークス，非鉄金属製品，汎用機械・専用機械の10産業であった。国有・非国有ともに資本装備率が労働生産性を押し上げた重要な要素であったが，非国有企業の場合は採掘業，エネルギーや素材加工，機械加工産業に集中している。それに対して，国有企業では一般消費財産業を含めて全鉱工業部門における資本装備率の上昇が顕著であった。こうした全産業にわたる資本装備率の上昇は，国有企業改革の一環としての人員のリストラ以外にも何らかの原因があったかもしれない。国有企業は政府の政策に大きく影響されるし，資金調達に関しても非国有企業より有利なため，過剰投資に陥る可能性はある。たばこ産業では，国有部門と非国有部門のパフォーマンスの相違が目立っている。そもそも，たばこ産業は政府が直接コントロールする産業であり，2010年でも非国有資本の比率は4.94％にすぎなかった。たばこ産業において，国有部門は労働生産性，資本装備率，労働の質の3つの面で高い伸び率を実現しているが，TFPは低かった。

　さらに，労働の質について総じて言えば，非国有企業の場合，労働の質の上昇率は加重平均で年−3.8％となっており，労働生産性に対する貢献もマイナスであった。正の貢献をしていた産業は，非金属鉱石採掘，建材の2産業しかなかった。労働力の増加率が高い非国有企業の場合，なぜ労働の質の伸びが現れなかったのか。馬欣欣が行った中国の所有制別賃金構造に関する1995年と2002年との2時点間の研究では，賃金と年齢，賃金と勤続年数，賃金と学歴，それぞれの関係を分析した結果，非国有企業の賃金体系は国有企業と異なり，年齢や勤続年数，学歴の上昇に対して必ずしも高い賃金を与えていない（馬，2009）[10]。馬によると，国有企業の場合，年齢の上昇，勤続年数の上昇とともに賃金は上昇するが，民間・外資・集団企業の場合，1995年の時点で賃金の上昇は見られない。また，中卒／小卒，大卒／小卒，それぞ

---

10)　馬が行った実証研究では，中国社会科学院経済研究所が都市世帯に対する大規模家計調査からデータを得ている。

図4-5　鉱工業における所有制別労働生産性の推移：1993〜2010年

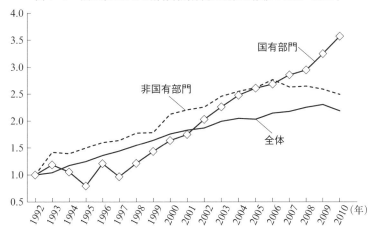

れの格差に関して，国有・集団企業の場合は時点間の賃金格差の拡大が見られるが，民間・外資企業の場合は賃金格差の拡大が見られない。要するに，非国有企業では，勤続年数の長い従業員や高学歴者に対する賃金面の評価が国有企業より相対的または絶対的に低いという可能性が窺える。

■労働生産性および諸要因の集計

　全産業部門の労働生産性上昇率の集計と諸要因別の集計は2つのステップを踏んで行った。まず，国有企業部門，非国有企業部門という2部門それぞれ全体の集計を行った。労働生産性上昇率，TFP上昇率それぞれの集計については，産業の付加価値対全産業付加価値の比率をウェイトとして集計した。資本装備率の上昇率については，産業の資本サービス量対全産業の資本サービス量の比率をウェイトとして集計した。労働の質の上昇率については，産業の賃金額対全産業賃金額の比率をウェイトとして集計した。以上の集計は，まず国有企業，非国有企業それぞれについて集計し，その後に全体の集計を行った。

　図4-5は所有制別の労働生産性の推移を示したものである。国有企業について見ると，経営請負制が普及し，投資の仕組を改革するなど企業の経営

環境が激しく変化する1990年代中盤まで労働生産性が上下した後，1990年代後半から2000年代を通し大きく躍進した。1992年を1にした場合，2010年では3.57になった。一方，非国有企業は，私有経済が正式に認められたこともあり，1990年代は大いに発展した時期であった。労働生産性の面では，1997年のアジア通貨危機の影響で一時的に横ばいになったが，1990年代の前半から2000年代末まで著しく上昇し続けた。ただし，2000年代前半に鈍化した後に上昇傾向へと転じ，2006年にピークを迎え，2007年から下降した。1992年を1とした場合，2006年に2.77に上昇し，その後は下降傾向で推移し，国有企業部門との格差が広がっていた。全部門労働生産性の算出は付加価値比が高い非国有企業部門の影響を多く受けるため，1992年から2002年まで上昇傾向が強かったが，2005年以降は国有・非国有両部門の労働生産性上昇率の鈍化を受けて，全部門でも上昇率が低下した。1992年を1とした場合，2009年には2.31に上昇した後，2010年に通貨危機の影響が広がるなかで労働生産性の落ち込みが現れた。

　労働生産性は労働時間当たりの創出された付加価値を示すものなので，一般に労働者数の減少によって上昇し，労働者数の増加によって低下するという傾向がある。図4-6は集計された中国の国有企業，非国有企業それぞれの労働生産性と就業者数の関係図を表すもので，左軸は国有企業の労働生産性，右軸は非国有企業の労働生産性を示し，横軸は就業者数を表している。また，「○」が国有企業の就業者数，「△」が非国有企業の就業者数を示している。まず，趨勢を見ると，国有企業では就業者数が減少すると労働生産性の上昇が見られたが，非国有企業では1990年代半ば以降に年平均800万人の就業者を吸収したものの，労働生産性の上昇傾向は変わっていない。非国有企業における労働生産性上昇の流れは就業者の増加による影響を受けなかったとしたら，就業者の増分以上に新しい付加価値が創出されたことを意味し，非国有部門の強さが検証されたことになる。国有企業については，改革の一環である人員削減によって労働生産性の上昇がもたらされた部分も肯定できる。ただし，労働生産性の高さを見ると，1980年価格で表示された国有企業2010年時点での時間当たり労働生産性が73.6元となっているのに対して，非国有企業はわずか5.8元であって，明らかに国有企業の労働生産性が高い。

図 4-6　鉱工業における就業者数と労働生産性

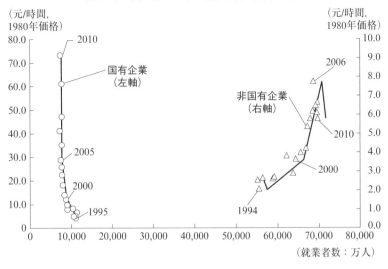

これは，国有企業と非国有企業それぞれの産業構造と関係している以外に，中国経済の市場経済化の深度とも大きく関連していると思われる。また，以下の労働生産性に与えるいくつかの要因によることも考えられる。

　労働生産性の変動について分解したそれぞれの要素を 1 つずつ確認する。図 4-7 は所有制別資本装備率の推移を示している。集計レベルの資本装備率を見ると，国有企業と非国有企業の格差が大きいことが確認できる。ただし，両部門間の格差は推計期間前半に表れたものであり，図 4-5 で確認した労働生産性の格差とは表れ方が異なることに留意が必要である。すなわち，一方の資本装備率の格差は推計期間の前半に表れているのに対し，他方の労働生産性の格差はむしろ後半に徐々に広がっている。要するに，国有企業にとって資本装備率の向上は労働生産性の上昇につながったが，非国有企業では資本装備率と労働生産性が逆方向に変動しており，資本装備率は労働生産性の変動に対して最大の要因ではないことが確認された。1992年を 1 とした場合，2003年の時点で国有企業が2.47に上昇したが，非国有企業は0.88となり，12％低下した。ただし，非国有企業でも2004年から資本装備率は急速に上昇傾向に転じており，2010年になると，国有企業は3.63，非国有企業も2.40に

図4-7 鉱工業における所有制別資本装備率の推移：1993〜2010年

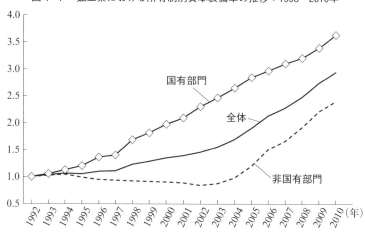

なり，固定資本装備の力強い上昇を見せた。

　次に，労働の質の変化について集計レベルの推計結果を見る。図4-8に国有企業，非国有企業，全部門それぞれの労働の質的変化の推移を示した。国有企業では，1990年代前半の調整期と後半の大規模民営化・株式化を経た後，1998年頃から労働の質は上昇傾向を示している。1992年を1とした場合，2010年では2.54まで上昇した。非国有企業の場合，1992年から1998年まで労働の質的変化は下降傾向を示しており，その後，1998年から2000年までと2007年から2009年までの間に短期的な上昇傾向が見られたが，基本的には下降傾向であった。両部門に表れた労働生産性の上昇について，国有企業では労働の質的上昇による貢献が明白に確認されるものの，非国有企業ではそうした貢献は確認されていない。前述したように，労働の質の変化は年齢，性別，教育歴による交差分類された異なるカテゴリーの賃金収入の総賃金比をウェイトにして集計された労働投入の増加率から，労働時間の和集計を差し引いた部分であるから，実際に，労働の質の変化は就業者の構造変化と賃金体系の構造変化を反映している。

　国有企業における賃金改革は，一貫して経営自主権の拡大とともに進められた。馬（2014）によれば，1990年代に国有企業に対して行われた経営自主

図 4 - 8　鉱工業における所有制別労働の質の上昇率：1993〜2010年

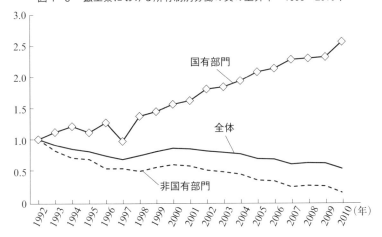

権の拡大は企業経営者および労働者への労働報酬が大幅に上昇する結果をもたらした（p.423）。賃金政策として，政府は賃金・雇用の決定を含む包括的な人事権を国有企業に初めて与えた。反面，政府に上納する国有企業の利潤が大幅に減少した。1990年代の経営自主権拡大の下で，国有企業が留保より分配を優先させた結果，政府は企業賃金総額をコントロールしなければならなくなった。ただし，その後の国有企業賃金分配制度のなかでも，「労働報酬の持続的成長」という項目が掲げられている（馬，2014: p.424）。非国有企業の賃金について，第 2 章の図 2 -11で示したように，1990年代前半では国有企業に対して賃金水準が相対的に高かったが，1998年を境に下落した。この点は，馬の研究結果と一致している（馬，2014: p.435）。馬は，1998年以降，国有部門と非国有部門間の賃金水準が逆方向で変化した主な理由として次の 2 点を挙げた。①賃金決定自主権を持つことになった国有企業は，労働者の就業意識の向上や労働者から高い評価をもらうために，従業員の賃金水準を引き上げた。結果的に非国有企業との賃金格差は縮小した。②多くの大型国有企業が独占企業となっていることと，政府は大型国有企業に対する資金調達や資源配分などに関する優遇措置を実施し，国有企業は市場の均衡賃金より高い賃金水準を設定している。そのうえ，ルイスモデルに示されるとおり，

図4-9　鉱工業における所有制別TFP指数：1993〜2010年

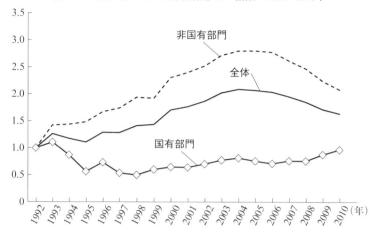

農村部における大量の余剰労働力の存在は，余剰労働力を吸収する主力である非国有企業の平均賃金を長期にわたって抑えたと考えられる。

　最後に，集計された労働生産性に貢献するもう1つの要因はTFPの上昇である。図4-9に国有企業，非国有企業，全部門に分けてTFPの推移を示した。国有企業に関して言えば，TFPの上昇はほとんど観察されなかった。1992年から1998年までTFPの伸びがマイナスであり，1998年以降プラスに変わったものの，終始ゼロと1の近傍を推移した。1992年を1とした場合，2010年に0.96と0.04ポイント下がった。それに対して，非国有企業はTFPにおいて2つの局面に分かれるが，全期間を通じて見れば大きく伸びている。2つの局面とは，1992年から2005年までの上昇局面と2006年から2010年までの下降局面である。図4-7で考察したとおり，2003年まで非国有企業の資本装備率は緩やかに低下しているが，その後に著しい上昇へと転じた。TFP伸び率は（11）式で示したように，「労働生産性の伸び率」－「資本分配率×資本装備率の伸び率」－「労働分配率×労働の質的伸び率」の残余として推計されるため，ほかの要素が一定であれば，資本装備率の伸び率がマイナスからプラスになることは，TFPの伸び率に大きく影響し，TFPの伸び率の鈍化をもたらす主因と思われる。

図4-10　鉱工業における所有制別資本ストックと就業者数

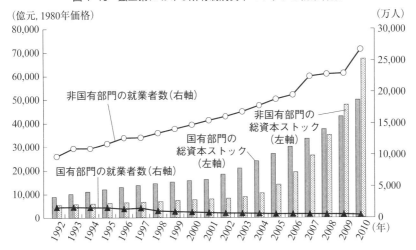

■資本装備率と資本生産性

　以上で見たように，資本の深化が中国の産業レベルと全鉱工業部門レベルの成長，産業レベルと全鉱工業部門レベルの労働生産性の成長に大きく寄与したことは明らかである。資本深化によって人手を減らしても生産性を上げることができるのであれば，人口減少の社会では好ましいことである。一方，行き過ぎた資本蓄積は経済効率を悪くするだけでなく，社会の希少資源を無駄にしてしまい，経済成長を損なうことにつながる。

　資本装備率は就業者1人当たりの資本ストックとして算出されるため，資本装備率の上昇が就業者の減少によって引き起こされたのか，それとも資本ストックの増加によってもたらされたのかを確認できる。図4-10に所有制別の資本ストックと就業者数を示した。2000年の国有企業の総資本ストックは1980年価格表示で8,873億元となり，1992年の1.7倍であった。2000年以降，資本ストックの伸びが急速になっており，2010年には総資本ストックが49,924億元となり，10年間で3倍以上となった。一方，鉱工業の労働力の増減を見ると，1996年に国有企業の就業者は3,784万人であり，1992年の4,479万人に比べ，695万人が離職している。また，1997年以降に国有企業でのリストラが進んでおり，2010年になると就業者数は1,179万人まで減少した。

図4-11　鉱工業における所有制別資本生産性の伸び率

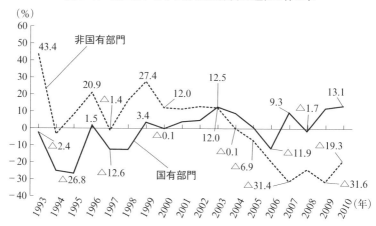

国有企業の資本装備率の増加率は1993～2000年の間で12.16％，2001～2010年の間で16.56％となり，1990年代より4.4ポイント増加した。こうして，資本ストックの大幅増とともに，就業者のリストラの加速も資本装備率の上昇をもたらした。非国有企業の場合，2003年を境目に資本装備率の伸びがプラスに転じたが，就業者はむしろ増えつつあった。一方，1980年価格の総資本ストック額は2010年に67,359億元となり，7年間で7.6倍になった。2001年に中国がWTOに加盟して以降，外資企業のみならず，国内の民間企業も固定資産投資の勢いを増しており，資本装備率を大きく押し上げた。

　資本装備が有効に運用されているかについて資本生産性の推移を見てみたい。図4-11は鉱工業における所有制別の資本生産性伸び率を示している。1993～2000年の期間中，所有制別資本生産性の年平均伸び率は，国有企業の－1.3％に対して非国有企業が1.5％となっており，非国有企業の伸びは国有企業より2.8ポイント高かった。ただし，2003年までは非国有企業の伸び率が国有企業を超えていたが，2004年より逆転が生じており，国有企業の伸びは上昇し，非国有企業の伸びは低下した。これは，海外上場も含めて国有企業の資本調達能力が増強された結果，設備の更新が加速し，1990年代より資本効率が相対的に上がったと言える。非国有企業は国内でより競争的な市場に置かれているだけでなく，外資企業に続いて輸出の2番手となっているた

め,世界経済の変化を受けやすい。2004年,2005年はそれぞれ－0.1％,－6.9％の低下にとどまったが,2007年に－31.4％,2008年に－24.2％,2009年に－31.6％,2010年に－19.3％と大幅な下降が続き,外国の景気低迷に影響された。

第 5 章

不完全競争と全要素生産性
——産業別マークアップ率の推計

　TFP の測定には，しばしば完全競争市場という条件が付される。それは，完全競争下の生産物市場，生産要素市場において，各企業の限界収入が限界費用に一致するとの意味を持っているからである。第 2 章，第 3 章，第 4 章でも，完全競争条件の下で，それぞれの生産要素の費用が付加価値に占めるシェアをウェイトとして，生産要素投入の集計に用いた。一方，現実の市場では，しばしば参入障壁が存在し，すべての企業がプライステイカーとは限らず，価格決定に大きな影響力を持つ企業の存在も珍しくない。さらに開発志向の強い発展途上国では，中央集権的な政府が価格決定に重要な役割を果たすことになる。中国の場合は，社会主義体制を堅持しながら市場経済の競争原理を導入するという政策の下，社会主義市場経済体制を確立しようとした。中国の経済改革は計画経済体制との訣別を意味するものであったが，資源配分をどれだけ市場に任せるかは決して一筋縄ではいかず，いまだに課題の 1 つであり続けている。無論，発展途上国のみならず先進国においてもさまざまな形の独占・寡占状態が存在する。こうして，不完全競争を想定した TFP の推計に現実的な意義が認められることになる。

　そのような観点から本章では，不完全競争を想定した TFP 上昇率の推計方法を考察し，市場価格と限界費用の差率，いわゆるマークアップ率を産業別に推計し，その産業別マークアップ率を用いて TFP 上昇率を推計する。

1. コストシェアとレベニューシェア

　前章で説明したとおり，TFP 成長率を求めるには，付加価値と生産要素

の関係を表すコブ＝ダグラス型の生産関数を使うのが一般的である。

$$Y_i(t) = T_i(t) L_i^a(t) \cdot K_i^\beta(t) \tag{1}$$

したがって，TFP 成長率は（2）式のように付加価値の成長率と投入要素の成長率の残差として算出され，これは「ソロー残差」とも呼ばれる。

$$\dot{T}_i(t)/T_i(t) = (\dot{Y}_i(t))/(Y_i(t) - (a \cdot \dot{L}_i(t)/L_i(t) + \beta \cdot \dot{K}_i(t)/K_i(t)) \tag{2}$$

ただし，$\dot{T}_i(t)/T_i(t) = d\ln T_i(t)/dt$, $\dot{Y}_i(t)/Y_i(t) = d\ln Y_i(t)/dt$

$\dot{L}_i(t)/L_i(t) = d\ln L_i(t)/dt$ $\dot{K}_i(t)/K_i(t) = (d\ln K_i(t)/dt$

また，$a = w_i(t) l_i(t)/(w_i(t) l_i(t) + r_i(t) k_i(t))$, $\beta = r_i(t) k_i(t)/(w_i(t) l_i(t) + r_i(t) k_i(t))$ と表されており，それぞれ労働投入のコストシェア，資本投入のコストシェアである。実際に，成長会計モデルでは，各コストシェアは前期と今期の平均値として用いられる。さらに，（2）式に総コスト $w_i(t) L_i(t) + r_i(t) K_i(t) = C_i(t)$ を導入して，（3）式に変形させる。

$$\begin{aligned}
\frac{\dot{T}_i(t)}{T_i(t)} &= \frac{\dot{Y}_i(t)}{Y_i(t)} - \left[\frac{w_i(t) L_i(t)}{w_i(t) L_i(t) + r_i(t) K_i(t)} \cdot \frac{\dot{L}_i(t)}{L_i(t)} + \frac{r_i(t) K_i(t)}{w_i(t) L_i(t) + r_i(t) K_i(t)} \cdot \frac{\dot{K}_i(t)}{K_i(t)} \right] \\
&= \frac{\dot{Y}_i(t)}{Y_i(t)} - \frac{Y_i(t)}{w_i(t) L_i(t) + r_i(t) K_i(t)} \cdot \left[\frac{w_i(t) L_i(t)}{Y_i(t)} \cdot \frac{\dot{L}_i(t)}{L_i(t)} + \frac{r_i(t) K_i(t)}{Y_i(t)} \cdot \frac{\dot{K}_i(t)}{K_i(t)} \right] \\
&= \frac{\dot{Y}_i(t)}{Y_i(t)} - \frac{Y_i(t)}{C_i(t)} \cdot \left[v_{i,l}(t) \frac{\dot{L}_i(t)}{L_i(t)} + v_{i,k}(t) \frac{\dot{K}_i(t)}{K_i(t)} \right]
\end{aligned} \tag{3}$$

（3）式中第 3 等号の右辺第 2 項の $\frac{Y_i(t)}{C_i(t)} \cdot v_{i,l}(t)$, $\frac{Y_i(t)}{C_i(t)} \cdot v_{i,k}(t)$ は $(\frac{w_i(t) L_i(t)}{w_i(t) L_i(t) + r_i(t) K_i(t)})$ や $(\frac{r_i(t) K_i(t)}{w_i(t) L_i(t) + r_i(t) K_i(t)})$ からの変形で，労働と資本のコストシェアにほかならないが，$v_{i,l}(t)$, $v_{i,k}(t)$ は労働，資本それぞれのレベニューシェアを示している。（3）式について，完全競争下では限界収入は限界コストと等しくなる。また規模の経済が存在していない，という仮定が成立すれば，$\frac{Y_i(t)}{C_i(t)} = 1$，労働のレベニューシェア $v_{i,l}(t)$，資本のレベニューシェア $v_{i,k}(t)$ はそれぞれ労働コストシェア，資本コストシェアと一致することになる。したがって，技術進歩率はソロー残差 $\frac{\dot{T}_i(t)}{T_i(t)}$ として適切に測られる。ただ，特定の企業が価格に対して支配力を持っていたり，特定の製品市場が独占・寡占構造に置かれていたりする場合，$\frac{Y_i(t)}{C_i(t)} > 1$[1] となる。

前章では完全競争を仮定し，（3）式中の $v_{i,l}(t)$ と $v_{i,k}(t)$ について中国39産業

それぞれの賃金総額および賃金総額が付加価値に占める比率を算出し，労働分配率として TFP 上昇率の推計に用いた。また，規模に関する収穫一定の仮定の下で，資本分配率に関して（1 - 労働分配率）として使用した。このように，レベニューシェアを用いた成長会計モデルによってソロー残差を求めることは，TFP 上昇率の推計によく利用される方法である。一方，ソロー残差が TFP 上昇率をどれほど反映しているかといった問題は残る。第 2 節以降，完全競争の仮定を緩めて，中国の産業ごとのマークアップ率を推計する Hall や Roeger の方法論を検討し，実際の推計結果を示すが，その前に，回帰式によって中国産業別のコストシェアを推計した結果を示したい。推計は前章の労働生産性と資本装備率，TFP との関係を示す（10）式と同じ形をとった（4）式に基づいて行った。

$$\ln y_i(t) = \ln T_i(t) + \beta_i \cdot \ln k_i(t) \tag{4}$$

（4）式は前章の（10）式に対応する生産関数の両辺に対して対数をとっている。ただし，$\ln y_i(t) = \ln \frac{Y_i(t)}{L_i(t)}$，$\ln k_i(t) = \ln \frac{K_i(t)}{L_i(t)}$，$Y_i(t)$ が付加価値，$L_i(t)$ が労働者数，$K_i(t)$ が資本ストック，$\frac{K_i(t)}{L_i(t)}$ が労働者 1 人当たり資本ストックで，資本装備率を表しており，$\frac{Y_i(t)}{L_i(t)}$ が労働生産性にほかならない。また，β はパラメータであり，資本コストシェアを表す。時間について微分して，各項の成長率をとると，次の（5）式で表すことができる。

$$\Delta y_i(t)/y_i(t) = \Delta T_i(t)/T_i(t) + \alpha \cdot \Delta k_i(t)/k_i(t) \tag{5}$$

ただし，

$$\Delta y_i(t)/y_i(t) = d\ln y_i(t)/dt$$
$$\Delta k_i(t)/k_i(t) = d\ln k_i(t)/dt$$
$$\Delta T_i(t)/T_i(t) = d\ln T_i(t)/dt$$

1）　中島隆信は生産関数を前提とした場合の費用最小化の必要条件の式に，規模弾力性（scale elasticity）$k(t) = \frac{1}{\theta(t)} \frac{C(t)}{Y(t)}$ を導入している（$C(t)$ は総コストを表す）。インプット価格と技術水準を一定として，総コストを全微分すると，$dC(t) = p_k(t)dK(t) + p_l(t)dL(t) = \theta(t)A(t) = \theta(t)dY(t)$ となる。$\theta(t)$ はインプット価格と技術水準を一定としたときのアウトプット微小変化とコストの微小変化の比，すなわち限界費用に等しい。したがって，$k(t)$ は，平均費用を限界費用で割ったものである（中島，2001: p.86）。

　表5-1は産業別パラメータの推計結果を示している。まず，自由度調整済みの決定係数 R^2 について，皮革・毛皮製品，文化・スポーツ用品，石油加工・コークス，通信機器，金融，不動産の6産業が0.5以下である。ほかの産業は0.5以上であるから，労働生産性と資本装備率の相関関係について70％以上の説明力を持つことを意味する。t 検定について，自由度は18であるので，5％の有意水準であれば2.101以上，1％の有意水準であれば2.878以上が求められるが，通信機器と金融は有意ではない。石油加工・コークスは負の値である。パラメータ β については，石油加工・コークスが負の値である。全39産業のうち，統計的に良好であるのは33産業となった。切片の t 値を確認すると，石油・天然ガス採掘，食品，飲料，文化・スポーツ用品，化学繊維，ゴム製品，輸送用機器，電気機器，事務用機器の9産業は有意水準に達していない。

　次に，統計的に良好である33産業のパラメータを見てみよう。図5-1はパラメータとレベニューシェアの乖離を示している。ここで，資本レベニューシェアは，規模に関する収穫一定を仮定して，（1－労働レベニューシェア）として求められた。労働レベニューシェアは，産業別時間当たりの賃金率と総労働時間の積を実質付加価値額で割った結果である。図中，棒が各産業の資本レベニューシェア，折れ線がパラメータの値を表している。パラメータは資本の限界生産力を表しており，1単位の追加資本を投入するとどれだけの付加価値が生まれるかという意味で，コストシェアとして認識される。産業別の資本コストシェアと資本レベニューシェアとの差率に関し，10ポイント以内の産業は，非鉄金属鉱石採掘，紡績・衣料品，家具，製紙，印刷，プラスチック製品，建材，非鉄金属製造，輸送・郵便の9産業である。他産業のうち，農業，石炭鉱業，鉄金属鉱石採掘，たばこ，化学製品，化学繊維，鉄鋼業，汎用・専用機械，輸送用機器，電気機器，事務用機器，工芸品その他，建築，商業，その他サービスの15産業において資本コストシェアが資本レベニューシェアを上回っており，石油・天然ガス採掘，非金属鉱物採掘，食品，飲料，製材，医薬品，ゴム製品，金属製品，電力・水道・ガスの9産業においては資本コストシェアが資本レベニューシェアを下回っている。以上で見たように，中国産業の場合は，レベニューシェアの値がコストシェア

表 5-1　産業別パラメータ

	切片	*t*-値	β	*t*-値	R^2
農業	△ 0.221	△ 6.606	0.499	30.286	0.982
石炭採掘	△ 1.179	△ 11.939	0.706	8.929	0.824
石油・天然ガス採掘	△ 0.427	△ 1.155	0.592	5.918	0.673
鉄金属鉱石採掘	△ 1.300	△ 8.323	0.955	8.085	0.794
非鉄金属鉱石採掘	△ 0.904	△ 6.816	0.698	7.909	0.786
非金属鉱石採掘	△ 0.878	△ 21.217	0.656	15.475	0.934
食品	△ 0.086	△ 1.273	0.566	7.680	0.776
飲料	0.101	1.177	0.599	9.754	0.848
たばこ	0.619	5.540	1.076	26.433	0.976
紡績・衣料品	△ 0.420	△ 9.911	0.637	7.107	0.748
皮革・毛皮製品	△ 0.180	△ 3.067	0.588	3.904	0.473
製材	△ 0.121	△ 3.910	0.390	9.373	0.838
家具	△ 0.490	△ 6.404	0.701	6.379	0.705
製紙	△ 0.650	△ 9.841	0.771	13.099	0.910
印刷	△ 0.271	△ 7.801	0.536	18.723	0.954
文化・スポーツ用品	0.092	1.263	0.505	4.089	0.496
石油加工・コークス	1.234	8.007	△ 0.251	△ 3.838	0.464
化学製品	△ 0.655	△ 4.449	0.878	10.625	0.869
医薬品	0.421	2.570	0.522	5.318	0.625
化学繊維	△ 0.514	△ 1.655	0.845	5.009	0.596
ゴム製品	△ 0.062	△ 0.856	0.521	7.171	0.752
プラスチック製品	△ 0.497	△ 4.629	0.705	6.271	0.698
建材	△ 0.658	△ 15.118	0.748	20.018	0.959
鉄鋼業	△ 0.521	△ 5.198	0.874	16.446	0.941
非鉄金属製造	△ 0.496	△ 3.176	0.863	8.606	0.813
金属製品	△ 0.431	△ 8.573	0.518	7.779	0.781
汎用機械・専用機械	△ 0.316	△ 4.245	0.718	10.153	0.858
輸送用機器	△ 0.067	△ 0.489	0.851	9.981	0.854
電気機器	0.076	0.347	0.843	4.450	0.538
通信機器	0.831	2.635	0.581	1.923	0.179
事務用機器	0.133	1.024	1.060	7.029	0.744
工芸品その他	△ 1.322	△ 25.878	0.529	7.051	0.745
電力・水道・ガス	△ 0.462	△ 2.982	0.552	13.037	0.909
建築	0.270	27.872	0.622	53.070	0.994
輸送・郵便	△ 0.652	△ 12.394	0.579	22.769	0.968
商業	0.143	3.528	0.879	18.181	0.951
金融	1.715	7.900	0.229	1.368	0.099
不動産	1.764	12.069	0.204	3.129	0.365
その他サービス	△ 0.843	△ 14.678	0.728	23.101	0.969

回帰式：$\ln y = a + \beta \cdot \ln k + u$; ただし，$\ln y = \ln(Y/L)$, $\ln k = \ln(K/L)$. Y: 付加価値額，K: 資本ストック，L: 労働者数，β はパラメータ，a は定数項。

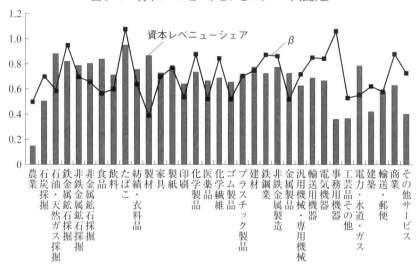

図5-1 資本レベニューシェアとパラメータ推計値

に近い産業は3分の1未満で，大多数の産業は両者の間に乖離が生じている。

レベニューシェアの算出からわかるように，分子が賃金額，分母が付加価値額であることから，生産要素の市場価格と生産物の市場価格は直接的に反映されていると考えられる。したがって，理論的には完全競争の下で企業の限界収入は限界費用に等しくなる行動をとるはずだが，実際に両者は等しくならないときがある。製品価格または生産要素価格における，それぞれの限界費用（marginal cost）との乖離はマークアップ率として定義されており，マークアップ率の検討と推計によって市場構造の特性を明らかにするとともに，TFP の推計結果をよりよく理解することができる。次節からマークアップ率の推計を検討する。

2. マークアップ率測定のアプローチ

■生産性サイドからの測定

1988年，Robert E. Hall は資源配分に関して基本的に競争的システムにおいて価格が限界費用に等しいという仮説を検証する論文を発表した（Hall,

1988）。Hall は，TFP 上昇率を測る際によく使われるソローの成長会計モデ
ルを切り口にして，ソロー残差が真の技術進歩率を反映するか，という限界
生産力命題が前提となる TFP 推計を修正した。Hall はソローの成長会計モ
デルに基づいて，生産物価格，生産量，生産要素価格データを使い，生産物
価格イコール限界費用，および規模に関する収穫一定という 2 つの条件につ
いて調べた。具体的には，完全競争の前提条件を緩め，アウトプットとイン
プットのバランス式にマークアップ率 μ を導入し，資本生産性上昇率と労働
資本比率上昇率のバランス式に転換，製造業・サービス業を含めた24部門に
ついてマークアップ率の有無，マークアップ率の大きさを検証した。回帰分
析による推計に関して，Hall は，推計式の誤差項と説明変数（労働資本比率）
の間に相関がある可能性が高いとして，軍事費，石油価格，政権を握る政党
の変化という 3 つの操作変数を導入した。1953～1984年の期間を対象に，24
部門から 7 部門に集計された結果を見ると，マークアップ率が明らかに存在
し，建設業が2.196，耐久財製造業が2.058，非耐久財製造業が3.096，輸送サー
ビスが3.199，金融が3.3，その他サービス業が1.864となった。有意な統計結
果が得られていない一部の産業を除けば，限界費用が平均的に価格の25～
55％しか占めておらず，価格のうち限界費用を超えた部分は企業の市場に対
する支配力によって生じたとした。

　Werner Roeger は，Hall が提示した不完全競争下でのマークアップ率の存
在という問題意識を共有しながら，操作変数による推計の不安定性を問題視
し，数量ベースと価格ベースの 2 通りの推計を提案した（Roeger, 1995）。
Roeger の推計式ではマークアップ率を表すラーナー指数を導入して，数量
ベースの TFP 成長率と価格ベース TFP 成長率のギャップについて，ラーナー
指数，資本生産性上昇率，資本コストシェア変化率の三者の相関関係を表す
推計式を導出し，操作変数なしにマークアップ率を推計できる方法を考案し
た。Roeger は Hall と同じデータを使って推計した結果に基づいて，本来の
TFP 上昇率の推計と双対モデルによる TFP 上昇率推計との結果のギャップ
は，9 割が不完全競争によって説明できると指摘した。Roeger の方法によ
る推計結果は，一部市場において企業の価格決定が限界費用を超えたという
Hall の主張を支持し，同時に，マークアップ率の大きさが変わった。マー

クアップ率のレンジは1.05（アパレル）から1.23（たばこと化学製品）となっており，Hall の推計結果より低いマークアップ率が得られた。

　Joaquim Oliveira Martins, Stefano Scarpetta, and Dirk Pilat（1996）は，Hall と Roeger の研究をまとめ，そのうえに OECD14か国のマークアップ率を推計した。Martins らは，基本的に Roeger の方法を運用し，アメリカ，日本，ドイツ，フランス，イタリア，イギリス，カナダ，オーストラリア，ベルギー，デンマーク，フィンランド，ニュージーランド，ノルウェー，スウェーデンを対象に，1970～1992年の期間中，それぞれの国の36部門のマークアップ率を推計した。各国の平均を見ると，マークアップ率のレンジが1.13（ベルギー，フィンランド，1970年代）から1.26（日本，1980～1992年）となっている。業界の平均を見ると，マークアップ率が相対的に低い業界は繊維，衣料，皮製品，靴，食品，印刷，出版，機械設備，電気，自動車であり，高いのは TV，ラジオ，通信機器，飲料，たばこ，鉄道設備，薬およびオフィス機器である。Martins らは不完全競争の有無の検証に止まらず，不完全競争と市場構造の関係を用いて，不完全競争存在の原因を探った。Martins らは，規模の経済を表す企業規模や，製品の差別化やイノベーション力を表す R&D 投資指標を用いて市場構造を表すと同時に，平均的企業規模の小さい産業ほどマークアップ率が低く，またイノベーションによってマークアップ率を変化させることが可能だと指摘した。

　中島隆信は『日本経済の生産性分析』のなかで，生産性の計測過程においてマークアップ率が生じる可能性を指摘するとともに，マークアップ率が生じる推計上の問題点を明らかにした（中島，2001: pp.66-69）。問題は主に２つある。１つは，独占力によって価格が高くなった分を生産量の増加と見誤るケースと，複数のアウトプットを単一指数に集計する際に，生産量が変化していなくてもマークアップ率の上昇により価格が高くなった財の生産量が相対的に増える場合に，数量的増加としてカウントされるケースである。もう１つは，完全競争下での完全分配を前提として，マークアップ率によって生じた超過利潤を資本の取り分として資本価格に加算すると，価格がその分大きく推計される。これは，価格面から計算される TFP の上方のバイアスがもたらすケースである。さらに，中島は，TFP がアウトプットをインプッ

ト集計量で除したものにすぎないので，完全競争，規模に関する収穫一定，利潤最大化のいずれも仮定しておらず，そうした仮定下の TFP 上昇率は技術進歩率と必ずしも一致しないと指摘した（中島，2001: p.85）。中島は，生産関数を前提とする費用最小化の条件式に平均費用／限界費用を表す k を導入して，ソロー残差がほかの変数の影響を受けるプロセスを明らかにした。

乾友彦・権赫旭はマークアップ率の先行研究を考察したうえ，1970～1998年における日本の22産業のマークアップ率を推計した（乾・権，2004）。推計は，Hall と Roeger の 2 つの方法によって行われた。Hall の方法を採用する際に用いた操作変数は，防衛費変化率，石油・石炭・天然ガスの輸入成長率を用いた。製造業13部門と非製造業 9 部門を対象にしており，22部門のうち，6 部門ではマークアップ率が 1 を下回る結果になっている。Roeger の方法によって計測された結果は，製造業のマークアップ率がほぼ 1 に近い数値になっており，製造業ではほぼ完全競争に近い形で競争が行われていると考えられる。非製造業では多くの産業はマークアップ率が 1 を大きく超え，特に農林水産が1.518，電気・水道・ガスが2.245，不動産が2.454，運輸・通信が1.7と比較的高い。

近年の研究として，Michael Polemis and Panagiotis Fotis（2015）は，アメリカ，日本，EU 諸国の製造業とサービス業を対象にして，1970～2007年のマークアップ率を推計した。Polemis らの推計結果によると，アメリカ，日本，EU 諸国に関して不完全競争市場は観察されたが，大多数の産業の統計的に有意なマークアップ率は 1 を下回っている。産業別には，およそ75％の部門が完全競争，25％は不完全競争であることが示された。また，研究対象となった国・地域では，いずれもサービス業が製造業より高いマークアップ率を示している。また，国際化が進んでいる国や地域，規制の少ない産業ほどマークアップ率が低いという結果になっている。

■マークアップ率の推計方法

ここから，Roeger（1995），Martins, Scarpetta, and Pilat（1996），乾・権（2004）の各論文を参考にして，マークアップ率の推計法について説明する。

（1）Hall のアプローチ

まず，技術進歩を享受する企業にとって，生産の増分に必要となる限界費用は以下の形をとることが仮定される。

$$MC_i(t) = \frac{w_i(t)\Delta L_i + r_i(t)\Delta K_i}{\Delta Y_i(t) - \theta_i(t) Y_i(t)} \tag{6}$$

（6）式中，Y，L，K は実質付加価値額，労働投入，資本投入，w，r は賃金率と資本サービス価格，i，t が産業と時間，$\Delta L_i(t) = L_i(t) - L_i(t-1)$，$\theta_i(t)$ は技術進歩率を表すパラメータを示している。（6）式の両辺を付加価値 Y で割って整理すれば（7）式が得られる。

$$\frac{\Delta Y_i(t)}{Y_i(t)} = \frac{w_i(t)L_i(t)}{MC_i(t)Y_i(t)} \cdot \frac{\Delta L_i}{L_i} + \frac{r_i(t)K_i(t)}{MC_i(t)Y_i(t)} \cdot \frac{\Delta K_i(t)}{K_i(t)} + \theta_i(t) \tag{7}$$

（7）式は，完全競争下では企業の生産物価格は限界費用 $MC_i(t)$ に等しくなるので，生産要素の分配率は生産要素が対生産物の弾力性に等しくなることを意味している。さらに，（7）式の右辺に $\frac{P_i(t)}{P_i(t)}$ を掛けて整理すると（8）が得られる。

$$\frac{\Delta Y_i(t)}{Y_i(t)} = \frac{P_i(t)}{MC_i} \frac{w_i(t)L_i(t)}{P_i(t)Y_i(t)} \cdot \frac{\Delta L_i(t)}{L_i(t)} + \frac{P_i(t)}{MC_i} \frac{r_i(t)K_i(t)}{P_i(t)Y_i(t)} \cdot \frac{\Delta K_i(t)}{K_i(t)} + \theta_i(t) \tag{8}$$

（8）式右辺の第1項，第2項において，それぞれ生産物価格対限界費用比，生産要素の分配率，生産要素の成長率と3つの部分に分解できる。規模に関する収穫一定の下では，労働分配率＋資本分配率＝1である。いま，完全競争の条件を緩めると，$\mu_i(t) = P_i(t)/MC_i(t)$ に設定し，（8）式を（9）式のように整理できる。

$$\Delta Y_i(t)/Y_i(t) = \mu_i(t)a_i(t) \cdot \Delta L_i(t)/L_i(t) + \mu_i(t)(1-a_i(t)) \cdot (\Delta K_i(t)/K_i(t)) + \theta_i(t) \tag{9}$$

$a_i(t)$ は労働分配率である。（9）式の両側から $a_i(t)(\Delta L_i(t)/L_i(t) - \Delta K_i(t)/K_i(t))$ を差し引くと，（10）式のように，ソロー残差を表すことができる。

$$\begin{aligned} SR_i(t) &= \Delta Y_i(t)/Y_i(t) - a_i(t)\Delta L_i(t)/L_i(t) - (1-a_i(t))\Delta K_i(t)/K_i(t) \\ &= (\mu_i(t)-1)a_i(t)(\Delta L_i(t)/L_i(t) - \Delta K_i(t)/K_i(t)) + \theta_i(t) \end{aligned} \tag{10}$$

完全競争が成立すれば，$\mu_i(t) = 1$ であり，ソロー残差は，資本労働比率と相

関を持たず，技術進歩率 $\theta_i(t)$ と等しくなる。

　(10) 式を見るとわかるように，完全競争であれば，$\mu_i(t) = 1$，ソロー残差 $SR_i(t) = \theta_i(t)$ となるが，企業が価格に対して支配力を持つ不完全競争の場合は，価格を限界費用より高くすることで超過利潤を得ようとし，$\mu_i(t) > 1$ となる。同時に，労働投入の成長率が資本投入の成長率を上回るようになれば，ソロー残差 $SR_i(t)$ は真の技術進歩率を表す $\theta_i(t)$ より大きくなる。また逆のケースも考えられる。企業が価格を限界費用より低くして競争相手を市場から排除しようとする場合，$\mu_i(t) < 1$ となる。同時に，資本投入の成長率が労働投入の成長率を上回る状況であったら，ソロー残差 $SR_i(t)$ は技術進歩率 $\theta_i(t)$ より低くなる。いずれにしても，完全競争の仮定の下でソロー残差を推計すれば，TFP 成長率の推計値は過大評価か，または過小評価される可能性がある。

　(10) 式はソロー残差を表す推計式であるが，ソロー残差自体が観察できないため，Hall は (9) 式を使ってマークアップ率を推計した（Martins, et al., 1996）。Hall は技術進歩率 $\theta_i(t)$ について，時間とともに変化しない技術進歩を表すパラメータ θ_i と誤差項の合計として設定した。

$$\theta_i(t) = \theta_i + u_i(t) \tag{11}$$

また，(9) 式を (12) 式に変換して推計を行った。

$$\Delta Y_i(t)/Y_i(t) - \Delta K_i(t)/K_i(t) = \mu_i(t)\alpha_i(t) \cdot (\Delta L_i(t)/L_i(t) - \Delta K_i(t)/K_i(t)) + \theta_i + u_i(t) \tag{12}$$

　(12) 式の左辺は資本生産性の増加率であり，右辺は労働資本比率となっている。具体的に，説明変数と誤差項の間の相関関係を避けるために，国防費，世界石油価格指数，政治要因など数種類の操作変数を取り入れて試みた。結果として，製造業・サービス業から集計した大分類 7 産業のマークアップ率の存在が証明されており，アメリカ経済における不完全競争の存在が確認された。

(2) Roeger のアプローチ

Roeger は，Hall のアプローチをはじめ，いくつかの先行研究を検討した うえ，不完全競争の前提下で生産ベースと価格ベースの 2 つのソロー残差を 測る方法を考案した。そのうえで，Hall と同じようなアメリカ製造業のデー タを用いて，マークアップ率を推計し，双対アプローチのほうが説明力が高 いことを検証した。

Roeger は，(13) 式で示されるように，まずソロー残差を表す関数に不完 全競争の度合いを表すラーナー指数 B を導入した。

$$B_i = (P_i(t) - MC_i(t))/P_i(t)) = 1 - 1/\mu_i \quad or \quad \mu_i = 1/(1 - B_i) \tag{13}$$

次に，(13) 式を (10) 式に代入して整理すると (14) 式を得ることができる。

$$SR_i(t) = B_i(\Delta Y_i(t)/Y_i(t) - \Delta K_i(t)/K_i(t)) + (1 - B_i)\theta_i(t) \tag{14}$$

完全競争が成立すれば，$\mu_i(t)$ が 1 となるから，$B_i(t)$ が 0 となる。したがって，$SR_i(t)$ は真の技術変化率 $\theta_i(t)$ に等しくなる。しかし，$(\Delta Y_i(t)/Y_i(t)) - (\Delta K_i(t)/K_i(t))$ は $\theta_i(t)$ と相関を持つ可能性があるので，Roeger は価格ベースのソロー 残差の測定を提案した。TFP を求める生産ベースと価格ベースの双対アプ ローチによって，マークアップ率を算出する手法が示された。(15) 式は Roeger が示した価格ベースのソロー残差である。

$$SRP_i(t) = a_i(t)\Delta w_i(t) + (1 - a_i(t))\Delta r_i(t) - \Delta P_i(t)/P_i(t)$$
$$= -B_i(\Delta P_i(t)/P_i(t) - \Delta r_i(t)/r_i(t)) + (1 - B_i)\theta_i(t) \tag{15}$$

価格ベースのソロー残差は，(生産物価格の変化率 − 資本費用の変化率) と (技 術進歩率 × B) の 2 項から構成されており，(14) 式で示している生産ベー スのソロー残差と対称的になっている。(14) 式で示されるソロー残差は，(資 本生産性の変化率) と (技術進歩率 × B) の 2 項から構成されている。(14) 式と (15) 式の差として，(16) 式のように，B の推計式はまとめられる。

$$SR_i(t) - SRP_i(t) = B_i\Delta X_i(t)/X_i(t) + \varepsilon_i(t) \tag{16}$$

ただし，$\Delta X_i(t)/X_i(t) \equiv (\Delta Y_i(t)/Y_i(t) - \Delta K_i(t)/K_i(t)) + (\Delta P_i(t)/P_i(t) - \Delta r_i(t)/r_i(t))$，

$\varepsilon_i(t)$ は誤差項である。さらに，Roeger は（16）式に操作変数 Δgnp を導入して推計結果の妥当性を確かめた。

$$SR_i(t) - SRP_i(t) = B_i \Delta X_i(t)/X_i(t) + C_i \Delta gnp(t) + \varepsilon_i(t) \qquad (17)$$

（14）式と（15）式を見ればわかるが，（16）式によってマークアップ率を測定するために，産業別付加価値，資本ストック，労働時間，生産物価格指数，資本サービス価格指数，賃金率上昇指数というデータを作成する必要がある。

3.　中国産業別マークアップ率の測定

■データについて

　（16）式を用いて中国産業別マークアップ率を測定するために，付加価値額，資本サービス投入，労働投入，生産物価格指数，資本サービス価格指数と賃金率データが必要であることがわかった。これらデータの作成については，主に第 2 章，第 3 章，第 4 章で説明している。

　付加価値データの作成は 2 つのステップからなる。最初のステップは鉱工業の付加価値データの作成である。鉱工業 2 桁の産業別付加価値は1992年以降『中国統計年鑑』から収集できるが，統計局は対象の企業・事業所を国有企業と一定規模以上の非国有企業に限定しているため，労働力や固定資産投資とは対象範囲が異なっている。そこで，付加価値と生産要素の統計範囲を統一するために，国有・非国有の全企業・全事業所まで拡大しなければならない。利用できるのは，『中国統計年鑑』で発表されている全企業・全事業所を取り入れた 1 桁分類の産業別付加価値である。データ作成にあたっては，①39産業の国有企業と一定規模以上の非国有企業の付加価値データを収集する。②『中国郷鎮企業年鑑』に基づいて産業別郷鎮企業の付加価値データを作成する。これでも工業の総付加価値額より数値が小さいので，③各年の産業構成を用いて，生産要素の統計範囲と同じになるように，工業総付加価値額をコントロールトータルにしながらスケールアップするとの方針を立てた。第 2 のステップは鉱工業以外の部門の付加価値の作成であるが，所有制形態を分けていないものの，『中国統計年鑑』から農業，建築，商業およびサー

ビスの付加価値が得られる。

　労働投入のデータの作成に関しては，労働力の投入量，農民工の投入量，労働力の質的変化を考慮する交差分類の構成に分けて作成した。利用した主な資料は，『中国労働統計年鑑』，『中国統計年鑑』，『中国郷鎮企業年鑑』，『中国人口与労働問題報告』シリーズである。交差分類として，39産業，国有と非国有，男性と女性，5つの年齢層（15〜24歳，25〜34歳，35〜54歳，55〜60歳，61歳以上），4つの学歴層（小学校，中学校，高校・専門学校，短大・大学・院）のように，39×2×2×5×4，年ごとに2,320タイプの労働力データを作成した。さらに，年間平均出勤日数と時間数を推計して，マンアワーデータを作成した。

　資本投入のデータ作成は3つの部分からなる。1つ目は資本ストックの推計である。2桁分類の産業別建築，設備，その他の固定資産投資額は『中国固定資産投資統計年鑑1950-1995』，および1995年以降各年の年鑑から得られる。固定資産の種類によって減価償却率が異なるので，一部OECD国の減価償却水準を参考にして中国産業別×資産種類別の減価償却率を算出した。2つ目は資本サービス価格の推計である。この資本サービス価格の推計は，不可欠である減価償却率以外に，資本所得，資本収益率，資本財価格指数などのデータに基づいて資本サービス価格を推計した。

　生産物価格指数は政府発表の出荷価格を利用した。ただし，発表されたのは1桁分類の価格指数なので，それに基づいて2桁分類の価格指数を作成した。

　産業別賃金総額データは『中国労働統計年鑑』，『中国郷鎮企業年鑑』，『中国投入産出表』を土台として作成された。都市部は国有企業，集団所有制企業，その他所有制企業を含めているが，就業者の社会保障データがないので，『投入産出表』を利用した。郷鎮企業の賃金は『中国郷鎮企業年鑑』，村営・農村個人経営のデータは趙・李（1999），頼（1999），李・別雍（1999），馬（2007），李・羅（2014）などの調査を利用した。賃金の実質化は消費者物価指数を用いた。

　図5-2は生産物と生産要素の価格指数を示している。生産物価格の推移を見ると，1992年を1として，2010年に2.25になったが，1992年から1995年

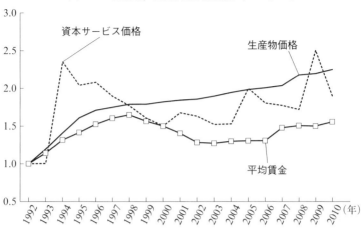

図 5-2　生産物，生産要素価格指数（1992年＝1）

までの間で特に価格の上昇率が高いのは，改革開放の加速を提唱した鄧小平「南巡講話」の発表と「社会主義市場経済の確立」を目指す党大会の決定によって，「天安門事件」で落ち込んだ中国経済に再び高成長が始まり，内外からの投資需要が高まったためである。1996年から2010年の間に，リーマンショックを受けた政府の大規模救済策によって価格の高騰が引き起こされたが，年3.86％のように緩やかな上昇に移行した。

　時間当たりの平均賃金の推移を見ると，1992年から1998年まで経済の上昇局面と合わせて平均賃金も上昇傾向で推移していた。この時期は，国有企業における所有制改革の真っ只中であって，さまざまな市場の重心が国有企業から非国有企業に移行する時期でもあったので，賃金面においても国有企業改革により国有企業の労働分配率の上昇，外資系企業や国内の民間企業の市場参入による労働市場の変化と経済の回復によって賃金の上昇が現れた。ただし，1990年代以降，国有企業に解雇された「下崗人員」（一時帰休者）が増えており，一部の女性や年長者を除いて大部分は非国有企業部門に吸収された。農村からの年間数千万人以上の出稼ぎ労働者が都市部で働くようになり，非農業部門の賃金上昇は抑制された。しかし，2000年代後半から都市部でしばしば人手が足りない状態が発生し，余剰労働力が枯渇したという見方が出

表5-2　労働，資本，付加価値増加率

	1993〜1995	1996〜2000	2001〜2005	2006〜2010
労働投入	7.38	△1.02	2.26	1.52
資本投入	13.30	10.86	16.44	21.57
付加価値額	10.43	13.05	13.93	12.90

現するほど賃金が上昇する局面に入っていく。結果，平均賃金は1992年を1
として，2010年には1.55となった。

　資本サービス価格指数について見ると，1992年から1994年まで急騰してお
り，その後はおよそ10年間にわたり下降局面が続いた。ただし，2000年代の
中盤に入ってから不動産投資が過熱してバブル気味となり，固定資産投資は
再びブームの状態になりつつあった。原材料価格など資本サービス価格は大
きく起伏し，後半になると四川地震後の復興，リーマンショック後の景気刺
激のための公共事業が急増した。資本サービス価格は1992年を1とした場合，
2010年では1.89となった。

　生産物，生産要素の価格上昇率を見てきたが，表5-2で労働，資本，付
加価値それぞれの増加率を見てみよう。1993〜1995年の段階では，まだ国有
企業の人員削減が始まっておらず，労働法も施行されていなかったので[2]，
従業員の解雇はタブーであった。一方，経済は過熱状態で郷鎮企業，外資系
企業をはじめとする非国有部門の労働力需要が高まった。そのなかで，労働
投入が7.38％と大きく増えた。1995年頃から国有企業改革が進展し，大規模
人員削減が数年にわたって行われたことと，アジア通貨危機の影響で経営難
に陥る中小企業が急増したことで，1996〜2000年の労働投入は−1.02％と減
少した。2001年以降はWTO加盟が経済の起爆剤となるなかで企業の生産活
動が回復し，国有企業のリストラも沈静化に向かって，労働投入は回復した。
資本投入については，インフラ整備をはじめ，旺盛な固定資産投資が続いた
が，1995〜2000年の間に国有企業改革，アジア通貨危機の影響で10.86％と
減速した。一方，2006〜2010年の段階で政府の大型景気刺激策を受けて，固

2）　中国では，労働法は1994年7月5日に公布され，1995年1月1日から施行されてい
　る（李，2009）。

定資産投資は21.57％と急増した。アウトプットとしての付加価値はこの間，一貫して 2 桁の成長を達成していた。特に1996～2000年，2001～2005年，それぞれ13.05％，13.93％と高成長が続いた。

■産業別マークアップ率

　以上で作成した産業別のデータを用い，Roeger がまとめた（16）式によって中国39産業の産業別マークアップ率を測定した。その結果を表 5 - 3 に示している。まず自由度調整済み決定係数 R^2 を見ると，農業以外の38産業は0.5以上となっており， 7 割以上の説明力を有するが，そのなかで説明変数と被説明変数の相関が比較的低かったのは石炭，その他サービス，事務用機器である。次にラーナー指数 B の t 検定は，自由度が18であり，農業を除けば38産業の t 値が2.878以上であるため， 1 ％有意水準に達した。農業は 5 ％有意水準に満たした。次に，農業を含めて39産業のラーナー指数 B を見ると，B の数値は最も高いのがたばこの1.047，最も低いのが石炭鉱業の0.420と事務用機器の0.416である。ラーナー指数からマークアップ率に直す段階で，実は 2 つのマークアップ率が示されている。μ が $1/(1-B)$，μ^m が $1/(1-B(1-m))$ によって，それぞれが算出される。ただし，m は中間投入比率を示す。Hall は，付加価値を用いてマークアップ率を測定する方法は，本来は限界費用に入っているはずの中間投入を計算に入れていないため，マークアップ率が過大評価されると注意を与えている。そこで，Hall は付加価値ベースのマークアップ率の測定に関しては，中間投入比率 m を取り入れて，$\mu = 1/(1-B(1-m))$ によって μ の測定範囲を修正した（Hall, 1988, Roeger, 1995: p.325）。筆者は（16）式を利用して B と誤差項を推定し，マークアップ率への換算は 2 通りを行い，μ と μ^m が得られた。

　では，修正前の推計結果 μ を見てみる。μ の推計値は，農業を含まないと，最低位のその他サービスの1.624から最高位の不動産の26.274まで広い範囲にわたっており，各産業で程度は異なるが，不完全競争の存在が明らかになった。μ は価格対限界費用比なので，中国の産業における単位当たりの付加価値（価格）のなかでは，10％程度から60％程度までしか限界費用に該当していないということが示唆された。残りは市場のパワーによって得た収入であ

表5-3 産業別マークアップ率の推計結果

産業分類	B	R^2	μ	m	μ^m
農業	0.182 (2.38)	0.263	1.222	0.393	1.124
石炭採掘	0.420 (4.51)	0.559	1.725	0.542	1.228
石油・天然ガス採掘	0.794 (12.41)	0.906	4.855	0.303	2.398
鉄金属鉱石採掘	0.773 (15.24)	0.936	4.397	0.621	1.416
非鉄金属鉱石採掘	0.840 (13.51)	0.919	6.270	0.597	1.470
非金属鉱石採掘	0.702 (5.63)	0.664	3.354	0.597	1.370
食品	0.829 (4.39)	0.546	5.834	0.715	1.325
飲料	0.629 (12.83)	0.911	2.694	0.660	1.229
たばこ	1.047 (13.30)	0.917	△ 21.176	0.329	1.450
紡績・衣料品	0.683 (9.18)	0.840	3.153	0.758	1.224
皮革・毛皮製品	0.581 (8.59)	0.919	2.387	0.780	1.184
製材	0.844 (17.14)	0.948	6.427	0.747	1.276
家具	0.591 (13.44)	0.983	2.446	0.733	1.179
製紙	0.697 (15.22)	0.935	3.298	0.708	1.272
印刷	0.678 (16.17)	0.942	3.103	0.660	1.263
文化・スポーツ用品	0.462 (10.28)	0.869	1.858	0.743	1.121
石油加工・コークス	0.858 (26.87)	0.978	7.052	0.779	1.137
化学製品	0.678 (14.83)	0.932	3.103	0.756	1.190
医薬品	0.601 (9.29)	0.844	2.504	0.683	1.165
化学繊維	0.568 (9.29)	0.844	2.315	0.767	1.155
ゴム製品	0.568 (8.15)	0.806	2.315	0.760	1.155
プラスチック製品	0.553 (9.56)	0.851	2.238	0.776	1.150
建材	0.734 (10.00)	0.862	3.760	0.684	1.247
鉄鋼業	0.850 (16.82)	0.946	6.671	0.766	1.197
非鉄金属製造	0.875 (16.87)	0.947	8.024	0.763	1.204
金属製品	0.719 (10.76)	0.878	3.561	0.763	1.178
汎用機械・専用機械	0.543 (11.02)	0.884	2.189	0.718	1.157
輸送用機器	0.711 (10.56)	0.875	3.460	0.732	1.225
電気機器	0.721 (7.37)	0.773	3.588	0.772	1.163
通信機器	0.494 (9.34)	0.845	1.976	0.789	1.070
事務用機器	0.416 (6.03)	0.695	1.713	0.702	1.121
工芸品その他	0.460 (6.72)	0.738	1.851	0.740	1.120
電力・水道・ガス	0.737 (29.83)	0.982	3.809	0.595	1.414
建築	0.532 (7.47)	0.777	2.138	0.726	1.302
輸送・郵便	0.507 (11.96)	0.899	2.030	0.510	1.273
商業	0.657 (8.73)	0.826	2.920	0.446	1.497
金融	0.800 (9.87)	0.859	5.006	0.404	1.753
不動産	0.962 (22.02)	0.968	26.274	0.239	2.316
その他サービス	0.384 (4.20)	0.524	1.624	0.496	1.423

B: Lerner index, $\mu = 1/(1-B)$; $\mu^m = (1 - B*(1-m))$, m: 各産業の中間投入対生産額比率。

る。ただし，本推計は付加価値ベースなので，以上で検討した限界費用のなかに中間投入が考慮された分，μ はマークアップ率に対して過大評価となったことは問題である。中間投入によって発生した費用を無視すれば，μ の値が高くなり，例えばマークアップ率が 5 以上の水準となっている産業は，非鉄金属鉱石採掘，製材，石油加工・コークス，鉄鋼業，金融，不動産の計 6 産業である。

　各産業の中間投入比率を用いて μ について計算し直すのに，中国（産業連関表）の1992年表，1997年表，2002年表，2005年表，2007年表，2012年表を利用した。しかし，各産業の中間投入比率は期間を通して固定されているため，マークアップ率の精度に影響を及ぼすことになるので留意されたい。μ から μ^m に変換した結果は一番右の欄で示されている。各産業の μ^m の数値は，最低位の通信機器の1.070から最高位の石油・天然ガス採掘の2.398までの範囲にあり，中間投入の加味によって μ の値より μ^m の値は大幅に低下した。m の値と合わせてみればわかるように，中間投入比率が低い産業のほうが修正されたマークアップ率の低下幅は小さくなり，中間投入比率が高い産業に比べ，μ^m の値は相対的に高くなる。これは，限界費用に占める中間投入の比率が高いためである。μ^m の結果を見ると，数値が1.4以上となった産業は，石油・天然ガス採掘（2.398），鉄金属鉱石採掘（1.416），非鉄金属鉱石採掘（1.470），たばこ（1.450），電力・水道・ガス（1.414），商業（1.497），金融（1.753），不動産（2.316），その他サービス（1.423）の 9 産業である。これらの産業において価格に対する限界費用のシェアは 4 割から 7 割までである。一方，製造業の大部分は1.2以下となっているが，このうち文化・スポーツ用品（1.121），通信機器（1.070），事務用機器（1.121），工芸品その他（1.120）の 4 産業のマークアップ率が低かった。逆に，石油加工・コークス，鉄鋼業，金属製品，輸送用機器，電気機器といった産業は，μ の値が大きいが，中間投入の比率も高めのため，μ^m の値は大きく低下した。

　Roeger のもう 1 つの方法は，需要効果を反映する操作変数の導入によってマークアップ率の推計結果の妥当性を確かめるものである。同じ手法を使い，3 つの操作変数として GDP 成長率，軍事費対 GDP 比，原油輸入増加率を取り入れて，(18) 式に当てはめた。

$$SR_i(t) - SRP_i(t) = B_i \Delta X_i(t)/X_i(t) + C_i \Delta gnp(t) + D_i \Delta dfn(t) + E_i \Delta oil(t) + \varepsilon_i(t)$$

（18）

　表5-4は需要効果のテスト結果を示すものである。推計値の妥当性を見ると，農業を含めて全39産業の自由度調整済み決定係数 R^2 が0.5％以上の数値となっており，相関性はよくなった。R^2 が相対的に低い農業の場合でも，単回帰の0.263より0.277ポイント高く，0.540と説明力は良好となった。ラーナー係数 B の有意性検定に関して，自由度が13であり，t-検定値は3.012以上であれば有意水準1％，2.160であれば5％水準で有意性がある。需要効果を含めた操作変数を入れた推計では，農業を除けば38産業はすべてのラーナー係数が有意水準1％に達している。農業は有意水準5％を満たしている。

　GDP 成長率，軍事費対 GDP 比率，原油輸入増加率という3つの操作変数のうち，GDP 成長率において，非鉄金属鉱石採掘，紡績・衣料品，文化・スポーツ用品，石油加工・コークス，化学繊維，ゴム製品，非鉄金属製造，金属製品，汎用・専用機械，建築，その他サービスの11産業は，5％有意水準に達している。つまり，3分の1の産業，特に鉱工業では経済成長との関連は深い。軍事費対 GDP 比率に関して，5％有意水準を満たした産業は，石油・天然ガス採掘，非鉄金属鉱石採掘，非金属鉱物製品，輸送・郵便である。そのなかで，石油・天然ガス採掘と輸送・郵便が軍事費対 GDP 比に関して負の相関を示した。原油輸入増加率との相関に関して，石油・天然ガス採掘，紡績・衣料品，医薬品，プラスチック製品の4産業が正の相関を示し，ここには化学原料を使う産業が多く含まれている。

　操作変数を使わない推計に比較して，操作変数を入れた後の推計においてラーナー指数の値はおおむね小さくなり，ラーナー指数 B によって算出された多くの産業のマークアップ率 μ の水準は低下した。操作変数を入れていない推計と同じように，操作変数を入れている推計においても，付加価値ベースのマークアップ率推計では，マークアップ率を過大に推計する可能性があるために，Hall や Roeger の提案に従い，μ から中間投入を考慮した μ^m 値に計算し直した。39産業の平均的マークアップ率は，中間投入を考慮していないケースの3.18に比べ，1.78ポイント低下の1.40になった。

　産業別の μ^m 値を確認すると，まず農業は1.115であり，完全競争に近い状態である。改革開放以後，農民たちは地方政府が所有している土地を請負うことになり，農業・牧畜業などの経営形態は基本的に農家が主要な担い手となった。一方，政府は共同経営や農業の産業化を提唱した。プロマーコンサルティングが行った調査によれば，中国では，1990年代から国有企業，民間企業，郷鎮企業などさまざまな形態をとって「龍頭企業」が現れた。政府の統計によれば，2010年に龍頭企業の取扱量は中国の農産品・農産加工品の市場供給量の約3分の1，都市の生鮮食品供給量の約3分の2に達したと推計されている（プロマーコンサルティング，2011）。

　次に採掘業の μ^m 値を見てみよう。石炭の1.232に対して，鉄鉱石が1.384，非鉄金属が1.469，非金属が1.368と，いずれも1％台であるが，石炭市場はより競争的であった。石油・天然ガス採掘産業は，ほぼ完全に政府によって所有されており，政府は価格設定権を握っていると言って過言ではない[3]。ここで特筆したいのは石炭産業である。周知のとおり，1980年代からエネルギー面で中国の経済成長を支えた主力産業は石炭であり，中国のエネルギー消費の7割以上が石炭である。ただし，石炭産業の組織形態に関して，孟健軍は，寡占下に置かれている石油産業と異なるのは，7千社近い石炭採掘企業の存在であると指摘した（孟，2016：2014年数値）。孟は，1980年代前期の中国の石炭産業では国有炭鉱の生産量が多かったが，その後は郷鎮企業を含む地方政府の炭鉱の生産量が拡大し，2009年になると地方政府所属の炭鉱は国有炭鉱に拮抗するだけの生産規模に発展した。石炭産業の発展における最大の特徴は政府権力と地方利権の対立と妥協のなかに存続したことであり，政府は石炭産業を強く指導したくても，地方や郷鎮，村など伝統地域は自分たちの権益を強く守る。マークアップ率の推計結果も，石炭市場がほかの採掘業市場より競争的であることを表している。

　製造業における μ^m 値を見ると，生活関連型の産業である食品が1.305，飲料が1.266，紡績・衣料品が1.185，皮革・毛皮製品1.147，家具1.181，製紙1.251，印刷1.304，文化・スポーツ用品1.135，医薬品1.214，工芸品その他製造業が

3）　第3章付表3－1で示したように，石油・天然ガス採掘産業の資本の95％以上が政府に所有されている。

表 5 - 4　需要効果のテスト

産業分類	B	C	D	E	R^2	μ	μ^m
農業	0.170 (2.46)	3.449 (1.74)	△1.048 (△1.91)	0.027 (0.25)	0.540	1.205	1.115
石炭採掘	0.411 (4.07)	2.608 (0.96)	0.082 (0.10)	0.106 (0.71)	0.614	1.697	1.232
石油・天然ガス採掘	0.632 (14.09)	△0.140 (△0.14)	△0.803 (△2.93)	0.374 (5.52)	0.977	2.715	1.786
鉄金属鉱石採掘	0.732 (16.12)	2.309 (1.90)	0.591 (1.74)	0.125 (1.80)	0.965	3.734	1.384
非鉄金属鉱石採掘	0.792 (15.93)	3.398 (2.82)	0.836 (2.50)	0.095 (1.38)	0.964	4.808	1.469
非金属鉱石採掘	0.668 (4.81)	△0.584 (△0.22)	1.144 (1.58)	0.127 (0.82)	0.731	3.013	1.368
食品	0.819 (3.66)	3.081 (0.68)	0.028 (0.02)	0.052 (0.20)	0.567	5.529	1.305
飲料	0.618 (10.97)	0.442 (0.38)	△0.058 (△0.17)	0.052 (0.82)	0.918	2.619	1.266
たばこ	1.101 (13.38)	1.104 (0.64)	0.490 (0.98)	△0.171 (△1.86)	0.938	△9.872	3.831
紡績・衣料品	0.646 (10.85)	2.783 (2.22)	△0.324 (△0.94)	0.168 (2.41)	0.928	2.822	1.185
皮革・毛皮製品	0.582 (9.15)	3.166 (2.08)	△0.115 (△0.27)	0.081 (0.98)	0.884	2.393	1.147
製材	0.824 (15.87)	1.522 (1.53)	0.011 (0.03)	0.057 (1.00)	0.961	5.695	1.264
家具	0.574 (14.20)	1.631 (1.65)	0.290 (1.07)	0.097 (1.75)	0.950	2.347	1.181
製紙	0.686 (15.59)	1.621 (1.34)	△0.334 (△1.01)	0.088 (1.35)	0.956	3.183	1.251
印刷	0.687 (15.91)	1.858 (1.90)	0.003 (0.01)	△0.012 (△0.23)	0.955	3.190	1.304
文化・スポーツ用品	0.463 (11.89)	2.074 (2.23)	△0.129 (△0.51)	0.080 (1.60)	0.927	1.861	1.135
石油加工・コークス	0.826 (35.62)	2.422 (4.55)	△0.052 (△0.35)	0.066 (1.97)	0.993	5.745	1.223
化学製品	0.664 (18.19)	2.051 (2.21)	△0.364 (△1.44)	0.106 (2.07)	0.969	2.973	1.193
医薬品	0.556 (10.24)	2.122 (1.91)	△0.331 (△1.04)	0.158 (2.57)	0.928	2.252	1.214
化学繊維	0.735 (13.55)	3.257 (2.35)	△0.014 (△0.03)	0.069 (0.87)	0.946	3.768	1.207

産業分類	B	C	D	E	R^2	μ	μ^m
ゴム製品	0.557 (9.96)	3.137 (2.40)	△ 0.653 (△ 1.82)	0.102 (1.44)	0.909	2.475	1.167
プラスチック製品	0.526 (11.69)	2.351 (2.09)	△ 0.277 (△ 0.89)	0.165 (2.67)	0.934	2.112	1.133
建材	0.727 (10.10)	1.334 (0.87)	0.959 (2.27)	0.057 (0.65)	0.907	3.661	1.298
鉄鋼業	0.819 (15.57)	1.454 (1.30)	0.446 (1.43)	0.066 (1.01)	0.961	5.537	1.237
非鉄金属製造	0.843 (18.82)	3.114 (2.78)	0.381 (1.23)	0.074 (1.16)	0.972	6.372	1.249
金属製品	0.694 (11.63)	3.311 (2.39)	0.082 (0.21)	0.103 (1.33)	0.929	3.271	1.197
汎用機械・専用機械	0.542 (15.64)	2.844 (3.72)	△ 0.299 (△ 1.44)	0.065 (1.53)	0.959	2.185	1.181
輸送用機器	0.717 (10.52)	2.337 (1.47)	0.318 (0.73)	0.067 (0.78)	0.903	3.539	1.238
電気機器	0.726 (6.53)	2.380 (0.90)	0.024 (0.03)	0.012 (0.08)	0.788	3.647	1.199
通信機器	0.496 (10.37)	2.584 (1.74)	△ 0.678 (△ 1.70)	0.074 (0.95)	0.908	1.984	1.117
事務用機器	0.434 (6.42)	3.167 (2.07)	△ 0.332 (△ 0.79)	△ 0.006 (△ 0.07)	0.786	1.767	1.148
工芸品その他	0.445 (6.61)	1.451 (0.77)	△ 0.951 (△ 1.82)	0.033 (0.32)	0.805	1.803	1.131
電力・水道・ガス	0.737 (30.17)	0.700 (1.16)	0.277 (1.67)	0.014 (0.44)	0.987	3.797	1.425
建築	0.526 (8.80)	3.807 (3.54)	△ 0.011 (△ 0.03)	0.034 (0.56)	0.895	2.108	1.168
輸送・郵便	0.496 (13.05)	△ 0.198 (△ 0.21)	△ 0.595 (△ 2.37)	0.089 (1.77)	0.942	1.983	1.321
商業	0.638 (7.29)	△ 0.217 (△ 0.13)	△ 0.516 (△ 1.12)	△ 0.041 (△ 0.46)	0.845	2.764	1.547
金融	0.783 (8.57)	△ 3.222 (△ 1.39)	△ 0.264 (△ 0.38)	0.139 (1.09)	0.884	4.599	1.875
不動産	0.942 (18.48)	△ 0.081 (△ 0.05)	△ 0.192 (△ 0.46)	0.089 (1.04)	0.971	17.323	3.539
その他サービス	0.385 (4.76)	4.324 (2.55)	△ 0.440 (△ 0.93)	0.011 (0.12)	0.711	1.625	1.240

注：C: GDP 成長率，D: 軍事費 /GDP，E: 原油輸入増加率。

1.131となっている。その中で皮革・毛皮製品，家具，文化・スポーツ用品，工芸品その他製造業のマークアップ率が1.2以下となり，完全競争市場に近い。食品，飲料，医薬品，印刷，製紙業ではマークアップ率がやや高く，特に中国では食品や飲料，医薬品といった分野では高級化する傾向が見られる[4]。なかでも，たばこ産業は3.831という高いマークアップ率を示した。李海訓の調査によれば，たばこ産業からの税収は全国税収の5～7％を占めており，関連産業として法人や，たばこ工場，商業，農家を含めて巨大な利益集団が形成された（李，2021: p.153)[5]。また，中国では贈答品としてたばこを贈る慣習があり，たばこの高級化傾向が見られた。そこで政府は公用たばこを接待費用として処理することや「天価煙（超高級たばこ）」を禁止した（李，2021: p.154)。たばこは一般的な嗜好品というより，地位を示す場面で高級財として好まれるので，ブランドによる寡占状態が形成されやすいと思われる。

　組立加工型産業の μ^m 値では，汎用・専用機械が1.181，輸送用機器が1.238，通信機器1.117，事務用機器1.148と，いずれの産業でも低いマークアップ率が示された。改革開放以後，外資導入などによって一定の付加価値を確保する加工産業は目覚ましい成長を遂げた。国民の消費需要の高まりに誘発された自動車産業や通信機器産業において激しい競争が生じた。華為（ファーウェイ），ZTE，DJIなど大手企業が存在する一方で，丸川（2013）が名付けた「草の根資本家」は，広東省の深圳や浙江省の温州など，より開放された地方で数多く育まれた。車，携帯電話などの高級消費財が中国で普及したのは，供給面から見れば，海外メーカーだけでなく，国内にも無数の競争者がいるこ

4）　飲料高級化の一例として，玉井の文章が参考となる。1998年以降の上海では，亜鉛メッキ鋼管を水道管に使用することが禁じられているが，現在も8割程度の住宅は改装されておらず，依然として亜鉛メッキ鋼管の水道管が使用されている。亜鉛メッキ鋼管の水道管は3～5年間使用すると，腐食し亜鉛が溶け出し，人体に害を及ぼす恐れがある。近年，飲料水サーバーや浄水器が家庭に普及してきており，高級ペットボトル飲料水の販売も年々増加している。2012年の中国の高級飲料水の販売量は50億リットルを超え，販売額は108億元（約2,160億円）に及び，年間成長率は前年比42.6％増と著しく成長を遂げた。一般飲料水の平均利益率は3.85％であるのに対し，高級飲料水の平均利益率はその6～7倍と言われる（玉井，2012）。

5）　たばこは産品税の対象である。1984年に国有企業に対して政府への利潤上納から納税に変更された後，出荷価格を基準に，たばこの等級によって35～60％の税率が適用された（李，2021: p.146）。

とが起因したかもしれない。

　基礎素材型産業の μ^m 値を見ると，石油加工・コークスが1.223，化学製品が1.193，化学繊維1.207，ゴム製品1.167，プラスチック製品1.133，建材1.298，鉄鋼1.237，非鉄金属製造1.249，金属製品が1.197と推計されている。これらの推計から，同じ素材産業ながら，生活消費財向けの素材産業と中間財向けの素材産業では，それぞれの市場特性が示された。ゴム製品やプラスチック製品，金属製品のような消費財向けの素材市場はより競争的で，化学製品や建材，鉄鋼，非鉄金属製品，石油加工・コークス産業では競争度が比較的低い。ただし，石油加工・コークス産業のマークアップ率が石油・天然ガス採掘業より低いのは興味深い。その理由の1つは，供給面から見て民間企業の参入が比較的容易であったことが挙げられる。中国政府は石油・天然ガス市場の規制緩和に関して「中間を摑み，両端を放す」（管住中間，放開両頭）という発想がある。つまり，政府は基準価格を設定し，天然ガスのパイプラインなど重要インフラを運営するが，川上産業としての資源探査や採掘，および川下産業としての販売とサービスを民間企業に参加してもらうという発想である。現実には，フランチャイズのガソリンスタンドの運営など川下産業で民間企業の活躍が目立っているが，川上産業への民間進出はまだ少ない。筆者の調べによると，石油加工・コークス産業の資本における非国有企業の比率は，1992年に12.5％であったものの，2010年に40％近くに増加した。一方，石油・天然ガス採掘における非国有企業の比率は，この期間中わずか1.13ポイントしか上がらず，2010年においても1.48％に止まっていた（第3章，付表3-1）。もう1つは，マイカーブームが起きている中国では消費者がガソリンの価格に敏感で，石油・天然ガス採掘業に比べ，石油加工産業はガソリンスタンドなど一般消費者向けの製品・サービスも含まれているので，製品やサービスの価格変動は社会に監視される一面もあることは否定できない。

　電力・水道・ガス，建設業，およびサービス業の μ^m 値について見てみよう。電力・水道・ガスが1.425，建築が1.168，輸送・郵便1.321，商業1.547，金融1.875，不動産3.539，その他サービスが1.240となっており，農業を入れなければ，鉱工業より非鉱工業のマークアップ率が高い。このなかで建築業が最も低く，不動産は最も高いマークアップ率を示している。建築業は半数以上が

国有企業である一方，入札制度が導入されたため，入札で勝つ必要が生じる（日本総合研究所，2005）。一方，電力，輸送・郵便，金融業のマークアップ率は1.3台から1.8台までの範囲にあり，多数の製造業より不完全競争の程度は高い。この3分野では建築業より国有資本の比率が高く，しかも産業内の役割分担がすでに形成されて，市場競争機能が弱い。その他サービスは政府機関や政府による運営が多数であるので，勝手に価格を設定することは難しい。

　その他サービスの μ の値を見ると，2まで届いていないものの，中間投入を考慮したマークアップ率 μ^m 値は1.240となり，中間投入を考慮する効果はほかの産業に比べれば大きくない。これは，この分野の中間投入比率が他産業より相対的に低いからである。不動産業の中間投入を考慮した μ^m 値は3.539であり，たばこに次いで2番目に高いマークアップ率となった。中国の不動産業は経済改革後に形成された新しい産業だが，最も発展の速い産業の1つでもあった。土地所有権と開発を許可する権限を握っている各地方政府と利益集団は，実は不動産価格の形成における最大の責任者である。宋涛は，2000年代後半以降の中国の不動産市場に現れた価格の高騰は，所得の向上，賃貸市場の未整備，投機的需要の拡大など，いわゆる経済的な要因以外に，政府という「見える手」によってバブル含みとなったことを指摘した（宋，2010）。つまり，1998年「住宅公共積立金（住宅公積金）制度」をはじめとする融資を受けやすい「住宅金融制度」の導入が，所得がまだ低い中国での不動産ブームの起爆剤となり，同時に地方政府が世論の形成に対する影響力を使って不動産価格を急騰させた一面があったのである。マークアップ率の高さは，むしろこうした市場支配勢力の存在を物語っている。

　以上，中国の産業別マークアップ率の推計結果を見てきたが，総じて不完全競争が確認できたと言える。マークアップ率が価格対限界費用比として定義される以上，不完全競争下では，価格は限界費用を上回る形で決定される。価格を決定する際に，何らかの理由で原価に一定の比率で上乗せする行動はマークアップ・プライシングと呼ばれる行為である。こうした経営的な行為を経済学でどう解釈するのだろうか。R. Heibroner and L. Thurow は，「ごく普通の商店あるいはブランド名のある製品を作っている小さな競争的生産者は，人々に対して製品を差別化できるものの，類似しているが完全に同じ

図5-3　産業類型別マークアップ率

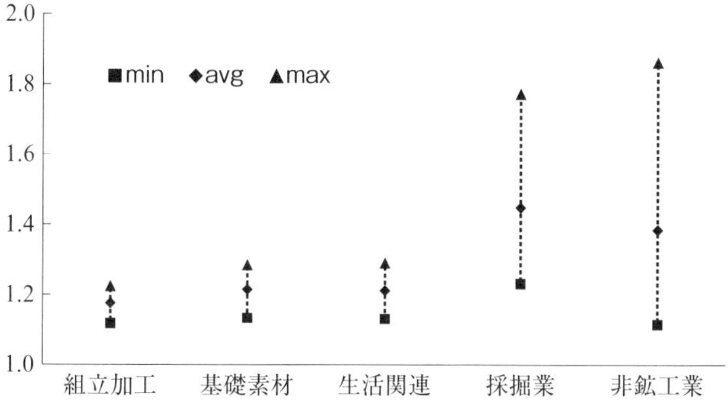

注：たばこと不動産をしている。

ではない製品を作るほかの多くの生産者との競争に直面しているのである。
……経済学者は，このような市場の状況を，独占という意味を加味して，不
完全競争あるいは独占的競争と呼ぶ」（Heibroner and Thurow, 1987; 中村達也訳，
1997: p.550）。企業は常に特別な製品によって不完全市場を作り出し，限界費
用を上回る価格付けによって利益を獲得する[6]。独占的競争以外に，独占と
寡占も不完全競争のよくある形態である。ただし，独占と言われるときは財・
サービスの供給独占のことを指すことが多い（黒田・中島，2001: pp.282-286）。
寡占は少数の経済主体が市場を分け合う状況のことを言う。中国で国有企業
の場合，政府の政策に強く影響されれば，原価と切り離して価格が決定され
る行動がパターン化されやすくなる。

　さらに，産業の類型とマークアップ率の関係を見てみよう。日本の経済産
業省による工業調査で使用される産業類型の分類は，製造業を組立加工型，
基礎素材型，生産関連型の3つに分けているので，ここでも，この分類を利
用した。図5-3は，これら製造業の3類型に採掘，非鉱工業を加え，5類

---

6)　完全競争の場合は，市場に参加する企業はみなプライステイカーであるため，需要
　曲線は水平である。例えば，市場で焼き餃子が一皿350円で販売されると定着すれば，ど
　の店でも何皿を作っても価格は変わらない。純粋に競争的な状況にある企業が直面する
　需要曲線は水平的であるのに対して，不完全競争市場においては，各々の売り手が直面
　する需要曲線は，緩やかな右下がりである。理由は，売り手は経営を悪化させることなし
　に価格を引き上げることができるからである（Heibroner and Thurow, 1987）。

型それぞれにおけるマークアップ率の最小値（min），最大値（max），平均値（avg）を示している。また，特殊性のあるたばこ，不動産を除外している。類型別に見ると，組立加工型，基礎素材型，生活関連型産業のマークアップ率は低い。各類型の平均値は，組立加工型が1.176，基礎素材型が1.215，生活関連型1.212，採掘業1.448，非鉱工業が1.385となっている。生活関連型の最大値はたばこ産業の3.831だが，たばこ産業を除外すれば平均値は大きく下がる。次に，非鉱工業，なかでも金融のマークアップ率が最も高く，1.875である。不動産を除いても，非鉱工業の平均値は1.38となる。さらに，5類型のなかで，採掘業のマークアップ率は最低値でも1.232と高い数値となった。

■全要素生産性上昇率の再計算

　ここで，表5-3で示された μ^m の値を（10）式に代入することで，真の技術進歩を反映したTFP上昇率を再推計できる。(10)式の左辺はレベニューシェアで測定されたソロー残差であり，右辺の第2項 $\theta_i(t)$ は，Hallの定義による真の技術進歩率である。右辺第1項の $(\mu_i(t) - 1)a_i(t)(\Delta L_i(t)/L_i(t) - \Delta K_i(t)/K_i(t))$ は，マークアップ率を反映した労働資本比率（資本装備率の逆数）の増加率となっている。(10) 式を確認すればわかるように，$\mu_i(t)$ が1より大きくかつ労働資本比率が低下（資本装備率が増加）した場合，ソロー残差が真の技術進歩率より小さくなる。不完全競争が存在し，資本蓄積のテンポが労働力の成長より相対的に速い経済であれば，TFP上昇率は真の技術進歩率を過小評価することになる（乾・権，2004）。

　表5-5は従来のレベニューシェアによって算出されたソロー残差とマークアップ率を考慮したTFPの再計算の結果を示している。いま，中国39産業のマークアップ率はすべて1より大きいことを確認できた。資本装備率が上昇すれば再計算されたTFP上昇率は従来のソロー残差を上回るはずである。1993〜2000年について，39産業のTFP上昇率が従来のソロー残差を上回る。2001〜2010年について，石炭，非金属鉱石採掘，家具，文化・スポーツ用品，通信機器，工芸品その他，商業の7産業で，再計算されたTFP上昇率はレベニューシェアのソロー残差より小さい結果となった。これは資本装備率の低下に起因されたと考えられる。1993〜2010年全期間を見ると，再

表 5-5　レベニューシェアとマークアップ率を配慮した TFP 上昇率　(%)

産業分類	レベニューシェア			マークアップ率を配慮した場合（レベニューシェア）		
	1993〜2000	2001〜2010	1993〜2010	1993〜2000	2001〜2010	1993〜2010
農業	4.95	3.10	6.43	6.54	4.36	8.28
石炭採掘	△2.82	△5.08	△1.01	△2.16	△5.25	0.31
石油・天然ガス採掘	△5.22	△3.88	△6.29	△4.69	△3.55	△5.59
鉄金属鉱石採掘	2.13	8.19	△2.72	2.91	8.70	△1.72
非鉄金属鉱石採掘	△2.24	7.10	△9.71	△1.21	7.13	△7.89
非金属鉱石採掘	△2.52	7.80	△10.77	△1.61	7.46	△8.86
食品	4.67	18.77	△6.60	5.46	19.74	△5.96
飲料	△1.49	4.06	△5.93	△0.81	4.13	△4.77
たばこ	△4.19	△4.35	△4.06	△2.76	△3.36	△2.29
紡績・衣料品	△0.74	8.16	△7.86	△0.28	8.80	△7.54
皮革・毛皮製品	4.97	15.80	△3.70	5.54	16.31	△3.07
製材	△1.61	5.76	△7.52	△1.23	5.96	△6.98
家具	3.44	15.20	△5.96	3.76	14.90	△5.16
製紙	0.93	8.58	△5.19	1.59	9.15	△4.47
印刷	△0.96	3.47	△4.50	0.28	4.42	△3.03
文化・スポーツ用品	3.94	13.53	△3.73	4.38	13.38	△2.82
石油加工・コークス	△7.10	△11.08	△3.92	△6.54	△10.82	3.12
化学製品	1.69	6.77	△2.38	2.34	7.65	△1.91
医薬品	0.65	8.60	△5.71	1.23	8.95	△4.95
化学繊維	1.14	5.93	△2.69	1.49	6.24	△2.31
ゴム製品	0.39	6.58	△4.56	0.91	7.10	△4.03
プラスチック製品	3.44	13.72	△4.78	3.69	13.75	△4.35
建材	△3.72	1.30	△7.73	△2.28	2.54	△6.13
鉄鋼業	△2.69	△6.01	△0.04	△1.90	△4.87	0.47
非鉄金属製造	2.69	11.47	△4.32	3.08	11.68	△3.81
金属製品	1.02	15.29	△10.39	1.38	15.34	△9.79
汎用機械・専用機械	2.08	9.60	△3.93	3.04	10.72	△3.09
輸送用機器	7.68	8.39	7.11	8.59	9.28	8.03
電気機器	7.62	16.05	0.87	8.18	16.48	1.54
通信機器	6.09	19.48	△4.61	6.25	19.32	△4.21
事務用機器	5.39	12.49	△0.29	6.85	14.37	0.83
工芸品その他	8.84	22.69	△2.25	9.23	21.73	△0.76
電力・水道・ガス	△2.22	△2.88	△1.68	△1.28	△2.63	△0.20
建築	5.32	6.01	4.77	6.47	7.36	5.76
輸送・郵便	0.59	1.03	0.24	2.30	2.79	1.90
商業	△0.03	△0.36	0.24	1.26	△0.57	2.73
金融	3.38	△7.48	12.07	3.67	△6.52	11.83
不動産	△7.90	△12.26	△4.42	△7.64	△11.50	△4.56
その他サービス	6.62	14.56	0.28	7.92	16.22	1.29
全産業加重平均	5.52	△0.56	2.14	6.44	0.44	3.11

注：マークアップ率を配慮した TFP 成長率の算出は，表 5-3 の「μ^m」を使用した。

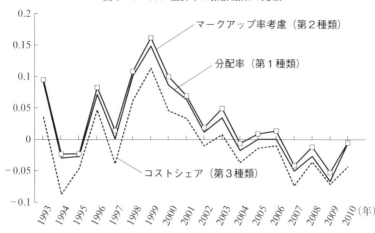

図 5-4　TFP 上昇率の推計結果の比較

分配率：労働分配率＝労働所得／付加価値額，資本分配率＝1－労働分配率，規模の経
　　　済なし，成長会計で計算。
マークアップ率を考慮したケース：μ^m を使い，成長会計で再計算。
B：次の推計式を使用：$\Delta y = a + \beta \Delta y + \Delta k + u$，$y = Y/H$，$k = K/L$，$\beta =$ 資本コストシェア，
　　a は常数，u は誤差項，成長会計で計算。

　計算された TFP 上昇率が従来のソロー残差より低い産業は金融と不動産の
みとなった。この期間に関しては，不完全競争の存在，資本装備率の上昇と
いう 2 つの要件があったため，レベニューシェアで TFP 上昇率を求めると，
バイアスの生じることが多い。今後，資本装備率の上昇が緩和されれば，マー
クアップ率により生じたバイアスが少なくなる。

　全産業の加重平均で求めたレベニューシェアによるソロー残差は，1993～
2000 年が 5.52％，2001～2010 年が－0.56％，全期間が 2.14％である。一方，マー
クアップ率を考慮した TFP の推計は，1993～2000 年が 6.44％，2001～2010
年が 0.44％，全期間が 3.11％である。全期間の TFP 上昇率は従来の TFP 上
昇率より 1 ポイントほど高くなる結果を得た。

　最後に，図 5-4 は集計された 3 種類の時系列 TFP 推計を比較したもので
ある。TFP 上昇率の全産業集計で使われたウェイトは，産業が総付加価値
額に占めるシェアである。第 1 種類は実線で表示されており，資本投入と労
働投入の推計には，完全競争および規模に関する収穫一定の下で，それぞれ

の分配率（レベニューシェア）を用いた。第 2 種類はマーカーが付いた実線
で表されており，完全競争を緩めて，規模に関する収穫一定を仮定し，マー
クアップ率を用いて第 1 種類の TFP 上昇率を修正した結果である。第 3 種
類は破線で示されたもので，完全競争を仮定せず，規模に関して収穫一定の
下で，資本投入と労働投入の推計は，OLS で推計されたパラメータ（コスト
シェア）を用いた。なお，第 3 種類では，6 産業の OLS の結果はよくなかっ
たので，集計から外した。産業別の推計結果を見てわかるように，第 2 種類
の TFP が第 1 種類より高いのは，産業別の推計結果を見た際に検討したと
おり，不完全競争の存在と資本装備率の上昇によって生じる。第 3 種類の
TFP は，第 1 種より低い数値となったが，レベニューシェアとコストシェ
アの数値の違いによるところが大きい。中国の場合は，資本投入の成長率が
平均的に労働投入の成長率を上回ったので，資本分配率が高ければ TFP 上
昇率が低くなる。実際に，賃金所得と付加価値の比率によって算出された労
働レベニューシェアの加重平均が43％であり，資本レベニューシェアの平均
値は57％であった（実際の推計では各産業の分配率を使う）。一方，OLS で得
られた資本コストシェアの加重平均は67％となった。したがって，資本コス
トシェアが高い第 3 種類の TFP 上昇率が第 1 種類より低くなる。

　以上で見たように，個別の産業を除いて，従来どおりの推計は中国の
TFP 上昇率の過小評価をもたらす問題がある。なぜなら，1 つは，多くの
製品・サービス市場においてプライスメーカーが存在することで，市場価格
は一定の規模で限界費用を上回ることになったからである。もう 1 つは資本
装備率が上昇傾向で推移したためである。この 2 点について今後変わること
がなければ，TFP 上昇率の推計では不完全競争を配慮する必要があるだろう。

第 6 章

環境保全と全要素生産性
──鉄鋼業 GTFP の推計

　よく知られるように，全要素生産性成長率は，広い意味での技術進歩を反映しうる重要な指標である。従来，全要素生産性の変化の測定は，生産のための生産要素の投入と市場で取引される産出に基づいて行われるのが一般的であった。しかし，こうした測定方法では，生産過程における投入や産出の外部性要素が織り込まれていない。言い換えれば，従来の測定方法は，経済主体がコントロールできる範囲内の要素のみを視野に入れ，外部性要因を一切取り扱ってこなかった。特に，鉄鋼業のような重化学産業の場合，生産過程において発生する外部性要因は，しばしば環境破壊のような負の効果をもたらす。その意味で，産業の持つ環境破壊効果，または産業による環境破壊要素を軽減するために払った努力を考慮せず経済的価値のみを計測することには問題があろう。

　中国は，他の先進国・発展途上国と同様に長く成長志向型政策の下で国民所得の向上を実現した。しかし，その代償として，環境に対する負の影響も明らかになっている。工業集積地とその周辺への人口集中による急激な都市化は，環境へのダメージをもたらす。人体の健康に与える損害をはじめ，農産物に対する損失，建物や品物における損失，視界に対する影響，地球温暖化をもたらす大気汚染など，経済発展の中でさまざまな課題が生じている。アジア開発銀行のレポートによると，1998年に国連で発表された世界の大気汚染都市ワースト10のうち，7都市を中国の都市が占めた。特に，石炭を主要エネルギー源とする中国では，硫黄分を多く含む石炭が多いということもあり，第10次5カ年計画期間における経済の急成長の下で，火力発電による SO_2 の排出量は全 SO_2 排出量の6割を占めた。1990年代に政府は SO_2 を削減

するためにさまざまな措置を実施し，効果は現れたが，二酸化硫黄の排出量が急増し，呼吸器系疾患患者も増加し，酸性雨被害も拡大した（Qingfeng Zhang and Robert Crooks, 2012: pp.55-62）。中国政府と民間は，環境問題を解決するためにさまざまな取り組みを行い，SO$_2$排出の増加率は2001〜2005年の25％から2006〜2010年には12.6％へと低下した（Zhang and Crooks, 2012: pp.57-58）。また，空気中のPM2.5の濃度は，2011年の70.54μg/m^{3}をピークに，2017年には52.66μg/m^{3}まで低下した（Global Note, 元データソース：世界銀行）。2019年の大気汚染対策技術発明件数は，日本，アメリカ，ドイツ，韓国に次ぎ5位になっている（Global Note, 元データソース：OECD）。

　鉄鋼業は国民経済における重要性が高いと同時に，環境に対する影響が大きい。鉄鋼は，建設，機械，自動車などの生産に不可欠な原材料であり，またその生産には大量の原材料，エネルギー，設備を必要とするので，産業発展の牽引車としての役割も大きい。1978年の改革開放路線以降，中国の鉄鋼生産は飛躍的な発展を遂げており，1996年から世界トップの鉄鋼生産大国になった。2019年の粗鋼生産量が9.96億トンと，世界粗鋼生産量の53.3％を占めた（何・王，2021）。生産の拡大のみならず，中国の鉄鋼部門は，日本など先進国からの技術指導，技術移転，技術交流を受けて省エネルギー化を進め，大気汚染物質排出量の削減などの努力も重ねてきた。とはいえ，中国鉄鋼業のエネルギー使用量は全国工業生産の2割を占めている（何・王，2021）。それゆえ，中国鉄鋼業の事例について，環境評価を考慮した全要素生産性を測定し，技術進歩の経済成長に対する貢献を評価するとともに，環境破壊の問題を数量化することには実際的な意義がある。

　本章はエネルギー多消費型の鉄鋼業について，環境保全を考慮した全要素生産性（Total Factor Productivity: TFP）分析を行う。ご存知のとおり，TFPの分析では一般に成長会計式が利用されることが多い。アウトプット成長率とインプット成長率の差分として算出されるソロー残差から技術進歩の変化を読み取る方法である。そのため，アウトプットとインプットの間に均等関係があり，技術進歩率を含めたすべてのインプットの合計はアウトプットに等しくならなければならない。成長会計式のなかに，環境保全の要素を取り込むのであれば，それらの要素に金額を付けなければならない。環境被害の

コストを金額的にどう評価するべきか，これは極めて難問かつ困難な作業であるが，幸運にも，筆者は中国の環境問題に長年取り組んでいるハーバード大学大型学際研究プロジェクト「Harvard-China Project」を訪問する機会に恵まれ，経済学者をはじめ地球環境学など他分野の方々と交流するなかで，知識と情報を取得できた。1993年から始まった同プロジェクトでは，中国のいくつかの都市を拠点に，気候変動や空気質の変化といった科学的分野から，環境保全に関する社会の価値判断，人々の支払意思額（Willingness to pay: WTP），「統計的生命価値（Value of Statistical Life: VSL）」といったセンシティブな分野まで，さらにエネルギー構造の変化，経済成長との関連など，複数の分野にまたがる研究が行われている。本章で取り組むTFP測定では，環境汚染の損失の変化を取り込むことが必要なため，環境汚染に関する科学的研究の方法論とともに，中国における空気質やVSLの研究の結果としてのエビデンスも必要である。ただし，これらの科学的エビデンスは経済発展とともに変化し得るものでもあるため，本研究の対象期間は1992年から2005年までとした。1992年からの鄧小平の「南巡講話」を受けて，中国は社会主義市場経済の確立を目指してマクロとミクロの改革を深化させ，2001年にはWTOへの加盟が実現した。1992〜2005年は，中国の実質GDP成長率が10.3％と高成長を成し遂げた期間でもある。こうした高い経済成長の時期に，産業側による環境面の損失と改善はどのような結果に結びついたのか。この問いに対する答えを，環境保全を考慮したTFP上昇率の測定，いわゆるグリーンTFP（GTFP）を通して確認したい。

1.　中国鉄鋼業発展の歴史的回顧

　中国鉄鋼業の発展は3つの段階を辿ってきた。第1段階は1949年から1979年であり，中華人民共和国が建国されて間もない1950年代，中国政府は重化学工業政策を打ち出し，毛沢東は「農業では食糧を要とし，工業では鉄鋼を要とする」という発展戦略を明らかにした。戦後，西側諸国の対中経済封鎖の下で，中国には「自力更生」以外の選択肢はなかったし，軍事産業の発展も喫緊の課題であった。こうして，鉄鋼業の発展は「かなめ」となったので

ある。第1次5カ年計画期（1953～1957年）には，鞍山など旧来型の製鉄所の改造利用が行われ，武漢はじめ各地に大型・中小型製鉄所が多数建設された。1952年から1957年までに，粗鋼生産量は年平均32％の速さで拡大し，1957年には535万トンとなった。しかし，1950年代後半の「大躍進運動」から1978年の経済改革まで，鉄鋼業の発展は決して順調ではなかった。鉄鋼業は大型工場の建設をはじめ設備投資が必要な産業だが，1950～1978年の28年間における鉄鋼業の固定資産投資総額は614億元（1981年為替レートでは約7兆円）であり，1979年から1987年までの10年間の投資水準とほぼ同じで，資金不足は明らかであった。技術面において，戦後，世界では純酸素転炉，連続鋳造，連続圧延という3つの技術革命が起きたが，中国は遅れをとっていた（中国冶金出版社，1999）。

　第2段階は1980年から2010年である。1978年に中国は，経済改革と対外開放への政策転換が始まった。鉄鋼業では，宝山製鉄所の建設に踏み出した。新日鉄からの技術協力で宝山製鉄所が建設されたことは，中国鉄鋼業において歴史的にも重大な出来事であった。まず，宝山は中国最初の臨海製鉄所となり，原材料の供給構造が変換されるきっかけとなった。国内の鉄鉱石は量こそ豊富ながら鉄分含有量が低く，陸上輸送コストが高い。宝山の建設によって内陸依存の資源調達は大きく変わった。次に，環境保護対策を含めて先進技術を導入し，宝山からさまざまな技術や経営ノウハウが国内に広がっていった。また，それまでは建設用鋼材しか生産できなかったが，宝山製鉄所では自動車用鋼板も生産され，製品多様化の途が開けた。経済改革以降は，新規建設のほか，老朽化した既存製鉄所の技術改善が重要視され，平炉から転炉への切り替え，電気炉（電炉）製鋼シェアの拡大，連続鋳造の普及など，生産効率の向上，エネルギー効率の向上が実現された。表6-1は鉄鋼業のいくつかの技術指標を示すものである。戦後，世界の主要鉄鋼生産国は早くから鉄鉱石を原料とする転炉製鋼の比率を上げたが，中国は長く屑鉄を原料とする平炉による製鋼が行われていた。しかし，80年代に入ると転炉が平炉に取って代わり，2005年に88.5％，2015年には94.1％まで普及した。連続鋳造も，1990年における鉄鋼業の本格的発展から2005年には97.7％にまで向上した。現在，世界の製鋼においては電炉と転炉が2大方式だが，中国では電

表 6-1　中国鉄鋼業技術指標の推移

	平炉製鋼比率 （％）	電気炉製鋼比率 （％）	転炉製鋼比率 （％）	連続鋳造比率 （％）	粗鋼原単位* （t/t）
1952	81.8	10.5	7.7	0.0	na
1957	71.2	13.9	14.9	0.0	na
1960	43.2	17.2	39.6	0.0	na
1965	59.6	19.7	20.1	0.0	na
1976	38.7	25.5	35.7	4.0	na
1978	35.5	21.4	42.9	3.5	2.52
1985	26.3	21.6	52.1	10.8	1.75
1990	20.1	21.4	59.8	22.3	1.61
1995	13.7	19.0	66.7	46.4	1.52
2000	0.8	15.7	82.4	60.7	1.16
2005	－	11.8	88.5	97.7	0.65
2010	－	10.4	89.6	98.1	0.60
2015	－	5.9	94.1	98.6	0.54
日本（2015）	－	22.9	77.1	98.5	

＊：粗鋼原単位は粗鋼トン当たり総合エネルギー消耗量（トン標準石炭／トン粗鋼）。

出所：技術指標：1952～1995年は『中国鋼鉄統計』，2000～2015年と日本の数値（2015）は Worldsteel.org/wp.content/uplords/Steel-Statistical-Yearbook，粗鋼原単位：『中国鋼鉄工業五十年』，『中国鋼鉄工業年鑑2005』，何・王（2021），王（2017）。

炉の比率は低い。省エネの観点から電炉製鋼が期待されるものの，電炉の主要原料となるスクラップは中国国内で銑鉄より割高なため，高炉・転炉法が電炉法に対して圧倒的優位を保っている（川端・銀，2021）。エネルギー消費効率を表す粗鋼原単位を見ても，1978年粗鋼生産トン当たり2,520kgから，2005年は650kg，2015年は540kgに改善された。

　第3段階は鉄鋼業の調整期である。中国の鉄鋼業は改革開放以降，生産量と技術いずれもが急速に発展したが，日本など先進国に比べて依然として高付加価値製品が少なく，低付加価値製品の生産過剰というジレンマに陥っていた。また，産業集中度が低く，鉄鋼製品の国際価格は相対的に高いという構造上の問題も抱えていた。経済的には2012年頃から成長率が低下し始めており，建設など主要鉄鋼原材料に対する需要は低下した。このような状況で，中国政府は鉄鋼，石炭，電解アルミ，セメントなど過剰生産能力の解消に取り組み，鉄鋼業は調整期に入った。

図6-1　銑鉄，鉄鋼，鋼材の生産量の推移：1949〜2021年

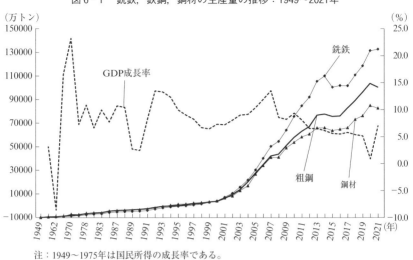

注：1949〜1975年は国民所得の成長率である。

　図6-1は1949年から2021年までの銑鉄，粗鋼，鋼材生産量の推移を示している（左軸）。また，破線はGDP成長率を表している（右軸）。経済改革前には一定の生産量が保たれていたが，大きな発展はなかった。1980年代半ばから本格的発展が始動したが，急速に成長したのは1992年の「南巡講話」からであった。さらに，2001年にWTO加盟が実現した後，北京オリンピックの開催，上海万博の開催が相次いで決定され，鉄鋼業は飛躍的に発展した。1993年から2013年まで，粗鋼生産量は年平均11.13％の増加を実現した。需要面の要因のほかに，研究者は，改革開放による企業の内部留保や意思決定権の拡大，産業組織の再編，技術の向上など供給側の改革がもたらす効果をよく挙げる（藤井，2010）。一方，中国政府は，2012年頃から鉄鋼業の過剰生産能力の解消に取り組み，2011年から2018年までの7年間に2.5億トンの粗鋼生産能力が削減された（唐，2021.6: p.76）。

　気候変動に対する鉄鋼業の取り組みとして，鉄鋼製造構造の調整，環境負荷の少ないエネルギーの利用，排熱の回収，CO_2の回収と分離などが重要視されている（袁，2010）。このうち，排熱の回収について，中国の回収比率は50％以上になっている。鉄鋼製造構造の調整において，CO_2排出量が低い

鉄スクラップを原料とする電炉の採用への流れはあるが，先に触れたように中国では原料コストの高さを理由として電炉への転換が進んでいない。エネルギー構成を見れば，鉄鋼生産においてエネルギー消費が最も多い工程は製鉄であり，全工程の49.4％を占めている。エネルギーの種類については，製鉄では78％が石炭系である。高炉の大型化はエネルギー消費効率を高める重要な手段であるが，中国では2015年時点で燃料対産出比率が世界先進水準に達した高炉は6基しかなかった（王，2017）。世界の5割以上の鉄鋼を生産している中国鉄鋼業は，省エネルギーと大気汚染防止において大きな進歩を遂げてきたが，改善すべき点は今なお多い。

2.　グリーン TFP 試算の方法論

■コスト視される環境汚染削減

　1970年代以降，先進国において環境規制が生産性に与える影響に関し，広く研究されてきた。多くの研究では，環境保全に関してどれくらいコストがかかるか，汚染低減のための支出がいかに産業の生産性や競争力に影響を及ぼすか，などの問題に関心が払われてきた。E. F. Denison（1979）は，1972年から1979年にアメリカの労働生産性上昇が減速したのは，16％が環境規制によるものだと説明した。Gregory B. Christainsen and Robert H. Haveman（1981）も，1972年から1975年のアメリカ製造業における生産性低下の8～12％は，環境規制によって引き起こされたと指摘した。J. R. Norsworthy, Michael J. Harper, and Kent Kunze（1979）は，同期間のアメリカ労働生産性の低下要因は，12％が環境負荷低減コストに起因していることを検証した。Klaus Conrad and Catherine J. Morrison（1989）は，アメリカ，カナダ，西ドイツの汚染削減投資による生産性の変化について研究した。同研究は，汚染削減投資の影響について，汚染削減による設備投資の直接効果と生産過程における投入物の変化，いわゆる間接効果に分けて検証した結果，環境規制によって TFP は平均0.08％～0.24％低下していた。Anthony J. Barbera and Virginia D. McConnell（1990）は，汚染削減のための設備購入などによる投入の影響を計測した結果，生産性低下の10～30％が汚染削減投資の結果に帰

することができるとした。Karen Palmer, Wallace E. Oates, and Paul R. Portney（1995）は，環境と生産性の関係に関する社会的便益を取り入れた分析を行ったが，結論は，汚染物質の排出企業にとって厳しい環境規制は明らかに不利であった。Wayne B. Gray and R. J. Shadbegian（1995）は，環境に関する支出のなかで，新規の資本投資よりも，環境規制によって必要とされる操業費用の増加がいかに生産性に影響するかについて研究したが，研究の対象となった紙・パルプ，石油，鉄鋼の3つの産業において，生産性の上昇率は平均で年間2％低下したという。

　以上に見た研究では，ほとんどが環境問題の改善にかかるコストに着目している。資本投入を増加させることで，ソロー残差としてのTFPは環境問題を取り入れないTFPに比べて下がることになる。一方，一部の研究では，環境規制は企業の生産性低下につながるか，という疑問を呈した。例えば，Michael Porter and Claas van der Linde（1995）は，環境規制が生産性を悪化させる可能性を認めつつ，同時に，厳しい環境保護政策によって実際に技術革新，企業家精神，競争力の向上をもたらす可能性もあると主張した。また，Eli Berman and Linda T. M. Bui（2001）は，大気汚染に関する規制が石油産業の投資を誘発し，生産性向上にプラスの効果があったと指摘した。

■ベネフィット視される環境汚染削減

　環境汚染の削減をベネフィットとして早くから取り上げたのはRobert Repetto（1990）である。Repetto（1990）は，環境汚染削減のために得た成果を外部効果としてTFP測定のなかに取り入れた。すなわち，環境汚染の削減に関する社会的規制は，環境汚染物質の排出削減を促す重要な措置である一方，企業の生産・経営合理化の一環として位置づけられるべきだと主張したのである。環境汚染削減のための設備更新，環境技術を含む設備更新は生産性を上昇させずにもっぱらコストの上昇と見る論点は，生産過程の投入と産出に関して不完全な定義に基づいて出されたからである。環境規制がネガティブなのか，ポジティブなのか，分析によってさまざまな結果が出され得るが，市場を通じた投入と産出との関係を分析の対象にしているので，考え方は基本的に同じであった。これに対してRepettoは，現実の世界で企業

図 6-2　環境問題の限界分析

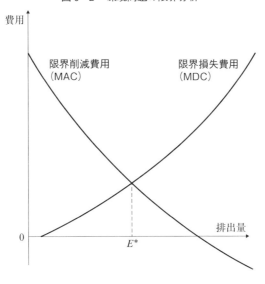

はさまざまな投入物を活用した結果，市場における商品やサービス（いわゆる市場財）だけでなく，非市場財という副産物をも「生産」し，社会に送り出したはずであるとした。つまり，投入物を生産活動によって産出に転換させる際，一部は価値が付加されて，市場で販売される産出物となるが，一部は有害物として排出されることになる。従来の全要素生産性では，基本的に価値が付加された産出物の成長率と全投入物の成長率の差は技術の変化によって生じると考え，こうした技術的変化率を測定することが目的になっているため，社会的な損失を含む「すべての産出までは考慮していない」という欠点があるのではないか，と Repetto は主張したのであった。したがって，従来の TFP の測定方法は，生産活動を通じて排出される環境汚染物質を企業が削減する努力を度外視しているので，従来の方法で測定された生産性指標は企業による実際上の経済効率の改善を過小評価することになる。それは，単に投入物の効率を過小評価するだけでなく，環境汚染削減の効果も反映できない。

　ここで，まず図 6-2 は環境問題でよく用いられる効率分析を示している。

このグラフは完全競争市場における営利企業の行動パターンを想定するものである。横軸が汚染物質の排出量，縦軸が汚染排出を削減する費用を表す。2本の曲線はそれぞれ環境汚染を削減する限界費用（限界削減費用：Marginal Abatement Costs，以下「限界費用」と略記）と環境汚染によって生じた限界損失の費用（限界損失費用：Marginal Damage Costs，以下「限界損失」と略記）を表しており，右から左に移動するにつれて，削減費用の増加と汚染排出量および汚染により引き起こされた損失費用の減少を意味している。環境汚染によって引き起こされた損失は，人間の病気以外に，環境被害によって農産物や品物，建物，自然景観などの価値の低下を伴うさまざまな損失を含めている。限界削減費用曲線と限界損失費用曲線が交差する E^* 点は限界費用と限界損失が等しくなり，最も効率的な排出削減が行われるところである。E^* 点の左側では，汚染削減の限界費用（追加的費用）が限界損失（追加的損失）を上回っており，小さな損失に対する削減により多くの費用を負担することとなり，削減費用は全体として比較的高くなるため，非効率である。同じように，E^* 点の右側では，限界損失が限界削減を上回るため，すべての排出を無くすまでより多くの費用が必要とされる。ただし，限界削減費用は負の値になる可能性もある。汚染排出量がきわめて高い段階ではこの状況がありうる。汚染排出量が相当高い状況であると，例えば，企業は原材料を少し減らしたり清掃を少々強化したりすることで，コストをかけなくても汚染の排出量を減少することができる。限界損失について，ほとんどのケースでは排出量はゼロになることはほぼ不可能である。理由は汚染抑制のコストが高すぎることで，車や発電所などの汚染発生源が存在するかぎり汚染排出はゼロにならない。一方，ゼロになるケースとして，汚染の程度が初めからきわめて高くかつ危険を伴う場合，管理者は迅速に危険な汚染物質を排除する必要がある。例外として，限界費用と限界損失が同時に縦軸と交差することになる（Tietenberg, 2006：pp.343-344）。

　次に，図6-3はRepetto et al.（1996：pp.8-11）が指摘したコスト視される汚染削減とベネフィット視される汚染削減それぞれのケースの下での生産性のあり方を説明するものである。ある企業の生産活動による汚染物質の排出量が非常に多い（E_2）とする。このとき，E_2 に対応した限界費用がマイナス

図6-3　汚染削減の効率分析

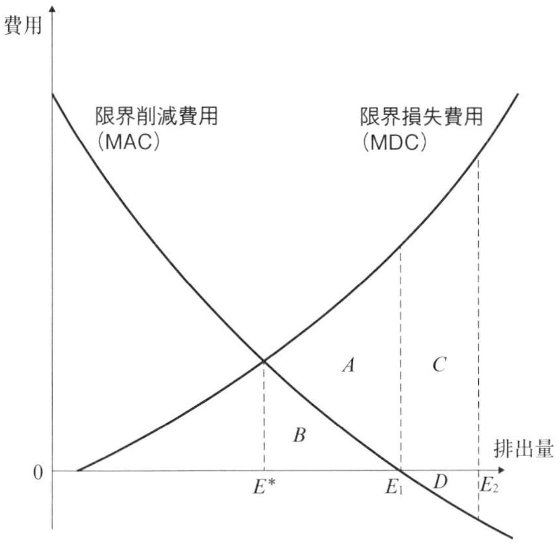

出所：Repetto, Rothman, Faeth and Austin（1996）p.9.

になっている。例えば，企業が環境に複数の悪い燃料を選び，それらを使用しないことで排出量を少なくしようとする。その後，企業はさらに排出量をE_2からE_1に削減するために追加費用を投下する。結果的に，目標のE_1までの費用は MAC 上ではマイナスになっているので，トータルの費用は減少することとなる。従来の生産性測定では，トータルの削減費用の減少分だけ生産性の改善として計算される。その大きさはE_1からE_2までの排出量と MAC が囲んだスペース（Dで示される部分）の面積となる。しかし，これだけでは真の意味での効率改善を過小評価している。なぜならば，限界損失の低減によって生じた損失の減少分（Cで示される部分）が計上されていないからである。

　他方，企業は汚染排出量をE_1からE^*まで削減させようとする。従来の生産性測定では，E_1からE^*までの汚染削減のために企業がより多くの費用を投下するにもかかわらず，生産性は低下することになる。生産性の低下分はE_1からE^*までの排出量と MAC が囲んだスペース（Bで示される部分）の面

積となる。なぜなら，企業にとって収入は増加しなかったからである。言い換えれば，従来の立場は，限界損失が限界費用を超過する部分（Aで示される部分）が削減されたにもかかわらず，生産性測定には反映されていない。Repetto らは，排出削減に関する従来の測定方法の下では，生産性に関する誤った結論を導く可能性があると主張した。つまり，環境保護対策の実施による経済損失の減少という経済効率の改善分に注目しなかったという問題があった。

　従来，汚染損失の増減にかかる費用の増減が内部効果として取り上げられるが，汚染と汚染損失は外部効果として認識されている。外部効果は市場の失敗の1つとして経済学で扱われていることは周知のとおりである。経済活動では，すべての価値のある財は「goods」と呼び，望ましいという意味を含んでいるようである。しかし，経済活動によって生み出された「マイナスの財」には「bads」，すなわち市場メカニズムを通じて取引されない，価値が付いていない副産物もある。典型的な例は公害などを引き起こす環境汚染物質の排出である。生産性の測定にこうした「マイナスの財」を考慮しなければ，「マイナスの財」を削減しようとする企業の経済活動の価値を過小評価することにつながるため，Repetto らの問題提起が重要となる。

■汚染物質の排出削減を考慮した生産性測定

　まず，一般に，ある産業の生産関数は（1）式のように表されている。

$$Y(t) = A(t)f[K(t), L(t), M(t)] \tag{1}$$

（1）式中，$Y(t)$ が実質生産額，$A(t)$ が t 年の技術水準を表すパラメータ，$K(t)$，$L(t)$，$M(t)$ はそれぞれ実質資本投入，実質労働投入，実質中間投入を表している。（1）式の両辺は対数をとって時間で微分すると（2）式になる。

$$\frac{\Delta A(t)}{A(t)} = \frac{\Delta Y(t)}{Y(t)} - \left[\frac{1}{2} \left[s_k(t) + s_k(t-1) \right] \frac{\Delta K(t)}{K(t)} + \frac{1}{2} \left[s_l(t) + s_l(t-1) \right] \frac{\Delta L(t)}{L(t)} \right.$$
$$\left. + \frac{1}{2} \left[s_m(t) + s_m(t-1) \right] \frac{\Delta M(t)}{M(t)} \right] \tag{2}$$

ただし，$\frac{\Delta X(t)}{X(t)} = d\ln X(t)/dt$ であり，アウトプットとそれぞれのインプットの成長率を表す。また，

$$s_k(t) = \frac{P_k(t)K(t)}{q(t)Y(t)},\ s_l(t) = \frac{P_l(t)L(t)}{q(t)Y(t)},\ s_m(t) = \frac{P_m(t)M(t)}{q(t)Y(t)}$$

となり，各投入財の限界コストである。完全競争であれば，限界コストは各投入財の生産額に占める分配率に等しくなり，P が当該投入財の価格，q が産出価格である。規模に関する収穫一定の仮定の下，$s_k(t) + s_l(t) + s_m(t) = 1$ である。(2) 式は，全要素生産性 $A(t)$ の成長率は投入の成長率と産出の成長率の差であり，投入係数は分配率をウェイトとする投入の成長率の加重平均として算出されることを表す。

　次に，環境汚染排出による損失を考慮したグリーン TFP（Green Total Factor Productivity: GTFP）の求め方の定義に移る。GTFP の求め方について，Repetto et al.（1996）に従えば，市場で取引される産出 Y と市場で取引されていない汚染損失 D の和として，「総産出」W が定義される。したがって，「総産出」の成長率は生産額の上昇率と汚染損失の上昇率の加重和となる。この際，生産額のウェイトと汚染損失のウェイトの和は 1 であり，また汚染損失が好ましくない産出物であるためシャドープライスは負の符号をとる。こうした好ましい産出物と好ましくない産出物という 2 種類のアウトプットの関連を取り上げるグリーン TFP について，Färe et al.（2003）が環境生産関数を提案して以降，この関数をもとに生産性の分析に環境問題を取り入れた研究が盛んに行われている。ここでは，Nicola Brandt, Paul Schreyer, and Vera Zipperer（2014）で提示された枠組に基づいてグリーン TFP の推計を整理する。

　いま，生産可能性フロンティア曲線を考える。資源制限のもとで，t 時点の生産額 Y と汚染損失額 D の最大産出の組み合わせは産出物集合 $(Y, D) \in D_+^g$，インプットはベクトル $X \in D_+^n$ で表す。そうすると，

$$H(Y, D, X, t) = 1 \tag{3}$$

となる。ただし，t が時間，g が産出物の数，n が生産要素の数を示し，この推計では，$X = (L, K, M)$。H は産出物と生産要素の組み合わせであり，次のような性質をもっている。1 つ目は，$H_Y < 0;\ H_D, H_X > 0$，すなわち，好ましくない産出物および生産要素が減少しなくても好ましい産出物が減少することはあり得る。2 つ目は，生産要素と時間を一定にした場合，$\frac{dY}{dD} = -\frac{H_D}{H_Y}$

＞ 0 となる。これは，より多くの産出物を作り出すための代価としてより多くの副産物，この場合は環境汚染による損失を生み出すことが必要であることを意味する。したがって，環境汚染損失を削減するために一部産出の停止もやむを得ない。

　次に，H が生産要素に関して一次同次性を持つとともに，産出物に関してマイナス一次同次性を持つとされているので（Färe et al., 2007），生産要素と産出物に関してはゼロ次同次性を持つとなる。H に対する一次微分は（4）式のようになり，すなわち，全要素生産性の上昇率は，産出物の加重和と生産要素の加重和の差として求められる。つまり，等号左辺の項 $\frac{\Delta H(t)}{H(t)}$ は，環境損失を取り入れた GTFP である。

$$\frac{\Delta H(t)}{H(t)} = -\sum_i \frac{H_{Yi}(t)\,Y_i(t)}{H(t)} \frac{\Delta Y_i(t)}{Y_i(t)} - \sum_i \frac{H_{Di}(t)\,D_i(t)}{H(t)} \frac{\Delta D_i(t)}{D_i(t)} - \sum_i \frac{H_{Xi}(t)\,X_i(t)}{H(t)} \frac{\Delta X_i(t)}{X_i(t)} \quad (4)$$

$$\frac{\Delta H(t)}{H(t)} = -\sum_i \varepsilon_{HYi}(t) \frac{\Delta Y_i(t)}{Y_i(t)} - \sum_i \varepsilon_{HDi}(t) \frac{\Delta D_i(t)}{D_i(t)} - \sum_i \varepsilon_{HXi}(t) \frac{\Delta X_i(t)}{X_i(t)}$$

ただし，ε_{HZi} は関数 H の投入物 Z_i に対する弾力性を表しているが，以上のとおり，$\varepsilon_{HYi} < 0$ および $\varepsilon_{HDi}, \varepsilon_{HXi} > 0$ となる。（4）式を見ればわかるように，第 1 には，インプット，アウトプット，環境損失がすべて定常状態から成長し始める場合，環境損失を少しでも削減するためには生産要素投入または GTFP が十分に大きく上昇するか，さもなければ，産出は緩やかにしか上昇しない，という関係が示唆されている。第 2 に，環境損失の減少は言うまでもなく環境損失が全産出に占めるアウトプットにも関連している。環境汚染を削減する技術の発展によって損失のシェア自体が小さくなれば，好ましい産出の上昇が始まり，より高い GTFP 上昇率が実現できる。GTFP 上昇率の高まりを通じて，また第 1 で見たように環境損失を低下させる効果が期待できる。こうして，環境汚染を削減する技術は環境損失の発生に対して直接効果・間接効果を持つカギとなることは明白である。

　さらに，完全競争市場という条件の下で企業は利潤の最大化を求める結果として限界生産力が限界収入に一致することなる。同時に以上で検討したように，H は産出物に関してマイナス一次同次性という性質を持つため，いま ρ を産出の和，μ を生産要素の和と定義すれば，ρ と μ は（5）式のようになる。

$$\rho = \sum P_{Yi} Y_i + \sum P_{Di} D_i \tag{5}$$

$$\mu = \sum P_{xi} X_i$$

ただし，P_{Di} は損失の価格なので負の値となる。(4) 式の H の産出や生産要素に対する弾力性について，それぞれ (5) 式を差し替えると (6) のように書き換えられる。

$$\frac{\Delta H(t)}{H(t)} = \sum \frac{P_{Yi}(t) Y_i(t)}{\rho(t)} \frac{\Delta Y_i(t)}{Y_i(t)} + \sum \frac{P_{Di}(t) D_i(t)}{\rho(t)} \frac{\Delta D_i(t)}{D_i(t)} - \sum_i \frac{P_{Xi}(t) X_i(t)}{\mu(t)} \frac{\Delta X_i(t)}{X_i(t)} \tag{6}$$

(6) 式は GTFP を求める推計式として整えているが，(2) 式で見たように，各産出と生産要素のウェイトは前期と今期の平均値を取ることになっているので，それを反映した形が (7) 式である。

$$\frac{\Delta GTFP(t)}{GTFP(t)} = \sum \frac{1}{2} \Big[\frac{P_{Yi}(t) Y_i(t)}{\rho(t)} + \frac{P_{Yi}(t-1) Y_i(t-1)}{\rho(t-1)} \Big] \frac{\Delta Y_i(t)}{Y_i(t)} + \sum \frac{1}{2} \Big[\frac{P_{Di}(t) D_i(t)}{\rho(t)} + \frac{P_{Di}(t-1) D_i(t-1)}{\rho(t-1)} \Big] \frac{\Delta D_i(t)}{D_i(t)}$$
$$- \sum_i \frac{1}{2} \Big[\frac{P_{Xi}(t) X_i(t)}{\mu(t)} + \frac{P_{Xi}(t-1) X_i(t-1)}{\mu(t-1)} \Big] \frac{\Delta X_i(t)}{X_i(t)} \tag{7}$$

いま，(7) 式の各ウェイトを次のように定義して，

$$S_{Yi}(t) = \frac{P_{Yi}(t) Y_i(t)}{\rho(t)}$$
$$S_{Di}(t) = \frac{P_{Di}(t) D_i(t)}{\rho(t)} \tag{8}$$
$$S_{Xi}(t) = \frac{P_{Xi}(t) X_i(t)}{\mu(t)}$$

(8) 式を (7) 式に差し替えたうえ，従来 TFP を求める (2) 式を差し引いて整理すれば，(9) 式を得られる。

$$\frac{\Delta GTFP(t)}{GTFP(t)} = \frac{\Delta A(t)}{A(t)} - \sum \frac{1}{2} \big[S_{Di}(t) + S_{Di}(t-1) \big] \Big[\frac{\Delta Yi(t)}{Yi(t)} - \frac{\Delta D_i(t)}{Di(t)} \Big] \tag{9}$$

(9) 式は GTFP 上昇率の推計と従来の TFP 上昇率の推計の関係を示し，環境汚染による損失を考慮することによって TFP はどのように変化するかを提示している。ここで，各汚染物質による単位当たりの損失価格が負の値であるため，$\frac{1}{2}\big[S_d(t) + S_d(t-1) \big]$ はマイナスとなる。それゆえ，損失変化率 $\frac{\Delta D(t)}{D(t)}$ がゼロより大きくなっても生産額の成長率 $\frac{\Delta Y(t)}{Y(t)}$ より小さければ，GTFP は従来の TFP を上回る。また，アウトプットの成長率が上昇あるいは横ばいの場合，汚染損失が低下すれば，GTFP は TFP より大幅に超過すること

になる。こうした推計を通して，アウトプットの増加に比べて，環境汚染・環境被害を削減する努力によって汚染損失の増加が小さければ，経済効率が高くなるという評価を明示することができる。他方，汚染損失の増加がアウトプットの増加を上回る場合は，経済効率は低下し，従来の全要素生産性に比べ GTFP の成長は低下することになる。

鉄鋼業の試算では，$D = (D_1, D_2)$，PM10, SO_x が含まれている。汚染物質の損失価格について冒頭で紹介したハーバード大学 China Project の研究結果を利用することになる[1]。

3. 汚染物質の排出削減を考慮した TFP 測定

環境保全を考慮した TFP の推計を中国鉄鋼業に当てはめるにあたって，3 種類のデータを整備する必要がある。第 1 に，従来の推計方法で TFP 成長率を測定する必要がある。第 2 に，環境汚染物質の排出に関するデータを集めなければならない。第 3 に，環境汚染排出によって生じた損失の価値を評価しなければならない。ここで，3 種類のデータと結果を整備し，次に汚染損失を考慮した GTFP の測定結果を示す。

■従来型の鉄鋼業 TFP の測定

従来型 TFP 上昇率の測定は（1）式，（2）式で示したように総生産額ベースのソロー残差を求める方法で行われている。鉄鋼業の総生産額，付加価値額のデータは『中国鋼鉄統計』，『中国鋼鉄工業年鑑』，『中国統計年鑑』を利用した。産業ベースの付加価値額は1983年から1991年まで存在せず，「純生産額（中国語：浄産値）」が発表されている[2]。ただし，本章の対象期間は1992年から2005年までなので問題は生じない。総生産額における中間投入の総額について，2 つの方法で求められる。1 つは『中国鋼鉄統計』の総生産

1） 各汚染物質の損失のシャドープライスの求め方については，Brandt et al.（2014）を参照されたい。

2） 純生産額は，総生産額から減価償却額を差し引いて得たものである。付加価値の代わりに純生産額を利用すると，付加価値の過小評価が生じやすい。

額と付加価値額を利用する方法である。付加価値を総生産額で割って付加価値比率となるので，中間投入総額が算出できる。この場合は，付加価値比率＋中間投入比率＝1である。この方法のメリットは『中国鋼鉄統計』から時系列データを入手できることである。もう1つの方法は『投入産出表（産業連関表）』の「投入係数表」から中間投入比率を得るものである。『投入産出表』は中間投入を含めて産業構造を明らかにしており，データの精度が高い。ただし，『投入産出表』は5年に1回作成されているので，推計に利用できるのは，1992年表，1997年表，2002年表，2007年表，2012年表のほか，1990年，1995年，2005年の3つの延長表である。日本と同じように直近の産業構造を把握するため，一部の年に対して延長投入産出表が作成されている。2つの系列の中間投入比率を比較すると，『投入産出表』の中間投入比率は少し高い。最終的に2つの系列で線形補間によって中間投入比率を求めた。また，鉄鋼業総生産額の実質化は鉄鋼業の生産物価格指数，中間投入総額の実質化は生産財総合価格指数を採用した。

　鉄鋼業の労働投入と資本投入については，第2章，第3章の推計結果を用いた。労働投入に関しては，『中国労働統計年鑑』，『中国郷鎮企業年鑑』，人口センサス，人口と労働問題報告書などを利用した。特に，労働の質に関するデータは，人口センサスと『中国統計年鑑』からの交差分類の情報が多い。また，農民工の職業，年齢，性別，教育歴に関しては，『中国人口与労働問題報告（人口与労働緑皮書）』が提供した調査結果や，さらに日中の多くの研究者の研究結果を利用した。これらの情報に基づいて労働の質を考慮した労働投入指数を作成した。具体的には，所有制×性×年齢層×教育歴といった交差分類された異なる類型の労働力に対して，それぞれの類型の賃金額対産業全体賃金額の比率をウェイトにして加重和をとって作成した。また，以上の統計資料から賃金データを作成した。賃金額の実質化において消費者物価指数を採用した。

　資本投入に関しては，建物，設備，その他の3種類の固定資産投資をもとに，それぞれの資本財のサービス金額が全資本財のサービス金額に占める比率をウェイトにして加重和をとって作成した。資本財のサービス金額は，資本のサービス価格と資本ストックの積として求められる。資本サービス価格

表6-2　鉄鋼業のインプットとアウトプット成長率　　　　　(%)

年	GDP	総生産額	労働投入	資本投入	中間投入
1991〜1995	12.3	6.5	5.3	12.9	△ 2.9
1996〜2000	8.6	12.9	△ 1.8	5.4	10.6
2001〜2005	9.8	23.4	10.0	19.8	30.1

は，資本財の経年により市場価格の低下，経済情勢による市場価格の変動，
資本ストック，資本収益率，資本所得，および税体系の情報を用いて推計し
た。固定資産投資時系列データの作成においては，『中国固定資産投資統計
年鑑』各年号，『中国固定資産投資統計資料1950-1995』などから「固定資産
投資額」のデータを使った。資本ストックの実質化については，1992年以降
3種類の固定資本投資の価格指数を利用した。3種類の資本ストックの減価
償却については，幾何級数的な形になる減耗パターン（第3章（6）式で示し
ている）によって推計した。ただし，各資本財の耐用年数について，中国で
は生産的資本ストックの効率に基づいて算出された情報がないため，本研究
では，建物はアメリカ，イタリアなど，設備は日本，アメリカなどのデータ
を参考にして，建物は40年，設備は16年，その他（道具や資材）は13年と仮
定した。算出された資本財の減価償却率は建物が7.216%，設備が17.075%，
その他が31.234%である。

　表6-2は，1991〜1995年，1996〜2000年，2001〜2005年における鉄鋼業
の総生産額と労働投入，資本投入，中間投入それぞれの平均年成長率を表し
ている。1991〜1995年の期間は，鄧小平の「南巡講話」が呼び水となって国
内外からの投資が急増し，GDPの平均成長率は1989〜1991年の6％から
1991〜1995の12.3％に回復した。鉄鋼業においては，資本投入が12.9％と高
水準となった。農村部から都市部への出稼ぎが自由になったことも大きく貢
献して，労働投入は5.3％の増加であった。経済改革の初期から1990年代半
ばまでは基本的に原材料不足が続いており，中間投入は－2.9％であった。
1996〜2000年の期間中，国有企業の経営改善のために，政府は国有企業の所
有権改革に着手し，余剰人員の削減を実施した。この時期，労働投入が減少
傾向で推移し，資本投入の成長率も5.4％に低下した。実質GDP成長率が

図 6 - 4　総生産額，生産要素投入，TFP の推移

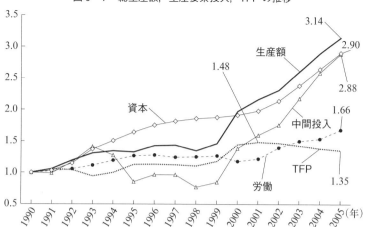

8.6％となったなかで，総生産額の成長率が12.9％と GDP 成長率を大幅に上回り，中間投入の増加率が高まった。2001〜2005年の期間中，中国の WTO 加盟が実現し，輸出拡大とともに不動産ブーム，開発区ブームなどが起こり，経済は再び過熱状態に陥った。こうしたなかで，鉄鋼業の総生産額は年平均23.4％上昇，中間投入がそれを上回る30.1％の上昇と，最大の貢献分野となった。資本投入は19.8％であった。労働投入は非国有セクターの発展により吸収されるようになり，10.0％の伸び率となった。2004年，中国の鉄鋼製品輸出額は世界で 5 位となり， 3 年後の2007年にドイツを抜いて 1 位となった（Global Note）。

　図 6 - 4 は1990年から2005年までの鉄鋼業生産額，労働投入，資本投入，中間投入，TFP の指数を示している。鉄鋼の生産額は1990年を 1 として，2000年に 2 倍近くとなり，2005年に 3 倍以上になった。生産要素の中で，資本投入と中間投入は1990年を 1 として，2005年にはともに2.9倍まで上昇したが，資本投入が経済改革の初期から高い上昇傾向で推移しているのに対して，企業の稼働率は低く，中間投入が上昇し始めるのは2000年代に入ってからである。労働投入は1990年を 1 として，1996年に1.27まで増加したが，1990年代後半の企業改革では労働力の増加が見られず，2000年から上昇に転

じ，2005年に1.66となった。TFPは1992年から2000年までの間に上昇しており，2001年に1.48となった。しかし，2001年以降，生産要素投入の成長が高く，TFPはむしろ低下傾向に変わった。TFPの年平均成長率を見ると，1991〜1995年では2.57％，1996〜2000年が6.23％，2001〜2005年は－1.76％となっており，1991〜2000年に4.40％と明らかな上昇が現れた。1991〜2005年の全期間では，TFP年平均上昇率は2.35％であった。

■大気汚染物質の排出状況

　鉄鋼業の製造プロセスは，大まかに，鉄鉱石から金属をつくるプリマリー生産と，インゴットの合金やスクラップの再利用による二次生産とに分かれる。プリマリー生産では，粉塵（dust），二酸化硫黄（SO_2），酸化窒素（NO_x）が大量に発生するが，プリマリー生産には，鉄だけでなく非鉄の生産も含まれる。そのため，排出に関する統計では鉄と非鉄を区分しない場合もあるが，産業別に見る場合は，鉄と非鉄を分離して発表することが望ましい。また，粉塵とSO_2の排出には，通常2種類の発生パターンがある。1つは，石炭，コークスなど固定燃料の燃焼過程あるいは重油，天然ガスなど気体燃料の燃焼過程によって発生するパターンであり，もう1つは機械による燃料の粉砕，精練などの加工過程によって発生するパターンである。各種の燃料の燃焼・加工によってCO_2，SO_2，粉塵などの大気汚染物質が排出され，気候，農産物，視界，人体，建物などのさまざまな被害をもたらす。ここで，人体に与えるさまざまな病気，不調，および重大な障害という観点から，粉塵とSO_2に注目したい。医学的に，微細粒子（fine particulates）の吸入によって人間に不調や病気が起こり得ると一般的に認識されており，例えばPM2.5は健康への影響が懸念されている。しかし，大気汚染の観察データの多くは粉塵に含まれたTSP（Total Suspended Particulate：浮遊粒子状物質）として総合的に報告されている[3]。以下で利用する環境損失に対する研究においては，環境によっ

3）　SPM（Suspended Particulate Matter：浮遊粒子状物質）とも呼ばれる。SPMは大気中に浮遊する粒子状物質のうち，粒径が10μm以下のもの。微小なため大気中に長期間滞留し，肺や気管などに沈着して，呼吸器に影響を及ぼす（（独）環境再生保全機構ホームページ「大気環境の情報館」より）。

表 6 - 3　鉄鋼業の TSP 排出：1991〜2005年

(万トン，%)

	燃焼	加工	合計	増加率	対全国	全国燃焼分
1991	44.00	102.00	146.00	△ 3.78	10.26	59.45
1992	51.56	92.44	143.99	△ 1.38	9.95	60.17
1993	43.24	111.86	155.10	7.43	10.36	58.81
1994	42.34	99.87	142.21	△ 8.68	10.23	58.06
1995	40.77	100.73	141.50	△ 0.50	9.58	56.74
1996	36.45	98.81	135.26	△ 4.51	10.94	57.52
1997	35.94	100.69	136.63	1.01	8.64	49.92
1998	35.44	102.57	138.00	1.00	5.55	46.84
1999	31.17	93.16	124.33	△ 10.44	5.84	44.79
2000	28.96	85.35	114.30	△ 8.41	5.59	46.61
2001	44.51	81.02	125.53	9.37	6.81	46.24
2002	39.71	86.46	126.17	0.51	7.23	46.08
2003	41.94	91.33	133.27	5.47	9.43	51.28
2004	53.94	121.50	175.44	27.49	10.88	49.36
2005	69.28	125.68	194.96	10.55	11.58	50.80

出所：Lawrence Berkeley National Laboratory and Energy Research Institute（2008）.

　て引き起こされた損失を金銭的に評価しなければならないので，まず TSP を PM10（Particulate matter 10）に換算する。それから PM10によって生じたさまざまな損失が評価されることになる。SO_2 は，空気より重い無色の気体で，刺激臭があり，目，皮膚，粘膜を刺激する，人体に有害な物質である（横浜市ホームページ「暮らし・総合欄」）。そこで，鉄鋼業による TSP，SO_2 の排出と損失に着目する。

　表 6 - 3 は，1991〜2005年までの鉄鋼業の TSP 排出量，増加率，および全国に占める割合を示している。中国では，1991年から2005年までの間に，鉄鋼業から全体で平均的に毎年130万トンから150万トンの TSP を排出していた。排出量の少ない年は1999年の124.33万トンであったが，多い年は2005年の194.96万トンであった。時系列で見れば，1991年から2003年頃まで減少傾向で進んできたが，2004年と2005年は増加傾向に転じて状況はむしろ悪化した。この点は増加率を見ても読み取れる。全国産業レベルの TSP 排出における鉄鋼業の比率は，1990年代前半がおよそ 9 〜10％の水準なのに対して，後半では 5 〜 8 ％と比率が下がっていた。しかし，2003年頃から 9 〜10％台

表 6 - 4　鉄鋼業の SO_2 排出：1991〜2005年　　　（万トン，%）

	燃焼	加工	合計	増加率	全国における シェア	全国燃焼分
1991	49.59		84.46		7.68	
1992	40.92	32.21	73.13	△ 14.41	5.53	85.00
1993	41.54	37.49	79.03	7.76	6.11	83.14
1994	39.32	37.30	76.62	△ 3.10	5.71	83.72
1995	44.05	39.95	84.00	9.20	5.98	83.68
1996	44.19	37.70	81.89	△ 2.55	6.25	86.40
1997	46.54	41.24	87.78	6.95	5.98	86.22
1998	38.09	40.95	79.03	△ 10.50	4.98	87.06
1999			71.39	△ 10.17	4.89	
2000	36.85	38.68	75.53	5.64	4.55	83.44
2001			73.26	△ 3.06	4.68	
2002			81.39	10.53	5.21	
2003			83.24	2.24	5.50	
2004			113.41	30.93	6.49	
2005			142.24	22.65	7.18	

出所：表 6 - 3 と同じ。空欄はデータのない年。

に戻った。つまり，全国平均の排出水準に比べ，鉄鋼業の排出水準は一時下がる傾向が見られたが，その後，増加に転じた。

　TSP の発生源に関しては，燃料の加工過程から発生した TSP は全体の65〜75％，燃料の燃焼過程から発生した TSP は全体の25〜35％を占める。中国の鉄鋼業においては，燃料・原料の加工過程から大量な粉塵が生じているのが 1 つの特徴であると言える。全国産業レベルの TSP 排出発生源のうち，燃焼過程による排出が50〜60％となっており，鉄鋼業より15〜35％ポイント高い。鉄鋼業では燃料の粉砕，石炭の蒸し焼き，鉄鋼スラグの処理など主要な工程において，粉塵の大量飛散が生じていることが考えられる。

　SO_2 の排出について見よう。表 6 - 4 は鉄鋼業における SO_2 の排出，増加率および全国に対する比率を表示している。SO_2 については，1991年から2005年までの間に，全体で毎年平均70万トンから80万トンを鉄鋼業から排出していた。少ない年は TSP と同じく1999年であり，排出量は71.39万トンであった。多い年はやはり2005年で，142.24万トンであった。時系列で見れば，1991年から2003年頃まで増減が見られず，2004年から急増している。増加率

を見ると，2002年から上昇傾向に転じて，2004年，2005年にそれぞれ
30.93％，22.65％と大幅に増えた。全国産業レベルのSO_2排出における鉄鋼
業の比率は大体4％台から8％台であった。

　Ho and Jorgenson（2007）が，中国33産業のTSPとSO_2排出について行っ
た推算によると，1997年の全産業TSP排出のうち，排出第1位となった産
業はセメントを含む非金属製造業で，54.6％を占めていた。第2位は電力で
16％を，第3位は鉄鋼業で7.7％を，それぞれ占めた。一方，SO_2に関しては，
排出第1位の産業は電力であり，40.4％であった。第2位は非金属製造業で
11.1％，第3位は鉄鋼業で8.5％であった（pp.282-283）。

■汚染排出による健康被害の経済価値

　前述したようにGTFPの測定において，大気汚染物質の排出はマイナス
的「産出」として計上される。そのため，大気汚染物質の排出量が与える損
失を測る必要があり，また，この損失の経済価値を推計しなければならない。
ここでは，主に Ho and Jorgenson（2007），Shuxiao Wang, Jiming Hao, Yongqi
Lu and Ji Li（2007）の研究に従って，鉄鋼業から排出した TSP，SO_2による
健康的損失の経済価値を推定する手順を説明していく。

　最初の手順は，排出量のデータ収集である。これに関して，Lvovsky and
Hughes が汚染物質を排出する工場や事業所の規模，場所，資産に基づいて
low，medium，high の3つの排出カテゴリーを決め，それぞれのカテゴリー
により損失を推計している。こうした LH の方法に従って，*EM* が2種類の
汚染物質の排出合計を表すとすると，

$$EM_x = EM_x^{NC} + EM_x^C \qquad (10)$$

となる（Ho and Jorgenson, 2003）。ただし，*x* は汚染物質の種類，例えば TSP，
SO_2，……，を表し，*NC* が加工過程による排出（Non-combustion or process），
C が燃焼過程による排出（Combustion）を表す。さらに，

$$EM_x^{NC} = \sigma_x QI \qquad (11)$$

$$EM_x^C = \Sigma_f \psi_{xf} AF_f \qquad (12)$$

となる。(11) 式の，QI が生産額，σ_x が燃料の加工過程における生産額 1 単位当たりの汚染物質排出量，AF が燃料の燃焼量，ψ が燃焼 1 単位当たりの汚染物質排出量，f が燃料の種類を表している。(10) 式～(12) 式について，ある期間，ある産業の生産額と加工過程による汚染物質の排出量，ある燃料の量と，その量の燃料燃焼による汚染物質の排出量が入手できれば，σ，ψ を決めることができる。ただし，以上の計算はあくまでも排出量のデータが入手できない状況のなか，既知の産業データを利用して σ，ψ を推定する方法である。

実際に，中国に関しては『中国環境統計年鑑』で工業など産業別の汚染物質排出量を発表されている。本書では，アメリカエネルギー省が後援した Lawrence Berkeley National Laboratory and Energy Research Institute が発行した *China Energy Databook*（『中国数拠手冊』）第 7 版を使っている。このデータブックには20工業部門におけるエネルギー使用量および TSP，SO_2 の排出情報が入っている。

次の手順は，排出された TSP，SO_2 のうち，どれくらいが人間に摂取されるか，いわゆる摂取比率（intake fractions: iFs）に関する推定である。摂取比率の推定に入る前に，まず全浮遊粒子状物質 TSP を PM10に変換する。実際に健康に大きな被害を与えるのはもっと小さな粒子であると考えられているにもかかわらず，80年代半ば以降，大気環境基準や環境問題の研究において主に PM10が使われている。そのため，ここで TSP の排出量から PM10に変換する必要がある。中国 6 都市（北京，広州，ハルビン，上海，深圳，天津）に対する調査によって

$$EM_{\mathrm{PM10},t} = 0.54 EM_{TSP,t} \tag{13}$$

となった。具体的には，表 6 - 5 のとおりである。

したがって，「摂取比率法」による推定において iF_{xr} は，発生源 r から排出された汚染物質 x の排出量 EM_x のうち，どれだけが汚染が生じた場所の人口に吸収されるか，という比率を表すものである。推定式は（14）式で表すことができる。

表6-5　6都市における浮遊粒子状物質の年間平均大気中濃度と変換比率

$(\mathrm{Mg/m}^3)$

都市	TSP	PM10	PM10/TSP
北京	370	165	0.45
広州	151	73	0.48
ハルビン	219	135	0.62
上海	162	100	0.62
深圳	122	63	0.50
天津	283	167	0.59
平均	218	117	0.54

出所：Levy and Greco(2007)．

$$iF_{xr} = \frac{BR \cdot \Sigma_d C_{xd} POP_d}{EM_{xr}} \tag{14}$$

（14）式では，BR は呼吸数，C_{xd} は場所 d における汚染物質の大気中濃度の変化係数，POP_d は当該場所の人口（＝汚染物質に被爆した人口）である。EM_r は発生源 r（例えば，車や発電所など）の排出量である。中国に関する摂取比率の推定について，ハーバード大学環境センター（Harvard University Center for the Environment: HUCE）のプロジェクトの研究方法と研究結果が Mun S. Ho and Chris P. Nielsen(2007)によって発表されている。当該プロジェクトは，中国5つの都市，3つの工業産業，および交通インフラと電力などをモニタリング・ステーションにしていた。5つの都市は北京，済南，大連，重慶，柳州，主に北，南，東地域に位置しており，大気汚染の状況から見れば，深刻な被害を受けた重慶や比較的空気のきれいな大連などバランスよく選定されたと言える。当プロジェクトは，以上のモニタリング・ステーションについて推定された3つの工業部門の摂取比率に基づいて，さらに33部門の摂取比率を推計した。本書の研究対象は鉄鋼業であるため，直接にモニタリングの結果を利用したが，特定の地域範囲から全国に拡大しなければならないので，一定の係数をかけることにした。この点について後述したい。

　3番目の手順は，産業によって排出された大気汚染物質が人体に及ぼす健康被害の経済損失を算出するために，用量反応係数（Dose-Response coefficients）を使わなければならない。これは汚染物質に曝露することによっ

表6-6　中国都市部の汚染に対する DR 係数と経済損失の推計結果

健康被害の種類	単位	増加係数	経済損失 元（1997価格）
PM10			
1　死亡	人	1.95	370,000.00
2　呼吸器関連入院	件	12.00	1,751.00
3　救急外来	件	235.00	142.00
4　行動制限	件	57,500.00	14.00
5　呼吸器感染症・子供喘息	件	23.00	80.00
6　喘息発作	件	2,608.00	25.00
7　慢性気管支炎	件	61.00	48,000.00
8　呼吸器症状	件	183,000.00	3.70
SO_2			
9　死亡	人	1.95	370,000.00
10　胸部不快感	件	10,000.00	6.20
11　呼吸器疾患	件	5.00	6.20

注：増加係数は，1 m^3 で発生した汚染量の影響を受けた百万人あたりで増加する人数また
　　は件数である。
出所：Ho and Jorgenson（2007）.

て呼吸器官をはじめとするさまざまな疾患の発生から死亡に至るまでの有害
影響を考慮した生物学的用量反応モデルによって推計された係数である。本
章で利用したデータについては，Levy and Greco（2007），Ho and Jorgenson
（2007）を参照されたい。

　表6-6は Ho and Jorgenson が整理した，中国都市部における汚染排出に
対する線量反応および経済価値の推定である。研究対象の標高により低，中，
高に分かれているが，表6-6は基礎値を表している。このなかで最も深刻
な事態は死亡のケースであり，件数が多いのは呼吸器に何らかの症状が起き
たり，または行動を制限されたりするケースである。第3欄は各種の健康被
害の増加係数で，百万人当たりの健康被害確率を示している。PM10の被害
として行動制限や呼吸器疾患を患うケースが頻発するが，SO_2 の場合は少な
い。その代わりに胸部の不快感が多く発生する。また，両者の間に死亡率の
差はない。第4欄の経済損失額は1件当たりの金額を表している。SO_2 より
PM10の人体に対する影響によって生じる経済損失（費用）の範囲が広く，
死亡を除いても被害はより深刻であることが読み取れる。なお，経済損失，

汚染物質により人体および他の物体に対する経済的影響の測定は，主に人々
の支払意思額という方法（Willingness-to-pay method）で推定されている。支
払意思額は，病気の治療にかかった医療費や行動制限による損失などを評価
する方法ではなく，環境破壊の防止に対して人々どれくらい喜んで払おうか
という人々の価値判断に基づいて行われる方法である。結果を見れば，慢性
気管支炎や呼吸器関連の入院の防止，死亡の防止のためにお金を使うべきだ
と，人々によって判断されている。

　4 番目の手順は，産業によって排出された大気汚染物質が人体に及ぼす健
康損失の経済価値を算出することである。健康損失 HE_h は（15）式と（16）
式で示している。

$$HE_h = DR_h \times C_x \times POP \tag{15}$$

$h =$（死亡，呼吸器関連入院，救急外来，……，呼吸器症状），DR_h は用量反応係数，
C_x は大気汚染の濃度，$x =$（PM10, SO_2），POP は人口を表している。HE_h は，
$1 \frac{\mu g}{m^3}$ の汚染物質濃度という条件の下で，百万人当たり発生した用量反応の
数を示す。この方法には，健康被害は人口との関連が高いという考え方が表
れている。一方，HE_h は次の方法を通して求めることもできる。

$$HE_h = \sum_x iF_x^N EM_x DR_{hx} \tag{16}$$

　筆者は（16）式を使って鉄鋼業の環境汚染による経済損失を推定した[4]。
推定にあたって，Shuxiao Wang et al.（2007）が中国851社の一定規模を有す
る鉄鋼メーカーから任意に選んだ80社の鉄鋼メーカーを対象にして行った研
究結果を使わせていただいた。Shuxiao Wang et al.（2007）の研究では，汚
染物質の摂取比率に関して，50キロメートル範囲の数値は以下のとおりであ
る。すなわち，$iF_{PM10} = 3.44 \times 10^{-6}$，$iF_{SO_2} = 6.36 \times 10^{-6}$。同時に，著者らは次

4）　（16）式は Ho and Jorgenson（2007）を参考にして得たものであるが，元の式は

$$HE_h = \sum_x DR_{hx} \frac{iF_x^N EMx}{BR}$$

となっている。Ho and Jorgenson によれば，右辺の分母にある *BR*（*Breathing Rate*）は，
もともと iF_x^N に含まれた *BR* を除去するためのものである。ただし，筆者は摂取比率の
計算において単位当たり呼吸数を反映する *BR* が必要だと考えている。

の2点を指摘した。第1に，推定において50キロメートルより広い範囲を取る場合，不確実性とバイアスは増大する。一方，研究では倍率を出している。例えば，PM10に関して $\frac{iF^{50km}}{iF^{100km}} = 0.74$，SO$_2$に関して $\frac{iF^{50km}}{iF^{100km}} = 0.89$，これらの数値を用いて100キロメートル範囲の摂取比率を計算できる。第2に，全国範囲の摂取比率に関して上記の摂取比率係数の2〜3倍になると示された。摂取比率を推定するうえで，汚染物質の影響範囲が大きいほど汚染物質に曝露する人口は増えるという関係があるので，大きな意味を持っている。Ho and Jorgenson は全国産業別の経済損失を推定するために，摂取比率係数の3倍という数字を使った。本章では，中国全土の鉄鋼業を対象にしているため，Shxiao Wang et al. が発表した摂取比率 iF_{PM10}, iF_{SO_2} に一定の倍率を掛けなければならいが，ただし燃焼分と加工分に関して異なる倍率を考えている。燃焼分について2を掛け，加工分について100キロメートル範囲として扱った。結果的に，PM10，SO$_2$それぞれの摂取比率は次のように算出された。

$$iF_{PM10,C}^{N} = 3.44 \times 10^{-6} \times 2$$
$$iF_{PM10,P}^{N} = 3.44 \times 10^{-6} \times 1.35$$
$$iF_{SO_2,C}^{N} = 6.36 \times 10^{-6} \times 2$$
$$iF_{SO_2,P}^{N} = 6.36 \times 10^{-6} \times 1.12$$

ただし，添え字の c, p はそれぞれ燃焼分（combustion），加工分（process）を表す。iFs が決まれば，（16）式で示しているように汚染物質の排出量と表6-6で示した用量反応係数と一緒に健康被害の経済損失が計算できる。

表6-7は，鉄鋼業から排出された TSP により換算された PM10および SO$_2$による健康被害の経済損失を表している。

1990年鉄鋼業において全国的に，PM10の健康被害による経済損失は，燃焼分が95.1億元，加工分が142.9億元，合わせて238億元となり，鉄鋼生産額の8.39％となった。一方，SO$_2$排出による健康被害の経済損失額は，燃焼分が48.3億元，加工分が18.4億元，両者合わせて66.7億元であって，鉄鋼生産額の2.35％であった。2種類の汚染排出量による健康上の経済損の合計額は304.7億元で，生産額に対する割合は10.7％に達している。留意してほしいのは，本章の試算はさまざまな環境汚染のうち人間の健康に対する影響にのみ

表6-7　汚染物質排出による健康被害の経済損失
(億元：1997年価格，％)

	鉄鋼業	PM10		SO₂		PM10＋SO₂	
	総生産額	燃焼分	加工分	燃焼分	加工分	経済損失	対総生産比
1990	2,835	95.1	142.9	48.3	18.4	304.7	10.7
1991	2,769	85.9	134.5	49.4	19.5	289.3	10.4
1992	3,377	100.6	121.9	40.8	18.0	281.3	8.3
1993	3,849	84.4	147.5	41.4	20.9	294.2	7.6
1994	3,783	82.6	131.7	39.2	20.8	274.3	7.3
1995	2,915	79.6	132.8	43.9	22.3	278.6	9.6
1996	3,264	71.1	130.3	44.0	21.0	266.5	8.2
1997	3,305	70.1	132.8	46.4	23.0	272.3	8.2
1998	3,017	69.2	135.2	38.0	22.9	265.2	8.8
1999	3,323	60.8	122.8	43.2	18.5	245.4	7.4
2000	5,137	56.5	112.5	36.7	28.6	234.4	4.6
2001	6,283	86.9	106.8	44.3	19.0	257.0	4.1
2002	7,325	77.5	114.0	49.2	21.1	261.8	3.6
2003	10,572	81.9	120.4	50.3	21.6	274.2	2.6
2004	14,155	105.3	160.2	68.6	29.4	363.5	2.6
2005	18,162	135.2	165.7	86.0	36.9	423.8	2.3

注：以下の年の損失額は推計した排出量によって算出。PM10：1990年加工分，燃焼／加工＝0.45。
　　SO₂：1990年，2001～2005年，燃焼／全体＝0.7。

注目している点である。動物や農産物，建物，物品，人間の視界から地球温暖化まで考慮すると相当な損失を生み出すことになるだろう。しかしその後，状況はいくらか好転した。1990年から2005年まで経済損失の実質年平均増加率は2.20％だが，2005年の鉄鋼生産額に対する比率は2.3％台と著しく縮小方向に推移した。特に1990年から2000年まで経済損失の実質増加率は－2.62％となった。表6-3，表6-4を合わせて見ればわかるように，2000年まで汚染物質排出量は逓減したが，その後また増加傾向に転じた。改革開放の初期に，鉄鋼業における経営管理から技術導入，原燃料調達，労働の質的向上など一連の改革によって実現されたと考えられる。例えば，80年代の内陸の原料一辺倒の状況から徐々に輸入を増やすことでより質の高い原料を使用できるようになった。また，技術導入によって脱硫率の向上，排出されたガスの余熱の再利用などの技術進歩が実現した。2000年代以降は，設備投資によって生産量が大きく増えたなか，重複投資や供給過剰が技術進歩に悪影響を与

えたと考えられる。ただし，以上の試算結果は，実際に使用された係数が大きく関連している点も留意してほしい。使用した係数に関しては，研究者が1990年代から2000年代初期まで観測したデータに基づいて推定したので，期間の拡大によってバイアスが大きくなる可能性は考えられる。

■汚染排出削減を考慮した GTFP

　ここでは，汚染排出を考慮した GTFP の測定のために，従来の生産額に汚染排出の損失額を取り入れて，新しい生産額を算出することにする。汚染排出の経済損失額は，本来大気汚染から廃水，廃棄物にわたる多様な分野でさまざまな被害を取り入れなければならないが，これまで示したように，科学，工学，経済など複数の領域にまたがる学際的研究調査の結果を総括する大きな作業となる。今回は，環境問題が人体に与える損害についての研究結果の一部を集め，とりわけ PM10, SO_2 による健康被害の経済価値を算出して，GTFP の測定に組み込むことにする。

　(5) 式に従って，従来の鉄鋼業の生産額に汚染排出の経済価値を加え，新しい生産額を求めた。汚染排出の経済価値は経済的損失額とも考えられる。表6-8は新しい生産額 ρ において，1997年時の価格で算出した従来の生産額と，汚染排出による損失額それぞれのシェア S_y, S_{d1}, S_{d2} を示している。汚染排出はベネフィットとならない意味で，S_{di} は実際にはマイナスである。好ましい生産物と好ましくない生産物の合計値 ρ に占める好ましい生産物 y のシェアが1より大きい。健康被害の経済損失のシェアを見ると，1990年の時点で，汚染排出による健康面の損失は11.7%であったが，2000年代に入ってから徐々に下がり，2005年では2種類の汚染物質を合わせて3%以下になった。この点は，表6-7で示した数値と似た状況であり，ただ，表6-8の「生産額」が本来の生産額から経済損失額を差し引いた ρ である。

　表6-9に GTFP 測定の結果をまとめた。第1欄から第8欄まで，新しい総産出額，労働投入，資本投入，中間投入，PM10による経済損失，SO_2 による経済損失，従来の TFP と GTFP それぞれの年平均上昇率を表している。GTFP の計算は (9) 式によって行われた。従来の TFP 上昇率の測定と異なる点は，汚染排出損失額の増加率を取り入れることと，産出額のシェアは新

表6-8　ρに占める生産額と経済損失のシェア

年	S_y	S_{d1}	S_{d2}	年	S_y	S_{d1}	S_{d2}
1990	1.1204	0.0940	0.0264	1998	1.0964	0.0743	0.0221
1991	1.1166	0.0889	0.0278	1999	1.0797	0.0597	0.0201
1992	1.0908	0.0719	0.0190	2000	1.0478	0.0345	0.0133
1993	1.0828	0.0652	0.0175	2001	1.0427	0.0321	0.0105
1994	1.0782	0.0611	0.0171	2002	1.0371	0.0271	0.0100
1995	1.1057	0.0806	0.0251	2003	1.0266	0.0196	0.0070
1996	1.0889	0.0672	0.0217	2004	1.0264	0.0192	0.0071
1997	1.0898	0.0669	0.0229	2005	1.0239	0.0170	0.0069

注：S_{d1}＝PM10，S_{d2}＝SO_2。

表6-9　産出，労働，資本，中間財，経済損失，GTFP，TFP の年平均上昇率 (%)

年	生産額	労働投入	資本投入	中間投入	経済損失 PM10	経済損失 SO_2	TFP	GTFP
1992	22.19	3.45	11.53	17.52	1.40	△ 15.93	5.22	7.57
1993	13.82	5.82	22.41	24.78	3.51	5.87	△ 8.94	△ 8.20
1994	△ 1.31	7.87	13.68	△ 13.69	△ 7.73	△ 3.80	0.80	1.23
1995	△ 28.59	7.38	13.55	△ 42.20	△ 0.98	9.83	△ 11.65	△ 14.19
1996	12.83	1.03	11.07	11.30	△ 5.45	△ 1.69	1.53	3.06
1997	1.16	△ 3.51	6.34	△ 0.09	0.68	6.42	△ 0.11	△ 0.19
1998	△ 9.70	0.78	4.14	△ 19.63	0.68	△ 13.25	△ 2.21	△ 2.81
1999	11.19	1.55	1.93	7.57	△ 10.75	1.71	5.61	7.14
2000	46.55	△ 8.75	3.51	53.72	△ 8.27	5.64	18.31	21.38
2001	20.62	3.94	6.78	21.43	14.42	△ 3.06	5.36	5.85
2002	15.88	17.82	15.74	16.02	△ 1.45	10.53	△ 0.87	△ 0.34
2003	37.70	10.48	24.34	42.06	5.47	2.24	3.40	4.42
2004	29.22	3.60	26.37	40.95	27.13	30.93	△ 4.44	△ 4.41
2005	25.16	14.24	25.63	30.18	12.90	22.65	△ 3.15	△ 2.91
1992 ~2005	14.05	4.69	13.36	13.57	2.26	4.15	0.63	1.26

しい産出額におけるシェアとなることである。新しい産出額に占める従来の
生産額のシェア，汚染排出のシェアは表6-8で確認できる。表中の GTFP
と TFP は，それぞれ汚染排出の損失を考慮した TFP 上昇率，従来の TFP
上昇率である。両者の数値を比べて見ると，GTFP が TFP を上回る年が多
かった。生産額の上昇率と汚染排出の上昇率[5]を比べればわかるように，こ
れは，汚染排出損失額の増加率が生産値の増加率より低く，汚染排出の抑制

によって，経済効率が高まった結果にほかならない。例えば，2004年には，汚染排出損失の増加率が27.13％（PM10），30.93％（SO₂）と高かったが，2種類の汚染物質のシェアで加重平均をとると，経済損失の上昇率が生産額の成長率より低いので，GTFPが−4.41％となり，従来のTFP上昇率より0.03ポイント高くなった。また1995年，生産額が−28.59％と大きく低下したにもかかわらず，2種類汚染物質による経済損失の増加率はそれぞれ−0.98％（PM10），9.83％（SO₂）と決して下がっていなかった。この場合，GTFPは−14.19％となり，従来の−11.65％より2.54ポイント低下するように算出された。この考え方は環境破壊面の改善評価を組み込むことを意味する。つまり，企業は，汚染物質の排出を抑える技術の導入などによって，一定の生産の変化の下で，好ましくない汚染物質の排出を少しでもそれ以下に抑えられれば，社会は全体的にベネフィットを享受する状況となり，経済成長と環境保全をバランスよく進められるということを示している。

　以上，1つの試みとして，大気汚染の排出効果の考慮した全要素生産性GTFPを測定した。筆者は，この方法論の意義はとても大きいと考えている。

　第1に，排出要素削減によって生じたベネフィットに対する評価方法の意味が大きい。環境問題の要素を考慮して生産性を測定する場合，大気汚染の排出要素は，主に排出によって引き起こされる損失と，それらの排出を抑えるためのコストという両面から接近すべき問題である。Eban S. Goodstein and Stephen Polasky（2005）が指摘するように，一部の人々は環境政策が生産性の低下に貢献するものだと非難している。一方，他の人々は，汚染のコントロールは，企業に新しくしかも安価な生産技術の導入を促し，生産性向上に貢献できると考えている。環境規制の生産性に与える影響は，ポジティブであれネガティブであれ，環境保護のための本当の意味でのコストとして決定することがとても重要である。損失面の改善に基づく排出価値の測定は，真の意味での環境保護の便益を反映する意味をもっている。

　第2に，環境問題の要素を考慮して生産性を測定することは，エネルギー集約的な産業，とりわけ重化学工業において大きな意義をもつ。鉄鋼業だけ

5）　実際の計算では，経済損失の上昇率についてPM10とSO₂の加重平均をとっている。

でなく，中国における汚染物質の排出に対し大きなシェアを占めている，セメント産業を含む非金属製造業，化学産業，電力産業について，TFPの修正によって，環境問題に取り組む効果をより明らかにすることができる。試算において，従来のTFP成長率がマイナスであったにもかかわらず，環境効果を考慮した場合にはTFP成長率がプラスに転じたことは，技術革新を反映するTFPの測定そのものについても，一定の意味をもつ。

　第3に，環境問題の要素を考慮して生産性を測定することは，環境政策を評価するうえで大きな意義をもつ。先進国でこうした方法論が提起されてきたのは，政府の環境政策の下で，企業をはじめとするさまざまな経済活動に大きな変化が生じたことが背景としてあった。これらの政策が経済にどのような影響を与えるのかが重要なポイントとなる。中国では，1970年代末頃からテイクオフした経済成長により，環境問題は深刻化している。そして，80年代から政府は徐々に環境政策を打ち出し，90年代に入ると環境関連法規の整備を本格的に行うこととなった。このため，環境政策評価の一環として，生産性の面からの考察も不可欠であると考える。

　第4に，環境問題の要素を考慮して生産性を測定することは，持続的発展の観点からも重要である。修正されたTFPはエネルギー効率の改善と汚染物質排出の低減の効果を重視している。この点は，発展途上国にとってさらに重要な意味をもっている。この修正されたTFPを示すことにより，生産効率の向上や汚染物質の排出削減のための技術革新に力を入れるよう，企業にインセンティブを与えるであろうことは疑いがない。

終　章

質的に充実した経済発展へ

　2013年に World Bank と国務院発展研究センターは報告書『*China 2030*』を発表した。この報告書は，中国が2030年までに高所得国段階へ入るためには，労働力の増加と資本のいっそうの深化を期待すべきではなく，TFP（全要素生産性）を高めなければならないと指摘した（World Bank and DRC, P. R. China, 2013: p.77）。また同報告書は，中国は経済成長エンジンを「キャッチアップ」から経済効率と TFP の向上へ移行するべきだと力説している。中国自身もまた，すでに2005年の胡錦濤政権における第11次5カ年計画で「経済の量的拡大重視から質を重視する」との方針を打ち出していた。2013年にスタートした習近平政権も，伝統的な成長パターンではなく，イノベーションや産業構造の高度化を進め，技術革新によって，さらなる経済成長を図ることを目指している（新華綱，2021）。内外の認識は一致しているものの，実際にこれまで中国経済のエンジンはどこにあったのか，技術革新によって牽引される経済を実現するには具体的に何が必要か，ここで，産業からみた経済全体の成長要因分析に基づいてもう一度整理しておく。

1.　経済成長のエンジンはどこにあったのか

　本書では，ソロー・モデルに基づいて中国経済の成長要因を解明しようとした。1992年から2010年までの間に，中国産業集計レベルの実質付加価値は年平均9.97％の増加率で成長し続けた。これをどう説明するべきだろうか。何が経済成長の主因なのか，TFP（全要素生産性）はどれくらい貢献したか。これまでの分析によって，いくつかのことが明らかになった。

　(1) 1990年代は，経済成長に対して生産性の寄与が大きかった。「南巡講話」発表後の1993年からWTO加盟前年の2000年まで，9.93％という実質付加価値の年平均成長率に対する各インプットの寄与率を見ると，資本ストックの上昇57.50％，TFPの上昇24.77％，マンアワー（総労働時間）の上昇8.28％，労働投入の質的上昇4.95％，資本投入の質的上昇4.47％となり，TFP上昇の寄与はマンアワー，労働投入の質，資本投入の質のどれよりも大きかった。1990年は中国の1人当たりGDPが400ドル未満で，各地方のインフラ整備や各産業の生産を拡大するために活発な投資活動が必要であり，資本ストックの寄与が首位であったことに不思議はない。

　一方，発展の初期段階にある国は資本ストックだけでなく，人口が増え，労働参加率が上昇することによって労働投入の成長も重要な役割を果たすはずである。例えば，Christensen, Cummings, and Jorgensonが行った国際比較によると，1960〜1973年，経済成長に対する労働投入の寄与が，韓国32.9％，日本14.7％であった（Christensen et al., 1995: p.246）。当時（1970年時点）韓国と日本の1人当たりGDPはそれぞれ600ドル，3,283ドルであった（日本生産性本部ホームページ，2022）。ただし，1990年代の中国は国有企業改革を加速するなかで，大規模な人員削減を実施せざるを得なかった。1990年から2000年まで，およそ2,244万人規模の人員が削減された（『中国統計年鑑』より算出）。国有企業からの失業者の受け皿は私営企業であり，私営企業は都市部の一時帰休者や農民工を吸収する主な経済主体になった。こうした理由で，この時期に，経済全体に対する労働投入の寄与は1割強にとどまった。

　TFPの上昇が大きく寄与したのは，生産性の高い民間部門と外資系企業の市場参入，国有部門の効率化や現代化，産業部門の積極的な技術導入，政府が推進した行政と企業の分離などの総合的な効果であり，つまり，社会主義市場経済を実現する一連の改革によるところが大きかった。長きにわたる制度上・精神上の束縛から解放された10億人の中から多数の起業家が出現したことは，この時代の特徴であり，高い成長率が実現される大きな原動力であった。

　(2) 2000年代は，経済成長に対して資本投入の寄与が大きかった。WTO

加盟後の2001年から2010年まで，リーマンショックの影響はあったものの，政府が大型景気刺激策を実施した結果，年平均10.30％の成長率を維持した。インプットの寄与率を見れば，資本ストックの上昇68％，資本の質の上昇11％，マンアワーの上昇20％，労働の質の上昇3％，TFPの上昇−2％となり，資本ストックの上昇と資本の質的上昇を合わせた資本投入の上昇が，経済パフォーマンスの8割を作り出した。

　Christensen et al.（1995: p.251）の結果と比べると，1960〜1973年における各国の経済成長に対する資本投入の寄与率は，日本43.7％（資本の質が11.3ポイント），韓国が25％（同10ポイント），アメリカが39.3％（同9.8ポイント），フランスが44.4％（同8.4ポイント）と，どの国も50％以下の水準であって，中国の高成長期の資本投入の寄与率の高さは著しく目立つものであった。

　(3) 先行して成長した国々の経験から見ると，中国の経済成長に対するTFP上昇の寄与は低かったと言える。Christensen et al.（1995: p.246）によると，経済成長に対するTFPの上昇の寄与率は，カナダ32.5％（1947〜1960年），フランス59.5％（1950〜1960年），ドイツ56.8％（1952〜1960年），イタリア62.7％（1950〜1960年），日本42.1％（1952〜1960年），イギリス44.5％（1955〜1960年），アメリカ37.5％（1947〜1960年）であった。前述したように，同じ実質付加価値ベースのTFP上昇率の推計によれば，中国の場合，90年代はTFPの寄与度が高かったが，2000年代は大幅に低下した結果，1993〜2010年の全期間における経済成長に対する寄与率は10％にとどまった。

　(4) 労働生産性の成長要因に関して，国有企業は労働の質的向上の上昇率が高く，非国有企業ではTFPの上昇率が高い。第4章では，鉱工業の国有企業，非国有企業を対象に，労働生産性に関して資本装備率の上昇率，労働の質の上昇率，TFPの上昇率を調べた結果，異なる所有制の企業の特徴が浮き彫りになった。すなわち，1993〜2010年の期間中，国有企業の資本装備率（資本対労働比率）と労働の質の年平均上昇率はそれぞれ13.8％，12.3％となり，高い水準を示した。その結果，労働生産性の上昇率は16％に達しており，改善幅は大きかった。

図7-1　時間当たり実質賃金指数

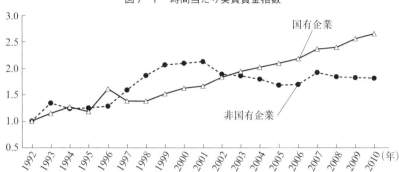

　一方，非国有企業の場合，資本装備率とTFPの年平均上昇率はそれぞれ6.02％，5.87％となっており，生産性の上昇において国有企業を著しく凌駕した。しかし，非国有企業における労働の質的上昇率は年平均−5.05％と大きく低下した。労働の質的変化は賃金の変動と深く関わっており，非国有企業における労働の質の低下は非国有企業の実質賃金の落ち込みから影響を受けた可能性がある。

　図7-1は，非国有企業と国有企業のそれぞれ集計された鉱工業の実質賃金指数を示すものである。国有企業の場合，アジア通貨危機による一時的な落ち込みを除けば，実質賃金は基本的に上昇傾向で推移した。しかし，非国有企業では，1998年まで実質賃金が上昇したが，アジア通貨危機の影響を受け，1998年以降の実質賃金は横ばいから低下傾向で推移した。実質賃金の停滞は労働の質的向上に影響を与え，金額ベースの労働生産性の低下に影響したと解釈できる。

　(5) 農業付加価値の上昇に対するTFP上昇の寄与が33％となり，鉱工業とサービス業を大きくリードした。時期別に見ても，農業におけるTFPの年平均成長率は1990年代に3.15％，2000年代では6.45％となっており，趨勢的な上昇は1つの特徴と言える。

　政策面から見ると，まず1980年代の初期から政府によって土地使用権の農家への分配，「家計請負制」の導入，農産物価格の引き上げなど一連の農業

改革が行われ，農業所得の向上をもたらした。さらに，1980年代から1990年代にかけて「郷鎮企業」が成長し，農業の余剰人員が郷鎮企業や都市部に流れ込んで，農業の従事者は大きく減少した。これは農業の生産性を引き上げた第一歩と考えられる。

　次に，1990年代の後期から1人当たり所得の向上とともに国民の食料消費の嗜好が変化して穀物価格が低下したうえ，農村部のインフラ整備が立ち遅れ，農民所得の停滞が発生した。いわゆる「三農問題」の深刻化である。2003年から，胡錦涛・温家宝体制は農民税を撤廃，農民負担を軽減する税費改革などを進めた。これは農業生産性の向上をもたらす第2の対応であった。生産性の視点からすれば，2000年代の「三農問題」対策はかなりの効果を上げたと言える。

　(6)　鉱工業の3類型を見ると，加工組立産業のTFP上昇率が他の類型より高いという特徴がある。とりわけ1990年代には，輸送用機器を除いて汎用・専用機械，電気機器，通信機器，事務用機器はそれぞれ10％以上の上昇に達していた。2000年代に入って資本投資が急増し，製造業32部門のうち，TFPの上昇率がプラスであったのは3つしかなかったが，輸送用機器と電気機器が入っていた。

　加工組立産業で他産業に比べて早く技術進歩が起きたことには，いくつかの理由があったと考えられる。まず，計画経済期の中国では軍事力の強化が重要課題であったため，経済改革においても電子産業が重要な役割を果たさなければならず，多くの技術者が育てられ，研究開発能力が強化された。

　次に，加工組立産業は政府の積極的な技術導入政策によって最も恩恵を受けた産業の1つであった。技術導入の1つのパターンは，直接投資を通して外国の先進技術を取得することである。直接投資による技術導入の効果については賛否が分かれるが，筆者は，低所得の段階では直接投資によって技術を取得でき，貿易振興と所得向上，技術のスピルオーバー効果が期待できると考える。中所得段階以降は，教育を通して国民の技術開発の意欲と能力を高めるべきである。中国政府は一貫して直接投資による技術導入の効果を重視してきたが，一部の経営者は民族産業の立ち遅れを危惧して早くから研究

開発に力を注いだ。なかでも突出していたのは，自動車産業と電子産業であった。スピルオーバー効果と言えば，ジーリー（吉利汽車）など民族系自動車メーカーのケースがよく知られる。1990年代は，外資自動車メーカーとの合弁が政府系企業に限定され，私営企業は乗用車生産への参入が禁止されていた。しかし，ジーリーは政府系のマイクロバス会社と提携することで技術開発を進め，技術者を確保した。WTO加盟後，政府が自国企業に対する差別を撤廃せざるを得なくなると，ジーリーなど民族系メーカーはいち早く乗用車生産に参入した。

さらに，経済のグローバル化を受けた経営方式の刷新とも関係がある。1990年代から，製品を複数のユニットに分離し，汎用性の高いインターフェースによって組み立てる生産方式が普及してきた。新興産業としての中国の電子産業や自動車産業は先進国を追いかけ，追い越すために，いち早くこうした水平分業体制を普及させた。人口規模が大きいというメリットを生かしながら，少ない資本投入で収益を上げたのは，水平分業的生産形態を完成させた努力の結果であり，新しい形の技術革新と言っても過言ではない。

2. 投資依存体質からの脱却

第4章ですでに述べたが，資本装備率（資本対労働比率）の上昇によって人手を減らしても生産性を上げられるのであれば，人口減少社会にとっては好ましい。また，Solowが言及したように，投資自体も新しい技術の登場を促進するメリットもある。しかし，行き過ぎた資本蓄積は経済効率を悪くするだけでなく，社会の希少資源を無駄にしてしまい，経済成長を損なう可能性がある。何よりも質の高い投資が望まれている。中国全部門の労働生産性の加重平均と資本装備率の加重平均を比較すると，同じように1992年を1とした場合，2010年になると，労働生産性が1.13になったのに対して，資本装備率が1.97になった。資本装備率の上昇の速さが際立っている。

資本投入の効率を表す資本生産性について，第4章で考察した結果，全部門の実質資本生産性（付加価値/資本ストック）の年平均上昇率は，1992～2000年では5.26％だったが，2001～2010年には－5.11％と低下した。ただし，

資本生産性を考える際には労働分配率の変化を考慮する必要がある。労働分配率が上昇すれば結果的に資本生産性の低下として反映される。筆者の推計では，2001年に比べて2010年の労働分配率は36％低下した。すると，資本生産性の低下は，労働分配率の低下と関係なく，むしろ長期的に資本蓄積が進行した下での投資効率の悪化によってもたらされたと考えてよい。

　第1章，第4章で資本ストックの伸びが高い理由を検討する際に言及したが，貯蓄率の高さが，資本装備率が高い理由の1つと考えられる。世界的に見ても，中国の家計貯蓄率は高い。郭穎（2011）は家計部門の可処分所得の相対的低下と高貯蓄率の関係に注目した。郭によると，家計部門が国民可処分所得に占める割合は1992〜1999年平均の67.5％から2008年に57.1％に低下，また，企業部門は同14.1％から21.6％に上昇し，政府部門の構成比も同18.4％から21.3％に高まった。日，米，中の3か国を比較すると，日本は給与の減少を反映して，2000年以降，国民所得における家計部門の所得構成比も低下しているが，2009年では日本が66.5％であり，中国の57.1％と比べて水準がやや高い。ただし，日本の高度成長期では，家計部門の平均所得分配構成比が71.9％であり，高成長期の中国より10％ポイント以上高かった。なお，アメリカの家計部門の分配構成比は，1950年代初頭から80年代後半にかけて，ほぼ70％前後の水準にあった。日本と中国の間に大きな差はなかったにもかかわらず，なぜ2008年の日本の家計貯蓄率は3.38％で，中国より33.99％ポイント，アメリカよりも1.39％ポイント低かったのか。経済発展の過程で家計貯蓄レベルの違い以外に，高度な社会保障システムの構築，格差の少ない社会に向けての努力が挙げられる。中国は，農村が半分の人口を占めており，農民の社会保障制度の健全化は経済成長の面から見ても大きな課題である。

　次に，国有部門から非国有部門への資本移動が遅れていることも理由に挙げられる。一般に，資源配分は生産性の低い部門から高い部門へと移ることによって，国全体の生産性の上昇につながる。本書の考察では，非国有部門におけるTFP上昇の寄与は国有部門より高かった。こうしたなかで，労働と資本が国有部門から非国有部門に移動することによって，国全体の生産性の上昇が促進される。実際には，鉱工業における資源の移動を見ると，1992

〜2010年において，農民工を含めた労働力における非国有部門のシェアは68.5％から97.7％に上昇したが，資本ストックにおける非国有部門シェアは37.4％から57.4％へしか上昇しなかった。資本投資が国有部門に偏ったことは，国有部門自身の生産性を下げるだけでなく，非国有部門との取引関係によって非国有部門の生産性を引き下げる可能性もある。特に近年，政府が混合所有制を推進しているため，国有部門との相互資本参加で非国有部門の資金調達コストが下がることが期待される一方，資本生産性の低下が非国有部門に波及する可能性も考えられる。

3. 非国有部門の賃金引き上げが課題に

　近年，日本では「賃金停滞」という言葉をよく耳にするが，中国の場合，非国有部門の実質賃金は2001年辺りから2010年までは横ばいであった。政府の発表によると，2001〜2010年における国有部門の実質賃金の年平均上昇率が−0.29％，集団企業を除いた非国有部門の実質賃金の年平均上昇率が−0.02％である（『中国統計年鑑2011』）。本書の推計では，農民工を含めた実質賃金の年平均上昇率は，国有部門10.32％，非国有部門−2.8％であった。政府発表と本書の推計，どちらを見ても非国有部門で「賃金停滞」が起きていたことは明白である。近年の状況を見ると，2011年から2020年まで，都市部の「国有部門」，「集団部門」，「その他部門」それぞれの実質賃金の年平均上昇率は−0.2％，−0.58％，−0.68％となっている（『中国統計年鑑2021』）。なかでも，非国有部門の「賃金停滞」が他部門よりいっそう進んでいることは明らかである。

　一般的に，非国有部門の従業員は国有企業の従業員に比べて立場が弱い。国有企業や政府機関，政府が経営している学校，病院などの事業所には「工会」（労働組合）が存在しているが，非国有企業には稀である。国有企業の「工会」は基本的に企業および共産党下部組織の指導を受けて活動するが，上層部との間にパイプがあり，上層部に適切に助言する場が設けられている。しかし，非国有企業の従業員は自らの要求を経営者に通達する手段がほとんど用意されていない。また，非国有企業の従業員は自身が働いている大都市の

戸籍を持っていないケースが多く，しかも取得する見込みも限られている。こうした状況では，経営者が一方的に労働条件を変えることができてしまう[1]。

　周知のように，「賃金停滞」にはいくつかのデメリットがある。1つは，労働投入の質的向上を妨害する。完全競争的な労働市場では，従業員の経験や熟練度，教育のレベルによって合理的な賃金体制が構築されれば，労働の質が高くなり，経営効率も良好になると想定できる。なぜなら，人材の移動は企業の利益に適うからである。反対に，このようなシステムが構築されなければ，労働の質が低くなり，したがって経営効率が悪化し，最終的に企業の発展を損なうことになる。本書の推計では，非国有部門で労働の質的向上が現れず，むしろ低下している。この推計結果と観察した「賃金停滞」の現象を合わせると，非国有部門における労働の質的低下は「賃金停滞」，または人材と賃金の「ミスマッチング」によって引き起こされたと見なせる。なお，一般に，経験と熟練に関しては勤労年数を用いて評価するのだが，こうしたデータがないため，本書は労働者の年齢を用いている。

　2つ目のデメリットは，産業構造の高度化を難しくすることである。改革開放以来，中国は安価で豊富な労働力を武器にしてグローバル企業から多大な投資を受けながら，技術を習得し，世界に輸出すると同時に国内経済の底上げ，国民所得の向上を実現した。しかし，2000年代終わり頃から中国は世界第2位の輸入国となり，2020年の1人当たりGDPは12,562ドル（IMF推計，Global Note）に達しており，高所得国の手前まで来ている。中国は，労働力を武器とする時代が終わりつつあるので，国民所得をいっそう向上させるために，より付加価値の高いモノづくりとサービスが必要になった。供給サイドから見れば，40年の発展によって資本と技術は以前に比べて大いに蓄積されており，中国の比較優位は変化しつつあるはずである。企業経営者がいまだ20年前のスタンスでいつまでも安い賃金にこだわるほど，賃金が「おもり」になってしまい，安い賃金と安い（＝品質の低い）製品との悪循環から抜け

1）　Michael Useem, Harbir Singh, Neng Liang, and Peter Cappelli（2017）は，中国の民間企業に労働組合がなかったため，1994年の労働法の条項が常習的に無視されており，ある推計に基づいて，2000年代には労働者の約40％が低賃金で職の安定性がほとんどなかったと指摘した。ただし，2006年以降は労働力の枯渇とともに賃金が上がり始めたという（池上・月谷訳，2019: pp.173-177）。

られない恐れがある。中国の生産者は，品質を高め，消費者のニーズに応え
られる製品・サービスを提供すべき時代に来ている。各国で見られる中国人
観光客の「爆買い」は，ある意味で消費者の自国製品に対する不満を如実に
示したものと言える。

　3つ目のデメリットは，労働力市場の歪みを拡大させることである。本書
の推計では，鉱工業の賃金収入だけを見ても，2000年代後半から国有企業と
非国有企業の格差は広がりつつあった。こうした状況のなかで，国有企業の
人気がますます高くなり，非国有企業のもつイノベーション創出力と将来性
は認識されにくくなり，人材確保の面で非国有企業はますます不利となる。
そもそも中国の労働市場は「体制内」と「体制外」に分かれ，「体制内」は
政府関連機関や国有企業，「体制外」は私営企業，外資系企業を指す。1980
年代，1990年代には外資系企業や私営企業の人気が高かったが，2000年代後
半から「体制内」労働市場の魅力が高まっている。「体制内」であれば，現
地の戸籍を持つ人と同等の便益や福利厚生を享受できるうえに，賃金も高い。
2008年を境に，国有企業職員の平均給与は民間企業のそれよりも急速に高
まった（劉，2013）。『日本経済新聞』によると，2023年の1月に行われた公
務員試験では，3.7万人の募集に259万人が応募，倍率は70倍となり，日本の
「国家総合職（政治国際職）」の公務員試験の倍率（4.8倍）の10数倍となった（公
務員試験総合ガイド）。これは，私営企業の人気の低さを反映しており，憂慮
すべき状況である。

4.　経済改革が技術革新を生む

　40年以上にわたり，中国の改革開放政策は何度も変遷を繰り返してきた。
本書の分析対象となった1992〜2010年の間も，指導部が変わることで経済改
革の方向が転換された。

　1992〜2002年の江沢民・朱鎔基体制下では，計画経済の放棄と社会主義市
場経済の導入が決定され，「3つの代表論」によって私営企業家の政治的立
場が強くなった。また「三大改革（国有企業改革，金融システム改革，行政管
理改革）」によって企業レベルでは株式会社制度を導入，マクロ運営では中

央銀行と商業銀行の機能を分化する2層銀行システムを採用し，近代化を図った。その方針の下で，中小型国有企業を中心とした国有企業の民営化，大規模人員削減，国有企業の株式制度化など思い切った改革が進められた。

　2003年に胡錦涛・温家宝体制がスタートすると，「和諧社会」を目指すべく方針が転換され，社会保障制度を整備するなど，「三農問題」をはじめ経済成長によって拡大した所得格差の解決が目指された。生産高に応じて税率が決定される「農業税」の廃止は，農業の振興と農民所得の向上に効果を上げた一方，地方政府の財政悪化をもたらした。そして，胡・温体制におけるもう1つの変化は，国有企業改革に対するスタンスである。公有制企業については，「国有企業の経済活力を向上させる」，「国有企業が進むことも退くも可能な流動的な体制を作る」ことが決定され，また国有資本の投入分野に関しても，あらためて規定することによってエネルギー関連などのいくつかの産業における国有企業の地位を再確認した（渡邊，2014: p.314）。そして，渡邊の指摘するとおり，「「社会主義市場経済体制」という言葉と，国有企業の比率の大きさは独立した関係にあることは，正式に認められ」，また「1990年代の改革と2001年からのWTO加盟という大きな政策の影響で，2000年代の間に中国の経済規模は4倍まで拡大する。こうした経済規模の拡大故に潤沢になった財政資金をもって，国有企業の規模拡大，投資の拡大による競争力の回復を図ろうという動きも出てきた」のである（渡邊，2014: pp.315-317）。

　ここで提起したい問題は，経済成長の視点から，国有企業の規模拡大・投資拡大という政策転換が中国の持続的成長にとって肝心な技術革新に対してどのような結果をもたらすか，ということであった。

　本書の推計に基づくと，集計レベルの中国経済のパフォーマンスに関し，1990年代は中国の経済成長に対するTFP上昇の寄与度が24％であったが，2000年代はマイナスに転じた。TFPの上昇率は90年代5.6％，2000年代－0.25％，全期間を通して2.48％となった。不完全競争の要素を除いてTFP上昇率を再計算すると，90年代6.89％，2000年代1.76％，全期間を通して3.11％であった。つまり，中国の経済改革に関する方針転換によって所有制構造が変化し，各産業のイノベーション創出力に影響を与えた可能性は否めない。外部経済環境を見ても，2000年代にアメリカ発の世界的金融危機の影響を受

けて景気減速したが，1990年代もまた，ようやく発展の軌道に乗っていた中小型企業はアジア通貨危機の影響で大きな打撃を受けたに違いない。それでも，規模や期間の長さから見て金融危機の影響がアジア通貨危機を上回ることを考えれば，2007年を境目に，中国のTFP上昇率は，2002〜2007年には0.01％で，1993〜2002年の5.06％より5％ポイント以上も低下した[2]。

　以上のエビデンスを見ても，経済改革を加速させることは依然として経済成長の最も有効な政策である。経済改革こそが，イノベーション創出力を向上させられる。それでは，中国がよりイノベーティブな社会に向かうために必要な社会経済政策とは，どのようなものであろうか。

　(1) 公平，公正，平等な市場競争環境を確保することである。本書第5章では，市場の独占・寡占を表す指標であるマークアップ率について考察し，採掘業1.448，非鉱工業が1.385，基礎素材型が1.215，生活関連型1.212，組立加工型が1.176との結果を得た。こうした市場の歪みは，ある意味で国有企業の独占・寡占によって作り出されている。金属類の採掘業を除いて，マークアップ率の大きさは，ほとんど国有資本の占有率に比例しているからである。例えば，マークアップ率の高い採掘業，非鉱工業を見ると，石油・天然ガス採掘業の国有資本占有率は98.52％，同じく石炭採掘64.6％，輸送・郵便92.7％，電力・水道・ガス85.5％，金融59.33％，石油加工・コークス66.7％，化学製品43.24％，鉄鋼業68.48％である。国有企業は一般に規模が大きいだけでなく，政府と緊密な関係を持つことで，価格に対して支配的になりやすい。近年では急速に発展してきた大手民間企業も価格に対してしばしば影響力を持つことがあり，必ずしも国有企業だけがプライスメーカーになるわけではないが，市場参入の障壁を撤廃することで企業の経営効率化が促進される。

　また，中国には異なる所有制企業の間に，今なお多くの不平等が存在する。

2）　Hurry X. Wu（2015）によると，90年代にコモディティ・素材産業，製品・半製品産業のTFPはともに上昇したが，2001 〜 2007年はともに上昇のペースが鈍化し，2007 〜2010年はともに低下に転じた。また，エネルギー産業のTFPは基本的にマイナスであった。これらの点について，本書はほぼ同じエビデンスを示している。

関志雄は，政府が支配している資源のほとんどを国有企業に割り当てていると指摘した。水道・電力・パイプライン・情報などネットワーク効果が強い資源を低コストもしくは無償で国有企業に提供する以外にも，土地や市場参入，投資など多岐にわたって権限・資源を優先的かつ有利な条件で国有企業に提供している（関，2019）。

実は，中国には政府が私営企業の役割を高く評価した「56789」という表現がある。これは，税収の5割以上，GDPの6割以上，技術革新の成果の7割以上，都市部雇用の8割以上，企業数の9割以上の業績は，私営企業によってもたらされたことを指す言葉である（国家発展改革委員会，2019）。事実であれば，経済発展に大きく貢献したメインプレーヤーを長期的に不平等な環境に置くこと自体，企業だけでなく，国にとっても大きな損失であることは間違いない。

（2）政府は政策の継続性，一貫性，予測可能性を保障するべきである。これは，李克強前首相が「在英中国商業会議所が共同開催したオンラインセミナー」で発言した言葉だが，きわめて重要である。企業は海外進出する際に進出先国のリスクについて事前に把握する必要がある。国内で事業を起こす場合も同じように，この先に何が起こり得るか，あらかじめ理解しなければならない。

技術革新に関して，中国は常に「政府」を念頭に置き，政府が技術革新の重点領域を明確にし，該当領域のプロジェクトに資源を多めに配分し，さまざまな利便性を与え，それによって技術革新が速く完成されるというスタンスをとっている。一部の資本集約的または技術集約的プロジェクトに関しては，この方法が必要かもしれないが，国民所得の向上とともに社会全体の技能・技術のレベルをアップさせるには，企業家の力が不可欠である。シュンペーターは経済発展やイノベーションの主役が企業家だと指摘した。企業家は資金，技術，労働といった資源の「新結合」によって，「新しい生産物」，「新しい生産方法」，「新しい組織」，「新しい市場」，「新しい取引先」を創造する（Schumpeter, 1983: pp.65-74）。

また，企業家社会の政策などについて，ビジネス界に最も影響力をもつ思

想家として知られる Peter F. Drucker には次のような言葉がある。「企業家社会において必要とされる政策と対策について考えるとき，重要なことは機能しないものを明確にすることである。なぜならば，機能しない政策が今日あまりに人気があるからである。」「一般に理解されている意味の「計画」は，企業家的な社会や経済には馴染まない。たしかにイノベーションは目的意識をもって行われなければならず，企業家精神はマネジメントされなければならない。しかし，イノベーションはその本質からして，分権的，暫定的，自律的，具体的，ミクロ経済的である。小さなもの，柔軟なものとしてスタートする。」「イノベーションの機会は現場に近いところで見出される。それは，計画屋が対象とする膨大な総体ではなく，そこから逸脱したものの中に見出される。予期せぬ成功や失敗，ギャップ，ニーズ，「半分に入っている」から「半分空である」への認識の変化に見出される。それら逸脱したものが計画屋の目にとまるようになった頃にはもう遅い。イノベーションの機会は暴風雨のようにではなく，そよ風のように来て去る。」（Drucker, 1996, 上田編訳, pp.247-248）。

　その「そよ風のような」イノベーションの機会は，企業家のリードのもとで，1つの考案から結果が出るまでには相当の時間がかかり，市場の反応が返ってくるまでにはさらなる時間が必要である。政府の政策の不確実性によって，民間は長期の事業を躊躇し，人材・資本を最も必要とするイノベーションへの投資は抑制される可能性が大きい。また，政策の不確実性は国有企業より，民間企業にとって影響が大きい。両者の間には，もともと情報の非対称性が存在するからである。投資についても同じように，政府の呼びかけに応じる行動は，必ずしも生産性を引き上げる成果を出せない。いずれにしても，政府は，1つの政策を打ち出した後に，忍耐強く効果を見守り，より安定した経済環境を保障するべきであり，それこそが企業家のイノベーションに対する最大の支援であろう。

　(3) 混合所有制改革は，イノベーションを促進する方向に進めるべきである。2013年，中国共産党第18期3中全会で，習近平政権における経済政策の綱領とも言うべき「改革の全面的深化における若干の重大な問題に関する

中共中央の決定」が採択され，混合所有制を「基本的経済制度の重要な実現
形式」とし，「混合所有制改革」が「現代企業制度の整備」，「国有資産の監
督管理体制の改善」とともに国有企業改革の重点として位置づけられた。ま
た，2015年には国務院が「国有企業改革を深化するための指導意見」を発表
し，非国有資本による国有企業改革への参加，国有資本の非国有企業への出
資を奨励する方針を強調した。混合所有制企業がイノベーション創出力を高
められるかどうかは，中国経済発展パターンの転換に関わるため，関心を集
めている。混合所有制企業の経営権について，中国（海南）改革発展研究院
の遅福林院長は，次の指摘をした。政府決定は，国有資本，集団資本，非国
有資本の相互出資という混合所有制の形態が中国の基本経済制度の重要形式
であること，また，非国有資本が支配株主になる混合所有制の発展を促し，
混合所有制企業において従業員の持ち株を承認することを示した。このこと
は，国有経済に関して重大な変化が起き，国有企業の改革によって経済改革
を推進することを意味している（中央政府ホームページ，2014）。ただし，こ
れをどこまで実現できるかは不透明である。
　袁・黄（2022）は，エネルギー・環境分野に限定して，民間の上場企業が
国有企業の株式を買収した混合所有制のケースとそうでないケース，合わせ
て460のサンプルを用い，企業の特許出願件数との関係について回帰分析を
行った。結果，混合所有になった企業のほうが，特許出願の件数も多く質も
高かった。袁・黄は，この理由として，国有株の所有によって民間企業の評
判を高める効果，資源を入手しやすくなる効果，イノベーションのリスクを
下げる効果などを挙げた。しかし，国有部門のほうが資源の占有が優位になっ
ていることは社会的歪みの１つで，それ自体が改革の対象になるべきである。
混合所有制は，民間企業が国有企業の株主になると同時に，国家が民間企業
へ資本参加することもあり得る。そうしたなかで，民間企業に対する資本支
配は民間企業の自主経営が脅かされ，国有企業改革の方向が変わってしまう
リスクも憂慮される。
　筆者は，混合所有制の推進によって私営企業の「融資難・融資貴（融資が
難しい，融資コストが高い）」の問題をすぐに解決できると思わないが，国有
企業との資金提携が進み，または経営難に陥った国有企業を買収することで，

私営企業が経営主導権を握り，旧国有企業の経営効率を改善し，民間部門本来の強みである経営の柔軟性，スピード感，イノベーション創出力などが相乗効果的に発揮できることを期待するが，その現実性にはいまなお多くの疑問を持っている。

あとがき

　振り返れば，1980年代末に来日した頃，筆者は欧米先進国と肩を並べて豊かな国となっていた日本の経済発展に強い関心を持っていた。当時，中国国内では改革開放が始まったばかりで，いたるところで「市場競争」という言葉を耳にしたが，それはどういうことなのかを理解し，できれば中国のような途上国の発展に役立つ学問を修得したいという気持ちを抱いていた。

　来日後，慶應義塾大学の大学院に進学でき，経済学の方法論に始まり実際の中国経済まで先生方と議論を重ねる機会を得た筆者は，わからないことが多く，悪戦苦闘であったにもかかわらず，幸せな日々を過ごせた。また，産業政策や企業経営などについて，日本の経験から学ぶことが多くあると実感した。そのなかで，計量経済学の授業で巡り合った全要素生産性というアプローチは，最終的に本書の研究にもつながった。筆者には，より感慨深いものがある。

　本書は1992年から2010年までを対象期間にしているが，周知のとおり，その2010年以降も中国経済の内外における情勢は徐々に，かつ大きく変わってきた。

　国内経済の変化を見ると，労働人口が減少に転じると同時に，1人当たり所得水準が平均的に高まっている。一方で，貧富の格差を表すジニ係数は2008年に0.49とピークを迎えた。その後，低下傾向に推移したが，2015年以降は再び上昇している。現在は0.47と高水準にあり，いずれ社会不安が起きやすい領域に接近している。そうしたなか中国国内では，改革の成果である経済発展が半面で貧富の格差を拡大させてしまったと受け取られ，改革に対する否定的な見方が一部の学者や低所得層を中心に支持されている。

　国際経済における変化としては，1つはリーマンショックからの経済回復

が遅れたことであり，もう1つはアメリカをはじめとする西側の民主主義諸国が中国の経済的・軍事的台頭を警戒し始めたことで，これまでのように中国への技術導入に協力しなくなっていることである。

　こうした国内外の変化に鑑みて，中国は極めて苦しい立場にあると同時に，抜本的な政策転換を求められている。本来，貧富の格差の縮小は社会主義国としての主要な使命であるが，ただし，経済発展なくして格差を縮小することも困難である。

　この点について，筆者は，改革開放が技術革新を生み，経済成長をもたらすことはすでに実証的に証明されており，これまでの改革開放政策を堅持することが重要であると考える。同時に，日本をはじめとする西側諸国の経験に学び，不動産税・相続税などの税制改革を実行すれば，社会の不平等を軽減する大きな一歩につながる。経済に対する影響は考えられるが，それに関する議論をいっそう深め，適切な時期に実行するべきである。また，農村部からの出稼ぎ労働者の都市部での定住や農民の社会保障，低所得層住民の子育て・教育を充実させる制度の整備には，まだ多くの政策余地が残されている。さらに，資本主義市場経済と同様に，社会主義市場経済にも市場の不完全性が存在しているのであるから，企業家の革新意欲を守りつつ，一部大企業の過度な市場占有によってもたらされる中小企業の市場からの排除を防ぐために，社会的な仕組みを構築する必要があると考える。

　また対外的には，中国は，1980年代の対外開放以来獲得してきたグローバル化した世界経済における地位を失うリスクがある。特に，コロナウィルス感染症が発生して以後，各国の政府・企業はサプライチェーンの寸断を警戒してモノづくりを自国に回帰する傾向が強まった。ただし，西側諸国の政府・企業も国際競争で不利になることは回避しなければならず，他国との連携を強める動機自体は以前と変わらない。

　中国は，これまでのようにグローバル・サプライチェーンにおける中心的な地位を守るためにも，「平和的台頭」の思想の下で，世界規模の経済的な安定・発展と安全保障上の平和維持に貢献することで，引き続き国際協調を旨として経済発展の途を歩み続けるべきではないかと思う。本書の研究でも明らかなように，改革開放以来蓄えてきた中国経済の底力は，そのことを十

分に可能とするだろう。

　本書は2008年から2018年までの10年間に発表した幾つかの論文と博士論文の一部（以下にタイトル等を載せる）が下地になっていたが，本書執筆のために第 1 章から第 6 章までのほぼ全部を改稿しており，大部分のデータも更新している。以下の初出を参照される際に，この点をご留意いただきたい。

「中国産業別資本投入の推計（1）」『三田商学研究』慶應義塾大学商学会，第
　　55巻第 2 号，2012年 6 月。
「中国産業別資本投入の推計（2）―産業別資本サービスの測定―」『三田商
　　学研究』慶應義塾大学商学会，第55巻第 4 号，2012年10月。
「中国産業別労働投入の推計（1）―産業別就業者数の推計―」『三田商学研究』
　　慶應義塾大学商学会，第56巻第 3 号，2013年 8 月。
「中国産業別労働投入の推計（2）―マンアワーと就業者所得の推計―」『三
　　田商学研究』慶應義塾大学商学会，第56巻第 5 号，2013年12月。
Measuring Mark-up Ratios for China's Manufacture Industries, *Keio Business
　　Review*, The Society of Business and Commerce, No.53, 2018.
博士学位請求論文 : Industrial Development and Environmental Impact – A
　　Study of China's Iron and Steel Industry, Chapter 6 : Environmental Total
　　Factor Productivity in China's Iron and Steel Industry, 2006.

　研究者として振り返ると，ここに至るまでには多くの方々に大変お世話になった。この場を借りて心より感謝を申し上げたい。
　慶應義塾大学大学院の在学時より，指導教授である唐木圀和先生（現・慶應義塾大学名誉教授）からさまざまなご教示とご激励を賜り，現在まで導いていただいた。筆者が，中国の経済発展には市場経済の導入と対外開放が必要だという信念を確立できたのは，唐木先生の影響が大きかった。
　筆者が上記のように全要素生産性に興味を抱いたのは，黒田昌裕先生（現・慶應義塾大学名誉教授）のお陰である。黒田先生は，大学院の授業で国民経済の構造を把握する産業連関分析と経済成長の要因分析を主要な内容に取り上げられ，難しい内容であったが，授業を通じて，途上国の経済分析にとっ

て全要素生産性研究の重要さを知ることになった。その後に筆者が全要素生産性を研究テーマにしてからも，度々ご助言をいただいた。

筆者にとって環境問題も重要なテーマになったが，特に中国鉄鋼業の発展を博士論文のテーマにした際，和気洋子先生（現・慶應義塾大学名誉教授）の授業で初めて環境問題の方法論に触れることができたのは幸いであった。

櫻本光先生（現・慶應義塾大学名誉教授）とは，櫻本先生の計量経済学の授業を履修したことがきっかけであった。それ以来，数理的な手法から歴史的な観点まで幅広くご教示いただき，また筆者の研究を温かく支援してくださった。

そして，大学院時代に知り合った新保一成先生は，計算などで困ったときに気軽に相談できる気さくな方であった。その新保先生が最も英気にみなぎる年齢で他界されてしまい，二度とお会いできないと思うと残念でならない。

筆者は，2004年から2006年まで大学から留学の機会をもらい，ハーバード大学の China Project という素晴らしい研究環境で訪問研究員として滞在した。その際，Dale W. Jorgenson 先生から直接にご指導をいただいた。指導にあたって Jorgenson 先生は 2 週間に 1 回の面談をルーティンにされたが，2 年間に 1 度だけ，研究が計画どおりに進まなかったために，このルーティンを破ったことがあった。翌日，図書館へ行くと入館カードが無効になっていた。一方，資料やデータのことで困ると，Jorgenson 先生はいつもすばやく解決してくださった。こうした厳格なプレッシャーと温かい支援の下で，研究を大きく進展させることができた。こうした思い出も筆者にとって忘れがたい財産となっている。

また，同プロジェクトの Research Associate であった Dr. Mun S. Ho と当時は大学院博士課程の学生であった Dr. Jing Cao（現・清華大学経済管理学院助教授）から，環境問題と生産性との関連に関する研究の手がかりを教えていただき，さまざま研究結果を紹介していただいた。さらに，Executive Director の Mr. Chris P. Nielson はアットホームな素晴らしい研究環境を筆者に提供してくださった。

本書の完成までには，実に多くの方々からご助力をいただいた。遡れば，研究の出発点は，2009〜2010年に立ち上がった中国産業別労働推計・資本推

計の共同研究であった。この共同研究の最初のメンバーは櫻本光先生，中国国家統計局の斉舒暢先生，北京航空航天大学博士課程（当時）の李暁琴さんと筆者であった。労働統計や固定資産投資統計をはじめ中国統計調査システムの全体像がなかなか見えないなかで，国境をまたがる協力体制がなければ研究を始める勇気を持てなかったはずである。2年にわたる共同研究の結果，労働と資本のデータベースのひな型が出来上がった。

　さらに学会での論文発表では，大阪経済大学の泉弘志先生（現・大阪経済大学名誉教授）から大変有益なご助言をいただいた。泉先生は，生産性の上昇率の集計に用いられるウェイトに関する新古典派の仮定に対し数回にわたって疑問を提起され，結果的に，筆者は全要素生産性の測定において市場の不完全性を考慮するべきであるという問題意識を持つに至った。それこそ本書第5章の出発点であった。

　生産性の研究は膨大なデータを扱うので，多大な労力と時間が必要である。筆者が勤めた慶應義塾大学で講師を勤められている張丹先生，元・商学部生の山口真由美氏，脇坂有美氏，元・商学研究科の秋波英理子氏，元・経済学研究科の梅暁晨氏をはじめ，多くの方々に大変助けていただいた。

　また，これまでに発表した論文で私の日本語を直してくださった元講師の赤羽陽子先生およびほかの方々，英語を添削してくださった譚達平氏，郭暁琪氏，劉文直氏にも深く感謝を申し上げたい。

　なお，本書は，慶應義塾大学商学会の出版補助をいただいて刊行に至った。出版の機会を与えてくださった商学会に御礼を申し上げたい。また，編集を担当してくださった慶應義塾大学出版会の木内鉄也氏に心より感謝を申し上げたい。締切を延ばしてしまった筆者に多大な理解を示し，限られた時間のなかで日本語から構成，タイトルまで1つ1つ丁寧に提案していただいた。さらに，慶應義塾大学から長く研究資金を提供していただき，感謝の意を伝えたいと思う。

　最後に，研究生活を支えてくれた夫の治に，ありがとうと伝えたい。

2023年3月吉日

孟若燕

参考文献

1. 欧文文献

Barbera, A. J. and V. D. McConnell（1990）"The impact of environmental regulations on industry productivity: Direct and indirect effects," *Journal of Environmental Economics and Management*, Vol.18, pp.50‒65.

Basu, Susanto and John, G. Fernald（1995）"Are apparent productive spillover a figment of specification error?" *Journal of Monetary Economics*, 36, pp.165‒188.

Berman, Eli and Linda T. M. Bui（2001）"Environmental regulation and productivity: Evidence from oil refineries," *The Review of Economics and Statistics*, Vol.83（3）, pp.498‒510.

Biatour, Bernadette, Geert Bryon and Chantal Kegels（2007）*Capital Services and Total Factor Productivity Measurements: Impact of Various Methodologies for Belgium*, Brussel, Federaal Planbureau.

Brandt, Nicola, Paul Schreyer and Vera Zipperer（2014）*Productivity Measurement with Natural Capital and Bad Outputs*, Paris, OECD Economics Department Working Papers, No.1154.

Cao, Jing（2007）"Measuring Green Productivity Growth for China's Manufacturing Sectors: 1991‒2000," *Asian Economic Journal*, Vol.21, No.4, pp.425‒445.

Cao, Jing, Mun S. Ho, Dale W. Jorgenson, Ruoen Ren, Linlin Sun, and Ximing Yue（2009）"Industrial and Aggregate Measures of Productivity Growth in China,1982‒2000," *Review of Income and Wealth Series*, 55, Special Issue 1.

Chow, Gregory（1993）"Capital Formation and Economic Growth in China," *The Quarterly Journal of Economics*, pp.809‒842.

Chow, Gregory and Kui-Wai Li（2000）"China's Economic Growth: 1952‒2010," *Economic Development and Cultural Change*, Vol.51, No.1, pp.247‒256.

Christainsen, Gregory B. and Robert H. Haveman（1981）"The Contribution of Environmental Regulations to the Slowdown in Productivity Growth," *Journal of Environmental Economics and Management*, Vol.8, pp.381‒390.

Christensen, Laurits R. and Dale W. Jorgenson（1969）"The measurement of U.S. real capital input," *Review of Income and Wealth*, Vol.15, pp.293‒320.

Christensen, Laurits R., Dianne Cummings and Dale W. Jorgenson（1995）"Econmic Growth, 1947‒1973: An International Comparison," in Dale W. Jorgenson eds., *Productivity, International Comparisons of Economic Growth*, Cambridge, Massachusetts, MIT Press.

Conrad, K. and C. J. Morrison（1989）"The impact of pollution abatement investment on productivity change: An empirical comparison of the U.S., Germany and Canada," *Southern Economic Journal*, Vol.55, No.3, pp.684–98.

Denison, Edward Fulton（1962）"United States Economic Growth," *The Journal of Business*, Vol.XXXV, No.2, The Graduate School of Business of the University of Chicago, pp.109–121.

Denison, E. F.（1979）*Accounting for Slower Economic Growth: The US in the 1970s*, Washington D.C., Brookings Institution.

Drucker, Peter F.（1996）*Innovation and Entrepreneurship, Abridged and Essential Edition*, New York, Harper & Row, Publishers, Inc.（上田惇生編訳（2015）『イノベーションと企業家精神［エッセンシャル版］』ダイヤモンド社）

Färe, Rolf, Shawna Grosskopf and Carl A. Pasurka Jr.（2007）"Environmental production functions and environmental directional distance functions," *Energy*, Vol.32, pp.1055–1066.

Gill, Indermit and Homi Kharas（2007）*An East Asian Renaissance: Ideas for Economic Growth*, Washington DC, The International Bank for Reconstruction and Development/The World Bank.

Goodstein, Eban S. and Stephen Polasky（2005）*Economics and the Environment*, 4th edition, New York, Wiley, pp.91–93.

Gray, Wayne B. and R. J. Shadbegian（1995）"Pollution abatement costs, regulation, and plant-level productivity," *NBER Working Paper*, No. W4994.

Hall, Robert E.（1988）"The Relation between Price and Marginal Cost in U.S. Industry," *Journal of Political Economy*, Vol.96, No.5, pp.921–947.

Heibroner, R. and L. Thurow（1987）*The Economic Problem*, 7th edition, New Jersey, Prentice-Hall.（中村達也訳（1997）『現代経済学 下』TBSブリタニカ）

Ho, Mun S. and Dale W. Jorgenson（2003）"Air pollution in China: Sector allocation of emissions and damage," for China Council for International Cooperation on Environment and Development.

Ho, Mun S. and Dale W. Jorgenson（2007）"Sector allocation of emissions and damage," in M. S. Ho and C. P. Nielsen eds., *Clearing the Air: The Health and Economic Damages of Air Pollution in China*, Cambridge, MA., MIT Press.

Hurry, Wu and Yue Ximing（2012）"Account for Labor Input in Chinese Industry, 1949–2009," *RIETI Discussion Paper Series*, 12-E-065.

Jefferson,Gary H., Thomas G. Rawski and Yuxin Zheng（1992）"Growth,Efficiency,and Convergence in China's State and Collective Industry," *Economic Development and Cultural Change*, Vol.40, No.2, pp.239–266.

Jones, Charles I.（1998）*Introduction to Economic Growth*, New York City, W.W. Norton & Company.（香西泰監訳（1999）『経済成長理論入門』日本経済新聞社）

Jorgenson, Dale W. (1963) "Capital Theory and Investment Behavior," *American Economic Revies*, 53 (2), pp.247-259. (Included in D. W. Jorgenson eds. (1996) *Investment Vol.1: Capital Theory and Investment Behavior*, Cambridge and London: MIT Press, pp.1-16)

Jorgenson, D. W. and Z. Griliches (1967) "The Explanation of Productivity Changes," *Review of Economic Studies*, Vol. 34, pp.249-283.

Jorgenson, Dale W. (1974) "The Economic Theory of Replacement and Depreciation," in Willy Sellekaerts eds., *Econometrics and Economic Theory, Essays in Honour of Jan Tinbergen*, New York: Macmillan, Chapter 10. (Included in Jorgenson, D. W. eds. (1996) *Investment, Vol. 2: Tax Policy and the Cost of Capital*, Cambridge and London: MIT Press, pp.125-155)

Jorgenson, Dale W., Frank M. Gollop and Barbara M. Fraumeni (1987) *Productivity and U.S. Economic Growth*, New York: Harvard University Press.

Jorgenson, Dale W. (1995) *Productivity, Vol. 2, International Comparisons of Economic Growth*, Cambridge, Massachusetts, MIT Press.

Krugman, P. (1994) "The Myth of Asia's Miracle," *Foreign Affairs*, Vol.73, No.6, pp.62-78.

Lawrence Berkeley National Laboratory and Energy Research Institute (2008) *China Energy Databook*, Ver.7.

Levy, Jonathan I. and Susan L. Greco (2007) "Estimating health effects of air pollution in China: An introduction to intake fraction and the epidemiology," in Mun S. Ho, and Chris P. Nielsen eds., *Clearing the Air: The Health and Economic Damages of Air Pollution in China*, Cambridge, MA.: MIT Press, pp.115-141.

Li, Jingwen, Dale W. Jorgenson, Masahiro Kuroda, Youjing Zheng, Feihong Gong, Yisheng Zheng, Guoshu Zhang, Xueyi Zhong, Zhouying Jin, Bo Yu, Yifan Zhang, Ping Chen, Shuzhang Yang, Jie Li, Ziyin Jing, Xiaofan Liu, Long Wang and Hong Zhao (1992) "Productivity and China's Economic Growhth," *Economic Studies Quarterly*, Vol.43, No.4, pp.336-350.

Martins, Joaquim Oliveira, Stefano Scarpetta and Dirk Pilat (1996) "Mark-up Ratios in Manufacturing Industries: Estimates for 14 OECD Countries," Economics Department Working Papers, Paris: OECD, No.162.

Norsworthy, J. R., M. J. Harper and K. Kunze (1979) "The slowdown in productivity growth: Analysis of some of contributing factors," *Brookings Papers on Economic Activity*, Vol.2, pp.387-421.

Palmer, K., W. E. Oates and P. R. Portney (1995) "Tightening environmental standards: The benefit-cost or the no-cost paradigm?" *Journal of Economic Perspectives*, Vol. 94, pp.119-132.

Polemis, Michael and Panagiotis Fotis (2015) "Measuring the Magnitude of Significant Market Power in the Manufacturing and Services Industries: A Cross Country

Approach," *MPRC* (*Munich Personal RePEc Archive*) *Paper*, No.63245.

Porter, M. E. and C. van der Linde (1995) "Toward a new conception of the environment: Competitiveness relationship," *Journal of Economic Perspectives*, Vol.9, pp.97-118.

Repetto, Robert (1990) "Environmental productivity and why it is so important," *Challenge*, Vol.33, No.5, pp.33-38.

Repetto, Robert, Dale Rothman, Paul Faeth and Duncan Austin (1996) *Has Environmental Protection Really Reduced Productivity Growth?* Washington D.C.: World Resources Institute.

Roeger, Werner (1995) "Can imperfect competition explain the difference between primal and dual productivity measures?: Estimates for U.S. manufacturing," *Journal of Political Economy*, Vol.103, No.2, pp.316-330.

Romer, David (2006) *Advanced Macroeconomics*, 3rd Edition. (堀雅博・岩成博夫・南條隆訳 (2010)『上級マクロ経済学［原著第3版］』日本評論社)

Schreyer, Paul (2001) *Measuring Productivity OECD Manual: Measurement of Aggregate and Industry-Level Productivity Growth*, Paris: OECD. (清水雅彦監訳, 佐藤隆・木﨑徹訳 (2009)『OECD 生産性測定マニュアル──産業レベルと集計の生産性成長率測定ガイド』慶應義塾大学出版会)

Schreyer, Paul (2003) "Pierre-Emmanuel Bignon and Julien Dupont: OECD Capital Services Estimates: Methodology and A First Set of Results," *OECD Statistics Working Paper*, JT00156193.

Schumpeter, Joseph A. (1983) *The Theory of Economic Development*, (translation of: *Theorie der wirtschaftlichen Entwicklung*, translated by Redvers Opie), New Brunswick (U.S.A.) and London (U.K.), Transaction Books. (八木紀一郎・荒木詳二訳 (2020)『シュンペーター経済発展の理論』日経 BP 日本経済新聞出版本部)

Solow, Robert M. (1957) "Technical Change and the Aggregate Production Function," *Review of Economics and Statistics*, Vol.39, No.3, pp.312-320.

Solow, Robert M. (1987) "Growth Theory and After," in The Nobel Foundation. (「ノーベル記念講演　成長理論：回顧と展望」福岡正夫・神谷傳造・川又邦雄訳 (1988)『資本・成長・技術進歩』新装増補改訂, 竹内書店新社)

Tietenberg, Tom (2006) *Environmental and Natural Resource Economics*, 7th edition, Pearson Education.

Tinbergen, Jan (1942) "Zur Theorie der langfristigen Wirtschaftsentwicklung," *Weltwirtschaftliches Archiv*, Vol.55, No.1, pp.511-549. (English translation: "On the Theory of Trend Movements", in Leo H. Klaassen, Leendert M. Koyck, and Witteveen, Hendrikus J. Amsterdam eds. (1959) *Jan Tinbergen, Selected Papers*, Norty-Holland, pp.182-221)

Useem, Michael, Harbir Singh, Neng Liang, and Peter Cappelli (2017) *Fortune Makers, The Leaders Creating China's Great Global Companies*, New York, Public Affairs. (池上

重輔監訳，月谷真紀訳（2019）『チャイナ・ウェイ——中国ビジネスリーダーの経営スタイル』英治出版）

Wang, Shuxiao, Jiming Hao, Yongqi Lu and Ji Li（2007）"Local population exposure to pollutants from major industrial sectors and transportation," in Mun S. Ho and Chris P. Nielsen eds., *Clearing the Air: The Health and Economic Damages of Air Pollution in China*, Cambridge, MA.: MIT Press, pp.143-187.

Wolff, Edward N.（1996）"Productivity Slowdown," *American Economic Review*, Vol.86, No.5, pp.1239-1252.

World Bank and Development Research Center of the State Council（P. R. China）（2013）*China 2030: Building a Modern, Harmonious, and Creative Society*, World Bank.

Wu, Hurry X.（2000）"Measuring China's GDP level and growth performance: Alternative estimates and the implications," *Review of Income and Wealth*, Series 46, No.4, pp.475-499.

Wu, Hurry X.（2007）"Measuring Productivity Performance by Industry in China, 1980-2005," *International Productivity Monitor*, No. 15, pp.55-74.

Wu, Hurry X.（2015）"Accounting for the Sources of Growth in the Chinese Economy," *RIETI Discussion Paper Series*,15-E-048.

Wu, H. X.（2000）"Measuring China's GDP level and growth performance: Alternative estimates and the implications," *Review of Income and Wealth*, Series 46, No.4, pp.475-499.

Young, Alwyn（2000）"Gold into Base Metals: Productivity Growth in People's Republic of China During the Reform Period," *NBER Working Paper Series*, No.7856.

Zhang, Qingfeng and Robert Crooks（2012）*Toward an Environmentally Sustainable Future, Country Environmental Analysis of the People's Republic of China*, Metro Manila, Asian Development Bank, pp.55-62.

Zeng, Ming, and Peter J. Williamson（2007）*Dragons at Your Door*, Boston: Harvard Business Review Press.

2. 中国語文献

蔡昉・王美艶（2004）「中国城镇劳动参与率的变化及其政策含意」『中国社会科学』第4期，pp.68-79.

蔡昉・都陽・王美艶（2008）「農村剰余労働力的新估算及其含義」蔡昉主編『中国人口与労働問題報告』No.9，社会科学文献出版社.

蔡昉・曲玥（2010）「企業生産率，職工素質与教育／培訓」蔡昉主編『中国人口与労働問題報告』No.11，社会科学文献出版社.

蔡昉（2021）「人口老齢化如何影響中国経済増長？」『新京報』5月12日付.

賀菊煌（1992）「我国资产的估算」『数量経済技術経済研究』第8期，pp.24-27.

何坤・王立（2021）「中国鋼鉄工業生産能耗的発展与現状」『中国冶金』第31巻第9期，

pp.26-35.

侯熙（1992）「我国固定資産折旧制度研究」『中国工業経済研究』第 5 期，pp.20-25.

黄勇峰・任若恩（2002）「中美两国制造业全要素生产率比较研究」『経済学（季刊）』，第 2 巻第 1 期，pp.161-180.

黄永峰・任若恩・劉曉生（2002）「中国製造業資本存量永続盘存法估計」『経済学（季刊）』第 1 巻第 2 期，pp.377-396.

頼徳勝（1999）「教育，労働力市場与収入分配」趙人偉・李実・卡尔李思勤主編『中国居民収入分配再研究』第14章，中国財政経済出版社.

李実・別雍・古斯塔夫森（1999）「中国城鎮職工収入的性別差異分析」趙人偉・李実・卡尔李思勤主編『中国居民収入分配再研究』第18章，中国財政経済出版社.

李実・羅楚亮（2014）『中国収入差距的実証分析』社会科学文献出版社.

任麗君（2008）『農村労働力開発与中国経済増長』経済科学出版社.

人力資源和社会保障部（2009）「2010年企業春季用工需求和2009年農村外出務工人員就業情況調査分析」蔡昉主編『中国人口与労働問題報告』No.10, 社会科学文献出版社.

孫琳琳・任若恩（2005）「中国資本投入和全要素生产率的估算」『世界経済』第12期，pp.3-13.

孫琳琳・任若恩（2008）「我国行业层次资本服务量的測算（1981 ～ 2000年）」『山西財経大学学報』第30卷第 4 期，pp.96-101.

譚永生（2006）『人力資本与経済増長──基於中国数拠的実証研究』中国財政経済出版社.

唐仁敏（2021）「鋼鉄工業"十三五"中期回顧与"十四五"発展展望──訪冶金工業規劃研究院院長，党委書記李新創」『中国経貿導刊』2021年6月号，pp.76-79.

王維興（2017）「我国钢铁工业能耗现状与节能潜力分析」『冶金管理』第 8 号，pp. 50-58.

呉敬璉（2004）『当代中国経済改革』上海東方出版社.（青木昌彦監訳，日野正子訳（2007）『現代中国の経済改革』NTT 出版）

徐涛（2009）「中国業種別鉱工業集計データセットの構築に関する一試論」，『季刊北海学園大学経済論集』北海学園大学経済学会，第57巻第3号，pp.1-21.

許憲春（2013）「准确理解中国的収入，消费和投资」『中国社会科学』第 2 期，pp.4-24.

楊軼波（2020）「中国分行业物质资本存量估算（1980-2018年）」『上海経済研究』第 8 期，pp.32-45.

葉樊妮（2009）『資本存量与资本服务核算研究』博士学位論文，西南財経大学.

袁天栄・黄維那（2022）「混合所有制併購对民営企業技術創新的影響及作用機制」『統計和決策』湖北省統計局，第24期，pp.179-183.

岳希明（2005）「我国现行労働統計的問題」『経済研究』第 3 期，pp.46-56.

趙人偉・李実（1999）「中国居民収入差距的拡大及原因」趙人偉・李実・卡尔李思勤主編『中国居民収入分配再研究』第 1 章，中国財政経済出版社.

張軍・施少華（2003）「中国経済全要素生产率变动：1952-1998」『世界経済文滙』第 2 期，pp.17-24.

中国人民銀行調査統計部（2010）「第 5 次農民工問題監測報告」蔡昉主編『中国人口与労

働問題報告』No.11，社会科学文献出版社.

中国冶金出版社（1999）『中国鋼鉄工業五十年』.

中国中共党史学会（2019）「習近平提出「一帯一路」建設」『中国共産党歴史系列辞典』中
　　共党史出版社.

朱天・張軍・劉芳（2017）「中国的投資数据有多准確？」『経済学（季刊）』Vol.16, No.3,
　　pp.1199-1218.

3.　日本語文献

伊藤正一（1998）『現代中国の労働市場』有斐閣.

乾友彦・権赫旭（2004）「展望：日本の TFP 上昇率は1990年代においてどれだけ低下した
　　か」ESRI Discussion Paper Series No. 115.

猪俣哲史（2019）『グローバル・バリューチェーン——新・南北問題へのまなざし』日本
　　経済新聞出版社.

大島一二（1996）『中国の出稼ぎ労働者』芦書房.

大島一二（2016）「中国農村における余剰労働力問題の展開」『桃山学院大学経済経営論集』
　　（桃山学院大学総合研究所）第57巻第 3 号.

郭穎（2011）「労働分配率の上昇への転換点を迎える中国」グローバル・リサーチ論文,
　　Nomura.

梶谷懐（2018）『中国経済講義——統計の信頼性から成長のゆくえまで』中央公論新社〈中
　　公新書〉.

加藤弘之（2016）「農村はいかに変化したか？農業と農村振興」南亮進・牧野文夫編『中
　　国経済入門［第 4 版］高度成長の終焉と安定成長への途』日本評論社，pp.96-98.

唐木圀和（2004）「「調整期」における商業観と中国体制改革」『三田商学研究』（慶應義塾
　　大学商学会）第47巻第 3 号，pp.67-82.

川端望・銀迪（2021）「現代中国鉄鋼業の生産システム」『社会科学』（同志社大学人文科
　　学研究所）第51巻第 1 号，pp.1-31.

関志雄（2019）「民営化なき国有企業改革は可能か——次善策としての公平かつ競争的市
　　場環境の構築」RIETI 寄稿.

許憲春／作間逸雄監修，李潔訳（2009）『詳説中国 GDP 統計——MPS から SNA へ』新
　　曜社.

金堅敏（2013）「中国の国有企業改革と競争力」『研究レポート』（富士通総研経済研究所）
　　No.399.

黒田昌裕（1984）『実証経済学入門』日本経評論社.

黒田昌裕・吉岡完治・清水雅彦（1987）「経済成長——要因分析と多部門間波及」浜田宏一・
　　黒田昌裕・堀内昭義編『日本経済のマクロ分析』東京大学出版会，pp.57-95.

黒田昌裕・中島隆信（2001）『テキストブック 入門経済学』東洋経済新報社，pp.282-286.

経済産業省（2010）『通商白書2010』.

厳善平（2002）『農民国家の課題（シリーズ：現代中国経済 2）』名古屋大学出版会.

厳善平（2005）『中国の人口移動と民工——マクロ・ミクロ・データに基づく計量分析』勁草書房.

厳善平（2009）『農村から都市へ——1億3000万人の農民大移動』岩波書店.

小池淳司・向山潤（2019）「建設業産業における TFP 変化の要因分析」土木学会論文集D3（土木計画学）第75巻第 5 号，pp.I_17-I_24.

黄孝春（2011）「企業体制の再構築」加藤弘之・上原一慶編著『中国経済論』ミネルヴァ書房.

肖敏捷（2010）『人気中国人エコノミストによる中国経済事情』日本経済新聞出版.

宋涛（2010）「中国における不動産バブルの形成メカニズム——見える手によるバブル化」『金沢星稜大学論集』（金沢星稜大学経済学会）第43巻，第 3 号，pp.27-40.

武石彰・青島矢一・軽部大（2012）『イノベーションの理由　資源動員の創造的正当化』有斐閣.

田中修（2006）「中国の経済政策決定過程の問題点」深尾光洋編『中国経済のマクロ分析——高成長は持続可能か』日本経済新聞社.

玉井健之輔（2015）「中国の高級ペットボトル飲料水市場について」西日本シティ銀行上海駐在員事務所編『駐在員ニュース』.

湯進（2009）『東アジアにおける二段階キャッチアップ工業化　中国電子産業の発展』専修大学出版局.

鄧小平（1987）『現代中国の基本問題について』外文出版社.

中兼和津次（2012）「「和諧経済」の理想と現実——粗放的成長の罠」『国際問題』（日本国際問題研究所）No.610，pp.17-26.

中島隆信（2001）『日本経済の生産性分析』日本経済新聞社.

日本総合研究所（2005）『中国建設業に関する調査報告』国土交通省総合政策局委託調査.

野村浩二（2004）『資本の測定——日本経済の資本深化と生産性』慶應義塾大学出版会.

野村浩二・白根啓史（2013）「日本の労働投入における質的変化：1955-2011年」Discussion Paper Series, DBJ Research Center on Global Warming, No.48.

橋本寿朗（1989）「一九五五年」安場保吉・猪木武徳編『日本経済史8　高度成長』岩波書店.

速水佑次郎（2004）『新版　開発経済学（現代経済学叢書11）』創文社.

樋口賢次・范力（2008）『現代中国の集団所有企業』時潮社.

藤井洋次（2010）「2000年代における中国の鉄鋼生産の急増とその背景——中国鉄鋼業の生産構造と設備投資の分析を中心に」『経済系』（関東学院大学経済経営学会研究論集）第243巻，pp.14-38.

伏見俊行・楊華（2009）『中国　税の基礎知識』税務研究会出版局.

プロマーコンサルティング（2011）「中国の農林水産業と農林水産政策」『日中韓の自由貿易協定の調査・分析』農林水産省委託事業：平成22年度自由貿易協定等情報調査分析検討事業.

牧野文夫（1999）「企業内雇用構造と農民工」南亮進・牧野文夫編著『流れゆく大河 中国

農村労働の移動』日本評論社.

馬欣欣（2009）「市場経済期の中国における企業所有制別賃金構造の変化：1995-2002」『中国経済研究』（中国経済学会）第6巻第1号，pp.48-64.

馬欣欣（2014）「賃金制度――体制移行と部門間賃金格差」中兼和津次編『中国経済はどう変わったか』国際書院.

丸川知雄（2013）『現代中国経済』有斐閣〈有斐閣アルマ〉.

御法川紘一（2006）「中国の"繊維力"――内側から見た繊維事情（第5回）繊維雑感（その2）繊維と住宅」『繊維トレンド』東レ経営研究所，第60号，pp.8-12.

宮川努（2005）『日本経済の生産性革新』日本経済新聞社.

宮川努・金榮愨（2010）「無形資産の計測と経済効果――マクロ・産業・企業レベルでの分析」RIETI Policy Discussion Paper Series 10-P-014.

孟健軍（2016）「中国における石炭産業の構造変化と制度設計」RIETI Discussion Paper Series, No.16-J-04.

孟若燕（2012）「中国産業別資本投入の推計（1）」『三田商学研究』（慶應義塾大学商学会）第55巻2号，pp.31-61.

毛里和子（2004）『新版 現代中国政治』名古屋大学出版会.

柳沼寿・野中章雄（1996）「主要国における資本ストックの測定法」『経済分析』（経済企画庁経済研究所）第146号，pp.1-108.

山本恒人（2003）「中国における農民工の規模とその存在形態」『大阪経大論集』（大阪経大学会）第54巻第2号，pp.265-283.

山本昇・龔敏編著（2010）『変容する中国の労働法――「世界の工場」のワークルール』九州大学出版会.

袁章福（2010）「CCS発展の現状と冶金化工における省エネ・排出削減技術」科学技術振興機構（JST）調査報告，第41号.

遊川和郎（2011）『中国を知る――巨大経済の読み解き方〔第2版〕』日本経済新聞出版社.

余悌君（2004）「私営企業の台頭，経済・社会・政治の変革促す」鮫島敬治・日本経済研究センター編『資本主義へ疾走する中国』日本経済新聞社.

李海訓（2021）「シガレット産業の成長と「計画」の難航」丸川知雄・李海訓・徐一睿・河野正共著『タバコ産業の政治経済学　世界の展開と中国の現状』昭和堂.

李立新（2009）「中国解雇法制の変遷および問題点」『九州国際大学法学論集』（九州国際大学法学会）第15巻第3号，pp.23-56.

李潔（2006）「中国の就業者統計について」『社会科学論集』（埼玉大学経済学会）第118号，pp.69-82.

李潔（2012）「日本と中国のGDP統計作成の比較」『大阪経大論集』（大阪経大学会）第63巻第2号，pp.79-94.

李敏（2011）『中国高等教育の拡大と大卒者就職難問題――背景の社会学的検討』広島大学出版会.

渡邉真理子（2014）「企業制度――国有，民営混合体制の形成とその問題」中兼和津次編『中

国経済はどう変わったか——改革開放以後の経済制度と政策を評価する』国際書院, pp.312-317.

4. 年鑑・資料等

中国農業部編『中国郷鎮企業年鑑』各年版.

中国国家統計局編『中国統計年鑑』各年版.

中国国家統計局編『中国科学技術統計年鑑』2010 〜 2018各年版.

中国人力資源和労働部編『中国労働統計年鑑』各年版.

中国国家統計局固定資産投資統計司編『中国固定資産投資統計年鑑』各年版.

中国国家統計局固定資産投資統計司（1996）『中国固定資産投資統計年鑑1950-1995』中国統計出版社.

中国国家統計局固定資産投資統計司編（2002）『中国固定資産投資統計数典1950-2000』中国統計出版社.

中国国家統計局国民経済核算司編『投入産出表』1992年, 1997年, 2002年.

中国国家統計局中国環境統計専題組編『中国環境統計年鑑』2000年.

中国鋼鉄工業協会冶金工業経済発展研究中心編『中国鋼鉄工業年鑑』各年版.

中国国家冶金工業局規劃発展司・冶金信息標準研究院編『中国鋼鉄統計』各年版.

中国冶金出版社編（1999）『中国鋼鉄工業五十年』.

中国国家統計局編（1998）『成績輝煌的二十年』中国統計出版社.

中国国家統計局住戸調査弁公室編（2013）「2012年全国農民工監測調査報告」蔡昉主編『中国人口与労働問題報告』No.14, 社会科学文献出版社.

中国国家統計局農村司編（2010）「2009年農民工監測調査報告」蔡昉主編『中国人口与労働問題報告』No.11, 社会科学文献出版社.

中国国務院人口普査弁公室・国家統計局人口統計司（1985）『中国1982年人口普査資料：電子計算機彙総』中国統計出版社.

中国国務院人口普査弁公室・国家統計局人口統計司（1993）『中国1990年人口普査資料』中国統計出版社.

中国国務院人口普査弁公室・国家統計局人口統計司（2002）『中国2000年人口普査資料』中国統計出版社.

中国国務院人口普査弁公室・国家統計局人口統計司（2012）『中国2010年人口普査資料』中国統計出版社.

中国人力資源和社会保障部（2010）「2010年企業春季用工需求和2009年農村外出務工人員就業情況調査分析」蔡昉主編『中国人口与労働問題報告』No.11, 社会科学文献出版社.

中国全国人口抽様調査弁公室（1989）『1987年1%人口抽様調査資料』中国統計出版社.

中国全国人口抽様調査弁公室（1997）『1995年1%人口抽様調査資料』中国統計出版社.

『北京週報（日本語版）』（2008）「中国共産党第14期三中全会」.

グローバルノート株式会社運営 Global Note（国際統計・国別統計専門サイト）〔https://

www.globalnote.jp].

Lawrence Berkeley National Laboratory and Energy Research Institute（2008）*China Energy Databook*, Ver.7.

5.　ウェブサイト

Reuters電子版（2021）「中国，マクロ政策の一貫性と予見可能性を維持＝李首相」2021.2.4.〔https://jp.reuters.com/article/china-britain-li-economy-idJPKBN2A32G7〕アクセス2023.1.20.

Worldsteel.org/wp.content/uplords/Steel-Statistical-Yearbook.

公務員試験総合ガイドホームページ（2023）「試験倍率一覧」2023.1.4.〔https://90r.jp/bairitsu.html〕アクセス2023.1.4.

国家統計局（2013）「2012年国民経済与社会発展統計公報」中国新聞網〔chinanews.com.cn〕2013.2.22付，アクセス2022.1.3.

国家発展改革委員会（2019）「【両会】民営経済の中国経済発展への貢献は突出」新華網（日本語）2019.3.6.〔http://xinhuanet.com/〕アクセス2023.1.15.

新華網（2021）「創新駆動発展戦略：為建設科技強国奠基」2021.7.8〔www.news.cn〕アクセス2023.6.8.

人民網日本語版（2013）「中国の生産年齢人口が減少 日本を参考にした対策が重要」2013年2月1日付〔https://j.people.com.cn〕アクセス2022.5.3.

成都精新粉体測試設備有限公司（2016）「建材業的"黄金洼地"——我国非金属矿及深加工产业的現状与前景」〔https://wenku.baidu.com〕アクセス2022.6.29.

中国衛生健康委員会（2018）「中国流動人口発展報告2018内容概要」国家衛生健康委員会2018年12月22日新聞発布会散発材料之八〔nhc.gov.cn/wjw〕アクセス2023.6.1.

中央政府門戸網站（2014）「混合所有制」2014.3.6.〔http://www.gov.cn/〕アクセス2022.1.20.

日本経済新聞電子版（2023）「中国の若者，公務員試験に殺到 一部職種は倍率6000倍」2023.1.18.〔https://www.nikkei.com/article/DGXZQOGM06CAL0W3A100C2000000/〕アクセス2023.1.20.

日本生産性本部（2022）「付表1 OECD加盟国の国民1人当たりGDP」『労働生産性の国際比較2022』〔https://www.jpc-net.jp/research/list/comparison.html〕アクセス2023.1.12.

日本貿易振興機構（2022）「中国少子高齢化が進む 低出生率に危機感，消費意欲の高い高齢者層の増加は商機にも」〔jetro.go.jp〕2022.6.29, アクセス2023.3.20.

劉延豊（2013）「人気No1は国有企業。保守化する中国の就活——「体制内の労働市場」と「体制外の労働市場」」『東洋経済（電子版）』2013.4.25.〔https://toyokeizai.net/articles/-/13800〕アクセス2023.1.20.

蔡昉（2012）「中国の雇用情勢をめぐる変化と将来への課題」2012.12.11. RIETI web site〔https://www.rieti.go.jp/jp/special/p_a_w/022.html〕アクセス2023.1.5.

索　引

Alphabet

五　十　音

孟若燕（もう　じゃくえん：Ruoyan Meng／日本名：原田　なつ）
元慶應義塾大学商学部教授
1956年中国北京市生まれ。1983年北京大学（第一分校）図書館情報学部
図書館自動化専攻卒，同年中国科学院図書館実習研究館員を経て，中国
科学院計算センター（現中国科学院コンピューター・ネットワークセン
ター）実習研究員。1987年来日。1991年慶應義塾大学大学院商学研究科
修士課程修了，1994年同研究科博士課程修了，1995年同課程退学，博士
（2007年）。1995年慶應義塾大学商学部専任講師，担当科目は中国語，中
国経済論。2001年助教授，2014年教授，2022年退職。2001〜2003年
JCIF（国際金融情報センター）特別研究員，2004〜2006年ハーバード
大学経済学部，China Project 訪問研究員などを兼任。
主要業績："Measuring Mark-up Ratios for China's Manufacturing
Industries," *Keio Business Review*, No.53-2, 2018,「中国産業別資本投入の
推計（1）」（『三田商学研究』第55巻第 2 号，2012年），「中国鉄鋼業にお
ける修正された全要素生産性の測定」（『三田商学研究』第49巻第 2 号，
2006年），「東アジア鉄鋼業の発展と大気汚染問題」（赤川元章・唐木圀
和編著『東アジア経済研究のフロンティア──社会経済的変化の分析』
慶應義塾大学出版会，2004年）など。

慶應義塾大学商学会　商学研究叢書　24
中国経済の生産性分析1992-2010

2023年8月25日　初版第1刷刊行

著　者─────孟若燕
発行者─────慶應義塾大学商学会
　　　　　　　〒108-8345　東京都港区三田2-15-45
　　　　　　　TEL　03-5427-1742
制作・発売所──慶應義塾大学出版会株式会社
　　　　　　　〒108-8346　東京都港区三田2-19-30
　　　　　　　TEL　〔編集部〕03-3451-0931
　　　　　　　　　　〔営業部〕03-3451-3584〈ご注文〉
　　　　　　　　　　〔　〃　〕03-3451-6926
　　　　　　　FAX　〔営業部〕03-3451-3122
　　　　　　　振替　00190-8-155497
　　　　　　　https://www.keio-up.co.jp/
装　丁─────友成修
印刷・製本──株式会社加藤文明社
カバー印刷──株式会社太平印刷社

©2023　Ruoyan Meng
Printed in Japan　ISBN 978-4-7664-2878-0